林崇德◎著

我的智力观

北京师范大学出版集团
BEIJING NORMAL UNIVERSITY PUBLISHING GROUP
北京师范大学出版社

图书在版编目(CIP)数据

我的智力观 / 林崇德著. —北京：北京师范大学出版社，
2021.4
　　ISBN 978-7-303-24036-4

　　Ⅰ.①我… Ⅱ.①林… Ⅲ.①心思维心理学 Ⅳ.①B842.5

中国版本图书馆 CIP 数据核字 (2021) 第 061675 号

营　销　中　心　电　话	010—58807651
北 师 大 出 版 社 高 等 教 育 分 社 微 信 公 众 号	新外大街拾玖号

我的智力观
WODE ZHILIGUAN
出版发行：北京师范大学出版社　www.bnup.com
　　　　　北京市西城区新街口外大街 12—3 号
　　　　　邮政编码：100088

印　　刷：北京溢漾印刷有限公司
经　　销：全国新华书店
开　　本：787 mm×1092 mm　1/16
印　　张：29.5
字　　数：488 千字
版　　次：2021 年 4 月第 1 版
印　　次：2021 年 4 月第 1 次印刷
定　　价：78.00 元

策划编辑：周雪梅　　　　　　　责任编辑：周雪梅
美术编辑：李向昕　　　　　　　装帧设计：李向昕
责任校对：段立超　陶　涛　　　责任印制：马　洁

前　言

——

　　《我的智力观》是 2008 年由商务印书馆为我出版的《我的心理学观》的改版。在这次北京师范大学出版社要出版"林崇德文集"(简称"文集")时，我对自己这本著作之名产生了忧虑，因为《我的心理学观》主要是在阐述我的智能观，在征求众弟子的意见时他们一致希望改名为妥，尤其是承担本书主要修改任务的胡清芬教授，极力主张改为《我的智力观》，于是我就改书名了。

　　《我的智力观》保持着原《我的心理学观》的主要内容和体例，尤其在观点上是相同的。除增加第三章"继承弘扬中华传统文化的智能观"之外，基本上是原书的内容；在观点上，集中了"心理学研究的中国化"，并坚持了自己倡导的中国心理学研究中的十大关系作为出发点：①自然面与社会面的关系；②国际化与民族化的关系；③基础研究与应用研究的关系；④继承与创新的关系；⑤整体研究与局部研究的关系；⑥个人研究与合作研究的关系；⑦现代化研究与常规研究的关系；⑧实验研究与史论研究的关系；⑨定性与定量的关系；⑩普及与提高的关系。

　　增加第三章"继承弘扬中华传统文化的智能观"的出发点来自 1989 年恩师朱智贤教授与我的《儿童心理学史》中的一段话："中国的心理学是由西方传入的，但在西方心理学传入中国之前，我国早就有了心理学的思想"。这段话得到了燕国材教授在其《中国心理学史》中的肯定。今天，我还是坚持这么说，在西方心理学传入中国之前，我国早就有了心理学、智能心理学的思想。对于第三章里采用的古文献，我和主要修改者胡清芬教授都坚持严谨地核对。这里，我还得做三点说明：第一节"智能的实质及其关系"，应感谢燕先生的《中国心理学史》，特别是"刘劭心理学思想"对我的启发，我们所引之处，都做了如实表述。第二节"智能的形成与发展"，是在我们的《儿童心理学史》相关段落基础上写就的，过去相关内容曾被有些年轻学者一段段采用，这次我自己已做了加深的论述。第三节"智能的结构与成分"，是我最为满意的心理学思想，我与弟子李庆安教授还在国际杂志《理论心理学》（*Theory & Psychology*）上做了介绍。我要表达的是，中国古代智能心理学思想直到现在仍然闪烁着人类智慧的光辉。

整本书的修订工作，依靠我的弟子，依靠我的团队。作为本书主要修改者的清芬，她对原书的结构进行了调整，并在内容上做了更新：她在通读全书后，加入了我们团队对智能及其发展的新研究材料；删除原书中与《我的智力观》关系不大的第九章"从思维的培养到教师素质的研究"；对整本书的文字、引用和数据等做了较全面的核查，删除了个别数据不清晰的研究，前后统一一些名词或用法等，还带着其研究生去北京师范大学图书馆帮助我对新增第三章的古文做了一一审读和修正。此外，罗良帮助我对第六章"对思维和智力的脑机制研究"进行了更新；李红帮我补充了第二章中的某些内容，朱丽帮我修改了第四章；蔡永红、张叶、王泉泉帮我校对了新改版的《我的智力观》全书。对所有为本书顺利改版所做出贡献的人们，我于此表示诚挚而衷心的感谢。

2019 年教师节之前，我把《我的智力观》交北京师范大学出版社作为"文集"的其中组成的一卷，让我保持单行本的著作出版。这里除策划编辑周雪梅的努力之外，责任编辑杨磊磊、葛子森认真负责，竟为本书提出六七十条的编审意见，而我的弟子李庆安教授则校对了全书的清样，做了相应的处理。对此，我一并表达感激之情。

我希望自己的智能观对教育事业有价值，对心理学事业有意义。

著者谨识

二〇二〇年五一劳动节于北京师范大学

目录 | CONTENTS

对研究聚焦思维结构的智力理论的几点回顾

我是在恩师朱智贤教授(1908—1991，下面称朱老)指导下开始对思维心理学进行研究的。1964 年和 1965 年，朱老指导我四年级的学年论文和五年级的毕业论文《儿童青少年社会概念的发展》，这是我最早对思维心理学的研究；朱老指导我 1980 年硕士论文与 1983 年博士论文《儿童青少年运算中思维品质发展与培养的研究》，这是我独立地开始从事思维心理学的研究。六十多年来，我一直进行着思维心理学的研究，并企图探索基于思维心理学的智力理论。我和我的弟子在国际权威理论心理学杂志《理论与心理学》(*Theory & Psychology*)2003 年第 6 期上发表的《多元智力与思维结构》("Multiple Intelligence and the Structure of Thinking")一文，对我的智力观进行了阐述；对国际有影响之一的加德纳(Howard Gardner)的"多元智力理论"提出了质疑；与此同时，该文还比较了加德纳的"多元智力理论"与中国古代的"六艺"教育所蕴含的多元智力观的异同点。根据著名的美国学术出版集团世哲出版社(SAGE Publication)网站上发布的 2006 年年底的数据，该文跻身该杂志自创刊至 2006 年，17 年来所有六百余篇论文中"被阅读次数最多的 50 篇文章"排行榜，位居第六。为了更好地对这些研究进行理论上的总结，我打算从以下七个方面做鸟瞰式的回顾。

一、思维是智力的核心

思维是多种学科研究的对象，哲学、逻辑学、语言学、神经科学、控制论和信息论都将其作为研究对象。心理学也要研究思维，这就是思维心理学。心理学是从心理现象的角度、智力的角度、个体（个性或人格，personality）的角度、教育与发展关系的角度来研究并理解思维的。

智力一直是心理学界极为重要的研究领域。尽管其定义有一百多种，但绝大多数心理学家把它归属于个性的范畴。我是从四个方面来研究智力的个体差异的，并坚持人才及其智能存在着个体差异：从其发展水平的差异来看，可以表现为超常、正常和低常的区别；从其发展方式的差异来看，有认知方式的区别，特别是表现在认知方式的独立性与依存性上；从其组成的类型来看，可以表现为各种心理能力的组合和使用的区别；从其表现的范围来看，可以表现为学习领域与非学习领域、表演领域与非表演领域、学术领域与非学术领域的区别等。同时，智力还有两大特点：一为成功地解决问题（或完成任务）；二为具有良好的适应性。因此，朱老和我将智力定义为成功地解决某种问题所表现的良好适应性的个性心理特征[1]，并认为智力是由感知（观察）、记忆、想象、操作技能、思维和言语组成的[2]，如图绪-1 所示。那么，这些智力成分是处于同等重要的地位，还是有主次之分呢？

我认为，思维是智力的核心成分，所谓"思维核心说"，就是指这个观点。当然，智力作为个性心理特征，是分层次的。如何确定上述智力的四个方面的个体差异呢？我认为主要由思维品质来确定，也就是说，我在研究中提出了思维品质决定人与人之间思维乃至智力个体差异的观点。思维品质是智力活动中，智力特点在个体身上的表现，其实质是人的思维的个性特征，所以，又可以叫作思维的智力品质。

思维品质的成分及其表现形式很多，我认为，主要应包括深刻性、灵活性、独创性、批判性、敏捷性五个方面。

深刻性是指思维活动的广度、深度和难度。它表现为人们在智力活动中深入思考问题，善于概括归类，逻辑抽象性强，善于透过现象抓住事物的本质和规律，开

---

[1] 朱智贤、林崇德：《思维发展心理学》，7 页，北京，北京师范大学出版社，1986。
[2] 林崇德：《学习与发展——中小学生心理能力发展与培养》，修订版，184 页，北京，北京师范大学出版社，2003。

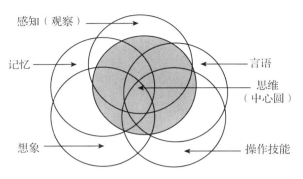

图绪-1　智力结构成分模型

展系统的理解活动，善于预见事物的发展进程。超常智力的人抽象概括能力高，低常智力的人往往只是停留在直观水平上。因此，研究深刻性的指标集中在概括能力和逻辑推理能力两个方面。

灵活性是指思维活动的灵活程度。它表现为：思维起点灵活，思维过程灵活，迁移能力强，善于组合分析，思维结果往往是合理而灵活的结论。它集中表现在一题多解的变通性，新颖不俗的独特性。灵活性强的人，不仅智力方向灵活，善于"举一反三"和"运用自如"，而且从分析到综合，从综合到分析，灵活地做"综合性的分析"，能够较全面地分析、思考、解决问题。

独创性或创造性是指个体思维活动的创新精神或创造性特征。在实践中，除善于发现问题、思考问题外，更重要的是要创造性地解决问题。独创性或创造性的实质在于主体对知识经验或思维材料高度概括后集中而系统的迁移，进行新颖的组合分析，找出新异的层次和交接点。人类的发展，科学的发展，要有所发明，有所发现，有所创新，都离不开思维的智力品质的独创性。我对创造性的心理学研究，正是从对思维品质探讨中开始的。

批判性是思维活动中独立分析和批判的性质，是思维活动中善于严格估计思维材料和精细地检查思维过程的智力品质。它的实质是思维过程中自我意识作用的结果。心理学中的"反思""自我监控""元认知"和思维的批判性是交融互补、交叉重叠的关系。有了批判性，人类能够对智力本身加以自我认识，也就是人们不仅能够认识客体、设计未来，而且也能够认识主体、监控自我，并在改造客观世界的过程中改造主观世界。

敏捷性是指思维活动的速度呈现为一种正确而迅速的特征，它反映了智力的敏锐程度。智力超常的人，在思考问题时敏捷，反应速度快；智力低常的人，往往迟钝，反应缓慢；智力正常的人则处于一般的速度。

思维品质的五个方面，是作为判断智力水平高低的标准。从一定意义上说，思维品质是智力的表现形式。所以，智力的层次，离不开思维品质，集中地表现在上述的深刻性、灵活性、独创性、批判性和敏捷性五个方面。确定一个人智力是正常、超常或低常的主要指标正是表现在思维品质的这些方面。思维品质显示思维是智力的核心。由此可见，支撑智力"思维核心说"的基石是思维品质。

二、思维的三棱结构

人类个体之间智力差异的根本原因在于其思维结构的差异。因此，只要解决了人类思维结构的问题，人类智力的种种问题即可迎刃而解。那么，思维是一种什么样的结构呢？图绪-2是我提出的思维结构模型。①②③ 我国心理学界不少评论文章称其为三棱结构④，于是我也就认可这种提法了。

这个结构是我于中学从教期间（1965—1978）在教学实践中提出来的。1979年11月在"文化大革命"后中国心理学会第一次学术年会上，经恩师朱老的推荐，我做了题为《儿童青少年数概念与运算能力的发展》的大会报告，初步展示了这个思维结构的模型。后来，我和我的团队逐步完善了这个模型。接着对这个思维结构图做了量化研究（1982—1984）：被试为100名专家（其中心理学家50名、中学有声望教师25名、小学有声望教师25名），填写了从开放到封闭的两次问卷。其结果是模型中的六种因素在被试中的赞同率达到了75%（超过了统计学上的第三个四分点）。于

---

① 林崇德：《学习与发展——中小学生心理能力发展与培养》，修订版，189页，北京，北京师范大学出版社，2003。

② Lin Chongde & Li Tsingan，"Multiple intelligence and the structure of thinking," *Theory & Psychology*，2003（13），829-845.

③ 林崇德：《多元智力与思维结构——兼质疑加登纳的多元智力》，载《心理发展与教育》，2005（z1）。

④ 黄希庭、郑涌：《心理学十五讲》，339页，北京，北京大学出版社，2005。

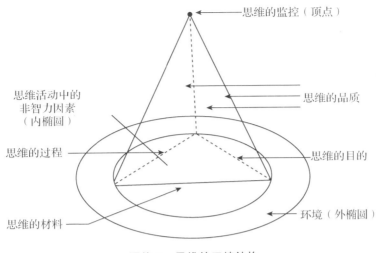

图绪-2　思维的三棱结构

是，我把这六种因素按其在思维乃至智力中的地位和功能，制作了三棱结构图，见图绪-2。

下面我来简述这个结构的六种因素。我的弟子们的博士、硕士论文中相关的实验研究，完善了我的思维结构的理论观点。

思维的目的。思维的目的就是思维活动的方向和预期的结果，即实现适应这样的思维功能。它的发展变化或完善表现在定向、适应、决策、图式、预见五个指标上。因为人类智力活动的根本目的是为了适应和认识环境。问题的提出和问题的解决是主要的高级智力活动，这就体现出目的性，而这种目的性是建立在主体的思维结构基础上的，其中图式与策略尤其显著，它们不断发展与完善对保证思维活动的方向性、针对性和目标专门化有重要意义。

思维的过程。传统心理学认为思维过程是分析和综合活动，以及抽象、概括、归类、比较、系统化和具体化的过程；认知心理学强调认知是为了一定的目的，在一定心理结构中进行信息加工的过程，而信息加工过程又包括串行加工、平行加工和混合加工。而我认为思维活动的框架和指标为：确定目标—接收信息—加工编码—概括抽象—操作运用—获得成功。

思维的材料。如果说，思维的基本过程是信息加工的过程，那么思维的材料

（内容）就是信息，即外部事物或外部事物属性的内部表征。外部信息的内在表征有多种类型或形式，但归根结底可以分为两类：感性的材料，包括感觉、知觉、表象；理性的材料，主要指概念，即用语言对数与形等各种状态、组合和特征的概括。能展示智力内容的发展变化或完善的具体指标为：感性认识（认知）材料的全面性和选择性；理性认识（认知）材料的深刻性和概括性；感性材料向理性材料转化的灵活性和准确性。

思维的品质。前面已经论述了思维的品质，我不仅把它视为人的思维的个性特征，而且又把其看作思维结果的评价依据。如上所述，思维品质的成分及其表现形式很多，但主要应包括深刻性、灵活性、独创性、批判性和敏捷性五个方面。我十分重视思维品质的研究，认为思维品质的发展代表着思维，乃至智力与能力发展的主要水平，所以从 20 世纪 80 年代开始，直到现在，我主持课题组，并带着一批学生围绕思维品质的发展与培养进行深入的探索。

思维的自我监控。思维的自我监控，又叫反思，它是自我意识在思维中的表现，美国心理学家弗拉维尔提出的元认知（metacognition）在一定意义上说就是思维的自我监控。它在思维的个体差异上表现为思维的批判性。它的发展变化或完善的指标有计划、检验、调节、管理和评价五个方面。自我监控的功能有：①确定思维的目的；②管理和控制非认知因素，有效地保护积极的非认知因素，努力将消极的非认知因素转化成积极的非认知因素；③搜索和选择恰当的思维材料；④搜索和选择恰当的思维策略；⑤实施并监督思维的过程；⑥评价思维的结果。总之，自我监控是思维结构的顶点或最高形式。

思维的非认知因素。思维的非认知因素或非智力因素是我研究的又一个重点，它是指不直接参与认知过程，但对认知过程起直接作用的心理因素。思维的非认知因素或非智力因素，又可叫智力中的非认知（或非智力）因素，它主要包括：动机、兴趣、情绪、情感、意志、气质和性格等。非认知因素的性质往往取决于思维材料或结果与个体思维的目的之间的关系。它在智力发展中起动力、定型和补偿三个作用。

综上所述，我们用思维的三棱结构，展示了思维乃至智力结构的多元性；说明了智力主要是人们在特定的物质环境和社会历史文化环境中，在自我监控的控制和指导下，在非认知因素的作用下，为了达到某种目的，识别问题、分析问题和解决问题所需要的思维能力。由此可见，支撑思维心理学研究的理论基础是思维结构观。为此，有学者把我的智力观和心理学观称为"聚焦思维结构的智力理论"[①]。我受此启发，干脆把本书题目定为"我的智力观——聚焦思维结构的智力理论"。

三、思维的概括特点

在朱老与我合著的《思维发展心理学》一书中，我们就系统地提出，思维有六个特点：概括性、间接性、逻辑性、目的性（或问题性）、层次性、生产性。概括性是其中最基本的特点。

一切事物都有许多属性，那些仅属于某一类事物，并能把这些事物和其他事物区别开来的属性，被称为本质属性。抽象就是在思想上把某一事物的本质属性或特征和非本质属性或特征区别开来，从而舍弃非本质的属性或特征，并抽取出本质的属性或特征。经过抽象过程，事物的本质属性和非本质属性的界限清楚了，这样，认识便跃进到了理性阶段。概括是在思想上将许多具有某些共同特征的事物，或将某种事物已分出来的一般的、共同的熟悉特征结合起来。概括的过程，就是把个别事物的本质属性，推广为同类事物的本质属性，这就是思维由个别通向一般的过程，也就是智力形成和发展的过程。人类之所以能揭示事物的本质和内在规律性的联系，主要来自这种抽象和概括的过程，因此可以说思维是概括的认知，并成为智力的核心成分。思维的概括特点主要体现在以下四个方面。

第一，概括是人们形成或掌握概念——思维细胞——的直接前提。人们掌握概念的特点，直接受制于其概括的水平。概念是事物的本质属性在人脑中的反映。概念的掌握，就是对有关的事物加以分析、综合与比较的信息加工，从而发现其共同的属性或者本质的特征，然后，对它们加以概括。从 20 世纪 60 年代起，我先后开

---

　　① 李庆安、吴国宏：《聚焦思维结构的智力理论——林崇德的智力理论述评》，载《心理科学》，2006，29（1）。

展了对社会概念、数概念、字词概念和辩证概念的研究，就是以概括为基础的研究；我曾经带领 26 个省市的心理学工作者对在校青少年思维发展开展研究，三个部分中的首要部分是研究被试思维的概括能力。

第二，概括是思维活动的速度、灵活迁移程度、广度和深度、创造程度等思维品质的基础。这是因为，没有概括，就无法进行逻辑推理，思维的深刻性和批判性自然也就无从谈起；没有概括，就没有灵活的迁移，思维的灵活性和创造性就会成为无源之水、无本之木；没有概括，就没有"缩减"的形式，思维的敏捷性就无从谈起；总之，一切学习活动都离不开概括。概括性越高，知识系统性越强，迁移越灵活，那么一个人的思维就越发展。

第三，概括是科学研究的关键机制。这是因为，任何科学研究都必须以概括为出发点，任何科学结论都是概括的结论。可以说，科学家从事科学研究的过程，就是通过思维活动，将大量个别事实转化为一般规律的过程。将大量个别事实转化为一般规律的过程，是一切科学研究的结束阶段最重要的思维过程。这种思维过程的关键，不是别的，而是概括。

第四，学习和运用知识的过程，也是概括的过程。这是因为，知识编码、理解和类化的实质就是概括。没有概括，学生就不可能真正地学到知识，更谈不上运用知识。没有概括，就不可能形成概念，也无法在概念的基础上进行判断、推理和证明；由概念引申而来的公式、法则、定理和定义，也就无从掌握。没有概括，认知结构就无法形成，意义体系、态度体系、动机体系和技能体系的形成，自然也会发生困难。因此，概括在学习实践中，也具有重要的意义。

总而言之，无论是站在理论的角度，还是站在实践的角度，概括都是思维乃至智力的基础和首要特点。所以，概括性成为思维和智力研究的重要指标，概括水平成为衡量学生思维发展的等级标志；概括性也成为思维和智力培养的重要方面，思维和智力水平通过概括能力的提高而获得显现。正因为如此，从 20 世纪 60 年代起，我运用选择（定义）法、确定属与种概念的关系、给概念下定义、掌握人工概念、分类或归类、理解材料等方法，先后开展了对社会概念、科学概念（数概念）、字词概念和辩证概念的研究，这些都是通过概括对思维和智力的研究。我也结合学科教学，通过提高儿童青少年概括能力作为对其思维和智力的培养。由此可见，支撑揭示思维实质是思维的概括特点。

四、思维的发展模式

思维发展是发展心理学的主要研究课题。思维乃至智力是怎样发展的？一般的观点，包括皮亚杰(J. Piaget，1896—1980)的认知(智力)发展理论，都认为是单维发展途径：从感知动作思维(或直观行动思维)智力阶段→具体形象思维(或前运算思维)→抽象逻辑思维。当然，抽象逻辑思维又可以包括初步抽象逻辑思维(或具体运算思维)、经验型的抽象逻辑思维、理论型的抽象逻辑思维(后两种或叫作形式运算思维)。这种途径的主要特点是替代式的，即新的代替旧的，低级的变成较高一级层次的，如图绪-3 所示。当然，这样分析有一定道理。但是，它也有一个难解之处，就是如何揭示这些思维之间的关系和联系。

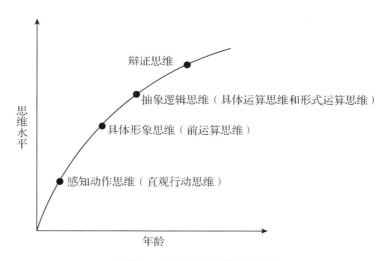

图绪-3　替代式的思维发展模式

　　我在多年研究的基础上，提出了思维发展的一个新途径①，如图绪-4 所示。下面对这个发展示意图做详细的分析。

　　直观行动思维与动作逻辑思维。直观行动思维是指直接与物质活动（感知和行动）相联系的思维，所以皮亚杰称其为感知运动（动作）思维。在个体发展的进程中，最初的思维是这种直观行动思维。也就是说，这种思维主要是协调感知动作，在直接接触外界事物时产生直观行动的初步概括，如果感知和动作中断，思维也就终止。直观逻辑思维，在个体发展中向两个方向转化，一是它在思维中的成分逐渐减少，让位于具体形象思维；二是向高水平的动作逻辑思维（又叫操作思维或实践思维）发展。动作逻辑思维，它是以动作或行动为思维的重要材料，借助于与动作相联系的语言做物质外壳，在认识中以操作为手段，来理解事物的内在本质和规律性。对于成人来说，动作逻辑思维中有形象思维和抽象逻辑思维的成分参加，有过去的知识经验做中介，有明确的目的和自我意识（思维的批判性）的作用，在思维的过程中有一定形式、方法，是按照一定逻辑或规则进行着的。这种思维在人类实践活动中也有重要的意义。例如，运动员的技能和技巧的掌握，某种操作性工作的技能及熟练性，就需要发达的动作逻辑思维或操作思维作为认识基础。

　　具体形象思维与形象逻辑思维。具体形象思维是以具体表象为材料的思维。它是一般的形象思维的初级形态。个体思维的发展，必须经过具体形象思维的阶段。这时候在主体身上虽然也保持着思维与实际动作的联系，但这种联系并不像以前那样密切，那样直接了。个体思维发展到这个阶段，儿童可以脱离面前的直接刺激和动作，借助于表象进行思考。具体形象思维是抽象逻辑思维的直接基础，通过表象概括，发挥言语的作用，逐渐发展为抽象逻辑思维。具体形象思维又是一般的形象思维或言语形象思维的基础，通过抽象逻辑成分的渗透和个体言语的发展，形象思维本身也在发展着，并产生着新的质。所以，形象思维又叫形象逻辑思维。形象逻辑思维，即形象思维以形象或表象为思维的重要材料，借助于鲜明、生动的语言做物质外壳，在认识中带有强烈的情绪色彩的一种特殊的思维活动。一方面是具体

---

　　①　林崇德：《学习与发展——中小学生心理能力发展与培养》，修订版，177 页，北京，北京师范大学出版社，2003。

的、活生生的、有血有肉的、个性鲜明的形象；另一方面又有着高度的概括性，能够使人通过个别认识一般，通过事物外在特征的生动、具体、富有感性的表现认识事物的内在本质和规律。形象思维具备思维的各种特点，它的主要心理成分有联想、表象、想象和情感。

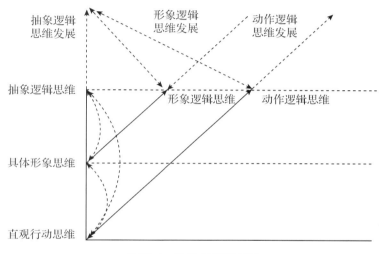

图绪-4　思维发展模式图

抽象逻辑思维。在实践活动和感性经验的基础上，以抽象概念为形式的思维就是抽象逻辑思维。这是一切正常人的思维，是人类思维的核心形态。抽象逻辑思维尽管也依靠于实际动作和表象，但它主要是以概念、判断和推理的形式表现出来的，是一种通过假设的、形式的、反省的思维。抽象逻辑思维，就其形式来说，就是前面已经提到过的形式逻辑思维和辩证逻辑思维。前者是初等逻辑，后者是高等逻辑。两者既有区别，又有联系，它们是相辅相成的。

综上所述，我们可以看出，各种思维形式之间的关系，并不是简单的替代关系，而是替代与共存辩证统一的关系，这就构成了智力发展的模式。所以，我们在教学实验中提出，教师应在传授知识的同时，灵活地发展学生的智力。实质上就是必须重视各种逻辑思维的发展。这就是说，在教学实践中，既要发展学生的抽象逻辑思维，又要培养他们的形象逻辑思维和动作逻辑思维，任何一种逻辑思维能力都不可偏废。由此可见，支撑发展心理学对思维乃至智力发展正确理解的是科学的思维发展模式。

五、思维的脑神经机制

心理是脑的机能，因此思维心理学必须重视对大脑与神经系统机制的研究。

思维的脑神经机制研究有一个过程。20 世纪 60 年代之前，心理学主要是探索思维的生理机制，有代表性的是反射学说。从反射学说来看，作为人脑机能的思维活动，就是在反射活动的终末被抑制的情况下，在大脑进行分析和综合的过程。反射活动分为无条件反射和条件反射。前者是一种本能的活动；后者是一种信号活动。信号活动是大脑两半球的最根本活动。外部现实的信号是多得不可计数的。根据它们本质的不同，又可分为两类：第一类是外界现实中具体的刺激物，如形状、颜色、气味、声音等，这是直接的、具体的信号；第二类是人类的词、语言的信号，这是具体信号的信号。苏联心理学家把第一类叫作第一信号系统，第二类叫作第二信号系统。两类信号系统是密切联系的，前者是后者的基础，后者是前者的抽象化与概括化，又通过前者获得意义并起作用。这两种信号系统协同活动所实现的脑的复杂的分析和综合活动，是思维活动的生理机制。高级神经活动机能上的强度、灵活度和平衡度等三种特征及其相互组合，构成了高级神经活动的类型，这就成为思维的智力品质的生理基础。20 世纪 60 年代，苏联心理学家鲁利亚（A. P. Jiypия，1902—1977)在此基础上进行了系统分析的研究，获得思维机制的进一步结论[1]：①实现思维活动的脑的三个系统是保持清醒状态的系统，受纳、加工活动的系统和额叶运动系统；②在定位不同的脑损伤时，对解决任务受到破坏的性质有着不同的差异，大脑半球后部保证完成思维活动的操作条件，额叶运动系统则能够把进入的信息进行综合，构成行动的复杂程序，并把完成行为的结果与最初的目的相对照，体现着人的思维的过程；③大脑左半球在思维过程中起着一侧优势的作用，语言中枢以左半球为主。而大脑额叶损伤时，出现智力活动的严重障碍。我认为思维的生理机制的研究，只是探索思维的脑神经机制的开始。要使思维的脑机

---

[1] 松野丰：《思维的神经心理学（一）》，张厚粲 译，见北京师范大学教育系心理教研室：《心理学教学与研究》，1981(1)。

制得到充分的揭露，还有大量工作要做。

20世纪60年代以后出现了认知心理学。所谓认知心理学，是指研究信息加工的心理学。认知心理学是认知科学的核心，其实质是探索人是怎样思维的。认知过程可理解为信息的获得、储存、加工和使用的过程。认知心理学的一种重要研究方法是计算机模拟，它强调可以建立认知过程的计算模型。众所周知，任何智力活动都离不开三个要素，一是物理结构，二是信息系统，三是思维活动。智力活动就是以物理结构为机制，处理与加工信息的思维活动。人脑与神经系统是一种天然的物理结构系统，而认知心理学认为计算机硬件则是一个人造的物理结构系统。这种人造的物理结构被认知科学界称作神经网络，并认为它像人的神经系统那样，是具有思维和智力功能的信息加工装置；神经网络和电子神经元被用作知识表达形式化统一框架，与生物系统相类似，一个神经网络的神经元可认为是一个知识存储与加工单位，不同电子神经元用在不同地方含义各有差异。这就是所谓第一代认知科学的观点。然而，计算机模拟绝对代替不了对思维的脑神经机制的揭示。

随着认知科学的发展，以"认知（智能）可计算"为核心假设的第一代认知科学显露出越来越多的问题，而具有诸多新特点的第二代认知科学则逐渐兴起和成熟，第二代认知科学抛弃了"认知即计算"的认知主义强纲领，回归到"脑—身体—环境"相互作用的统一体。第二代认知科学的特点很多，在认知或思维的脑机制研究上就是进入认知神经科学的研究。因为认知科学发展的趋势和智力理论本身存在的问题都对思维和智力研究提出了新的要求，即需要从多角度、多层次对思维和智力进行研究与理解。格雷（Gray）提出可以从行为、生理和背景三个角度来研究智力。[1] 我也曾在论述心理学研究要重视处理"自然面与社会面"的关系时[2]，提到心理学研究方法的三个层面：传统的行为研究、脑成像研究和分子细胞研究，并强调对于同一个问题要注重从多个层面进行研究。近30年来，思维和智力的多角度、多层面研究取得了丰硕的成果，其中认知神经科学关于思维和智力的研究尤为引人注目。所谓

---

① Jeremy R. Gray & Paul Thompson，"Neurobiology of intelligence：science and ethics，"*Nature reviews*，2004(5)，471-480.

② 林崇德：《试论发展心理学与教育心理学研究中的十大关系》，载《心理发展与教育》，2005(1)。

神经认知科学主要指利用诸如功能性核磁共振（functional magnetic resonance imaging，fMRI）、正电子发射断层扫描（positron emission tomography，PET）和事件相关电位（event-related potential，ERP）等心理物理学及脑成像技术对认知过程进行研究，通过揭示认知过程的大脑机制，来验证、修改和发展已有的理论与模型，并在此基础上提出新的理论和模型。正像加扎尼加（Gazzaniga）所说："认知神经科学让很多心理学家不再把行为主义作为解释复杂认知过程的唯一出路。"[①]对思维和智力的脑机制进行系统的研究，进入了认知神经科学研究的新时期，即20世纪90年代之后的十几年。由此可见，在思维和智力的脑机制研究逐步发展中，有内外两方面原因：外因是从先进的科学研究手段的出现，发展到在认知神经科学研究阶段的应用；内因是对思维的生理机制或脑机制的揭示需要。

我们团队和我国认知神经科学研究同步，始于20世纪90年代。在这个领域，我与我的弟子以"聚焦思维结构"的智力理论为基础，从四方面对思维和智力的脑机制进行了研究。第一方面研究是思维执行加工（thinking executive control）的脑机制。思维执行加工是人类高级认知活动的关键环节，负责认知活动的调节和任务计划。我们利用ERP技术对前额叶在思维执行加工中的作用进行了研究，发现思维执行加工不是单一的认知模块，可能包括多个子系统。此外我们还研究了不同思维执行加工水平的被试在大脑机制上的差异。第二方面研究是信息加工速度的脑机制。信息加工速度与思维的敏捷性有密切关系，我们的脑ET研究表明，脑波超慢涨落功率的分布和发展特点与计算速度有着根本的联系，与20世纪60年代的研究比较发现，6岁的小学生α波的平均频率就达到了60年代10岁小学生的发展水平。7～10岁小学生的平均频率介于60年代十二三岁儿童的发展水平，表现出大脑发育的超前趋势。第三方面研究是工作记忆的脑机制。工作记忆与思维过程中相关信息的表征有直接关系，并对思维的深刻性和灵活性产生影响。我们对不同类型的信息在大脑中进行编码和复述时，大脑动态活动模式的差异进行了探索，分析了不同大脑区域在工作记忆各加工成分中的作用，并从脑机制角度对工作记忆与长时记忆之间的

---

① Michael Gazzaniga, Richard B. Ivry & George R. Mangun, *Cognitive Neuroscience*: *The Biology of the Mind*（2ⁿᵈ Edition），New York，Norton & Company，2002.

关系进行了揭示。第四方面研究是监控的脑机制。如前所述，监控是思维结构的顶点或者最高形式。我们通过不确定监控和工作记忆过程中监控的事件相关电位研究发现，人类在完成需要自我监控参与的任务时，不同脑区的活动可能也存在层级的差异，即进行自我监控加工所激活的脑区可能对负责完成具体认知加工任务的脑区存在着某种"调节"机制，不同脑区之间的"调节"机制可能正是自我监控对认知加工过程的调节作用在大脑活动中的反映。尽管离真正揭示思维本质的本体因果关系还有一定的距离，但前人的研究和我们的探索加深了人们对思维和智力与大脑之间关系的认识。由此可见，支撑揭示思维本体实质的是研究思维的认知神经机制。因此，认知神经科学研究要大力加强。基于投资效益，我希望有条件就上，当然，没有条件也不必勉强去创造条件进行这方面的研究。这叫作实事求是，应提倡科学态度，谨慎待之。

六、思维培养的突破口

心理学十分重视"干预"（intervention）实验研究。在学校教学中怎样发展学生的智力和能力？在心理学界和教育界的看法与做法并不相同，这就涉及干预研究和培养实验了。从 1978 年开始至今 40 多年来，我坚持在基础教育第一线研究儿童青少年的智能发展与促进，一个重要手段是结合学生学科能力的提高，着重培养他们的思维品质。我的全国实验点有上万名中小学教师投入实验研究，受益的学生超过 30 万人。在实验研究中所获得的结论为：培养学生的思维品质是有效的突破口。[1][2]

我的教学实验，自始至终将智力训练放在首位。在对智力训练的做法上，我和课题组同事主要抓住三个可操作点：其一，从思维的特点来说，概括是思维的基础，在教学中抓概括能力的训练，应看作智力训练的基础；其二，从思维的层次来说，培养思维品质或智力品质是发展智力的突破口，结合各科教学抓思维品质深刻性、灵活性、独创性、批判性和敏捷性的训练，正是我们教学实验的特色；其三，

---

[1]　林崇德：《培养思维品质是发展智能的突破口》，载《国家教育行政学院学报》，2005(9)。
[2]　林崇德：《教育与发展——创新人才的心理学整合研究》，361 页，北京，北京师范大学出版社，2004。

从思维的发展来说，最终要发展学生的逻辑思维能力。

如前所述，智力是一种个性心理特征，而思维品质或思维的智力品质是智力活动中，特别是思维活动中智力特点在个体身上的表现。其实质是人的思维的个性特征，主要包括深刻性、灵活性、独创性、批判性、敏捷性。它体现了每个个体思维水平、智力与能力的差异。它是区分一个人思维乃至智力层次、水平高低的指标。事实上，我们的教育、教学目的是提高每个个体的学习质量，因此，在教学实践中，涉及智力与能力的培养，必须要抓学生的思维品质这个突破口，做到因材施教。在美国圣约翰大学工作的周正博士，使用其智力（认知）发展量表，在我们坚持训练学生思维品质实验的实验点——天津静海县（现为静海区）一所偏僻的农村小学测了学生的智力发展水平；然后与北京市一所名校的学生相比较，发现农村小学生的成绩略高于城市的被试，但无显著差异。最后又测得美国城市被试的成绩，发现不仅高于美国被试，而且有显著差异。[①] 由此可见，思维品质训练的确是发展学生智力的突破口，且训练时间越长，效果越明显。

其一，学科能力结构离不开思维品质的因素。在学校里，如何发展学生的智力、培养他们的能力，主要是通过各学科教学来进行的。如上所述，我的理念是，教学的主要目的在于传授知识的同时，能够灵活地促进与培养学生思维和智力的发展；各科教学是否有成效，关键在于能否提高学生的各种学科能力。

所谓学科能力，通常有三个含义：一是学生掌握某学科的特殊能力；二是学生学习某学科的智力活动及其有关智力与能力的成分；三是学生学习某学科的学习能力、学习策略与学习方法。我从自己的思维心理学理论出发，认为要考虑一种学科能力的构成，应该从三个方面来分析。一是某学科的特殊能力是这种学科能力的最直接体现。例如，与语言有关的语文、外语两种学科能力，听、说、读、写四种能力是其特殊的表现；又如，与数学学科有关的特殊能力，应首先是运算（数）的能力和空间（形）的想象力，同时，数学是人类思维体操，数学的逻辑思维能力也明显地表现为数学学科的能力。二是一切学科能力都要以概括能力为基础，如掌握好诸如

---

① Zheng Zhou，Stephen T. peverly，Ann E. Boehm，Lin Chongde，American and Chinese Children's understanding of distance，time，and speed inerrelations，Congnitive Development，2000，15，215-240.

"合并同类项"的概括是对数学能力的最形象的说明。三是某学科能力的结构，应有思维品质参与。

思维品质是构建学科能力的重要因素。任何一种学科的能力，都要在学生的思维活动中获得发展，离开思维发展，无所谓学科能力而言。因此，一个学生某学科能力的结构，当然包含体现个体思维的个性特征，即思维品质。我和课题组同事以中小学语文与数学两科能力为研究重点，制作了分别用语文与数学语言来建构并表达这两个学科能力中思维品质表现的四个"结构图"，以反映小学数学三种特殊能力——运算能力、空间想象能力、逻辑思维能力中深刻性、灵活性、独创性、敏捷性四种思维品质的具体表现；小学语文听、说、读、写四种特殊能力中深刻性、灵活性、独创性、敏捷性四种思维品质的具体表现；中学数学三种特殊能力——运算能力、空间想象能力、逻辑思维能力中深刻性、灵活性、独创性、批判性、敏捷性五种思维品质的具体表现；中学语文听、说、读、写四种特殊能力中深刻性、灵活性、独创性、批判性、敏捷性五种思维品质的具体表现。这些具体表现少则四十多种因素，多则六七十种因素，构建了中小学语文、数学能力的各种成分，不仅为培养学生的语文和数学能力提供了科学依据，而且为制订两学科能力评价工具或量表奠定了扎实的基础。根据上述的考虑，我们才把语文能力看作以语文概括为基础，将听、说、读、写四种语文能力与五种（小学为四种，不出现批判性）思维品质组成了20个（小学为16个）交接点的开放性的动态系统；把数学能力看作以数学概括能力为基础，将三种数学能力与五种（小学四种）思维品质组成15个（小学为12个）交接点的开放性的动态系统。

其二，培养思维品质是发展智能、提高教育质量的好途径。我们课题组以促进学生思维的发展为目的，先是通过中小学语文、数学两学科能力的要求，围绕中小学语文、数学两科学习过程中思维的深刻性、灵活性、独创性、批判性（小学阶段一般不要求）、敏捷性等品质的发展与培养两个方面，长期展开了全面实验并推广研究。接着，我们的研究范围逐渐地超越语文、数学两个学科，几乎覆盖了中小学教学的所有课程。而在每项实验中，我们都采取了加强培养学生思维品质的措施。

在教学实验的过程中，我们结合中小学各学科的特点，制订出一整套培养思维品质的具体措施。由于我们在教学实验中抓住了思维品质的培养，实验班学生的智力、能力和创造精神获得了迅速发展，各项测定指标大大地超过平行的控制班，而且，实验时间越长，这种差异越明显。这里必须申明，参与我们的实验教学班的教师将"提高教学质量、减轻学生过重的负担"作为出发点，他们不仅不搞加班加点，不给学生加额外作业，而且除了个别的学生外，各科作业基本上可以在学校完成。良好而合理的教育措施，在培养学生的思维品质的同时，也促进了他们学习成绩的提高，使他们学得快、学得灵活、学得好，换句话说，就是促进了教学质量的提高。我坚信培养思维品质是发展智力的突破点，是提高教学质量、减轻学生负担的最佳途径。由此可见，支撑提高人类思维能力的是思维品质观。

七、思维培养离不开教师

上述"干预"实验或"思维品质培养"实验依靠谁来完成？教师！我在大量教学教育实验中，即对学生发展的研究中发现，学生成长与发展的关键是教师。教师素质的高低是决定思维乃至智力培养与训练效果的关键。因此，我在研究思维和智力心理学时，也必然要研究教师：研究教师素质的构成；研究教师素质与学生思维和智力发展的关系；研究提高教师素质的有效途径。

什么叫教学教育实验？教学教育实验是教师执行一定实验措施的实验，是依靠教师并控制教师某些教育行为的实验。干预成功，实际上是一种教师教学教育的成功。我们课题组在全国许多所中小学组织了教学教育实验。我们在小学的教学教育实验中，主要通过三种手段抓小学生思维品质的培养：一是直接抓实验小学，对实验班教师进行指导和培训；二是让实验班教师使用思维品质的载体——我们课题组的数学、语文两种教材；三是使用突出思维品质训练的数学、语文两科的练习手册。例如，北京市西城区琉璃厂小学是我自己直接负责的一个实验点，这原是一所基础较差的学校，在 20 世纪 80 年代末加入了我们的课题组，在两任校长的带动下，实验班的教师在语文和数学的教学中突出思维品质训练。1992 年，他们对实验班与对照班的思维品质和元认知发展水平进行了比较，结果发现，实验班学生的思维品质迅速地获得发展，各项思维品质得分显著高于对照班，在元认知的发展水平上，实验班学生也显著高于对照班。[①] 这说明小学教师按照课题组的要求进行思维训练，不仅对小学生思维品质的提高有重要意义，而且对他们元认知的发展也有积极的影响。与小学不同，我们在中学的教学教育实验中，主要依靠各个实验点的教师有意识、有目的地在学科教学中促进学生的思维品质的发展，进而提高智力的水平和学习的成绩。例如，我们课题组的江苏省扬州中学的时任校长沈怡文，曾带领多个学科教师按思维教学的要求，把学生思维品质的内容分 15 项评分，得分越高说明课题教学中训练学生思维品质的内容越多，结果显示实验组教师的得分明显高于对照组的教师。与此同时，他们又将实验班学生的语文、历史、英语、物理和生物成绩与对照班进行了比较，发现实验班在上述学科的学习成绩乃至学科能力方面也优于对照班。上面的实验说明，教学教育实验，必须依靠教师，只有提高教师的素质，让教师掌握干预措施，才能保证教学教育实验的成功。由此可见，对学生思维和智力的培养离不开教师，与教师的素质密切相关。

什么是教师素质呢？这是当前教育界亟待澄清的一个概念，不同的教师素质观，直接影响着师资培训体制改革的方向。我认为，在目前情况下，仅凭思辨研究还不足以给教师素质下一个全面而科学的定义，必须经过一段时间的实证研究，从不同侧面深入地了解教师教育教学工作的真实含义，了解教师工作的独特性，从而为全面而正确地理解教师素质的含义提供必要的实证材料。在多年理论研究和实验研究的基础上，我和我的弟子们理解为：教师素质是指教师在教育教学活动中表现出来的，决定其教育教学效果，对学生身心发展有直接而显著影响的思想和心理品质的总和。在结构上，教师素质至少包括以下五种成分：教师的职业理想（师德）、知识水平、教育观念、教育监控能力，以及教师的教学教育行为。我们在研究中看到，教师的职业理想是教师献身于教育工作的根本动力；教师的知识是教师从事教育工作的前提条件；教师的教育观念或信念是教师从事教育工作的心理背景；教师的自我监控能力是教师从事教育活动的核心要素；教师的教学行为是教师素质的外

---

① 　林崇德：《教育与发展——创新人才的心理学整合研究》，362 页，北京，北京师范大学出版社，2004。

化形式。我把教师素质的这五个成分又概括为三个方面：教师的师德、教师的知识和教师的能力。我对培养学生思维品质的教学"干预"实验的成果，反映了实验点教师的师德、知识和能力的水平。

在讨论"思维培养离不开教师"的时候，我提出了"如何提高教师素质"的课题。这就涉及"教师教育"的理论和实践问题。提高教师素质的途径有很多，我从自己教学实验的切身体会中于 1984 年 8 月在中国教育学会第一次学术大会的讨论会上提出："教师参加教育科学研究，是提高自身素质的重要途径。"因为在那次会上我递呈大会的录像带展示了四位实验教师培养小学生敏捷性、灵活性、深刻性、独创性四种思维品质的成果；展示了 20 个实验班和 20 个对照班在四种思维品质上不同的数据。在一定程度上，这 20 位实验班的教师参与了我们思维培养的实验，即参加了教育科研的实验。从中使我认识到，教师之所以要参加教育科学研究，是因为通过参加教育科研，可以学习教育理论，不断懂得教育规律，从而更好地从事教育工作；可以了解国内外教育发展的趋势，更自觉地为建设具有中国特色的教育体系做出努力；可以明确教育改革的实质，更好地当好教改骨干，并为深化教育改革做出贡献；可以提高他们的教育科研意识，改变他们的角色。因此，教师参加教育科学研究是非常必要的。后来，我们课题组的经验证明教师参加教育科学研究也是完全可能的。近 30 年期间，参加我们课题组的中小学教师们与我们一起培养学生的思维品质，发展学生的智力与能力，并发表了四百多篇研究报告，其中 10% 以上的文章发表在中文核心杂志上。与此同时，所有研究报告几乎都突出一条：实验学校学生的思维品质乃至智力提高了，学习成绩超过了相邻学校或非实验点班级的学生。我和这些中小学教师一起完成了从"七五"到"十五"期间（1985—2005 年）全国教育科学规划的国家重点或教育部重点项目，这就是学术界和教育界称我的研究项目为"思维品质的实验"的来由。由此可见，支撑有效培养学生思维和智力的是教师，在我们的研究中主要是中小学教师。所以，我在研究儿童青少年思维（智力）发展心理学中，长期地研究中小学教师、研究教师的素质和绩效、研究教师教育的途径和方法。

第一章

对恩师朱智贤理论的继承

1991 年 3 月 5 日恩师朱智贤教授(后文称朱老)逝世，我写了一副挽联：

"师如父胜于父传道终生精心栽培沐春雨，恩似山高于山流芳千古遗志继承慰英灵。"

这副挽联体现了恩师与我的关系，表达了我对恩师的深情和继承学术思想的愿望。

恩师朱老对我在学术上影响最深的，是他发扬光大中国传统的发展心理学思想，并用辩证唯物主义的观点探讨了在儿童青少年心理发展中关于先天与后天的关系、内因与外因的关系、教育与发展的关系、年龄特征与个别差异的关系等一系列重大问题。[①]

先天与后天的关系。人的心理发展是由先天遗传决定的，还是由后天环境、教育决定的？这在心理学界争论已久，在教育界及人们心目中也有不同看法。朱老从 20 世纪 50 年代末开始，一直坚持先天来自后天，后天决定先天的观点。他承认先天因素在心理发展中的作用，不论是遗传因素还是生理成熟，它们都是儿童青少年心理发展的生物前提，提供了心理发展的可能性；而环境与教育则将这种可能性变为现实性，决定着儿童青少年心理发展的方向和内容。朱老不仅提出这个论点，而且还坚持开展这方面的实验研究。

内因与外因的关系。环境和教育不是机械地决定心理的发展，而是通过心理发展的内部矛盾起作用。朱老认为，这个内部矛盾是主体在实践中，通过主客体的交

[①] 朱智贤：《儿童心理学》，北京，人民教育出版社，1962、1979、1993、2008。

互作用而形成的新需要与原有水平的矛盾。这个矛盾是心理发展的动力。有关内部矛盾的具体提法，国内外心理学界众说纷纭，国内就有十几种之多。但目前国内大多数心理学家都同意朱老的提法，这是因为在他提出的内部矛盾中揭示了这个问题的实质，他解决了"需要"理论、个体意识倾向理论、心理结构（原有水平）理论等一系列的实际问题。

教育与发展的关系。心理发展如何，向哪儿发展？朱老认为，这不是由外因机械决定的，也不是由内因孤立决定的，而是由适合于内因的一定的外因决定的，也就是说，心理发展主要是由适合于主体心理内因的那些教育条件决定的。从教育到心理发展，人的心理要经过一系列的量变到质变的过程。他还提出了一种表达方式，如图 1-1 所示。

图 1-1　从教育到发展，人的心理由量变到质变的过程

在教育与发展的关系中，如何发挥教育的主导作用？这涉及教育要求的难度问题。朱老提出，只有那种高于主体的原有水平，经过其主观努力后又能达到的要求，才是最适合的要求。如果苏联维果茨基（L. S. Vygotsky，1896—1934）"文化历史发展"学派提出的"最近发展区"是阐述心理发展的潜力的话，那么朱老的观点则指明了挖掘这种潜力的途径。

年龄特征与个别特征的关系。朱老指出，儿童青少年心理发展的质的变化，就表现出年龄特征来。心理发展的年龄特征，不仅有稳定性，而且也有可变性。在同一年龄阶段中，既有本质的、一般的、典型的特征，又有人与人之间的差异性，即个别差异或个性特点。

当然，对上述四个问题的分析和阐述，在中外发展心理学史上有过不少，但像上述那样统一的、系统的、辩证的提出，还是第一次。因此，《中国现代教育家传》一书指出："它为建立中国科学的儿童青少年心理奠定了基础。"

我的心理学观，尤其是聚焦思维结构的智力理论，首先是对恩师朱老的理论的继承，并在他提出心理发展的四个基本规律的理论基础上不仅开展了思维、智力、心理的研究，而且我在自己的《小学生心理学》《中学生心理学》《发展心理学》《学习与发展——中小学生心理能力发展与培养》等一系列拙著中谈了体会、做了论证。

第一节

─────

心理发展的条件

对心理发展是先天的还是后天的研究，是目前国际心理学界耗资最大的研究之一。其实，关于心理发展的先天与后天的关系，我国古代的思想家和教育家们不仅涉及这些问题，而且论述得也是最早的。例如，孔子（公元前551—前479）的"性相近也，习相远也"（《论语·阳货》），提出后天决定心理发展的思想；墨子（公元前480—前420）的"染于苍则苍，染于黄则黄""染不可不慎"（《墨子·所染》），提出环境和教育在心理发展上起决定作用的思想；孟子（公元前372—前289）的性善论（《孟子·公孙丑上》）和荀子（公元前298—前238）的性恶论之争及荀子的"性伪合"（《荀子·礼论》）观，都在探索心理发展的先天与后天关系的问题，"性伪合"是一种先天与后天统一的思想；韩愈（768—824）在批评性善论和性恶论的观点的同时，提出了更多强调的是先天因素的性与情的"三品"论（《韩昌黎集·原性》）；王廷相（1474—1544）并不否定"天性之知"的先天作用，更重视后天的"习""悟""过""疑"而决定的"后知"，提出先天与后天的统一观，等等。朱老对于心理发展的先天与后天关系的理论，既有辩证唯物主义的哲学观，又有"古为今用"，即对我国古代先天与后天思想的科学而合理表述的运用。

其实，心理发展的先天与后天因素，是心理发展的条件。心理发展是极其复杂的现象，与许多条件相联系。具备一定条件，心理发展才能实现。而各种条件的性质是不同的，所以在心理发展的过程中所起的作用也不相同。我按照朱老的理论，把其归纳如下。

遗传是儿童青少年心理发生与发展的自然前提；

脑的发育是儿童青少年心理发展的生理条件；

社会物质生活条件是儿童青少年心理发展的决定性条件；

教育是儿童青少年心理发展的主导性条件；

实践或活动是儿童青少年心理发展的直接源泉和基础条件。

我师从朱老学习心理学，对上述这些条件的揭示和分析，主要是围绕以思维为核心的智力发展上，探索三个问题：第一个是遗传与生理成熟的作用；第二个是环境与教育的作用；第三个是实践活动的作用。我在这方面的代表性研究，是对双生子智力的心理学研究（共 80 对双生子，其中同卵双生子 37 对，异卵双生子 43 对）。我的研究材料，反过来又证实了朱老的理论观点的正确。

一、遗传与生理成熟是心理发生、发展的生物前提

遗传是一种生物现象，通过遗传，传递着祖先的许多生物特征。遗传的生物特征主要是与生俱来的解剖生理特征，如机体的构造、形态、感官和神经系统的特征等。这些遗传的生物特征也叫作遗传素质。

生理特征有一个发育成熟的过程，它既表现在构造变化上，又表现在机能变化上，如儿童青少年外形的变化、性发育成熟、各种机能，特别是脑和神经系统的发育成熟等。这些生理特征的发育过程叫作生理成熟。

我继承并坚持朱老的观点：良好的遗传因素和生理发育无疑是心理正常发展的物质基础或自然前提，没有这个条件是不行的。

(一)遗传因素的作用

在发展心理学中关于遗传因素方面的研究，主要有如下几种途径：一是由遗传学提供材料；二是家谱调查；三是双生子的对比研究。双生子的对比研究是重要的研究方法。

双生子分为同卵双生和异卵双生。同卵双生，由受精卵(合子)通过细胞分裂而

繁殖，它分裂成两个子细胞，每一个子细胞是另一个的完全一模一样的复制品，因此在遗传上相同；异卵双生，母体产生多于一个有作用的卵，如果她产生两个，而且每一个都受了精，于是在遗传上，这对双生子就是不同的个体。

根据我自己的研究和别人的研究文献，从思维和智力的角度探索遗传因素在心理发生发展中的作用。

1. 遗传因素影响着儿童青少年智力与思维品质的发展

同卵双生肯定是同一个性别的；而异卵双生可以是同性的，也可以是异性的（男、女各一个）。对比了在类似或相同环境中长大的同卵双生子和异卵双生子（其中同性异卵和异性异卵双生的各为一半）的几项思维能力的指标，获得以下结果（见表 1-1、表 1-2）。

表 1-1 不同双生的运算能力的相关趋势

	幼儿	小学生	中学生
同卵双生	0.96**	0.90**	0.81**
同性异卵双生	0.91**	0.71**	0.50**
异性异卵双生	0.86**	0.54**	0.42**

＊＊代表，$p < 0.01$，下同。

表 1-2 不同双生的智力品质的对照

	敏捷性	灵活性	抽象性
同卵双生	0.74*	0.81*	0.62*
异卵双生	0.56*	0.72*	0.48*

＊代表 $p < 0.05$，下同。

从上面两个表中，我们看到：

①遗传是儿童青少年智力发展的生理前提和物质基础。遗传的作用对运算能力和思维的智力品质的影响都是显著的；且 $r_{同卵双生} > r_{同性异卵双生} > r_{异性异卵双生}$，即遗传因素越近，相关系数越大。可见，良好的遗传素质无疑是智力活动正常发展的重要

条件。

②遗传是有一定作用的。人与人之间的遗传素质和生理因素都是有明显的差异的，但就大多数人来说，这种差异不是太大，因为在遗传上不同个体的异卵双生的相关系数为 0.42～0.91，都显示出显著的相关。因此遗传素质是智力发展的一个必要条件或重要条件，但不是决定条件。

③遗传对儿童青少年智力发展的影响是有着年龄特征的。总的趋势是，遗传因素的影响随着年龄增长而减弱，即随着年龄增长，遗传因素的作用不如环境与教育的影响那么明显和直接。

2. 遗传因素影响着儿童青少年语言能力的发展

我的研究发现，在相同环境中长大的少年儿童，在语言出现早晚时间，语声高低粗细(尖)，说话多少(好说或不爱说)，掌握各类语言形式(口头语言、书面语言)、语言机能及掌握词汇量的多少等方面，同卵双生的差异不大，而异卵双生存在着较明显的区别。我们调查了一个一胎三婴，老大和老二为同卵，老三为异卵，出生后在一个环境中抚养，可是语言发展就有区别。同卵之间一个样，异卵之间又是另一个样。老三在 6 个多月时就开始发"爸""妈"的音，7 个月以后就能较清楚地叫"爸爸""妈妈"，语音发粗；可是另一对同卵双生子却晚两个月才能叫"爸爸""妈妈"，而这两个婴儿发音时间接近，语音接近，都较尖。

3. 遗传因素有时会造成智力缺陷

中国科学院心理研究所调查了 22.8 万名儿童，发现低能儿占 3‰～4‰。低能儿童和呆傻儿童 50％ 以上是先天因素造成的，其中由父母的低能与近亲配婚而造成遗传因素的占相当比例。

早在 20 世纪 70 年代，国外就有人根据各类父母有过一个智力缺陷孩子的调查，获得如表 1-3 所示的父母与子代的关系。[①]

———————————

① ［美］斯特恩：《人类遗传学原理》，吴旻译，北京，科学出版社，1979。

表 1-3 有过一个智力缺陷孩子的父母与子代的关系

父母	子女			
	数目	正常或高者(%)	低下者(%)	有缺陷者(%)
正常×正常	18	71	5	22
正常×低下	59	64	33	3
低下×低下	252	28	57	15
低下×缺陷	89	10	55	35
缺陷×缺陷	141	4	39	57

4. 遗传因素会影响儿童青少年的思维类型

高级神经类型可以分为偏抽象型、偏形象型和中间型。这种高级神经类型的特点，在一定程度上来自遗传。抽象型可能以抽象思维为主，有利于发展数、理能力；形象型可能以形象思维为主，有利于发展文艺创作的能力。善于发挥儿童青少年高级神经类型的各种素质的长处，这是因材施教、有的放矢培养人才的一个重要方面。

综上所述，遗传在儿童青少年思维和智力发展中的生物前提的作用是十分明显的。

(二)生理成熟的作用

尽管我们反对唯生理成熟或自然成熟论，但我们又重视生理成熟在儿童青少年心理发展上的作用。心理是脑的机能，在心理的发展中，离不开脑的发育和生理成熟，离不开生理机制或物质基础。

同样地，我用自己的研究证明，智力的发生与发展，必须要以生理发育、变化、成熟为物质基础。儿童青少年的生理变化的规律性，如脑的重量变化、脑电波逐步发育、脑中所建立的联系程度，就是智力发展年龄特征的生理基础。兹列举主要论证如下。

1. 脑的重量变化与智力发展的关系

人脑平均重量的发展趋势为：新生儿为 390 克；8～9 个月的乳儿为 660 克；2～3 岁的婴儿为 990～1011 克；6～7 岁的幼儿为 1280 克；9 岁的小学儿童为

1350 克；12～13 岁的少年脑的平均重量已经和成人差不多了，即达到 1400 克。

有趣的是，我在对儿童的数概念形成和运算能力发展的研究中，发现儿童的数学运算思维能力的发展变化，与脑重量变化是存在着一致性的。上述脑重量变化的转折期的 8～9 个月，2～3 岁，9～10 岁（小学三、四年级）也正是数学运算思维能力发展的加速期。[1][2] 我认为，这不会是一个巧合。

2. 脑电波的发展与智力发展的关系

所谓脑电波，就是把电极贴在人的头皮的不同点上，把大脑皮质的某些神经细胞群体的自发的或接受刺激时所诱发的微小的电位变化引出来，通过放大器在示波器上显示或用由输出电位控制的墨水笔记录在连续移动的纸上，形成各种有节律性的波形。频率（用周/秒表示）是脑发育过程的最重要的参数，也是研究儿童脑发展历程的一项最主要的指标。20 世纪 60 年代中国科学院心理研究所首先研究脑电波机制；90 年代我和我自己的研究生也投入脑电波的研究中。两家研究结果有不少相似之处。大致表现为，4～15 岁被试脑电波的总趋势是 α 波（频率为 8～13 周/秒）的频率逐渐增加。脑的发展主要通过 α 波与 θ 波（频率为 4～8 周/秒）之间的斗争而进行，斗争的结局是 θ 波逐渐让位给 α 波。4～20 岁被试脑的发展有两个显著加速的时期，或称两个"飞跃"。5～6 岁是第一个显著加速的时期，它标志着枕叶 α 波与 θ 波之间最激烈的斗争。13～14 岁是第二个显著加速时期，它标志着除额叶以外，几乎整个大脑皮质的 α 波与 θ 波之间斗争的基本结束。

同样有意思的是，我在行为研究中看到，5～6 岁，13～14 岁（八年级）正好是儿童青少年智力发展，特别是逻辑思维发展的关键年龄。[3][4] 对于这个关键年龄的问题，我在本章第四节再做详述。

---

① 林崇德：《学龄前儿童数概念与运算能力发展》，载《北京师范大学学报（人文社会科学版）》，1980(2)。
② 刘世熠：《我国儿童的脑发展的年龄特征问题》，见中国心理学会教育心理学专业委员会：《教育心理论文选》，北京，人民教育出版社，1962。
③ 林崇德：《小学儿童数概念与运算能力发展的研究》，载《心理学报》，1981(3)。
④ 林崇德：《中学生运算能力发展的研究》，见朱智贤：《青少年心理的发展》，156 页，北京，北京师范大学出版社，1982。

3. 神经系统的结构与机能的发育与智力发展的关系。

到青春发育期，神经系统的结构基本上和成人没有什么差异了。此时，大脑发育成熟，大脑皮质的沟回组织已经完善。神经细胞也完善化和复杂化，传递信息的神经纤维的髓鞘化已经完成，好像裸体导线外面包上一层绝缘体，保证信息传递畅通，不互相干扰。兴奋与抑制过程逐步平衡，特别是内抑制机能逐步发育成熟，到16～17岁，使兴奋和抑制能够协调一致。我和自己的研究生在20世纪90年代后涉及认知神经科学的研究（见第六章），在研究中我们看到，青春期的脑和神经系统，从结构到机能上的一系列的发展变化，奠定了青少年智力发展，特别是逻辑思维发展的生理基础。

二、环境和教育在心理发生、发展上起决定作用

儿童青少年心理的发生和发展，是由其所处的社会物质生活条件和教育条件，即环境所决定的，其中教育起着主导作用。

环境是指客观现实，即人的生活条件和社会条件。我在研究中看到，它包括如下三个方面，并对儿童青少年的智力发生发展起着作用。

一是胎儿的环境，即除去受精卵（合子）之外的母体内部、外部的一切，对胎儿来说都属于环境。我在研究中看到，胎儿的环境对儿童智力的发生发展的影响是存在的。[①] 有两对同卵双生子，他们中每一对的长相彼此之间都不相似，出生后的智力特点也很不相像，他们中每一对的语言发展、观察、注意稳定性和范围、思维品质等彼此都有一定的差异。我通过查阅病案发现一个共同症状：胎儿期胎位异常，一度有一个胎儿压着另一个胎儿的头部。这个状态必然产生两个后果：一是供血系统受阻碍，会影响一个胎儿的血运，使营养、氧气跟不上；二是直接影响头部的发育。两个方面都关系到这个胎儿的大脑和神经系统的正常发育。可见，从孕育胎儿起保护孕妇的健康，注意营养，防止工伤、辐射，及时检查胎位，对儿童出生后的

---

① 林崇德：《遗传与环境在儿童智力发展上的作用——双生子的心理学研究》，载《北京师范大学学报（人文社会科学版）》，1981(1)。

智力发展有着重要的意义。我曾探索了"胎教"问题。我调查了以教师为职业的母亲的四对幼儿(同卵、异卵各两对)，没有发现母亲在怀孕期从事读书、写字、弹琴和听音乐等文化生活对子女智力发展有任何影响。不过我在研究中倒发现，怀孕期妇女的情绪急剧变化会影响后代的情绪特征和气质特点，从而影响智力的特点。

二是社会生活环境。对于儿童来说第一个生活环境是家庭，父母是儿童的第一任教师。人的生活环境又包括自然环境和社会环境。在儿童青少年的环境条件或生活条件中，最重要的是社会生产方式，即一定的社会生产力和生产关系，它主要反映在人与人之间的关系上，这是生活环境中对儿童青少年有重大作用的因素。

三是教育。由于教育具有明确的目的性和计划性，因而它在儿童青少年的心理发展中(包括智力)具有特殊的意义，即主导作用。

上述的三个方面的环境，也就是物质的和文化的环境，以及良好的教育，可以说是智力发展的决定条件。

(一)生物前提与环境在心理发展上的相互关系

生物前提只提供智力发展的可能性，而环境和教育则把这种可能性变成智力发展的现实性。

我在自己的研究中看到，环境和教育把智力发展的可能性变成现实性的决定作用表现在六个方面，即决定着儿童青少年智力发展的方向、水平、速度、内容(或范围)、智力品质，以及改造影响智力发展的遗传素质。儿童青少年智力发展的总方向或趋势是一个内化的过程，尽管步骤有繁有简，但内化的方向是客观的；儿童青少年整个内化的过程就是一个发展过程、成熟过程，这个过程是分阶段的，这就显示出不同的水平；达到某级水平有早有迟，有快有慢，这就是智力发展的速度；不同主体，在不同领域表现出不同的技能，在不同范围所形成的不同能力，组成不同的智力内容；思维的品质，如绪论所述是不同的智力特征，这是区分正常、超常或低常智力的具体表现。我们在研究中看到，上述诸方面是由环境和教育决定的。我的结论仍然来自自己对双生子智力的心理学研究。

1. 不同环境下同卵双生子的智力表现

在我的研究中，有不少同卵双生子被试是在不同环境条件下生活的。他们与在相类似环境下成长的同卵双生子相比，其中每一对双生子彼此体现着更大的不是智力或思维的相似性，而是差异。

表 1-4　同卵双生子在异同环境下的相关系数对照

	运算能力	学习成绩
相同环境	0.89*	0.81*
不同环境	0.67*	0.58*

从表 1-4 中只能看出环境的影响，但看不出环境的决定作用，更看不出决定作用的具体表现。为了弄清问题，我选出两对在不同环境下生活的同卵双生子的个案做典型分析。

个案分析例 1：老大和老二，系同卵双生女，16 岁，长相、健康状况相同。出生第一年，抚养环境相同，智力发展没有发现差异，观察力和语言发展等智力表现几乎相同。1 岁后，环境发生了根本变化：老大随农民生活，她的早期教育无人负责，上学后学习自流，没有形成良好的学习习惯；老二随医生生活，早期教育抓得紧，教育上得法，提前两年上了小学，有良好的学习环境，形成了良好的学习习惯。结果在智力上造成明显的差异：她俩学习成绩有显著的区别；学习兴趣截然不同；智力品质各不相同。从例 1 可以看出：①环境对儿童青少年的智力发展起着决定的作用；②早期教育得法，对她们的智力有重要的意义；③创造良好的学习环境，培养良好的学习习惯，能积极发展她们的智力；④同样的遗传因素，在不同的环境下得到不同的发展结果，可见环境对遗传因素的改造作用。

个案分析例 2：老大与老二系同卵双生子，16 岁，兄弟俩在小学阶段智力发展与学习成绩不分上下，各门功课学习平衡，没有突出的爱好。小学毕业后，他们分别在两所中学里学习。老大受同班同学影响，对数学有兴趣；老二受语文老师感染，喜欢写作。于是在智力上出现差异：老大偏理科，向抽象逻辑思维型发展；老二偏文科，向形象逻辑思维型发展。可见：①在智力或思维能力成熟之前，环境的差异和变化可随时决定儿童青少年智力发展的内容；②环境对儿童青少年智力的决定作用是通过儿童青少年的活动进行的；③智力发展的动力系统——需要、兴趣等在智力发展中起重要的作用；④教师、同学影响儿童青少年智力的发展，不仅说明关系密切的人（可接近性）对他们智力发展的影响与作用，而且也反映情绪、模仿在智力发展中的重要意义。

2. 相同环境下异卵双生子的智力表现

表 1-5　异卵双生子在异同环境下的相关系数对照

	运算能力	学习成绩
相同环境	0.66**	0.59**
不同环境	0.45**	0.39**

表 1-5 与表 1-4 相对照，不仅可以看出在异同环境下异卵双生子智力发展中的差异，而且也可以看出相同环境下成长的异卵双生子的相关系数与不同环境下成长的同卵双生子的相关关系之接近程度。一句话，环境在对儿童青少年智力发展中的影响是显著的。从我的研究中可看出环境作用有如下几个方面。

第一，相同环境下生活的异卵双生子在智力上所表现出的年龄特征基本相同。

我们在对智力的研究中已经看到，儿童青少年的运算能力经过直观行动—具体形象—形象抽象—逻辑抽象四个阶段，每一阶段还可细分为一定的等级。相同环境中生活的异性异卵双生子（遗传因素相关最小），尽管他们在运算能力上的测定成绩有差异，但他们中间有 91.7% 达到相同的等级水平。由此可见，环境是形成儿童青少年的年龄特征，特别是智力年龄特征的决定因素。

第二，一对特殊能力的异卵双生子分析。

A 和 B 尽管是一对异卵双生中学生，但有三个特殊的相同点：一是兄弟俩外语成绩突出，能用英语做一般性会话；二是勤学好问，学习拔尖，都在高中毕业同时考入高等学校；三是兄弟俩都能打一手好乒乓球，在全区比赛中为学校夺得名次。通过多年追踪获悉：兄弟俩从小在一起，形影不离，在家长、学校为他们创造的相同环境条件下成长发展，是决定性的因素。

(二)教育条件在心理发展上起着主导作用

朱老强调，社会生活条件在儿童青少年心理发展中的决定作用，常常是通过教育来实现的。教育是由一定的教育者按照一定的教育目的来对环境影响加以选择，组成一定的教育内容，并且采取一定的教育方法，来对受教育者的心理施行有系统的影响。

我从中受到启发：教育的主导作用，与教师的能动作用是分不开的，从一定意义上说，教育的主导作用主要体现在教师的主导作用上。我做过调查，看到儿童青少年的智力发展水平，在很大程度上取决于教师的教学。例如，我在实验研究中发现，20 个实验班教师在教学中突出了思维的智力品质的培养，不仅使实验班的教学质量提高了，而且也使实验班学生思维的智力品质加快发展，且效果明显。[1] 可见教师的主导作用是明显的，在实施国民教育的过程中，第一位的问题是师资问题。有关教育的主导作用的表现，我们在第三节中进一步展开论述。

三、实践活动是心理发展的源泉

不论是瑞士的皮亚杰还是苏联的维果茨基都重视实践活动或动作对智力发展的作用，恩师朱老亦是。他指出，实践活动之所以是心理发展的源泉，因为实践活动是主观见之于客观的东西，实践活动是客观的活动、能动的活动，是受社会历史条件制约的活动，也是变革现实的活动。我认为，只有实践活动，才能构成主、客体的矛盾，才会在主体活动领域中反映现实。离开了实践活动，就不会有心理的源泉，也不会有思维和智力的源泉，也就是说，思维和智力是在实践活动中发生与发展的。

我在研究中看到，实践活动推动思维和智力的发展，主要表现在以下五个方面。

第一，实践活动的需要，不断地给人们提出新的智力课题，他们正是在不断回

---

[1] 林崇德：《教育与儿童心理发展——小学生运算思维培养的实验总结》，载《北京师范大学学报(哲学社会科学版)》，1984(1)。

答和解决这些新课题的过程中，不断地发展智力。

第二，实践活动，为人们提供了丰富的感性材料，积累了大量的经验资料，促进人们去抽象、概括和总结，使人们逐步认识事物的本质和规律。

第三，实践活动，为人们的智力提供了一系列的工具、器材和手段，从而提高他们的智力水平。

第四，实践活动是检验智力结果的正确性的唯一标准。一种智力如果在实践过程中取得了成功，达到了预想的目的，实现了预想的结果，这就证实了这种智力是符合客观事物的规律性的，于是就强化主体再认知，从而发展了正确的智力；而相反的则是错误的，是负强化，足以给主体智力以不良的影响，阻碍智力的发展。

第五，实践活动锻炼与提高人们的智力。任何人的智力，主要是随着实践活动的深入而发展的。人的智力是按照人如何学会改变自然界和社会而发展的。由此可见，在智力发展中，我们必须重视实践活动，将它作为智力发展不可缺少的"直接基础"。从个体智力发展史来看，特别是对儿童青少年来说，如果不研究他们和外界的联系，特别是和人的联系，不研究他们的活动，就无从说明智力的发生和发展。

此外，在儿童青少年心理发展的各个年龄阶段，都有一种主导活动。例如，幼儿的游戏是其学龄期的主导活动，各类学生以学习为主导活动，毕业后的青年以工作、劳动为主导活动。这种主导活动，直接决定着儿童青少年的心理发展，也包含他们智力发展的方向、内容和水平，是他们智力发生和发展的最重要的基础。

第二节

心理发展的动力

朱老指出，我们强调了环境和教育对儿童智力发展的决定作用，但并非承认环境机械作用和"教育万能论"。儿童青少年心理发展有着其自己的内部矛盾，有着发展的动力。为此，我继承并坚持恩师朱老的心理发展动力观，不仅写过这方面的论文①，而且用自己思维与智力及其发展的研究材料，证明了这种心理发展动力观的正确性。

一、儿童青少年心理的内部矛盾是其发展的动力

我在自己的论文中写道：探讨心理发展的动力问题，必须坚持以辩证唯物主义哲学思想做指导，必须理解内因和外因的辩证关系。唯物辩证法的宇宙观主张把内因和外因结合起来，既从事物的内部，也从某一事物和其他事物的关系中去考查与研究事物的发展，而内因是事物发展的根据，它决定事物的性质，决定事物发展的方向，它是推动事物发展的根本动力。按照唯物辩证法的观点，儿童青少年的心理发展的动力乃是其心理的内部矛盾。

在国际心理学界，皮亚杰是坚持"外因通过内因起作用"的心理和智力发展观的典范。在中国心理学界，朱老的心理发展动力理论，不仅坚持外因与内因的辩证关系，而且也具体地论述了内因的动力特点。我的体会是，具有什么样的内因，事物才可以发生什么样的质变；不具备那样的内因，事物就不可能发生那样的质变。无数教育实践和智力心理学的实验研究都可证明，在相同的教育或教学条件下会产生不同的结果。我自己的研究证明②，一种实验型的教学措施对一部分学生智力发展可能是良好的条件；对另一部分学生智力发展可能不起什么作用；对于其他部分学生智力发展可能成为不良的刺激。这些情况正说明任何环境和教育等外部条件要通过儿童青少年智力发展的内因才能起作用。儿童青少年智力的内部矛盾或内因是他们智力发展变化的根据和动力，决定着他们智力发展的方向和性质。

我们肯定内因是思维和智力发展的动力，并不否定外因在思维和智力发展上的作用。第一节已经指出，环境和教育等外因，是儿童青少年智力发展不可缺少的条件。但是环境和教育等外部条件的作用不管有多大，它毕竟只是一种条件，是智力

---

① 林崇德：《教育与儿童心理发展——小学生运算思维培养的实验总结》，载《北京师范大学学报（哲学社会科学版）》，1984(1)。

② 林崇德：《小学生运算思维品质培养的实验研究》，载《教育研究》，1983(10)。

发展的一种外因。环境和教育不通过智力发展的内部矛盾，不对智力发展的内部关系施加影响，它们是不可能起作用的。如果智力发展中不存在某种特点的内因，那么无论有多好的环境条件或教育措施，也不能使儿童青少年智力发生某种特定的质变。因此，外因绝不是事物发展的动力，环境和教育也不能列入智力发展的动力。外因只是智力变化的条件。它通过加强或削弱智力内部矛盾的某一方面，从而促进智力的发展。

二、什么是儿童青少年心理的内部矛盾

我在自己的论文中曾强调，探讨心理发展的动力问题，必须要考虑到动机系统和普遍原理。所谓考虑到动机系统，即涉及发展的动力时，要考虑到引起心理活动和各种行为的一系列动机；所谓考虑到普遍原理，即在谈论心理发展的动力时，要考虑到能普遍地反映完整心理活动及结构的主要矛盾。同样地，在探索儿童青少年智力发展的动力时，也要坚持动机系统和普遍原理。

既然儿童青少年智力发展的动力乃是其智力发展的内部矛盾，那么，这个内部矛盾是什么？按照朱老的理论："在儿童青少年主体和客观事物相互作用的过程中，即在儿童青少年不断积极活动的过程中，社会和教育向儿童青少年提出的要求所引起的新的需要和儿童青少年已有的心理水平或心理状态之间的矛盾，是儿童青少年心理发展的内因或内部矛盾。这个内因或内部矛盾也就是儿童青少年心理不断向前发展的动力。"[①]这个观点成为目前我国发展心理学界最普遍的看法。简言之，儿童青少年在活动中产生的新需要和原有心理水平构成的矛盾，是他们心理发展的动力。这对矛盾，集中反映了在实践活动中，来自主客观的矛盾。具体地，对于儿童青少年智力发展来说，就是儿童青少年在活动中产生的新需要和原有智力结构之间的矛盾，这是智力活动的内因或内部矛盾，也是智力发展的动力。这里，一是动力产生于活动、实践之中，统一于活动、实践之中，并实现于活动、实践之中，这种

---

① 朱智贤：《儿童心理学》，72 页，北京，人民教育出版社，1979。

强调实践活动第一的观点，我在上节中已经做了阐述；二是新的需要，即客观现实不断地向儿童青少年提出新的要求、任务或问题，从而引起他们智力活动的定向，获得智力活动的新课题，这是内部矛盾的活跃的一面；三是新的需要能否得到满足，并与原有智力结构达到一致性，关键在于原有智力结构的水平和整个主观内部状态。

我一再强调在实践活动中主客观的矛盾是智力发展内部矛盾的基础，并不等于说它们就是心理发展的内因或动力。如果主、客观矛盾是内部矛盾，那么势必把客观现实也说成主观的心理的一个矛盾方面，这必然从根本上取消了心理或智力发展还存在着内因和外因的区别，心理或智力发展还有什么外因可谈呢？如何来理解智力发展的这对内部矛盾呢？

(一)需要在心理内部矛盾中代表着新的一面，它是心理发展的动机系统

任何人不管做任何事，都出于自己的需要。人们习惯于从自己的思想，而不是从自己的需要出发来解释自己的行为，这样一来，久而久之便发生了错误的哲学观。可见，所谓需要，也是一种反映形式。任何需要都是在一定生活条件下，即在一定社会和教育的要求或自身的要求下产生的对于一定客观现实的反映。需要这种反映和一般反映的共同之处，是能被人意识到的反映形态；和一般反映不同之处，在于需要是心理活动的动机系统，由它引起主体的"内外行动"。

心理学对需要做了各种分类。然而，我认为需要的分类尽管复杂，但不外乎两种：需要从其产生上分类，可以分为个体的需要和社会的需要；需要从其性质上分类，可以分为物质方面的需要和精神方面的需要，这两种分类是交错的、相互制约的，带有主观能动性的。需要可以表现为各种形态，动机、目的、兴趣、爱好、理想、信念、价值观、世界观等，这些都是需要的不同表现形态。

需要在人的心理发展中，经常代表着新的一面、比较活跃的一面。涉及智力发展问题上，起动力或动机系统作用的需要形态，主要是动机(学习动机)、欲望(求知欲)、兴趣、爱好；其作用的途径，具体地表现在以下两个方面。

第一，兴趣→动机→知识→思维和智力。

知识、经验是智力或思维的基础。要获得知识、经验，就得学习，就要激发主体的学习动机；而学习无动力，思维和智力活动也会落空。要激发儿童青少年的学习动机，抓方向、抓理想固然重要，但启发他们的好奇心，发展他们的求知欲，培养他们的兴趣、爱好，显得更为重要。我们研究证明，兴趣在学习中是最活跃的因素，是带着情绪色彩的认知倾向。[①] 要激发儿童青少年去勤奋自强、努力学习，必须要将兴趣作为内在的"激素"。

第二，兴趣和爱好是形成思维与智力的契机。

兴趣和爱好犹如催化剂，它不断促进儿童青少年去实践，去探索，去对某个问题加以思考。实践活动则不断开辟着他们智力发展的道路，探索则不断深化着他们对问题的认识，思维则不断发展着他们分析问题和解决问题的能力。

任何有成就的人，都热衷于自己的事业或专业，甚至达到了入迷的程度。天才的秘密就在于强烈的兴趣和爱好，从而产生无限的热情，这是勤奋的重要动力。因此，应当把儿童青少年的兴趣和爱好作为正在形成某种智力的契机来培养。

(二)原有心理水平和原有心理内部矛盾代表着比较稳定的一面，它是过去心理活动的结果

思维、智力乃至心理的整体结构都是在实践活动中逐步地形成起来的。昨天还是客观的东西，通过主客体的矛盾，就可能成为今天的主观的东西；同样，今天的客观的东西，通过实践活动，也可能成为明天的主观的东西。由于主客体的交互作用，人对客观现实的认知活动，逐步构成人的思维和智力的完整结构及其发展水平。

在智力的内部矛盾中，代表着比较稳定一面的原有心理水平和原有智力结构等，这是一个十分复杂的整体。我在研究中看到，它大致由下列成分组成，代表人的主观内部状态：

1. 思维和智力结构及其发展水平；

---

① 青少年理想、动机、兴趣研究协作组：《国内十省市在校青少年理想、动机和兴趣的研究》，载《心理学报》，1982(2)。

2. 整个思维过程或认知活动的水平；

3. 知识、技能与经验的水平；

4. 个性特征的发展水平及其表现，包括兴趣、爱好、信念、理念、动机等个性心理倾向性，也包括性格及其理智、情感、意志、气质、态度等特征，即一切非认知因素的水平及其表现；

5. 生理和心理发展的年龄特征及其表现；

6. 当时的心理状态，即注意力、心境、态度等。

不应该将原有的心理水平和原有智力结构看成是保守的，它们是过去实践活动中已经形成起来的主观内部状态，既有积极的因素，又存在着不足或者有待发展的方面。

我们平时说，教育工作必须要从受教育者的实际出发，那么，在培养儿童青少年的思维和智力时，就是要从上述的完整的主观内部状态出发，这样才能做到"有的放矢"。

(三)新的需要和原有水平或主观内部状态的对立统一，构成儿童青少年心理发展的内部矛盾，形成心理发展的动力

客观现实是不断发展的，这就不断向儿童青少年提出新的要求、任务和问题，从而使他们的心理结构和品质等跟客观现实的要求、任务或问题之间发生矛盾，这就是新的需要和原有水平或主观内部状态的矛盾。这对矛盾互相依存，互相转化。我们在阐述了在儿童青少年智力活动中，新需要与原有水平是如何发生交互作用的情况：矛盾双方是同一的，又是斗争的。其结果不外乎两种情况，一种是新需要为原有的智力结构所同化，且趋于一致，则促使智力在原有水平的基础上发展；另一种是新需要被原有智力水平所否定、排斥，则使智力保持原有的水平。是第一种状况好，还是第二种好，要看其内容和智力发展的方向。例如，新的求知欲的需要形态，促使主体在原有水平上去学习探索，获得知识，发展智力，这有利于儿童青少年的心理健康发展。但是，错误的课题或认识倾向等需要，使儿童青少年与原有水平相适应，则往往使他们智力退步。与此相反，原有智力结构否定了错误的智力课

题或认识倾向，这种原有水平的"保持"则意味着发展和进步。在实践活动中，儿童青少年不断地分析问题、解决问题，这样，就使智力的内部矛盾的双方达到了一致、统一。在这个一致、统一的基础上，由于实践不断向儿童青少年提出新的要求、任务或问题，在他们的智力上又会产生新的矛盾。就这样，矛盾不断地发生、不断地解决，就推动了他们智力不断地向前发展，成为儿童青少年智力发展的动力。总之，这对矛盾体现了智力发展内外因的辩证关系，揭示了动机系统产生的基础，表现出新旧"反映"之间的对立统一，从而能够阐明智力活动发生变化、"新陈代谢"的基本原因。

三、客观的要求必须合适

探讨心理发展的动力问题，还必须分析心理的内部矛盾的双方相互斗争的结果，如何在一定条件下相互转化。

为此，我认为，思维和智力发展的内因是根据，是动力，是第一位的原因；环境和教育等外因是条件，是第二位的原因。这并不是说，在任何时候、任何情况下，都要把智力发展的动力放在主要方面来考查，把主要的注意力都放在解决内因的问题上。我从中小学教育的经验和实验研究中看到，在培养新一代的聪明才智的过程中，不同时期或阶段，究竟把着重点放在儿童青少年智力发展的内因方面或放在教育方面，这要根据具体情况做具体的分析，不能用一套固定的模式乱套。一方面，环境和教育决定儿童青少年的智力发展，不断地向他们提出新的要求；另一方面，教育本身却又必须从儿童青少年的实际出发，从他们的原有的心理水平和智力结构出发。因此，儿童青少年心理如何发展，向哪里发展，不是由外因机械决定的，也不是由内因孤立决定的，而是由适合于内因的一定外因决定的，也就是说，儿童青少年心理发展主要是由适合于儿童青少年心理内因的那些教育条件来决定的。

那么，如何发挥教育的主导作用呢？关键在于教育要适合于儿童青少年智力发展的内部矛盾并促进相互转化。这里必然会提出这么一个问题：教育所提出的要求，是严一点好，还是宽一点好？这在教育界是有争议的。我通过自己的研究证明，教育要求必须要适当，过低的要求和过高的要求都是不适宜的。过低的要求，激发不起儿童青少年的兴趣。没有兴趣，没有求知欲，产生不了新的需要，就不能很好地构成儿童青少年思维和智力发展的内部矛盾。而过高的要求，远远脱离他们的原有智力结构及其水平，使他们"望而生畏"，不仅产生不了学习和思维的愿望，即使激起新的需要，也不能为原有心理水平和智力结构所"同化"，难以构成智力发展的动力。只有那种高于儿童青少年的原有心理和智力水平，经过他们主观努力后又能达到的要求，才是最适当的要求。我们在教育工作中应遵循这些规律，向儿童青少年提出适当的要求，才能使他们在原有心理水平和智力结构的基础上不断提高，使合理的要求变成新的需要，并以此为动力促进他们的智力不断向前发展。

第三节

教育与心理发展的辩证关系

既然教育在智力发展中起主导作用，那么，合理的教育同智力发展到底有什么关系？教育的主导作用有哪些表现？又是怎样获得实现的呢？孔子说："学而不思则罔，思而不学则殆。"（《论语·为政》）这里孔子把学习与思维、教育与智力发展辩证地结合起来了。朱老正是从这个辩证关系出发，提出了教育与心理发展的统一观。

一、智力或心理发展的参数

朱老相当重视儿童青少年心理发展的指标问题，这个问题就是指发展的参数。

美国心理学家克雷奇（David Krech）等人，提出了心理发展参数的具体问题。他们说：一切发展过程的进行可以用仅仅几个一般特点来描述，这些特点包括以下四方面：

（1）发展速度，指随时间而变化的速度；

（2）时间，指某种心理特征开始、成熟的时间；

（3）顶点，指一个特定机能发展到顶点时的特征；

（4）发展的分化和阶段。它们在本质上是行为性质的变化，这些是不能用简单的数量来计算的。[①]

克雷奇等人提出发展参数是有重要意义的，它不仅进一步揭示了发展的本质，而且提出了发展的指标和一般特征。但是，克雷奇提出的发展参数的组成是不够完整的。他们所列的四条，实际上只是两点。一点是发展的速度，另一点是发展的时间。因为克雷奇等人所说的时间，是指某种心理特征开始、成熟的时间，这实质上是发展阶段的一个特征；他们所说的顶点，是指一个特定机能发展到顶点时的特征，这实质上也是发展阶段的一个特征，即发展成熟点的时间以及到达这一时间的具体表现。因此，克雷奇等人的后三条就只是一条，即时间。发展阶段性只不过是时间的一种表现，各种阶段上的特征，也只不过是在一种特定时间或年龄阶段的特征。克雷奇等人提到"性质的变化"，但他们并未解释或说明这个"性质"的含义。因此，克雷奇等人提出的发展参数是有价值的，同时也应该给予补充。

参照国内关于儿童青少年生理生长发育的指标及规律的研究[②]，我以儿童青少年智力发展为例，将心理发展的参数概括如下：

（1）心理发展的量变与质变。儿童青少年的智力发展是由不显露的细小量变到根本的突然的质变的复杂过程。他们的智力由直观行动思维，到具体形象思维，再到抽象逻辑思维，这里要经过一系列的比较明显、比较稳定的质变过程。

（2）心理发展的时间。儿童青少年的智力发展是有一定程序的，既有不断发展的连续性，又有各年龄阶段的特征——阶段性，也就是从思维萌芽到逻辑思维的产生、辩证思维的出现、思维的成熟，都有一定时间性。

---

① ［美］克雷奇、克拉奇菲尔德、利维森等：《心理学纲要》上册，周先庚、林传鼎、张述祖等译，40～42页，北京，文化教育出版社，1980。
② 叶恭绍：《生长发育的一般规律》，参见叶恭绍：《儿童少年卫生学》，29～35页，北京，人民卫生出版社，1980。

（3）心理发展的速度。在智力发展中，其速度不是随时间而直线上升的，而是呈波浪式的，是不等速的，有稳定发展的速度，也有加速期（下一节要讨论到的关键年龄）。

（4）心理发展的协调一致性。整个心理发展过程是统一协调的，但又是不平衡的。整个心理发展与智力发展是共性与个性的关系。智力发展尽管有其特殊性，但又依赖于它和整个心理结构的关系与联系。

（5）身心发展的关系。如第一节所说的，生理成熟，可以作为智力发展的一个参考指标。

（6）心理发展的差异性。智力发展的个体差异，说明每个个体的智力发展有他自己的特点。每个儿童青少年智力发展的指标与常模相对照，就可以断定其智力发展的水平。

二、教育在心理发展上的地位与作用

如前所述，教育是儿童青少年心理发展的外因。然而，强调教育这个外因必须通过心理发展的内因或内部矛盾起作用，绝不是限制或贬低教育的作用，而是为了更好地按照客观规律来发挥教育的主导作用。荀子特别重视教育的作用。他从"性伪合"思想出发，认为人生而无贵贱、智愚与贫富之分，使人产生这些区别的唯一力量是教育。朱老肯定了这种思想，也坚持了这种观点。

教育对儿童青少年的智力到底发生什么样的影响呢？应该坚持三个观点[①]，现在就儿童青少年智力发展的事实，加以分析。

(一)教育是使心理发展的可能性变为现实性的必要条件

我自己的研究表明：小学儿童智力发展的潜力是很大的，要是教育得法，这个潜力就能获得很大的发展；相反地，如果不因势利导，这个潜力就发展不出来。在

---

① 林崇德：《儿童与青少年心理发展的动力》，载《北京师范大学学报(社会科学版)》，1983(1)。

我的实验研究前，20 个实验班和 20 个控制班在智力品质的各类指标测定上均无显著的差异；但是，由于实验班加强了实验措施，一年后，在智力品质的各项指标测定上，实验班的成绩显著地超过控制班，形成了显著的差异。例如，控制班有的入学时思维很敏捷的儿童，由于缺乏运算速度的培养，养成干什么事都带"惰性"的习惯，思维过程越来越显得"迟钝"，这是值得注意的教训。[①]

(二)教育可以加速或延缓心理发展的进程

智力发展中由于外因的作用、影响不同，进程的速度就不同。国内不少研究也包括我自己的研究都表明[②]，小学儿童智力发展的关键期一般在四年级。但是，教育得法，如我们三年级实验班的一系列实验数据都接近或达到四年级的平均数，这说明由于教育条件促使转折期在提前；相反地，如果教育措施无力，有的五年级的儿童还未完成逻辑思维的质变，可见由于教育条件延缓了转折期或关键年龄的到来。

(三)教育使心理发展显示出特定的具体的形式和个别差异

智力能力的差异，智力的内容所涉及的知识经验的差异，都由教育这个特殊的条件所决定的。我在研究中看到，实验班与控制班在思维品质上的差异越来越明显，这不仅仅是一般学习成绩的问题，而是儿童心理发展条件特征的可变性问题，它反映了由于教育条件促使了心理稳定的因素在发生变化。

因此，教育在心理发展或在智力发展过程中起着非常重要的作用，是主导性的重要条件。当然，我们强调教育的作用，应该是指符合儿童心理或智力发展内因并采取合理措施促进心理或智力发展的教育的作用。合理的教育措施，在儿童青少年原有的心理水平和智力结构上提出了新的要求，传授了新知识，促进他们领会和掌握这些知识，就增长了智力发展的新因素，这些因素从量的积累，就必然发展到质

---

① 林崇德：《教育与儿童心理发展——小学生运算思维培养的实验总结》，载《北京师范大学学报（哲学社会科学版）》，1984(1)。
② 朱智贤：《小学儿童心理的发展》，158 页，北京，北京师范大学出版社，1982。

的变化，并逐步形成儿童青少年的稳定的思维特征。

三、知识的领会是教育和发展之间的中间环节

从提出教育措施，以激发儿童青少年新的需要的产生，到他们的心理的发展是怎样实现的呢？

朱老说，教育并不能立刻直接地引起儿童青少年心理的发展，但是，它之所以能引起他们心理的发展，乃是以他们对知识的领会和掌握为中间环节的。

智力的发展，也必须要以领会知识和掌握技能为基础。中小学教学是十分强调这个"双基"，即基本知识和基本技能的。知识是人类社会历史经验的总结，从心理学的角度来说，它以思想内容的形式为人所掌握；技能是指操作技术，它以行为方式的形式为人所掌握。

知识、技能与智力、思维有密切的关系。知识、技能的掌握，并不意味着一个人智力或思维能力的高低，但知识、技能与智力、思维是相辅相成的。智力、思维的发展是在掌握和运用知识、技能的过程中完成的；离开了学习和训练，什么知识都不懂，什么事情都不会做的人，他的智力、思维缺少形成的"中介"，显然是无法得到发展的。中小学教学，就是在不断地提高基本知识和基本技能的基础上发展儿童青少年的智力、思维的。

前面谈到，控制论认为，信息变换和反馈调节是一切控制系统所共有的最基本的特点。这就是说，信息和反馈不仅技术系统有，而且生物界、社会直至心理都具有。第一信号系统的信息当然是信息；第二信号系统（语词）是社会信息。信息变换过程就是信息的接收、存储（相当于记忆）和加工的过程。人类领会了知识掌握了技能就是接收、存储信息，在此基础上进行加工才能促使心理发展。现代控制论、信息论有力地说明，领会知识是教育和心理发展之间的中间环节，片面强调智力、思维的发展而忽视知识、技能的掌握，这对心理发展，也包括智力、思维的发展都是十分不利的。

当然，经过教育和教学，主体对知识也不是立刻就能领会的。为什么呢？对

于他们来说，从教育到领会是新质要素不断积累、旧质要素不断消亡的细微的量变和质变过程。从不知到知，从不能到能，要为原有心理水平所左右。在培养儿童青少年智力的过程中，对于教育条件来说，教学内容和方法的选择，都会产生不同的情况。如前所述，教材太难或太容易，都同样会产生不良的结果。教育工作者的责任就是要以学习的难度为依据，安排适当教材，选好教法，以适合他们原有的心理水平并能引起他们的学习需要，成为积极思考和促使智力发展的内部矛盾。

儿童青少年知识的领会、经验的丰富、技能的掌握，提供了从教育到智力发展的中间环节，这是他们智力发展的量变过程。

四、教学的着重点是促进智力的质的发展

在"教育与发展"理论上，朱老十分推崇荀子与王充的思想。荀子说"长迁不反"和"安久移质"（《荀子·儒效》），包含着通过教育学生心理发展产生量变与质变的关系；王充说"夫人之性，犹蓬纱也，在所渐染而善恶变矣"（《论衡·率性》），强调由于"渐变"，即量的变化过程，才使蓬纱之质完全变化。朱老肯定这些辩证思想，指出量变过程的实现，儿童青少年知识的丰富和技能的掌握，并不是教育的全部目的。教育目的不仅仅在于提高其知识和技能，更重要的是发展他们的智力，但从知识的提高到智力的发展需要心理经过一个质变的过程。同样地，知识的领会这个中间环节是儿童青少年智力发展的量变，他们的智力或思维的比较明显的、稳定的发展，则是其心理发展的质变。无数量变促进质的飞跃，知识的无数次地领会和掌握才逐渐促进智力与思维的发展。

我根据自己的研究认为，要通过教育与教学，按照量变质变的规律，来促进儿童青少年智力的量变过程逐渐内化，最后达到智力的质变过程。

以数学教学为例，数学是智力的体操，中小学的数学教学，不仅仅要让儿童青少年领会和掌握数学知识，还应该着重于发展他们的数学能力。什么是儿童青少年的数学能力呢？我在绪论中已提到，它是以数学概括为基础，由运算能力、空间想

象能力、数学的逻辑思维能力和深刻性、灵活性、创造性、批判性、敏捷性五种思维品质组成的开放结构。通过数学教学，在儿童青少年领会和掌握数学知识与技能的量变基础上，逐渐内化，变为他们每个人智力结构内部的东西，产生比较明显、比较稳定的逻辑思维的运算能力，达到质的变化。

以语文教学为例，儿童入学后，语言的专门训练，即语文课作为他们的主课，中小学的语文教学，不仅仅使儿童青少年学会认字、写字、读书，而且更重要的是培养他们的语言能力。什么是儿童青少年的语文能力呢？我也在绪论中提到，它是以语文概括为基础，把听、说、读、写四种能力和深刻性、灵活性、创造性、批判性、敏捷性五种思维品质组成的开放结构。通过语文教学，在儿童青少年领会和掌握语文知识、字词、内容等量变的基础上，语法、逻辑性、修辞手法等都逐步成为内化的东西；出声的朗读发展为无声的默读；口头表达或造句变成书面写作或内部言语来构思的方式；模仿作文的技能变成独立写作的技巧；等等。这一切，就成为儿童青少年智力结构内部的东西，产生了比较明显、比较稳定的语文能力，达到质的变化。

教师的责任，就是要通过教育和教学，运用知识武装儿童青少年的头脑，同时给予他们以方法，引导他们有的放矢地进行适当的练习、积极的类化、逐步的内化，促进他们的思维和智力尽快地提高与发展，不断地发生质的变化。

第四节

心理发展的年龄特征与个别差异

我国古代的许多思想家和教育家，肯定人的发展中既有年龄特征，又存在着个别差异。孔子的"吾十有五，而志于学，三十而立，四十而不惑，五十而知天命，六十而耳顺，七十而从心所欲，不逾矩。"（《论语·为政》）这是对人类发展年龄特征的最经典论述。同时又出现王廷相的"人之性也，性禀不齐"（《慎言·问成性篇》）的个体差异观。因此，在教育中既要坚持孟子的"循序渐进"的原则，又要实行孔子的"因材施教"的思想。

朱老赞同以上思想，着重指出，儿童青少年的心理发展，也跟一切事物的发展一样，是一个不断对立统一、从量变到质变的发展过程。在整个心理发展过程中，各个不同阶段所表现出来的质的特征，被称为儿童青少年心理发展的年龄特征。儿童青少年心理发展的年龄特征是教育工作的一个出发点。与此同时，同年龄阶段的儿童青少年虽具有这个共性，但在同一时期，他们每个人又有自己的个性，这就是所谓个别差异。这里，体现了共性与个性的统一。

一、心理发展年龄特征的一般概念

如何理解儿童青少年心理发展的年龄特征呢？

首先，心理发展的年龄特征是针对儿童青少年心理的年龄阶段特征说的。

朱老反复强调，心理年龄特征，并不是说一个年龄一个样。它说明，在一定的社会和教育条件下，儿童从出生到成熟经历6个时期：①乳儿期（0～1岁）；②婴儿期（1～3岁）；③幼儿期或学前期（3～6、7岁）；④学龄初期或小学期（6、7～11、12岁）；⑤少年期（11、12～14、15岁）；⑥青年期（14、15～17、18岁）。这些时期是互相连续的，同时又是互相区别的。尽管在某一年龄阶段之初，可能保留着大量的前一阶段的年龄特征，而在这一年龄之末，也可能产生较多的下一阶段的年龄特征，但从总的发展过程来说，这些时期或阶段的次序及时距大体上是恒定的。

其次，朱老指出心理发展的年龄特征，是指儿童青少年心理在一定年龄阶段中的那些一般的、典型的、本质的特征。

一切科学在研究特定事物的规律时，总是从事物的具体的、多种多样的表现中概括出一般的、本质的东西。虽然具体的东西是最丰富的，但本质的东西是最集中的。儿童青少年心理的年龄阶段特征就是从许多具体的、个别的儿童青少年心理发展的事实中概括出来的，是一般的、本质的、典型的东西。

智力发展一般的、本质的、典型的年龄特征又有哪些表现呢？智力发展，也表现出这种稳定的阶段性：从出生至 3 岁，主要是直观行动思维；幼儿期或学前期，主要是具体形象思维；学龄初期或小学期，主要是形象抽象思维，即处于从具体形象思维向抽象逻辑思维过渡的阶段；少年期，主要是以经验型为主的抽象逻辑思维；青年初期，主要是以理论型为主的抽象逻辑思维。

我在自己的研究中看到，小学儿童的思维是形象抽象思维，这是针对最一般的、典型的、本质的东西来说的。事实上，一年级儿童还是以具体形象思维为主要形式，与幼儿晚期差不多；四年级儿童的思维尽管还带有具体形象性，但基本上是抽象逻辑思维了。整个小学阶段儿童的思维，总的趋势是从具体形象思维向抽象逻辑思维过渡。

由此可见，儿童青少年心理的年龄特征是指某一阶段的一般特征、典型特征、本质特征，而在这一阶段之初，可能保存着大量的前一阶段的年龄特征；在这一阶段之末，也可能产生较多的下一阶段的年龄特征。

再次，儿童与青少年心理的年龄特征，还表现出各个阶段、各种心理现象发展的关键年龄。

心理发展有一个从量变到质变的过程，有一个从许多小的质变构成一个大的质变的过程。每个心理过程或个性特征都要经过几次大的飞跃或质变，并表现为一定的年龄特征。这个质的飞跃期，被叫作关键年龄。

我的一些研究初步表明，儿童青少年在智力发展中，表现出几个明显的质变：

出生后的八九个月，是思维发展的第一个飞跃期，直观行动思维也自这个时期之后获得发展。[1]

2～3 岁（主要是 2.5～3 岁），是思维发展的第二个飞跃期，这是从直观行动思维向具体形象思维发展的一个转折点。

5.5～6 岁，是思维发展的第三个飞跃期，形象抽象思维，即从具体形象思维向抽象逻辑思维过渡，正是从这个时期开始的。[2]

---

[1] 林崇德：《学龄前儿童数概念与运算能力发展》，载《北京师范大学学报（人文社会科学版）》，1980（2）。
[2] 林崇德：《初入学儿童数学概念的调查》，见中国心理学会发展心理、教育心理专业委员会：《发展心理、教育心理论文集》，北京，人民教育出版社，1980。

　　小学四年级，是思维发展的第四个飞跃期，四年级前以具体形象成分为主要形式，四年级以后则以抽象逻辑成分为主要形式。①②③

　　八年级，是思维发展的第五个飞跃期。在整个中学阶段（青少年期），抽象逻辑思维占主导地位。八年级是从经验型向理论型发展的开始，也是逐步了解对立统一的辩证思维规律的开始。④

　　为什么要考虑与研究儿童青少年心理发展的关键年龄呢？目的在于更好地进行教育与教学工作，这就是说，要了解儿童青少年心理发展飞跃期的特点以便进行适当的教育。也就是说，我们要重视小学四年级和八年级学生的两次智力变化，创造一系列条件，让他们的智力更好地发展，为他们整个心理进一步健康成长奠定智力的基础。当然，抓关键期教育时，也要注意恰当，要考虑此时儿童或青少年心理发展的内因和身心特点。由于心理发展存在着个体差异，因此也不能对每个人都抓一个相同的年龄阶段，更不能得出"过了这个村，就没有那个店"的错误结论，以致错误地认为，如果过了这个时期，某些方面的心理现象就没有发展的希望了。

　　最后，心理发展还有一个成熟期。

　　儿童从出生到青年初期，总的矛盾是不成熟状态和成熟状态之间的矛盾。儿童生下来是软弱无能、无知无识的，到了青年初期，他发展成为一个初步具有觉悟、知识的人。这个变化是巨大的，这一个重大的质变即达到了成熟期。

　　智力发展也有一个成熟期。尽管每个个体诸心理现象总成熟趋势是一致的，但其每种心理现象的成熟期并不是在同一个时间实现的。我的实验研究初步表明，16～17岁（高中一年级第二学期至高中二年级第一学期）是智力活动的初步成熟期。⑤ 对北京市一些中学的调查发现，高一学生的智力变化较大，高一入学考试时

---

① 林崇德：《小学儿童数概念与运算能力发展的研究》，载《心理学报》，1981(3)。
② 朱智贤、钱曼君、吴凤岗、林崇德：《小学生字词概念发展的研究》，载《心理科学通讯》，1982(3)。
③ 朱智贤、钱曼君、吴凤岗、林崇德：《小学生字词概念综合性分类能力的实验研究》，载《心理学报》，1982(3)。
④ 林崇德：《中学生运算能力发展的研究》，见朱智贤：《青少年心理的发展》，101页，北京，北京师范大学出版社，1982。
⑤ 林崇德：《中学生运算能力发展的研究》，见朱智贤：《青少年心理的发展》，101页，北京，北京师范大学出版社，1982。

的学习尖子，经过半年或一年后不一定仍是尖子，有的甚至显得比较平庸；而高二以后的学生，他们的智力日趋稳定和成熟，凡是高一末发现的学习尖子，绝大多数都能保持；高中毕业时的学习尖子，80％以上在上了大学之后，仍是学习尖子。

智力成熟有什么样的特点呢？我在研究中看到，一是成熟后智力的可塑性比成熟前要小得多；二是智力一旦成熟，其年龄差异的显著性逐步减小，而个体差异的显著性却越来越大。

二、心理发展年龄特征的稳定性与可变性

朱老认为，在一定社会和教育条件下，心理发展的年龄特征具有一定的稳定性和普遍性。例如，阶段的顺序，一方面，每一阶段的变化过程和速度，大体上都是稳定的、共同的；另一方面，由于社会和教育条件在儿童青少年身上起作用的情况不尽相同，因而在他们心理发展的进程和速度上，彼此之间可以有一定的差距，这也就是所谓可变性。

同样地，我认为智力发展的年龄特征既有稳定性，又有可变性，两者是相互依赖、相互制约、相互渗透的。同时，智力发展的年龄特征的稳定性和可变性又是相对的，而不是绝对的。智力发展的年龄特征的稳定性和可变性的关系，体现着共性与个性的关系。

智力发展的稳定性表现在，不同时代不同社会的儿童青少年智力特征有一定的普遍性和共同性。尽管许多年龄特征，有一定的范围和幅度的变化，但各年龄阶段的智力方面的特征之间有一定的顺序性和系统性，它们不会因为社会生活条件的改变而打破原有的顺序性和系统性，也不会跳过某个阶段。例如，皮亚杰的思维实验被欧美广大的认知心理学家所重复。[1]

我自己也做了一系列相应的认知发展的研究，其结果虽然各有特点，但所获的儿童青少年智力发展的总趋势，并没有因为国家或地区的差异而打乱了顺序性和系

---

[1]　Piaget，J.，"Piaget's theory,"in P. H. Mussen，*Handbook of Child Psychology*，NY：Wiley Press，1970.

统性，恰恰相反，它们具有明显的普遍性和共同性。

智力发展的可变性表现在，在不同的社会生活条件下，儿童青少年某些智力发展的进程和速度会产生一定的变化；在不同的社会生活条件下，会出现有质的区别的智力年龄阶段特征；在不同的社会生活条件下，儿童青少年可能出现某些同样的年龄特征，而这些特征的具体内容却产生变化和差异；在相同的社会生活条件下，由于每个儿童青少年的智力发展原有水平或结构不同，因此存在着明显的个别差异，即个性差异。有关智力发展中年龄特征可变性的研究涉及方面很多，例如，对文化上的差异所造成的智力发展中的种族差异、民族差异、城乡差异等方面的研究；对由于教育措施所造成的智力发展上各种各样的差异的研究；对智力发展的个性差异的研究；等等。我们自己在研究中看到，年龄特征并不是完全不变的，如前所述，教育能加速或延缓智力发展的进程，智力发展中的质变时间是可以有某种程度的改变的。

三、心理发展的年龄特征与个别差异产生的原因

朱老科学而精辟地从生理基础、社会生活条件、实践活动和主体自身心理机能变化四个方面论述了心理发展年龄特征与个别差异产生的原因，给我留下深刻的印象。

我按朱老的理论，分析了儿童青少年智力发展的年龄特征与个别差异的产生原因。

第一，从生理基础上分析。智力是脑的机能，而儿童青少年的生理在不断地变化。例如，脑的重量、容积的变化，脑电波逐步发育，脑中所建立的联系等都按一定的次序和过程在发展。而且，大脑和神经系统的这种发展是稳定的并有一定的阶段性。但每个儿童青少年的生理发育、脑的发展不是固定不变和完全一致的，不管是神经类型和机能情况，都有个别差异，这就是智力发展的年龄特征和个别差异的生理基础。

第二，从社会生活条件来分析。社会生活条件，乍看起来是千变万化错综复杂

的，但也有其稳定的顺序性的一面。人类的知识经验本身也具有一定的顺序性，儿童青少年不能违背这个顺序来掌握它；他们在掌握一门知识时，掌握的深度和广度也是循序渐进的。然而这一切，对于不同的儿童青少年又是不尽相同的。可见，社会生活条件也造成儿童青少年智力的发展具有阶段性和可变性。

第三，从儿童青少年活动的发展上分析。在不同社会，不同阶段的儿童青少年，都有主导活动，都要经历从游戏向学习再向工作转化的过程。但活动的性质、范围、内容和要求有所不同，这时就会出现儿童青少年智力发展的年龄阶段性，同时又会表现出稳定性与可变性统一的特点。

第四，从心理或智力机能发展上分析。儿童青少年的任何一种心理现象都有一个从量变到质变的发展过程。以智力发展为例，思维都要经过从直观行动思维，到具体形象思维，再到抽象逻辑思维的过程。这些都是在掌握知识经验的过程中实现的。这个过程是有顺序、有阶段的，绝不能跳级。这充分体现出心理或智力发展年龄阶段的普遍性与稳定性。但是，就个体来说，每个阶段、顺序和过程，不管在时间上还是在品质上都允许差异的存在，这就体现了可变性，因此心理或智力发展必然会表现出个别差异。鉴于上述四个方面的分析，我们可以看出，儿童青少年智力发展的年龄特征的存在是必然的。同时年龄特征兼备稳定性与可变性。两者统一成一个整体，互相依赖，互相制约并互相渗透，这是儿童青少年智力年龄特征规律的突出表现。这是做好教育工作的一个重要的出发点。

我继承朱老的先天与后天、内因与外因、教育与发展、年龄特征与个体差异四个观点，又通过研究，特别是实证研究，探讨了智力发展的条件、动力、量变与质变、年龄特征四方面的基本问题。这成了我进行基于思维发展的智力研究的指导思想。在贯彻这个指导思想中，我体会到以下几点：①朱老的理论，既代表中华民族优秀传统文化中的心理学思想，又坚持辩证唯物主义发展观。它是我研究儿童青少年思维—智力—心理及其发展的理论基础。②朱老的发展理论的核心是"教育与发展"的辩证关系，我长时期围绕着教育与心理发展的研究，继承和发扬了朱老的"教育与发展"理论，出版了两部有一定影响的著作。① ③朱老提出"洋为中用"，要从中国的实际出发，联系实际、广泛取样、研究中国儿童青少年心理发展的特点，这成了我提出中国心理学研究应遵循"摄取—选择—中国化"观点的基础。只有这样，才能建立起我们自己的心理学，发展心理学体系，包括我自己聚焦思维结构的智力心理学在内的完整的体系。

我不仅在学术观点上接受并继承恩师朱老的理论，而且在研究的途径方面，也得益于恩师朱老的点拨。记得"文化大革命"后，被打成"伪科学"的心理学获得了新生。1978 年 9 月，已经在基础教育界工作了 13 年的我，重新归队，回到心理学泰斗朱老的身边。回母校伊始，当时年过古稀的恩师朱老与我分析这样一个现状：翻开西方的教育科学著作，几乎全部是西方学者自己研究的材料；翻开苏联的教育科学著作，几乎每本书都有一种强烈的俄罗斯民族自豪感。这使人们觉得是在"挑战"，似乎唯有他们的研究材料才是科学的。然而，当我们看一下我国自己的有关著作时，简直令人惭愧，1949 年前学习西方，20 世纪五六十年代主要是照搬苏联，"文化大革命"后又开始恢复西方热……如此下去，哪天才能建立起我们自己的心理科学体系？这位为中国心理科学奋斗了一辈子的老专家语重心长地对我说："在师范院校，心理学属于教育科学。你回母校了，不能单纯钻书本堆，也不能只想去建设什么一流的心理学实验室，你要珍惜自己 13 年的中小学教育经验，为了中国的心理科学和教育科学的研究，你必须选准盛名教育界的两位心理学家美国的杜威和苏联的赞科夫为对手，通过教改实验，学习他们，赶上他们和超过他们。"从此，我有了目标、对手，有了参照系和评价对象。我牢记恩师的教诲，坚持理论联系实际，从教改实验开始，研究起儿童青少年思维和智力发展的特点。到了 1986 年（国家建设的"七五"计划开头年），我的实验点已遍布全国 26 个省、自治区、直辖市。1987 年 7 月 8 日美国《肯特信使报》把我与美国当代教育家本杰明·斯波克（Benjamin Spock，1903—1998）相媲美；我国核心期刊《中小学管理》1996 年 12 期誉我为"中国基础教育的播火者"。获得这些鼓励使我更忘不了恩师朱老的指路和教导，加

① 参见林崇德：《教育与发展——创新人才的心理学整合研究》，北京，北京师范大学出版社，2005；林崇德：《学习与发展——中小学生心理能力发展与培养》，北京，北京师范大学出版社，2003。

倍地缅怀恩师朱老。

1991 年朱老逝世时，我还代表北京师范大学发展心理研究所写了另一副挽联：

"学识贯古今斗室耕耘著作等身传不朽，师谊如父母教坛授业恩深似海艺煦风。"

恩师朱老不仅著作等身、教坛授业，更难能可贵的在于其开拓创新。记得 1982 年 10 月，杭州大学①时任校长陈立教授收到恩师的《儿童发展心理学问题》论文集后，给恩师回了一封热情洋溢的信，信中有这么一段话："1949 年后，我国心理学界能就一方面的问题，成一家之言者，实所少见。老兄苦心深思，用力之勤，卓越硕果，可谓独树一帜。"为了"传不朽""艺煦风"，使恩师的学术思想永远留在人间，作为朱老忠诚的及门弟子，自 1996 年起，我开始收集整理《朱智贤全集》，几经努力，克服了重重困难，终于在 2001 年朱老逝世 10 周年之际，《朱智贤全集》由北京师范大学出版社正式出版。我以此纪念恩师，表达对他的心理学理论的继承，并让恩师的精神激励我们加倍奋发有为地去完成他的未竟事业，使其开创的事业蓬勃发展、代代相传。

---

① 1998 年，曾经从浙江大学分离出去的杭州大学、浙江农业大学、浙江医科大学回归浙江大学母体，共同组建了新的浙江大学。

第二章

对国际智力心理学观点的吸收

　　要成为一位学者，就应该像海绵吸水那样，广泛地吸纳世界上各种各样相关学派的学术观点来充实自己。我的"聚焦思维结构的智力理论"，也是在有选择地吸收着国际心理学界诸智力观。但是，在吸收的途径上，我采用的是前面提到的"摄取—选择—中国化"。也就是说，对国际智力心理学观点，必须重视，应当摄取其中的营养，因为我们要承认，我国智力心理学的研究与外国智力心理学是存在差距的。在摄取外国的要素时，绝对不能全盘照搬，而要适当加以选择。所谓选择，意指批评地吸收。中国人与外国人既有共同的心理特点，即存在普遍性；但更重要的是又具有不同的特点，即有特殊性。如果照搬别人的研究成果，势必失去客观性和真实性。摄取外国智力心理学观点之后，要经过一个中国化的过程，与中国的特殊性相融合，应加入中国式的想法和看法，使中国的国情不知不觉地融入自己的研究中，并且在理论和实践上能推陈出新、有所突破。这样，便是思维和智力心理学研究的中国化。

第一节

从符兹堡学派到认知心理学

　　国际心理学界对智力的研究，尤其是对思维的研究已经历了百余年。从符兹堡学派到认知心理学，几乎每一种重要的智力理论，无不闪耀着科学的光辉，无不影响我对智力的认识—实验—再认识—再实验。

在国际心理学界，我十分敬仰冯特（Wilhelm Wundt，1832—1920）、艾宾浩斯（Herman Ebbinghaus，1850—1909）和霍尔（G. Stanley Hall，1844—1924）。然而在智力心理学理论上，他们对我的影响并不大。冯特是科学心理学的奠基者，但他把思维研究排除于心理学实验研究之外；艾宾浩斯试图用联想来解释思维，但他主要的研究领域还是在记忆；霍尔被美国称为"儿童（含青少年）心理学之父"，他的荣誉称号为"导师（teacher）"、"开拓者（founder）"和"中介者（catalyst）"，我不管是从发展心理学的角度，还是从当好学者的意义上说，霍尔都是我效仿的榜样。可是，就智力心理学领域，我所吸收的是下面的学派或学者的观点。

一、符兹堡学派开始对思维的研究

在心理学史上，真正把思维当作心理学专门研究课题的，则是从冯特的学生屈尔佩（O. Külpe，1862—1915）开始的。早年的屈尔佩，他的心理学思想主要受冯特等人的影响，他像当时的内容心理学家一样主张心身平行论，承认有心理过程就有脑生理过程伴随着。

1894年屈尔佩转任符兹堡大学的专任教授。在这之后，他改变了过去冯特的思想，深信思维过程可以用实验来进行研究。他认为，既然艾宾浩斯对记忆这一"较高级的心理过程"能够进行实验研究，当然对思维过程也可以进行实验研究。这样，实验法又一次被应用到高级心理过程上去。于是，他和他的学生在符兹堡大学对思维心理学进行了大量的研究，形成了符兹堡学派，也叫作思维心理学派。在屈尔佩的指导下，他的学生进行了很多有关思维的实验研究。其中比较重要的研究有马尔比（K. Marbe，1869—1953）的判断研究（1901）；瓦特（H. J. Watt，1879—1925）的联想和定势研究（1904）；彪勒（K. Bühler，1879—1963）的思考研究或简单问题解决（1907）。

屈尔佩及其学生在思维实验研究中用的是内省法，其研究结果认为，被试在思维过程中，只能意识到问题的内容，意识不到感觉或表象的变化。于是他们断言思维是没有意象（表象）参加的，即所谓"无意象思维"。屈尔佩所领导的符兹堡学派关于思维的研究与他的老师冯特的心理学体系是对立的，于是出现了一场关于思维内容里有无非感觉、非意象的因素之争论。以学生为首的符兹堡学派肯定有，老师所在的莱比锡学派则坚持没有。符兹堡学派对我的启发是，他们看到了思维不等于表象，这是正确的，但他们把思维与表象加以割裂，这是值得商榷的。因为他们没有处理好感性和理性的关系，于是转向思维的"心向"方面的研究，提出了"意识的态度"或"决定的趋势"的思想，即人在思维或解决问题时，有一种欲罢不能，追求解决的趋向，这一看法也是可贵的，但他们未能做出进一步的实验分析。因此，这个学派开始做思维的研究工作，"万事开头难"总应该值得后人学习。

二、格式塔学派从整体结构研究思维

我从大学时代开始就重视心理结构，特别是思维结构问题，这与格式塔心理学理论有关。格式塔（Gestalt）心理学，诞生于 1912 年，是现代西方心理学的主要流派之一。这个学派中的主要代表是韦特海默（M. Wertheimer，1880—1943）、考夫卡（K. Koffka，1886—1941）和苛勒（Wolfgang Kohler，1887—1967）。这三个人都是屈尔佩的学生。格式塔心理学创始于德国，后来在美国广泛传播和继续发展。格式塔原意为形式，又意为组织结构，但是他们不同意将这个名词译为英文的"structure"（结构、构造、组织），采用了铁钦纳（E. B. Titchener，1867—1927）对"structure"的译文"configuration"，中文译为"完形"。

格式塔心理学对我的启发不仅是其着重研究了思维，尤其是开始研究儿童青少年的思维，而且他们强调思维活动的整体结构，这些是有贡献的。这种贡献，可以归纳为三个方面。

首先，提出课题在思维活动中的作用。他们认为思维是一个过程，是由问题情境中的紧张而产生的。紧张导致目标定向，注意到课题的内在关系，以弥补缺口，不断地"重定中心（recentering）"，使紧张解除。在问题情境中能否产生紧张，也就是能否构成思维过程的课题，这在思维活动中起动力作用。

其次，提出了"顿悟"(insight)学说。格式塔心理学认为，思维过程从紧张到解除紧张，是由问题情境的不断改组而最后取得解决的，用他们的术语说，就是"完形"的不断改组，直到领悟问题内在的相互关系，就产生了"顿悟"。

"顿悟"学说是格式塔心理学借以对抗桑代克(Edward. L. Thorndike, 1874—1949)的尝试错误学说的，苛勒在对黑猩猩学习的实验中，发现一系列的特点：①黑猩猩常常出现很长的停顿，它们表现出迟疑不决，并环顾四周的情境；②停顿表现为它们前后行动的转折点，停顿前的盲目行动、犹豫困惑，与停顿后的顺序前进、目的明确，造成强烈的对比；③停顿或转折后出现一个不间断的动作序列，形成一个连续完整体，正确地解决了问题，取得了目的物。于是苛勒等研究者认为高等动物和人类的学习、思维，根本不是对个别刺激做个别反应，而是对整个情境做出有组织的反应的过程，不是由于盲目的尝试，而是由于对情境有所顿悟而获得成功的。所谓顿悟，就是领会到自己的动作为什么和怎样进行的，领会到自己的动作和情境，特别是和目的物的关系。这个顿悟的学说，目前已成为西方心理学重要的学习理论之一。尽管我在大学学习期间就强调"顿悟"与"尝试错误"不应该是对立的，但是顿悟观点对我后来的研究，特别是对创造思维过程中灵感的研究是有启发的。

最后，进行了创造性思维的研究。韦特海默还特别研究了创造性思维，他不仅研究了爱因斯坦等大科学家发明的思维，还研究了学生解题的思维。例如，要被试用六根火柴搭成四个等边三角形。很多被试对于这个问题都感到困难，因为他们只从平面去考虑问题，打不破旧的格式塔。如果提示一下让他们不要在平面上打圈子，而要打破平面这个旧的格式塔，那么问题就得到比较顺利的解决。由此，韦特海默认为创造性的思维与对问题中某些格式塔的顿悟有关，打破旧的格式塔，并发现新的格式塔，这就是创造性的思维。韦特海默的研究，不仅提供了探索创造性思维的途径，并且对于教师教育学生打破框框，勇于创新，培养他们的创造性思维能力，也有现实的参考价值。所以对我启发较大。

总之，格式塔学派强调完形，强调整体，强调结构，这对思维的研究是有价值的，格式塔学派提出质量的变化，即从不完美的完形到完美的完形，这包含量变与质变，里面有一定的辩证法。格式塔学派在研究思维时，涉及儿童思维的研究，涉及从动物到人的比较心理学思维发展的问题，这对智力心理学无疑是有贡献的。它对当代心理学几个著名的学派，如日内瓦学派（皮亚杰学派），认知心理学等的影响是明显的。因此，我相当重视它。

三、比内及其智力测验

智力，特别是思维能力，能否测查呢？这早就成为心理学家要研究的一个课题。最初出现的智力测验是高尔顿（F. Galton，1822—1911）在 1869 年创始的心理测验。卡特尔（J. Cattell，1860—1944）于 1890 年根据这些测验发表了《心理测验与测量》，创造了心理测验这个术语。心理测验的结果，通常用测验量表加以衡量，用统计方法加以处理，并用数字或图表等加以表明。心理测验的种类很多，除了智力测验外，还有品格测验、能力测验、成绩测验等。与此同时，比内（A. Binet，1857—1911）也在法国进行个别差异的研究，触及记忆、表象、想象、注意、理解、暗示、美术欣赏、道德情操、意志力和运动技能等问题。1896 年他编制了一套当时被称为高级的心理能力测验。

1904 年，法国教育部部长试图摸清在智力上阻碍巴黎小学生接受最好的教育培养的可能性而提出一项委任的建议，这项委任决定，事先没有经过特殊测验，即使有智力障碍嫌疑的儿童也不能从普通学校被淘汰出来。比内和其助手西蒙（T. Simon，1873—1961）接受了制订并进行这种考试的任务。这是后来一切智力测验起源的"比内-西蒙测验"的来由，它正是这一决定在教育实践中实施的直接结果。

比内的智力测验所做出的第一个贡献，是摒弃了他的成果之前那种人工的、简单的、运用在心理测验实验室里的课题；短时的、不连续的、简单的课题，如色调记忆、距离估计、反感时间和敲击频率等。这些早期测验，对儿童的工作几乎没有什么预测的价值，它们尽管是测量，却不是现在使用的智力测验。

在准备工作就绪后，比内选择了更复杂和更现实的日常生活的课题。他于 1905 年第一次与西蒙合作完成的量表，包括 30 个测验。测验题目要求用文字知识解释内容。例如，人体的各种部位，普通物体的命名，数字的重现，凭记忆画图找出正确的词来完成句子，以及给抽象名词下定义等。这些测验按难度递增的顺序排列。可见，比内-西蒙量表所涉及的测验内容，主要是思维能力的测定。

1908 年至 1911 年的修订量表是比内对智力测验所做出的第二个贡献。以多数人都能通过为标准，把测验分类，用不同类型的测验代表不同的年龄。智力年龄，是根据一个人在与同年龄的其他人的成绩对比中所获得的智力发展的等级，用以表示智力发展的水平。例如，一个 10 岁智力年龄就是 10 岁的儿童平均所达到的智力发展等级。比内通过这个程序建立了一个参照系数，以解释测验的结果。当然，与这种方式类似的，即运用某些事情做粗略的比较，以前的研究也不是没有，然而，以定量的形式来评价智力测验的结果，那是比内的功劳。

比内-西蒙测验引起了广泛的研究，其中最重要的代表是美国斯坦福大学的推孟（L. M. Terman，1877—1956）。他于 1910 年把比内-西蒙测验结合美国实际加以修订，称其为"斯坦福-比内量表"。这个量表在对大量美国人的研究取样中被标准化。按照标准化程序编制的每一个条目都可以列入某一年龄的测验，成为这一年龄的指标。当测量一个儿童时，他所得的分数是以他通过的条目的数目为依据的，因此他的分数可以用年龄来表示。斯坦福-比内量表采用了德国施太伦（W. Stern，1871—1938）在 1911 年所提出的智力商数（IQ）。智力商数是以实足年龄（CA）除以智力年龄（MA）而获得的，智力商数乘 100 就可以得到整数，应用起来就比较方便了。因此，这个量表很快成为测定儿童智力，特别是思维能力的标准化测验工具。事实上，许多儿童心理学家测查的课题原则上很多是使用斯坦福-比内量表的说法，一点也不过分。在比内及其智力测验的影响下，随着心理测试技术的不断复杂，测验也越来越向精确、可靠和多样化方向发展。

对我的启发是如何评价智力测验。首先，由比内所开创的智力测验，是一种重要的工具，也就是说，它是智力，特别是思维能力测定的方法，自然也是考试（包括升学考试）的一种重要的辅助手段。智力测验在思维发展的研究中，是以一个新的突破而载入史册的。测验的设计与制订，以及测验的使用结果分析与论证中所采用的信度（reliability，测验的可靠性）；效度（validity，测验的正确性）；以及各种方法；等等，是值得我现在研究儿童青少年智力借鉴的。其次，智力测验作为一种工具，它是测定儿童青少年智力发展年龄特征的重要方法。但在研究智力发展时，有几个难以克服的缺点：一是测验法太死板；二是主试者没有一点自由，不灵活；三是测验的提问带有一定程度的暗示性。因此，测验需要从其具体做法中进行一系列的改进。再次，智力测验的题目，在一定程度上能反映被试的智力或思维的水平。测验者对题目也做了多次的修订，逐步客观化、科学化，但任何智力测验的条目都离不开某种知识和经验。最后，智力活动是复杂的，鉴别智力或思维的最好方法，是从多方面入手，进行多次的测定。用一种测验题目的测定来判定全部智力的内容是无法获得可靠的结果的，容易造成偏见，也容易扼杀儿童青少年的特殊才能的发展。因此，要真正获得智力测验的科学结果，使之在发现人才、选拔人才、培养人才中发挥积极作用，必须全面地对儿童的感知（观察）、记忆、言语、思维和想象等诸方面的能力进行测定。每次测定都要对儿童智力活动的敏捷性、灵活性、深刻性和独创性等诸方面的品质分别进行测定。这种测定，只能说明智力某方面的发展水平以及智力某个品质的好坏，只有综合多方面、多次的测验，才能对某个人的智力做出初步的鉴别。

四、行为主义及其 S—R 的研究

行为主义是美国现代心理学主要流派之一。代表人物早期有华生（J. B. Watson，1878—1958），后期有赫尔（C. L. Hull，1884—1952）、托尔曼（E. Tolman，1886—1959）和斯金纳（B. F. Skinner，1904—1990）等。行为主义的基本理论由华生在 1913 年提出。他主张心理学是研究动物和人类行为的自然科学，以"刺激—反应"（stimulus-response，简称"S—R"）公式作为行为的解释原则。行为主义创始人华生研究"S—R"，认为反应必须是看得见的，看不见的叫作内隐的原因，可以用仪器推导出来。凡是外部用仪器测不到的，都不属于心理学研究的内容。

第一，华生对我的启发是他对思维和智力的独特的理解。首先，华生认为思维是无声的语言，是行为。思想，只是自己对自己说话。华生的学说主张大声言语中所习得的肌肉习惯，也负责进行潜在的或内部言语（思想）。其次，思维是如何发展的呢？思维的发展，先是大声地对自己讲话；逐步过渡到内隐的活动。儿童的思维，先从对白开始，逐渐发展到嘴唇活动（这是一种能用仪器测得的活动），再到出现无声词的活动。思维高级形式的发展，同样是无声词活动的变化。创造性活动，就是复杂的无声词的活动。最后，在对儿童青少年智力与学习的研究方法上，华生反对内省，提倡实验。他指出，因为没有一个人除了能对自己的内省观察外，还能对任何别人进行内省观察，所以内省陈述的真假无法确定。俄国巴甫洛夫的条件反射技术被华生应用到儿童身上，来说明智力、学习等是通过条件反射所习得的。华生还证明了 S—R 这一关系中专一性的不足，即刺激的泛化。对于某一刺激的条件反应也可以由具有某种共同特征的别的刺激引起，条件反应可以持续一定的时间。这些，都是有利于对儿童思维的概括能力的研究。

第二，斯金纳对我的启发是他的强化控制理论及其应用于实际。斯金纳的行为强化控制理论，不仅表现出教育在发展中起决定作用的学习观，而且也以其区分出应答性和操作性行为与华生的刺激—反应（S—R）观点有所不同。操作性行为的特征为：①强调反射是刺激和反应的函数相关$[R=f(S)]$；②注重反应的强化刺激；③可以通过外部强化和自我强化的机制控制自身的反应，是自动的；④具有可变的适应环境的特性，是发展的。斯金纳的操作性条件反射理论，特别强调强化在心理发展中具有较大的积极意义，并形成了较独特的教育与发展的学习理论。此外，斯金纳重视将其理论应用于实际。一是对学生行为的矫正，这种矫正工作并不复杂。例如，消退原理在学生攻击性和自伤性行为的矫正与控制中的应用。二是教学机器和程序教学。行为塑造常常使教育者失去耐心，尤其是纠正不良行为，对于学习这类复杂的行为塑造，在一个班级里教育者很难照顾到每一个学生；在教育经验中，师资水平较差的事实也普遍存在。这些问题促使斯金纳深思。在长期的研究中，斯金纳形成了学习和机器相联系的思想。于是，最早的辅助教学机诞生了，它弥补了教育中的一些不足。实际上机器本身远不如机器中包含的程序材料重要。程序教学有其一系列的原则。例如，小步子呈现信息，及时知道结果，学生主动参加学习等，这些教学进程中的耐心，促进主动学习的热情和及时反馈的速度，几乎是一般教师所不及的。尽管教学机器和程序教学对教师主导作用的发挥有妨碍作用，对学生的学习动机考虑太少，但是斯金纳的工作还是对美国教育产生了深刻的影响。斯金纳在心理发展的实际行动控制上，做了不少有价值的工作。现代认知心理学、20世纪70年代兴起的环境心理学、日益流行的教学辅助机、临床收效较大的新行为疗法等，都受到了他的强化控制理论和实践的影响。

五、认知心理学的研究

认知(cognition)本来是心理学中的一个普通的术语，过去的心理学词典或心理学书中把它理解为认识或知识(knowing)过程，即和情感、动机、意志等相对的理智或认识过程。它包括感知、表象、记忆、思维等，而思维是它的核心。

(一)认知心理学的产生

一般认为，正式使用"认知心理学"一词，是 20 世纪 60 年代美国心理学家奈塞尔(U. Neisser)，在他的《认知心理学》(1967 年)中正式提出的。因此，他获得了"认知心理学之父"的称号，而认知心理学则成为认知科学的核心。

认知心理学的产生首先是心理学内部发展的必然。在西方，特别是在美国，尽管行为主义是有贡献的，但从 20 世纪 20 年代起，作为经验主义代表的行为主义，已适应了时代变迁、社会发展，特别是经济和政治的要求。因为行为主义把人和人的心理看成是机械的，环境可以任意支配的个体及其反应。第二次世界大战以后，约从 20 世纪 50 年代开始，由于科学、知识、智力在国际竞争中(开始是在战争中，如现代科学技术的应用，以后在经济或技术中，如苏联的卫星上天)日益显示其重要性。因而也影响了心理学。认知、智力或思维的研究，越来越受到重视，而行为主义的那一套，虽然还有一定价值，但颇显得今不如昔了。这就是现代认知心理学产生的社会背景及思想背景。

约从 20 世纪 50 年代起或更早些，就有一些心理学家感到研究认知、智力或思维的重要性，有的甚至成为一个学派。例如，本章第二节要专门论述的皮亚杰就是这方面的代表。他独树一帜的思维发展研究，使其成为认知心理学派最早的主将，但是，这只是广义的认知心理学派的代表，还不是我们现在要说的所谓"现代认知心理学"（或者说狭义的认知心理学）。皮亚杰的认知心理学可以说是结构主义的认知心理学，他只提出关于心理结构的设想。而现代认知心理学则公开打出"信息加工论"的旗号，作为一个有独自特点的新学派而登上了 20 世纪后半叶的心理学的历史舞台。

如果说心理学内部发展需要产生认知心理是其产生的内因的话，那么科学技术发展是认知心理学产生的重要外因，也就是说，现代认知心理学的产生除了社会和思想背景以外，还有现代科学技术发展的背景。首先是控制论和信息论。有的心理学家把信息论和心理学联系起来，试图用信息的输入、存储、检索、加工、输出等概念，来说明从感觉经过表象、记忆、思维而做出反应的全过程。这一事件开始引起心理学家们的兴趣，于是在约一个世纪以前，冯特受到化学元素定律的启发建立起他的构造主义心理学。其次是电子计算机。自从"图灵机"（turing machine）问世以后，心理学家们发现，逻辑符号的运用和思维符号的运用之间存在着很多相似之处，从而认为可以把人的心理看作符号操作系统，即"认知可计算"可以用电子计算机来模拟人的心理活动。这种看法就成了现代认知心理学的基本观点和核心理论。这种观点最初是由纽厄尔（A. Newell）和西蒙（H. Simon）等人提出来的。这一思想对心理学家最大的吸引力是，这种人脑的电子计算机模拟可以从根本上改变行为主义者把人脑看作"黑箱"的悲观论调，从而有可能用程序和流程图来说明人的认知、思维的内部奥秘。这就是为什么现代认知心理学能够独树一帜、风靡一时的主要原因。

还应指出，持信息加工论的认知心理学尽管反对行为主义，但是信息加工论对于符号在人脑中从输入开始，经过存储、加工，以至输出，是与行为主义心理学把刺激和反应联系起来（S—R）的观点极为相似的，与此同时，认知心理学又力图用计算机模拟方法揭露人脑内部的心理活动的结构和过程。于是，认知心理学必然要积极地使用现代化的研究技术手段。

（二）积极地理解认知心理学

认知心理学家安德森（J. R. Anderson）于 1980 年曾指出："认知心理学试图了解

人的智力的性质和人们如何进行思维。"①这里，他明确了认知心理学的研究对象是人的智力和思维。我从三个积极方面去理解认知心理学，并受到一定的启示。

1. 多角度地理解"认知"概念

现在认知心理学家内部对"认知"的理解很不统一。我认为这是因为他们每一种理解的角度或出发点不同。要积极理解认知心理学，就要多角度地去理解"认知"。

奈塞尔在其《认知心理学》(1967 年)中指出，认知是指感觉输入受到转换、简约、加工、存储、提取和使用的全部过程。

里德(S. K. Reed)根据上述定义于 1982 年进一步指出，认知通常被简单地定义为对知识的获得，它包括许多心理机能，如模式识别、注意、记忆、视觉、表象、言语、问题解决、决策等。

1985 年格拉斯(A. L. Glass)在《认知》一书中也指出，我们的所有心理能力(知觉、记忆、推理及其他等)组成一个复杂的系统，它们的综合功能就叫作认知。

由于对认知的看法是各式各样的，所以有研究者，如霍斯顿(J. P. Houston)等人对不同的观点加以归纳②，认为有五种主要的意见：①认知是信息加工；②认知是一组心理上的符号运算；③认知是问题解决；④认知是思维；⑤认知是一组相关的活动，如感觉、记忆、思维、判断、推理、问题解决、学习、想象、概念形成、语言使用。这里，实际上只有三种意见：首先，①和②是狭义的认知心理学，即信息加工论；其次，③和④认为认知心理学的研究核心是思维；最后，⑤是广义的认知心理学。

2. 认知的实质是功能、过程和结构的统一

认知心理学强调的是，认知应包括三个方面，即功能(适应)、过程和结构。③这里最突出的，认知是为了一定目的，在一定心理结构中进行信息加工的过程。于是我认为也可理解成，在一定意义上说，智力就是为了达到一定目的，在一定心理结构中进行信息加工的过程。

---

① [美]J. R. 安德森：《认知心理学》，3 页，杨清、张述祖等译，长春，吉林教育出版社，1989。

② J. P. Houston, *Essentials of Psychology*, Orlando, Fla, Academic Press, 1985.

③ D. Dodd, *Mental Structure and Process*, Boston, Allyn, 1980, p. 266.

认知心理学研究智力有一个发展的过程，当前的认知心理学不仅重视知觉研究，而且更重视思维等内部的、高级认知因素的研究；不仅重视一般的认知模型的建立，而且更重视联结的网络，反应时是分析加工过程的一个新突破；不仅重视生理机制模拟的探索，而且重视根据人的神经元和神经网络的特点来改进计算机的设计；不仅关心理论课题，而且关心现实生活中的课题。总之，认知或智力的"功能""过程""结构"三因素观点对我建构自己的思维结构是有启发的。

3. 把握认知心理学对智力和思维研究的特点

认知心理学在智力和思维问题上的研究，主要有以下三个特点：①把心理学、思维心理学和现代科学技术（控制论、信息论、计算机科学等）结合起来研究，如上边提到纽厄尔和西蒙研究了机器模拟思维的模型；②尽管它以认知为主要对象，但它并不局限于认知的范围，它不但把从低级的感知到高级的思维当作一个不可分割的连续的整体，而且也试图把认知（智力）因素和非认知（智力）因素结合起来，从而将人的心理、意识、认知、智力当作一个整体或系统来看待；③应用新的方法作为从感知到思维的过渡环节的表象，进行较合理的探索，这样就有利于把感性认识和理性认识更好地联系起来，也有利于对人的心理、智力内部过程的研究。

(三)对认知心理学的批评

1986 年，朱老与我在《思维发展心理学》一书中指出了认知心理学的不足。特别是从人的心理的实质和生理机制上提出了批评。我们认为，信息加工论者由于主要是把人的心理、认知和电子计算机这样的机器加以类比，事实上，这就不可避免地使他们的研究只能更多地局限于认识过程，只能更多地局限于理智主义或心理主义的框架中，无法说明人的心理的社会性、能动性和创造性。人脑的神经细胞绝不等于晶体管。除了人脑中的信号活动和机器中的符号操作有类似之处外，人脑和计算机具有根本不同的特点。计算机的内部结构是相对固定不变的，它对构件的要求很苛刻，少几个元件，就会影响整个系统的正常运行。而人脑则具有自我调整和组织的功能，具有不断发展、完善和变化的过程。在一片"认知心理学是心理学的未来"呼声的 20 世纪 80 年代，不少心理学界同行对于我们的批评无法理解。20 世纪 90

年代后，随着第二代认知科学和认知神经科学的兴起，对于认知心理学为核心的第一代认知科学，研究者们才发现问题不少，有待发展和提出质疑。认知心理学的继续发展，见本章第三节。

第二节

———

维果茨基和皮亚杰的智力思想

我对国际心理学界智力观点吸收得最多的莫过于维果茨基和皮亚杰两位大师。

一、维果茨基的智力观

在智力心理学的研究中，苏联心理学家是做出了贡献的。这里维列鲁学派（苏联称其为 Tpoйka，意即三人在一起）起着重要的作用。维果茨基是维列鲁学派的创始人，维列鲁学派是以维果茨基、列昂节夫（A. H. Леонтьев，1903—1979）和鲁利亚为代表形成的心理学派，是当代苏联—俄国最大的一个心理学派别。在美国、日本等国家和西欧都有着广泛影响。

维果茨基所处的年代，正是十月革命后苏维埃政权创建的初期，在意识形态方面，以列宁为首的苏联共产党领导人民用马克思主义来改造一切文化科学。年轻的心理学家维果茨基积极参加了这场斗争，撰写了不少有分量的著作。

维果茨基试图用马克思主义的基本观点来建立新的心理学和智力心理学。在他的思想中，那些正确的和独创性的观点，直到今天，还具有一定的指导性意义。他的主要著作《思维与言语》（1934 年）和《高级心理机能的发展》（1960 年），都是在他去世以后出版的。

（一）我所吸收的维果茨基的心理学观点

维果茨基在心理学的许多领域，特别是在智力发展及儿童青少年思维方面，进行过富有成效的研究。对我产生影响并被我吸收的观点有以下几点。

首先，他创立了"文化历史发展理论"，用以解释人类心理在本质上与动物不同的那些高级的心理机能（思维、有意注意、逻辑记忆等）。[①] 维果茨基是历史上第一次把历史主义的原则引进心理学的，他指出，必须区分两种心理机能[②]：一种是作为生物进化结果的低级心理机能，另一种是历史发展结果的高级心理机能，然而在个体心理发展过程中，这两种心理机能是融合在一起的。高级心理机能的实质是以"心理工具"，即人类社会所特有的语言和符号为中介的，是受社会历史发展的规律制约的，因此，人的心理与动物比较，不仅是量上的增加，而且是结构的改变，形成了新质的意识系统。个体心理是在掌握了全人类经验的影响下而形成的各种高级心理机能。

其次，提出了教学与智力发展的关系的思想，是他的心理学理论的重要组成部分。维果茨基认为，就心理学家看来，发展是指心理的发展。所谓心理发展就是指：一个人的心理，从出生到成年，在环境与教育的影响下，在低级心理机能的基础上，逐渐向高级心理机能转化的过程。这个过程在个体智力发展上的主要表现为：一是随意机能在不断发展；二是概括—抽象机能在提高，最后形成最高级的意识系统；三是各种心理机能之间的关系在不断重新组合，形成新质的智力结构；四是智力活动的个性化，强调了个性特点对智力发展的影响。教学与智力发展的关系是什么？维果茨基认为，教学"可以定义为人为的发展"，教学"创造着"并"决定着"学生智力的发展，这种决定作用既表现在智力发展的内容、水平和智力活动的特点上，也表现在智力发展的速度上。因此，"教学应当走在发展的前面"，这是维果茨基关于教学与发展问题的最重要结论。与此同时，维果茨基提出了"最近发展区"的思想。他认为，在学生智力活动中，所要解决的问题和原有独立活动之间可能有差异，由于教学，使学生在成人的帮助下消除这种差异，这就是"最近发展区"。教学创造着最近发展区，儿童第一个发展水平与第二个发展水平之间的动力状态是由教学决定的。

---

① ［苏联］维果茨基：《维果茨基教育论著选》，余震球选译，北京，人民教育出版社，1994
② 林崇德：《小学儿童数概念与运算能力发展的研究》，载《心理学报》，1981(3)。

再次，维果茨基分析了智力形成的过程。在智力心理学的研究中，国际上有些著名心理学家提出了外部动作"内化"为智力活动的理论。维果茨基是"内化"学说的最早提出人之一，并且有其独到的见解。维果茨基认为，人类的"心理工具"就是各种符号。运用符号就使心理活动得到根本改造，这种改造转化不仅在人类发展中，而且也在个体的发展中进行着。儿童早年还不能使用语言这个工具来组织自己的心理活动，心理活动是"直接的和不随意的、低级的、自然的"。只有掌握语言这个工具，才能转化为"间接的和随意的、高级的、社会历史的"心理机能。新的高级的社会历史的心理活动形式，首先是作为外部形式的活动而形成的，以后才"内化"，转为内部活动，才能"默默地""在头脑中进行"，实现着心理活动的概括化、言语化、简洁化，实现着认识由感性向理性过渡。

最后，维果茨基研究了儿童青少年的思维和言语，并且提出了思维发展与言语发展的理论。维果茨基的《思维与言语》一书，是苏联心理学的一本指导性著作。在这本著作中，他指出了思维的生活制约性，客观现实对思维的决定作用，并提出思维是人的过去经验参与解决其面临的新问题，是人脑借助于言语实现的分析与综合活动。在这本著作中，他对儿童，特别是学龄前早期儿童的思维形成条件提出了一些见解。他指出，儿童的脑所具有的自然的思维发展可能性，是在成年人的调节下与周围环境发生相互作用的过程中实现的。儿童对实体世界的关系是以对教育他的人们的关系为中介的，主要利用言语实现与人们的交际，是儿童思维发展的特殊条件。在这本著作中，他叙述了儿童思维的一般性发展过程及制约儿童心理发展的一些心理因素。例如，维果茨基指出，学生理解的发展表现在概念形成过程的完善化中，真正概念的形成似乎只是从少年时期开始的。又如，维果茨基指出，在研究儿童思维的时候，必须注意到思维与其他心理现象的关系，特别是思维与情绪、情感因素的联系。他说，不联系到情绪，便不能理解思维，尤其是儿童思维的发展。在智力机能发展过程中，智力机能与情绪的相互关系也发生变化。在这本著作中，他以很大的篇幅阐明了儿童青少年的思维与言语的关系，特别是对皮亚杰的《儿童的语言与思维》一书，展开了全面的评价。维果茨基首先肯定了皮亚杰在儿童的言语和思维的发展理论上的贡献，同时也批评了皮亚杰关于儿童的自我中心言语的观点。

(二)从维果茨基到苏联心理学

我在大学学习心理学,主要是苏联心理学体系。尽管苏联心理学比较死板,思想不够活跃,但其有正确的认识论和方法论为指导,同时又能有系统、有计划地联系教育实际,这对我的影响是深刻的。在苏联,还有许多心理学和智力心理学的理论与维果茨基的思想是一致的。从苏联心理学对智力的研究工作来看,有五个特点是值得我长期重视的。

第一,强调以辩证唯物主义的认识论作为研究思维和智力的基本原则。鲁宾斯坦(С. Л. Рубинщтейн,1889—1960)是维果茨基同时代的人,他是这方面最有代表性的心理学家。他坚持决定论原则、坚持活动的理论、坚持内外因统一的发展观、坚持客观研究的方法学等。因此,他的著作内容给我留下难以忘怀的记忆。

第二,强调活动的作用。维果茨基和鲁宾斯坦都重视活动,但作为一种活动学说,则是列昂节夫提出来的。列昂节夫认为活动是心理学中的一个最根本的概念。心理,包括在思维和智力的起源与发展上是以活动作为基础的。儿童的心理发展,也是通过外部活动转化为内部活动的,而且外部活动和内部活动又是互相作用、互相过渡的,外部活动可以转化为内部活动,内部活动又可以转化为外部活动。因此,不研究学生的活动,就无从说明学生思维和智力的发生与发展。

第三,强调儿童青少年思维和智力发展的年龄特征的研究,并系统探索了这方面的规律。维果茨基指出,教学必须符合儿童的年龄特征,必须以儿童一定的成熟作为基础。通过数十年的研究,苏联心理学家们对儿童青少年心理发展的不同时期或阶段的思维和智力特点,积累了大量的资料,提出了一系列科学划分思维和智力发展年龄阶段的理论,这对国际心理学发展是个重大的贡献。

第四,强调心理学要为教育服务,强调儿童青少年思维和智力的发展与教育的密不可分的关系,是具有积极意义的。维果茨基的思想是有代表性的,列昂节夫也继承了这一思想,赞科夫(Л. В. Эанков,1901—1977)是维列鲁学派的重要成员之一,他从1957年开始的教学与发展问题的实验研究取得了出色的成就,这一实验的效果，使苏联的小学学制曾一度由四年缩短为三年，受到了各发达国家的重视。苏联心理学这些成果表明，儿童青少年心理的发展是在教育指导下进行的，同时，儿童心理学和教育心理学要为社会实践服务，首先要为教育服务，单纯为研究而研究，不与教育发生关系的观点，是没有前途的。

第五，强调科学的研究方法，创建了一整套心理学科学的研究方法。它不仅表现在一般行为方面的研究，而且也深入探讨各种心理现象的脑机制，代表人物是鲁利亚。如绪论里所述的，鲁利亚较早运用科学方法进行了认知神经科学的研究，揭示了思维的脑机制。

二、皮亚杰的智力观

当今国际心理学界，凡是研究心理发展的，尤其是研究思维、智力、认知发展的（皮亚杰在一定意义上把心理、思维、智力、认知视为同义语），都要受到伟大的心理学家皮亚杰的影响，我亦是。在皮亚杰的心理学思维中，我吸收了许多有益的观点。

皮亚杰是当代一位最有名的儿童青少年心理学家或发生认识论专家、瑞士"日内瓦学派"的创始人。皮亚杰所领导的"日内瓦学派"的研究工作，从实验到理论，都有着自己的特色，并且对当代世界的儿童青少年心理学和认知心理学产生着广泛而深刻的影响。

皮亚杰把生物学、数理逻辑、心理学、哲学等方面的研究综合起来，建立了自己的结构主义的心理学或发生认识论。1955 年，他集合各国著名的心理学家、逻辑学家、语言学家、控制论学者、数学家和物理学家等共同研究儿童青少年认知的发生发展问题，在日内瓦建立了"发生认识论国际研究中心"。

皮亚杰一生的著作约三十多本，论文一百多篇。他在认知、智力活动和思维发展的研究上，有了自己的一套完整的科学体系。他的思维或认知发展心理学思想受到了国际上广泛的重视。我所吸收的皮亚杰心理学思维有如下五个方面。

(一)皮亚杰有丰富的唯物辩证法思想

在皮亚杰的心理学思想中，充满着丰富的唯物辩证法。

在儿童心理或思维发展理论研究上，皮亚杰曾列举了心理学史上的各种代表性的观点：一是只讲外因不讲发展的，如英国的罗素（B. Russell）；二是只讲内因不讲发展的，如维也纳学派彪勒的思维研究；三是讲内因、外因相互作用而不讲发展的，如格式塔学派；四是既讲外因又讲发展的，如联想心理学派；五是既讲内因又讲发展的，如美国桑代克的尝试错误学说。皮亚杰认为自己与这五种理论不同，是既讲内因、外因相互作用，而又讲发展的，即他自己是属于内因和外因相互作用的发展理论的。

在发展阶段理论方面，皮亚杰提出如下几点。

第一，认识发展的过程是一个内在结构连续的组织和再组织的过程，过程的进行是连续的和经常的，但它造成的结果是不连续的，因此发展有阶段性。所以，要重视认知活动或思维活动的发展连续性和阶段性相统一的思想。

第二，发展阶段是按照固定的连续性的顺序，一个跟一个出现的，它出现的时间可因个人或社会的变化而不同，但发展的先后次序不变。所有儿童都是一样的，因为每一个阶段都是形成下一阶段的必要条件，前一阶段的结构是构成下一阶段结构的基础。一个结构相对简单的阶段不能在一个结构较复杂的阶段之前出现。所以，要重视心理或思维发展年龄阶段性的观点，并重视心理或思维发展年龄特征的稳定性与可变性的统一观。

第三，在相继的发展阶段的连续性中有一个不连续性的成分，各水平不同的发展阶段的结构一旦确立了，就各有其特点，存在着和其他阶段不同的质的差异。所以，要重视心理或思维发展的年龄特征在各年龄阶段所表现出来的质的特征。

第四，发展的每一新水平是许多因素的一个新融合、新结构，在此之前，各因素还没有构成系统的联系。所以，要重视心理或思维发展观中有"量变"与"质变"的思想。

(二)皮亚杰关于影响思维发展因素的观点

发展阶段为什么会有连续性的次序呢？皮亚杰认为影响发展的因素有四个。

第一个因素是成熟，即生理成熟，主要是神经系统的成熟。这是心理或思维发展的必要条件，但不是充分条件（即决定条件）。单靠成熟，并不能说明计算 $2+2=4$ 的能力和演绎推理是如何形成的。

第二个因素是物理环境，包括来自外物的物体经验和来自动作的数学逻辑经验。物理环境是重要的，但不能决定心理的发展。

第三个因素是社会环境，包括社会生活、文化教育、语言等，这同样是一些必要条件，但不是充分条件。皮亚杰认为，不管儿童生活在什么样的环境中，甚至是没有语言的聋哑儿童，到了七岁，就会出现具体运算的逻辑思维。环境、教育在发展中并不起决定作用，它只能促进或延缓儿童心理或思维发展而已。

第四个因素是平衡，即调节，皮亚杰认为它是发展中的最主要因素、决定因素。他指出平衡就是不断成熟的内部组织和外部环境的相互作用。所以平衡不是静态的力的平衡，也不是热力学上的熵的增加，而是动态的平衡。平衡—不平衡—平衡……动态的过程，实现着儿童思维结构的不断变化和发展。

这里可以看出，在皮亚杰的儿童思维发展思想中，第一个因素是发展的生物前提，只是为发展开辟了可能性；第二、第三个因素是物质环境的经验和社会环境的作用，它们是发展的重要条件，但说明不了发展连续的性质。皮亚杰加上了第四个因素，即平衡化和自动调节，是这一主要因素协调其他因素成为一个一贯的、不矛盾的整体，这种思想进一步体现了皮亚杰的内外因互相关系的发展观。学习了皮亚杰的著作，使我更加坚定继承恩师朱老的"内因和外因"的发展思想。

(三)皮亚杰的智力结构观

皮亚杰的早期研究，提出心理结构的发展涉及图式、同化、顺应和平衡四个方面，其中图式是作为一个核心的概念提出来的。① 图式就是动作的结构或组织，这

---

① ［美］P. H. 墨森、J. J. 康杰、J. 凯根等：《儿童发展和个性》，缪小春、刘金花、武进之等译，241 页，上海，上海教育出版社，1990。

些动作在相同或类似的环境中由于重复而引起迁移或概括。[①] 个体之所以能对刺激做出这样或那样的反应，是由于个体具有能够同化这种刺激的某种图式，因而做出相应的反应。图式最初来自先天遗传，一经和外界接触，在适应环境的过程中图式就不断变化、丰富和发展起来。同化就是把环境因素纳入机体已有的图式或结构之中，以加强和丰富主体的动作。顺应就是改变主体动作以适应客观变化。个体通过同化和顺应这两种形式来达到机体与环境的平衡。皮亚杰强调适应，认为智力或思维的本质就是适应，而适应又依赖于主体对客体所产生的动作，认知是主客体相互作用的产物。这里，我们首先可以看出图式、同化、顺应和平衡之间的互相联系、互相制约性，同时也可以看出皮亚杰的生物适应论的观点。由于图式、同化、顺应和平衡的相互作用，推动心理结构或智力活动结构的发展，也就是说，图式正是经过同化、顺应、平衡而逐步构成新的水平，如感觉动作图式内化以后就成为表象图式、直觉思维图式，以至到一定年龄阶段，就构成运算思维图式，等等。

20 世纪 60 年代以后，皮亚杰晚年思想的发展，主要在哲学方面，其特点有二：一是发生认识论体系的确立[②]，二是公开他的结构主义的哲学立场[③]，提出他的结构的整体性、转换性和自调性三个原则。结构的整体性是说结构具有内部的融贯性，各成分在结构中的安排是有机的联系，而不是独立成分的混合，整体与其成分都由一个内在规律决定。儿童思维结构的整体由群体、群和格等组成。一个结构整体能够算是一个群集，应具有"组合性""可逆性""结合性""同一性""重合性"五个特点，即可决定儿童思维是否达到群集运算的水平。可见皮亚杰的思维结构，虽然有同化、顺应和平衡等过程，但主要是思维形式的逻辑结构。[④] 这是从思维活动的另一个角度去研究思维结构的。结构的转换性是指结构并不是静止的，而是有一些内在的规律控制着结构的运动发展。不同年龄阶段，其图式呈现不同的特点。儿童心理学要研究儿童思维发展的年龄特征，而皮亚杰强调结构的转换性和发展观，强调

---

① ［瑞士］皮亚杰、B. 英海尔德：《儿童心理学》，吴福元译，5 页，北京，商务印书馆，1980。
② ［瑞士］皮亚杰：《发生认识论》，范祖珠译，北京，商务印书馆，1990。
③ ［瑞士］皮亚杰：《结构主义》，倪连生、王琳译，北京，商务印书馆，1984。
④ ［瑞士］皮亚杰：《发生认识论》，范祖珠译，7 页，北京，商务印书馆，1990。

图式发展的不同阶段的特征，这是值得探索的。结构的自调性是说平衡在结构中对图式的调节作用，也就是说，结构由于其本身的规律而自行调节，并不借助于外在的因素，因此结构是自调的、封闭的。结构内某一成分的改变必将引起其结构内其他有关成分的变化。皮亚杰的这个观点，对我探讨思维整体结构及其动力等问题，是有参考价值的。

(四)皮亚杰关于儿童青少年心理发展的阶段

皮亚杰认为，儿童青少年的动作图式在环境教育影响下经过不断内化、顺应、平衡的过程，就形成了本质上不同的心理结构。皮亚杰由此把儿童青少年心理发展分为若干阶段，尽管他的提法有时有差异，但主要划分为四个阶段。

1. 感觉动作阶段(0~2 岁)

感觉动作阶段主要指语言以前的阶段，儿童主要是通过感觉动作图式来和外界取得平衡，处理主客体的关系。这只是人的智力或思维的萌芽(起源)。在《智慧的起源》一书中，皮亚杰详细报告了有关这一阶段的观察研究，并将这一阶段分成 6 个时期：①反射练习时期(0~1 个月)；②动作习惯和知觉的形成时期(1~4.5 月)；③有目的动作的形成时期(4.5~9 个月)；④图式之间的协调、手段和目的之间的协调时期(9~11、12 个月)；⑤感觉动作智慧时期(11、12~18 个月)；⑥智慧的综合时期(18 个月~2 岁)。

2. 前运算阶段(2~7 岁)

由于语言的出现和发展，促使儿童日益频繁地用表象符号来代替外界事物，重现外部活动，这就是表象思维，这一阶段儿童的认识活动的特点包括以下四点。①相对的具体性。借助于表象进行思维活动，还不能进行运算思维。②不可逆性。表现为：第一，关系是单向的，不可逆的，不能进行可逆运算；第二，还没有守恒结构。③自我中心性。儿童站在他的经验的中心，只有参照他自己才能理解事物，他也认识不到他的思维过程，缺乏一般性。他的谈话多半以自我为中心。④刻板性。表现为：一是在思考眼前的问题时，其注意力还不能转移，还不善于分配；二是在概括事物性质时，还缺乏等级的观念。

3. 具体运算阶段(7～11、12 岁)

具体运算阶段是由前一阶段很多表象图式融化、协调而形成的。在具体运算阶段,儿童思维出现了守恒和可逆性,因而可以进行群集运算。群集运算包括:①组合性(如 $A<B$,$B<C$ 可组合成为 $A<C$);②可逆性(如 $A+B=C$,$C-B=A$);③结合性[如$(A+B)+C=A+(B+C)$];④同一性(任何运算都有一个逆运算能与之组合而产生"零运算",如 $A-B=0$);⑤重复性(质的重复,性质不变,如人类加人类仍然是人类)。但这个阶段的运算一般还离不开具体事物的支持,还不能组成一个结构的整体、一个完整的系统,因而这种运算是"具体的"运算。

4. 形式运算阶段(11、12～15 岁)

形式运算,就是命题运算思维。这是和成人思维接近的、达到成熟的思维形式,这种思维形式,可以在头脑中把形式和内容分开,可以离开具体事物,是根据假设来进行逻辑推演的思维,尽管此时还不能意识到诸如"四变换群"和"格"(组合分析)等逻辑结构,但儿童已经能运用这些形式运算来解决所面临的逻辑课题,如组合、包含、比例、排除、概率、因素分析等,此时思维已经到达了逻辑思维的高级阶段。

(五)皮亚杰创建了一整套心理发展的思维的研究方法

皮亚杰的贡献不仅在于前面提到的建立了一套崭新的智力或思维发展的理论,而且还创造了一种研究心理发展独特的新方法,即所谓临床法。临床法是皮亚杰学派的主要研究方法。

皮亚杰的临床法有一个不断改进的过程。首先只是口头交谈;其次是以口头交谈为主,辅之以摆弄或操作实物;最后修订了的临床法,则是以摆弄实物为主,辅之以口头提问,把摆弄实物、谈话和直接观察结合起来。

1. 丰富多彩的小实验

临床法中的"摆弄事物",实际上是一种实验法。研究者采用了丰富多彩、各式各样的物理和化学小实验,当面做给被试看或要求被试自己动手、实际操作、揭示原理,以此来研究儿童的思维或智力的水平。这些实验,通常被称为皮亚杰作业,常见的皮亚杰作业的测验项目，有数目、几何、守恒、系统、辨别等 13 种。他的"液体守恒""空间守恒""三座山""投影实验""判断溶液"等实验，都是一些既简单，又巧妙，富有刺探性的经典性测验项目，世界各国心理学家做了不少重复和验证研究。

2. 合理灵活的谈话

皮亚杰轮流运用了三种谈话方法。①纯语言的。例如，询问儿童物体是否有重量，若有，为什么？②半语言半实际的。例如，给儿童列举出河流、机器等的运动，询问儿童运动是怎么一回事。③通过实验操作，询问儿童每一个现象的原理。这里，尽管谈话中受主试语言影响程度并不一样，但实验研究都要通过主试与被试的交谈才能完成。

皮亚杰的谈话十分灵活，被试也愿意积极配合：①在题目基本相同的条件下，主试可以根据不同儿童回答的具体特点而进行不同的提问；②主试提出问题后，让被试主动谈话，并由被试的回答情况来决定提问的过程；③谈话过程因人而异，没有严格规定的指导语，不拘泥于标准化的程序，主试可以围绕谈话的主题而自由发挥或追问；④在谈话中不打乱儿童的思路，不给其任何暗示，不将成人的观点强加给儿童，采取不同的提问方式弄清儿童的真实思想；⑤在交谈中，主试要运用儿童能领会的语言，且用适当的问题来探索隐藏在表面背后的本质东西。国际心理学界公认临床法是一种艺术，是一种提问的艺术。

3. 自然性质的观察

皮亚杰认为，要了解儿童的智力或思维机制，必须从结构整体的理论出发，从整体去研究儿童，像病理心理学研究精神病人一样。因此，他特别强调实验的自然性质。皮亚杰喜欢在家庭、学校或游戏场所等儿童自然活动的情况下观察研究儿童，他重视研究者敏锐的观察力。他的临床法，抛弃了传统实验刻板的客观主义，他认为自然性质的观察更有利于获得客观的研究成果。所以，皮亚杰的研究方法曾被西方一些心理学教材当作自然主义的观察（naturalistic observation）的典型。

4. 新颖严密的分析工具

皮亚杰把数理逻辑引进心理学的研究工作中来，用数理逻辑作为分析儿童思维或智力水平的工具。这是皮亚杰研究方法的一个独特之处。皮亚杰认为，比起其他自然科学来，心理学的概念显得含糊不清。这里原因固然有很多，但一个重要的缘由是缺乏严密的分析工具。在运用临床法研究儿童思维的同时，皮亚杰深入研究逻辑学，他发现抽象逻辑与儿童的思维之间存在着许多相关的因素。他把逻辑称为思维的一面镜子。他试图用形式语言，特别是数理逻辑的语言来描述儿童心理活动的结构。1942 年皮亚杰的《类、关系和数》一书，专门研究了形式逻辑与智力运算之间的一致性，用逻辑描述了 7～11 岁具体运算阶段的儿童的智力运算。20 世纪 50 年代之后，皮亚杰用数理逻辑来构成表现儿童各运算阶段结构的模式。在《从儿童到青年逻辑思维的发展》一书中，皮亚杰与英海尔德用数理逻辑术语来比较儿童与青少年思维水平的差异。他们用 16 个二元命题与（同一、否定、互反和相关 I. N. R. C）"四变换群"来表达青少年形式运算（思维）的模式。将数理逻辑作为研究儿童思维的分析工具，是皮亚杰的一个创造，也是他的心理学的一个有特色的思想。我正是受这种思想的启发，于 1979 年去中国科学院研究生院（现为中国科学院大学）听了一个学期的数理逻辑课程，并在《思维发展心理学》一书中，专门写了一个问题——"数理逻辑的引进"[1]。

第三节

智力研究的新进展

不少大学和研究单位邀请我去做"智力心理学研究新进展"的报告，我觉得这个题目很难讲。原因有二。一是"新进展"主要是指 20 世纪八九十年代以来的新研究、新成果、新思想。可是，就在这几十年中，关于我们讨论的主题词——"智力"的含义还在众说纷纭、莫衷一是，形成不了统一的认识。2003 年度的美国心理学会主席

---

[1] 朱智贤、林崇德：《思维发展心理学》，231～239 页，北京，北京师范大学出版社，1986。

斯腾伯格(R. J. Sternberg)认为："智力是一个很难捉摸的概念。"①心理学史专家墨菲(K. R. Murphy)指出："很难有一个人们共同认可的智力定义(既准确又实用)。因为从历史上看，心理学家们从未得出一个大家认可的定义"。② 认知心理学家丹尼斯(I. Dennis)也说："目前心理学界对智力的具体含义，还没有形成统一的认识，而且是一个难以回答的问题。"③二是 20 世纪 80 年代后的新研究、新成果、新思想，国际心理学界有，我国也有。20 世纪 80 年代后我们与国际心理学界尽管有不小差距，但也积极地在对思维和智力进行着研究，对心理学界的前人智力观加以吸收—研究—再吸收—再研究。因此，国外 20 世纪 80 年代后智力研究的新进展，有的对我确有启发，有的对我关系并不大，有的对我来说未必会接受。因此，要做智力研究新进展的报告，是一个十分艰巨的任务。但由于推辞不了同事们的好意和信任，所以我在《北京师范大学学报》(2004 年第 1 期)上，发表了一些不成熟的看法，目的为抛砖引玉。

我认为给智力下定义难，有四个原因，一是因属性而异，因为智力涉及问题太多；二是因角度而异，因为智力取向(approach)太多；三是因发展而异，因为衡量不同个体和不同群体的指标太多；四是因人而异，因为研究智力的心理学家又太多，一人一言，观点自然难以统一。于是，我就从这四个方面来阐述智力研究的新进展。

一、智力属性研究的变化

在西方心理学史上，心理学家们曾两次对智力的含义进行了专门的讨论。第一次是在 1921 年，美国《教育心理学》杂志的编辑邀请当时知名的智力专家，以"智力及其测定"为题对智力进行定义。十多位专家给出了他们对智力本质的看法。第二

---

① Robert J. Sternberg, *Beyond IQ*, Cambridge, Cambridge University Press, 1984.

② Kevin R. Murphy & Charles O. Davidshofer, *Psychological Testing*: *Principle and Applications*. Englewood cliffs, Prentice hall, 1991.

③ Ian Dennis & Patrick Tapsfield, *Human Ability*: *Their Nature and Measurement*, Mahwah New Jersey, Lawrence Erlbaum Associate Publishers, 1996.

次是在 1986 年斯腾伯格及其同事主编了一本题为《什么是智力？关于智力本质及定义的当代观点》(*What is intelligence? Contemporary view point on its natural and definition*)的书。这本书中，收集了当代心理学家对智力本质的认识。在这次讨论中的专家可分为两大学派：其中，有认知心理学派的理论家；也有属于非认知心理学派的理论家。[①]

两次讨论所涉及的智力的属性共有 27 种：①适应性，为了有效地应对环境的需要；②基本心理过程（知觉、感觉和注意）；③元认知（认知的知识）；④执行过程；⑤知识和加工的相互作用；⑥较高水平的成分（抽象思维、表征、问题解决、决策）；⑦知识；⑧学习能力；⑨生理机制；⑩独立的能力（如空间、语言、听觉）；⑪心理加工的速度；⑫自动化的加工；⑬一般智力；⑭现实世界的（社会的、实践的、心照不宣的）；⑮文化价值观；⑯不易定义的、不是一种结构的；⑰一种学术领域；⑱在出生时所表现出的能力；⑲情绪的、动机的结构；⑳限于学术或认识能力；㉑在心理能力上的个体差异；㉒以环境产生的遗传程序的基础；㉓解决新奇事物的能力；㉔心理上的顽皮性；㉕只在期望值中重要；㉖抑制情感的能力；㉗外在行为的表示（实际的/成功的反应）。

尽管在两次讨论中心理学家们对智力的认识有很多相似之处。例如，1921 年和 1986 年心理学家在基本加工（知觉、感觉、注意）和心理加工速度这些属性上的看法有一致之处。然而，在这 65 年中对智力属性的研究有很大的变化。在高级心理活动水平的成分（抽象思维、表征、问题解决、决策）和解决新事物的能力、学习能力等项目上，20 世纪 20 年代的心理学家提到的次数比 20 世纪 80 年代的心理学家要多；而对于元认知、执行过程、知识、自动化的加工等项目，20 世纪 80 年代的心理学家提到的次数要多于 20 世纪 20 年代的心理学家的次数，特别像元认知、执行过程和自动化的加工等术语在 20 世纪 20 年代人们很少使用或基本上不使用。正如斯腾伯格所说的，从表面上来看，20 世纪 80 年代的心理学家和 20 世纪 20 年代的心理学家对智力的属性的认识没有很大差别。虽然过去人们更加重视期望，而现在

---

① Sternberg，R. J. & French，P. A.，"Intelligence and Cognition,"in M. W. Eysenck，*Cognitive Psychology：An International Review*，John Wiley & SonsLtd，1990.

人们更加重视文化因素。但是，就某种程度上说，心理学家关于智力的看法是有变化有进展的，这种变化和进展主要表现在当代心理学家虽然使用了过去心理学家的术语来定义智力，但是这些术语被赋予了新的意义。

还有一项研究①，对 1020 名专家对智力的看法进行了调查，结果发现，专家对智力的认识有许多一致之处，特别是他们对智力中最重要要素的看法上，具体结果如表 2-1 所示。②

表 2-1　专家认为智力的最重要的五个要素

描述	同意的百分比（％）
抽象逻辑思维/推理	99.3
问题解决能力	97.7
获得知识的能力	96.0
记忆力	80.5
适应环境	77.2

从表 2-1 中看出，专家对智力的理解和认识既重视智力内容的传统方面，即逻辑思维、推理、问题解决能力、记忆能力等，又重视皮亚杰等人所强调的适应环境的能力和认知心理学家所强调的获得知识的能力。强调这五个智力要素说明，智力属性表示了当今智力界研究内容的趋向。我在下一章讨论智力和思维的理论时，会涉及上述的五个要素。

正因为如此，我们才将智力定义为成功地解决某种问题（或完成任务）所表现出来的良好适应性的个性心理特征。③④⑤ 这里，就考虑到了智力属性变化研究的新进展。

---

① Snyderman, M. & Rothman, S. "Survey of expert opinion on intelligence and aptitude testing," *American Psychologist*, 1987, 42(2), 137-144.

② ［美］阿特金森等：《心理学导论》，孙名之等译，车文博审，台北，晓园出版社，1994。

③ 林崇德：《教育与儿童心理发展——小学生运算思维品质培养的实验总结》，载《北京师范大学学报（社会科学版）》，1984(1)。

④ 朱智贤、林崇德：《思维发展心理学》，北京，北京师范大学出版社，1986。

⑤ 林崇德：《学习与发展——中小学生心理能力发展与培养》，北京，北京教育出版社，1992。

二、智力本质研究的取向

关于智力研究新进展，对智力本质的研究，在 20 世纪经历了三个取向（approach）变化：60 年代前是因素分析（factor analysis），60 年代出现了信息加工（information processing），80 年代后又有人主张智力的层面（stration of intelligence），这实际上是 20 世纪末之前从智力研究内容和方法的角度来阐述智力研究的新进展。

因素说是研究智力构成要素（或因素）的学说。智力由哪些因素构成呢？早在 19 世纪末 20 世纪初，桑代克（E. L. Thorndike，1874—1949）提出了特殊因素理论，认为智力由许多特殊能力构成，特别是他设想了智力由填句（C）、算术推理（A）、词（V）和领会指示（D）组成。斯皮尔曼（C. Spearman，1863—1945）于 1904 年提出了二因素说，认为智力由贯穿于所有智力活动中的普遍因素（G）和体现在某一特殊能力之中的特殊因素（S）组成。凯利（T. L. Kelly）和瑟斯顿（L. L. Thurstone）分别于 20 世纪 30 年代与 40 年代提出了多因素说，认为智力由彼此不同的原始能力组成。不过凯利和瑟斯顿的提法并不尽相同。凯勒提出数、形、语言、记忆、推理五种因素；而瑟斯顿则提出数字因子、词的流畅、词的理解、推理因素、记忆因素、空间知觉、知觉速度七种因素。

因素分析发展到 20 世纪 50 年代是智力的结构说。结构说应看作因素说的一种新的形式和新的发展，强调智力是一种结构，它是从结构的角度来分析智力的组成因素。智力是什么样的结构呢？艾森克（H. J. Eysenck）于 1953 年首先提出智力三维结构模式。该模式包括三个维度：心理过程（知觉、记忆、推理），测验材料（语词、计数、空间）和能量（速度、质量）。在艾森克的基础上，吉尔福特（J. P. Guilford，1897—1987）于 1959 年提出了新的智力三维结构模式，认为智力由操作（思维方法，可分认知、记忆、发散思维、辐合思维、评价五种成分）×内容（思维的对象，可分图形、符号、语义、行动四种成分）×结果（把某种操作应用于某种内容的产物，可分为单元、种类、关系、系统、转换、含义六种成分）所构成的三维空间（120 种因素）结构。阜南（P. E. Vernon）于 1960 年提出了智力层次结构理论，认为智力是个多层次的心理结构。最高层次是智力的一般因素；第二层次包括两大因素群，即言语和教育方面的能力倾向、操作和机械方面的能力倾向；第三层次是由第二层次的两大因素群分成的若干小因素群，言语和教育的能力倾向分为言语、数量、教育等，操作和机械方面的能力倾向分为机械、空间、操作等；第四层次是各种特殊能力。施莱辛格(I. M. Schlesinger)和格特曼(L. Guttman)于1969年又提出了二维结构模型，他们认为，智力的第一维是言语、数和形(空间)的能力；第二维是规则应用能力、规则推理能力和学校各种学业测验成绩。

如前所述，认知心理学试图了解人的智力的性质和人们如何进行思维。突出认知是为了达到一定的目的，在一定心理结构中进行信息加工的过程。信息加工取向的最大特点是，运用信息加工理论及神经生理学的影响，对智力不再斤斤计较其组成的成分(因素)，而是注意它在处理现实生活中的功能。所谓信息加工，认知心理学家普遍指的是对信息的接收、存储、处理和传递。信息加工的观点，是把人看作一个主动的动态系统，处理和传递各个阶段的安排。信息加工可分为三类：①串行加工，每个阶段连成一条线，前一个阶段的输出变成了下一个阶段的输入，任何一个阶段在接到其前一个阶段的输出以前不能够进行本阶段的信息加工，人的中枢信息加工多属于这类加工；②并行加工，每个阶段并不需要等其他阶段完成加工后才进行加工，人的感觉就是并行接收信息，在正常情况下，许多感受器同时被激发；③混合加工，串行加工和并行加工结合进行。信息加工取向所揭示的智力活动问题为：各种智力包括哪些心理过程？这些心理过程进行的速度和准确性如何？这些过程所操作信息的表征的类型是什么？对此，认知心理学家探讨了智力的结构模型。因此，信息加工取向不是试图以因素去解释智力，而是确定构成智力活动为基础的记忆、注意、表征、思维、想象等心理过程。

智力的层面的实质是把因素分析和信息加工两种取向结合起来，既讲成分，又讲信息加工的过程。20世纪80年代后，在这方面做出贡献的代表人物是斯腾伯格和加德纳(H. Gardner)。斯腾伯格在1985年以后多次宣称，一个全面的研究智力本质的理论，应包括一组构成要素(因素)过程。这组要素过程应比在有限的实验环境或典型实验情况下的心理学家们迄今确定的范围更为广泛。他建议，这组更广泛的要素不仅与"学业智力"有关，而且应与"实用智力"有关。例如，本节第四部分要谈到的斯腾伯格的成功智力和加德纳的多元智力，他们都持智力层面的观点。一方面，他们重视这里的成分或要素（因素）；另一方面，他们又强调信息加工的方式，指出智力对于特定文化创造出来的符号系统的敏感性，这些符号系统是捕捉、表达、传播信息的重要形式，信息加工对人的智力形成的发展是不可缺少的。

我从不否定智力的因素说、结构说，也不否定智力的信息加工理论，各种学说只不过从不同角度论述智力及其组成罢了，它们都是有价值的。我欣赏智力层面取向，因为它不否定前人研究的成果，而是把前人的观点加以有机的结合，这一点引起了共鸣，后面我对创造性（力）下定义时，就把前人的观点加以整合。

三、智力发展水平的提出

智力发展水平的研究，主要涉及两个问题：一是关于智力发展基本原理或理论的问题；二是个体智力发展各阶段的年龄特征问题。对于后者研究，20 世纪 80 年代后进展不太明显，这可能是过去的研究比较成熟，加上皮亚杰的影响太大，所以，一提起智力发展的年龄阶段性问题，基本上还是皮亚杰的理论框架。可是对于智力发展的基本原理或理论问题的探讨却相当活跃，特别是 20 世纪 90 年代后出现的两种"三层水平"理论，影响更大。

（一）卡洛尔的三层级理论

卡洛尔（J. B. Carroll）提出了智力的三层级理论（the three-stratum theory of intelligence）。[1] 他认为智力由三个层次水平的因素组成。最高水平层由一种因素构成，即一般智力因素；中间水平层由八种因素构成，即流体智力、晶体智力、一般记忆容量、一般视知觉、一般听知觉、一般流畅性、一般认知速度、一般加工速度；最低水平层由许多特殊的因素构成。卡洛尔的智力三层级理论如表 2-2 所示。

---

[1] Dennis. I & Tapsfield, P. *Human Ability*: *Their Nature and* Measurement. Mahwah New Jersey, Lawrence Erlbaum Associate Publishers, 1996, 2-17.

表 2-2　智力三层级理论

最高水平层	中间水平层	最低水平层
一般智力因素	流体智力	水平因素包括：一般序列推理（RG）；归纳推理（I）；定量思维（RG）；皮亚杰式的思维（RP）。 速度因素包括：思维的速度（RE）。
	晶体智力	水平因素包括：语言发展（LD）；口头语言和书面语言理解（V）；词汇知识（VL）；阅读理解（RC）；填空能力（CZ）；拼写能力（SG）；语音编码（PC）；语法敏感性（MY）；外语潜能（LA）；听力（LS）；交流能力（CM）；外语流畅力（KL）。 速度和水平因素包括：阅读速度（RS）；口头表达的流畅性（OP）；写作能力（WA）。
	一般记忆容量	水平因素包括：记忆广度（MS）。 速度因素包括：联想记忆（MA）；自由回忆（MR） 意义记忆（MM）；视觉记忆（MV）；学习能力（LI）。
	一般视知觉	水平因素包括：可视化（VZ）。 速度因素包括：空间关系（SR）；封闭速度（CS）；封闭流畅性（CF）；系列知觉的综合（PI）；空间扫描（SS）；知觉速度（P）。 各种因素：想象（IM）；长度估计（LE）；错觉（IL）；知觉转换（PN）。
	一般听知觉	水平因素包括：听觉和知觉语言的阈限因素（UA、UT、UU）语言、声音的辨别（US）；一般声音的辨别（U3）；高强度声音持续时间的辨别（U6）；音乐的辨别与判断（U1、U9）；抑制听觉刺激混乱的能力（UR）；同时跟踪能力（UK）；节奏的保持与判断（U8）；声音模式的记忆（UM）；绝对音高（UP）；声音定位（UL）。
一般智力因素	一般流畅性	水平因素包括：首创性或创造力（FO）。 速度因素包括：观念流畅性（FI）；命名流畅性（NA）；联想流畅性（FA）；表达流畅性（FE）；词汇流畅性（FW）；问题敏感性（FF）；图形的可变性（FX）。
	一般认知速度	速度因素包括：完成测验的速度（R9）；数字化的能力（N）；知觉速度（P）。
	一般加工速度（决策速度）	速度因素包括：简单反应时（R1）；选择反应时（R2）；语义加工速度（R4）；心理比较速度（R7）。

(二)德梅特里奥和瓦拉耐兹的三水平系统

德梅特里奥(A. Demetriou)和瓦拉耐兹(N. Valanides)提出的智力发展的三水平系统(见表 2-3)。[①] 根据该理论,智力被设想为一个垂直的大厦,它包括三个主要的水平:第一个是环境指向水平,第二个是自我指向或超认知水平,第三个是与信息加工有关的过程水平。环境指向水平涉及对来自环境的不同领域信息的表征和加工系统,也就是,涉及用于特定现实领域的操作、过程和技能的每个系统,每个系统都利用诸如表象、数字、语言之类的符号,这些符号是适合于特定领域的。在环境指向水平上,输入由来自环境的信息组成,输出为指向环境的实际的或心理的行为。自我指向水平涉及指导自我理解、自我监控、对他人思维的理解等方面的过程和知识。这个水平包括的功能用于:监控自己的和他人的认知活动;在可以被用作自我定义和对其他个体分类的心理地图中记录这些活动;当需要做决定、问题需要解决而又没有准备好的解决措施存在时,在这些地图的基础上调整自己和他人的心理活动。研究者把自我指向水平视为超认知系统。最后一个水平是对特定年龄思维的信息加工能力起着决定作用的结构和功能。这个水平上的结构和功能基本上与内容无关,但是它们限制着特定年龄个体能够解决的问题(无论是环境的还是自我定向的)的复杂性。此外,研究还提出三个概念:一是核心过程,即在每个系统中的特定的一类心理过程;二是操作;三是知识和信仰。当操作和知识结构非常适合时,认知功能中的核心过程是非常重要的。每个系统都涉及吸收的现实领域的知识,每一种知识作为特定系统与相应现实领域相互作用的结果都在逐年增加。

[①] Demetriou, A. & Valanides, N. A., "Three-level Theory of the Developing Mind: Basic Principles and Implications for Instruction and Assessment," in R. J. Sternberg & W. M. Williams, *Intelligence, Instruction and Assessment: Theory into Practice*, Mahwah New Jersey, Lawrence Erlbaum Associates, 1998, 149-199.

表 2-3　智力的水平和系统以及它们的基本过程与成分

	水平和系统	核心过程	操作和规则	知识和信仰
环境指向系统	定性的、分析的	分类知觉	分类策略、概念形成策略	描述性和陈述性的知识、对人和事的归类
	定量的、关系的	数字直觉(subitization)辅助	计数、算术运算、比例推理	时间的认识、钱的知识、乘法表
	因果的、实验的	因果知觉	尝试错误、实验、假设形成	关于世界的因果结构的知识和归因
	空间的、形象的	深度知觉、大小知觉、方位知觉	心理表象的扫描和转换过程、心理旋转	所有的关于世界的形象的表征和知识
	语言的、命题的	基本的推理，即基于语言结构的自动推理	二级推理，即基于对事实的考虑的推理	关于推理和逻辑的外显知识
超认知系统	工作超认知	对各种经验、认识体验的不同的敏感性	自我监控和自我调整策略	
	长时超认知			关于思维、智力和自我的模型
加工系统	编码	知觉登录	刺激辨认	
	控制	抑制机制	选择性注意	
	存储	信息的基本表征	复习、组块化以及其他组织策略	

对于上述的两种智力发展水平的观点，尽管我不否定其创新性，但认为其新意并不是。如果问我这两种观点的价值所在，我想它们和第二个问题中"智力层面取向"的提出类似，整合了以往的研究。研究者站在一定高度上，从智力发展水平上对已往的研究做了整合。

四、智力研究理论的创新

20 世纪 80 年代后，国际上出现许多种智力理论，出现诸多名家，增加了诸多新领域和新理论。但国际心理学界公认的有多少，就不好说了。这里，我们按照斯腾伯格的观点①，介绍颇有影响的五个心理学家及其理论。

（一）加德纳的多元智力

1983 年，美国哈佛大学的加德纳出版《智力结构》(*Frames of Mind*)，提出了多元智力(multiple intelligence)的概念，20 世纪 80 年代后，加德纳一直探讨这个问题。1993 年他又出版了《多元智力的理论与实践》(*Multiple Intelligence：The Theory in Practice*)，1999 年该书被译为中文，名叫《多元智能》，在中国发行，引起中国广大读者的重视。

加德纳提出了一种多元智力理论。起初，他列出了七种智力成分。这些智力彼此不同，每个人都或多或少具有这七种智力。他承认，智力可能不止这七种。不过，他相信并支持关于七种智力的观点达十多年之久。七种智力成分包括：①语言智力，即有效地运用语词的能力；②逻辑—数学智力，即有效地运用数字和合理地推理的能力；③知人的智力，即快速地领会并评价他人的心境、意图、动机和情感的能力；④自知的能力，即了解自己从而做出适应性行动的能力；⑤音乐智力，即音乐知觉、辨别和判断音乐、转换音乐形式以及音乐表达的能力；⑥身体—运动智力，即运用全身表达思想和感情的能力，其中包括运用手敏捷地创造或者转换事物的能力；⑦空间智力，即准确地知觉视觉空间世界的能力。后来，加德纳又添加了一种智力，叫作自然主义者智力(naturalistic intelligence)。这是一种能够对自然世界的事物进行理解、联系、分类和解释的能力。诸如农民、牧民、猎人、园丁、动物饲养者都表现出了已经开发的自然主义者智力。20 世纪 90 年代，加德纳又增加了一种存在主义智力，它涉及对自我、人类的本质等一些终极性问题的探讨和思考，神学家、哲学家这方面的智力最突出。我欣赏加德纳在"零点工程"（艺术心理学）领域开拓性的研究工作，并创造性地提出多元智力观，然而，加德纳的多元智力理论与本书第三章要展开的中国古代"六艺"教育所蕴含的智力理论具有惊人的相

---

① Sternberg R. J. & Kaufman J. c., "Human Abilities," *Annual Review of Psychology*，1998(49)，479-502.

似之处。

所谓"六艺"，是指中国古代西周时期官学和春秋时期孔子（公元前 551—前 479）私学的六门基本课程，即礼、乐、射、御、书、数。这六门基本课程分别包含着多种因素，于是构成了"六艺"的内容：五礼、六乐、五射、五御、六书、九数。加德纳于 1993 年指出，智力是在特定的文化背景或社会环境中解决问题或者制造产品的能力。而"六艺"教育的目的在于培养六种能力，亦即六种智力。所以，可以说"六艺"教育所蕴含的理论也是一种智力理论，我们称之为"六艺"教育的智力理论。它包括："礼"的智力——人际关系的智力或知人智力，"乐"的智力——音乐智力，"射"的智力——身体—运动智力，"御"的智力——空间智力，"书"的智力——语言智力，"数"的智力——数学—逻辑智力。在"六艺"教育中，似乎没有单独阐述的课程对应于加德纳的自我控制智力（或自知智力），那么，"六艺"教育是不是忽视了"自我控制"或"自知"智力呢？完全没有，中国古人一向重视"自知"能力的培养和教育。"知人者智，自知者明"，以及"克己""爱人"的思想，是中国古人一向重视"自知智力"的生动写照。不管是西周的官学，还是孔子的私学，"礼"是第一位的，而"仁"又是"礼"的中心内容。因此，教育的"礼"课程不仅包括加德纳智力理论的人际关系（知人）智力，而且也蕴含了自我控制（自知）智力。加德纳的"多元智力"观和"六艺"智力观具有相似之处，不仅表现在具体内容上，而且还表现在两个实质性的观点上：一是两种智力观的核心相似，即"因材施教"，加德纳强调发现每个儿童青少年的天赋，有的放矢地进行教育，不就是因材施教吗？二是两种智力观都重视评价过程与学习过程的有机统一。然而，多元智力理论与"六艺"智力观是有区别的，除了年代和时代不同之外，还有两点本质的区别：一是前者认为七种智力互相独立、没有内在的联系，而后者则强调以"礼"为中心的相互联系性；二是前者的"未来学校"还处于实验阶段，而"六艺"已经历了近千年的课程了。当然，加德纳的"多元智力"在发展。例如，前面已提到的他提出牧民、工人的自然主义智力，宗教家的存在主义智力，进入 21 世纪后又提出道德智力。但值得注意的是，这十种智力缺乏同质性和逻辑性。因语言智力、数学—逻辑智力、空间智力、音乐智力、身体—运动智力和自然主义智力属于"特长"的智力，是一种才华的智能表现，通过

"因材施教"，发现每个受教育者的天赋，有的放矢地教育，可以造就和培养语言、数字、空间、艺术、运动、技术方面的专门人才；而人际关系（知人）智力、自我控制（自知）智力、存在主义智力和道德智力却属于智力中的非智力因素，它们没有或很难确定某些人在这些因素中形成特长，倒是每一位高素质创造性人才，不论他有何"特长"的智力或才华，都需要知人、自知、有信仰和讲道德。所以，加德纳的多元智力理论在内在逻辑性上是有一定缺陷的。

（二）斯腾伯格的成功智力

美国耶鲁和康奈尔等大学的斯腾伯格长期从事智力的研究，提出了成功智力（successful intelligence）的理论，让人认识到，人生的成功，主要不是靠智商，而是取决于成功智力。斯腾伯格不仅从事成功智力的理论研究，而且也进行应用实践的实验。他出版的《成功智力》（1996 年）颇有影响，这本书已有中文译本。

关于成功智力的概念，斯腾伯格认为，我们应当少关注一些传统的智力观念，尤其是智商的概念；而多关注一些他所说的成功智力。他在《成功智力》一书的序里有趣地谈到，他曾在小学时考砸了智商测验，他下决心，如果将来成功了，那也不是其智商的作用。为此，他最终走上探索智力的道路，并努力寻找能够真正预测今后成功的智力。所谓成功智力，就是为了完成个人的以及自己群体或者文化的目标，从而去适应环境、改变环境和选择环境的能力。如果一个人具有成功智力，那么，他就懂得什么时候该适应环境，什么时候可以改变环境，什么时候应当选择环境，能够在三者之间进行平衡。具有成功智力的人能够认识到自己的优势和劣势，能够想方设法地利用自己的优势，同时，能够补偿自己的劣势或者不足。这是人们成功的原因之一。

分析思维能力、创造思维能力和实践思维能力是成功智力的三种成分。分析思维能力的任务是分析和评价人生中面临的各种选择，它包括对存在问题的识别、对问题性质的界定、问题解决策略的确定、对问题解决过程的监视。创造思维能力的任务在于，最先构思出解决问题的方案。创造思维能力与传统的智商至少存在部分的不同。它们大致属于特定领域的能力，这就是说，在某个领域（如艺术）具有创造性未必就意味着在另一个领域（如写作）也具有创造性。实践思维能力的任务在于，实施选择并使选择发生作用。如果将智力应用于真实世界的环境之中，那么，实践思维能力就开始发生作用了。沉默知识（tacit knowledge）的获得和运用是实践思维能力的一个重要内容。所谓沉默知识，就是人们如果想在特定的环境中获得成功就必须懂得的，然而没有接受过明确教授的知识，并且这种知识通常不用语言表述。沉默知识是通过用心地运用经验而获得的，相对来说，属于特定的领域，沉默知识的掌控相对于传统的能力，它对工作能否成功的预测力不次于智商，有时甚至优于智商。

我欣赏斯腾伯格的成功智力，他不仅阐述了这种智力的结构，更重要的是揭示了智力活动成功的动力系统的秘诀。适应环境、改变环境和选择环境不是简单的话语，而是成功者奋斗的心态目标和手段。

（三）珀金斯的真智力

美国哈佛大学另一位心理学家珀金斯（D. Perkins）于 1996 年提出真智力（true intelligence）。他核查了大量关于智商测量和促进智商的研究，进而提出：智商包括三种主要的成分或者维度。

一是神经智力（neural intelligence），这是指神经系统的有效性和准确度。神经智力具有"非用即失"（use it or lose it）的特点。显然，神经智力是可以通过运用先天因素而得到保持和加强的。神经智力类似于卡特尔（R. B. Cattell）所说的流体智力。

二是经验智力（experiential intelligence）。这是指个人积累的不同领域的知识和经验。这可以看作个人所有专长的积累。经验智力的基础是积累知识和经验，这些知识和经验可以使人们在一个或者多个领域中具有高水平的技能。生长于刺激环境较为贫乏的人，较之一个生长在学习环境丰富的人，其智力显著地表现出差异来。丰富的学习环境能够促进经验智力。经验智力类似于卡特尔所说的晶体智力。

三是反省智力（reflective intelligence）。这是指解决问题、学习和完成挑战智力任务的广泛的策略。它包括支持坚持性、系统性和想象力的各种态度。它包括自我监视和自我管理。反省智力可以看成是有助于有效地运用神经智力和经验智力的控制系统。人们是可以学会更有效地利用神经智力和经验智力的种种策略的。反省智力类似于元认知（metacognition）和认知监视（cognitive monitoring）等概念。

我在前面用三个"类似于"的结论，表达了我对珀金斯的真智力的评价。

（四）塞西的生态学智力模型

美国康奈尔大学的塞西也于 1996 年（S. J. Ceci）提出了智力发展的生物生态理论（the bio-ecological theory）。该理论认为智力是天生潜力、环境（背景）、内部动机相互作用的函数。

人的各种认知技能、环境和知识都是研究个体差异的重要基础。在特定的领域中，每一种认知潜能都使各种关系得以发现，各种思想得以监视，知识得以获得。虽然这些潜能具有生物学的基础，但是，其发展与环境具有密切的联系。所以，如果不是不可能，也很难将生物学和环境对智力的贡献清楚地分割开来。

个体的环境资源有两类，一类是近端过程，即在直接环境中与客体的持续相互作用；另一类是远端因素，由影响近端过程的形式与质量的环境维度组成。由此提供人的知识，形成知识结构，发展其智力水平。

认知发展主要是逐渐增加的精致化的知识结构的结果，这些知识结构使编码、提取、策略选择、比较等微观水平的过程有可能进行更有效的操作。

在不同的环境中，能力可能是以完全不同的方式表现出来的。例如，儿童完成性质相同、难度相同的任务，在电视游戏环境中完成的成绩比实验室认知任务环境中完成的成绩好得多。之所以存在这种差异，一部分是由于情绪反应差异的结果。

在 1969 年后，对智力的先天与后天的争论中，几乎倾向詹森（A. Jensen）的"先天论"一边倒的情况下，塞西用智力研究新进展的资料重新提出先天与后天的关系，是颇有价值的。

（五）梅耶尔与戈尔曼的情绪智力

情绪智力（emotional intelligence）概念是由美国新罕布什尔大学的梅耶尔

(J. D. Mayer)等人于1990年提出来的。1995年记者戈尔曼(D. Goleman)的《情绪智力》一书的出版，对这个理论起到了推波助澜的作用。

情绪智力是什么呢？它由哪些要素构成呢？梅耶尔等人与戈尔曼分别提出了各自的情绪智力理论，对此做了说明（见表2-4）。

表2-4 梅耶尔等人与戈尔曼的情绪智力

理论	梅耶尔等人	戈尔曼
定义	情绪智力用以说明人们如何知觉和理解情绪，具体说，是知觉和表达情绪、在思维中同化情绪、理解和分析情绪、调控自己及他人情绪的能力	情绪智力包括自我控制、热情、坚持性和自我激励能力。这种情绪智力原来被称为性格
内容与说明	①情绪知觉与表达辨认和表达身体状态、情感与思维中的情绪辨认和表达他人、艺术品与语言中的情绪。②在思维中同化情绪，在思维中优先考虑情绪，情绪作为判断和记忆的辅助。③理解与分析情绪，情绪（包括复杂的情绪和同时发生的情感）的命名，理解情绪转换关系。④情绪的反思性监控保持情绪的开放性，监控调节情绪并促进情绪和智力发展。	①知道自己的情绪，识别正在发生的情绪，随时监控情绪。②情绪管理，调整情绪使它们比较合适安慰自己，摆脱焦虑、抑郁与恼怒。③自我激励，引导情绪达成目标延迟满足，并抑制冲动能够进入状态。④识别他人的情绪，同情意识，适应别人的情绪。⑤处理关系，管理自己的情绪，与他人和谐相处。
类型	能力	能力与性格的混合

表2-4中总结了两种有影响力的情绪智力理论。两种理论都是从内涵范围来定义情绪智力，但不同的是戈尔曼把它定义为能力与性格或人格倾向的混合物。比如，在能力之外加入了热情、坚持性等性格特点；而梅耶尔等人反对把情绪智力定义为能力、性格等多种因素的混合物，而坚持把它定义为传统智力中的一种。但是，两种理论也有共同点，都认为情绪智力包含多个因素，虽然数量有所不同。总之，情绪智力是梅耶尔在心理学研究中开创的一个新领域，但在概念、理论等方面都还有待深入研究。

五、认知心理学的研究进展

我们在本章第一节提到了从皮亚杰到纽厄尔和西蒙对认知的研究，再到 20 世纪 90 年代后的认知神经科学的兴起和蓬勃发展，可以看到在过去大半个世纪中，认知心理学已经成熟并蓬勃发展起来。这主要是因为新的理论、研究工具和理论框架使相关研究人员能够探索更为广泛的主题，包括感知觉、注意、记忆、语言、情感、概念及知识表征、思维与推理、问题解决、社会文化与脑认知功能如何影响个体发展等①，开展了广泛而深入的研究。与此同时，与人工智能相关联的方法论和理论上的复杂性也快速发展，如机器学习及算法研究。随着问题的广度和深度逐渐加深，我们很难了解认知心理学的方方面面。但我们还准备对认知心理学的研究进展做一鸟瞰的陈述，以说明当今的认知心理学是一个颇具挑战的领域。

(一)与其他学科的交叉融合发展

面对着整个科学界跨学科(Transformative)和强合作(Collabo rative)即交叉融合的要求，认知心理学必然打破学科壁垒，综合发展。既从心理内部又从与其他学科进行协同发展。

心理学的不同分支学科之间长期以来互相渗透并融合发展着，例如认知心理学与社会心理学、发展心理学等交叉学科问题，成为研究的重要方向之一。事实上，认知的核心问题是由社会力量塑造的。② 因此，认知心理学的很多领域对社会背景的讨论越来越多，包括知觉(刻板印象)、合作问题解决、记忆和决策研究等。例如，错误记忆的研究特别强调社会影响的作用，审讯者往往会引导某人"记住"他或她自己的错误行为。

如前所述，认知心理学是心理学与计算机科学交叉融合的结果，统一在"信息

---

① Reisberg，D. *The Oxford handbook of cognitive psychology*. Oxford University Press，2013.

② Michael，R. B.，Garry，M. & Kirsch，I.，"Suggestion，cognition，and behaviour,"*Current Directions in Psychological Science*，2012，21(3)，151-156.

加工"的理念上。当然今天会进一步与自然科学，例如计算机科学、人工智能、信息科学、脑科学和数据科学综合施策。认知心理学作为心理学的新进展，要突出"人"的价值，也必然与社会科学和人文科学交叉融合，例如，跟哲学互动发展形成"双向挑战效应"；跟经济学互动发展出现"行为经济学"；跟教学育互动发展探索"认知与发展与教育"的关系，等等。只要与"人"有关，认知心理学都会伸出合作之手。

此外，研究者还关注了认知发展的很多方面，关于记忆力、概念、推理能力和执行功能的研究尤为丰富。[1][2][3] 例如，我们团队李红及其学生对中国儿童青少年的推理能力（包括传递性推理、因果推理、类比推理、归纳推理等），心理理论与执行功能的发展特征和影响因素进行了较为系统的探讨，并得出了一些重要有趣的结果。[4]

(二)认知与情绪过程的交互作用

与社会心理学和认知心理学的分离，以及语言研究和认知研究的分离一样，早期研究往往将情绪研究与认知研究分离开来。后来，研究者逐步认识到，情绪领域肯定与传统的认知领域交织在一起，因此，探讨认知和情绪的交互作用，已经成为研究的热点问题之一。

当前，研究者不仅关注情绪与感知觉等较为低级的认知过程的交互作用，还探讨了情绪与推理和决策等较为高级的认知过程的交互作用。例如，恐惧是一种有助于抵御潜在危险的适应性情绪。虽然经典条件反射模型能够很好地解释动物是如何对环境中的危险刺激进行学习的，却很难回答它们是如何将这种学习推论到与威胁

---

① Dunsmoor, J. E., Murty, V. P., Davachi, L. et al., "Emotional learning selectively and retroactively strengthens memories for related events," *Nature*, 2015, 520, 345-348.

② Gelman, S. A., "Learning from others: children's construction of concepts," *Annual Review of Psychology*, 2009, 60, 115-140.

③ Willoughby, M. T. & Blair, C. B., "Longitudinal measurement of executive function in preschoolers," In J. A. Griffin, P. McCardle & L. S. Freund, *Executive function in preschool-age children: integrating measurement, neurodevelopment, and translational research*. American Psychological Association. 2016, 91-113.

④ 李红:《中国儿童推理能力发展的初步研究》，载《心理与行为研究》，2015，13(5)。

刺激存在某种类别关系的其他刺激身上的。近年来，国内外研究者从多个角度出发，探讨了推理问题的相互影响与情绪（恐惧和焦虑）及其泛化的相互影响，以及它们与常见情绪障碍的关系问题。[1][2] 相关研究对于理解情绪障碍的形成原因和临床病理特征具有重要应用价值，对认知心理学具有较大的推动作用。[3]

（三）认知神经科学技术在认知心理学中的广泛应用

随着神经科学手段的兴起和成熟，认知心理学的研究问题受到了前所未有的深入探讨。尽管认知心理学和认知神经科学的关系还有待商榷，可以肯定的是，神经科学的见解非常重要，神经科学的数据可以帮助我们解决长期存在的争论。因此，认知神经科学成为当前认知心理学的研究核心[4]。认知神经科学继认知心理学于20世纪六七十年代后有关键性的发展，进入21世纪后出现许多新的特点：一是不仅进一步研究认知与社会认知各领域加工的神经系统，而且与分子生物学、基因组相结合，出现结构性的突破；二是在方法上的进展，将在第六章要阐述的运用现代化手段对认知加工时脑功能定位和动态过程的基础上发展了新的认知神经科学技术，例如颅磁刺激（TMS）、近红外成像（NIRS），更深入地揭示神经活动的机制；三是加强应用研究，研究对象扩大到各个年龄段，与社会科学交融发展，出现神经经济学、神经管理学、神经法学、神经教育学等新的应用研究领域；四是计算认知神经科学的发展，大数据的运用，为揭示大脑与认知的结构、功能、本质奠定了科学基础。

我国认知神经科学领域的专家的工作与国际上尽管有一定差距，但紧随时代步伐做出较出色的研究。例如，在揭示人脑的基本学习规律方面，北京师范大学薛贵

---

[1] Dunsmoor, J. E. & Murphy, G. L., "Categories, concepts, and conditioning: How humans generalize fear," *Trends in Cognitive Sciences*, 2015, 19, 73-77.

[2] Lei, Y., Liang, X. & Lin, C., "How do the hierarchical levels of premises affect category-based induction: diverging effects from the P300 and N400," *Scientific Reports*, 2017, 7(1), 11758.

[3] Dymond, S., Dunsmoor, J. E., Vervliet, B. et al., "Fear generalization in humans: systematic review and implications for anxiety disorder research," *Behavior Therapy*, 2015, 46(5), 561-582.

[4] M. S. Gazzaniga, R. B. Ivry, G. R. Margun, 认知神经科学（周晓林、高定国等译），北京：中国轻工业出版社，2011。

教授团队提出并取得了多个重要的理论突破，包括"神经激活模式重现"假说、"前额叶导致非适应性学习"等理论成果已经得到国际学术界的高度评价和广泛认可。[①]他们采用脑功能成像技术和创新的表征相似性分析技术，在国际上首次系统考查了重复学习提高记忆效果的神经机制。[②] 这一发现解决了记忆研究领域长期争论的焦点问题，那就是成功的情景记忆编码需要在多次学习中精确地重复激活同一个神经表征，而不是在每次学习中激活不同的神经模式。

(四)认知心理学的方法学进展

认知心理学的另一个进展源于研究方法方面，包括实验程序、统计方法、被试招募方式等问题。例如，针对研究的可重复性问题，当前研究要求研究者在统计数据和解释数据时更谨慎，这迫使研究者重新思考方法论和统计学的假设问题。为了解决"错误肯定错误"和"错误否定错误"之间的平衡与可重复性问题，各个实验室开展各种跨实验室的合作，并加入元分析的方法来确保实验结果的可靠性。与此同时，对机器学习及算法研究的关注日益增多。[③] 上述认知神经科学研究方法，也对认知心理学的研究起到助推的作用。

(五)认知心理学的新应用

近年来，对认知心理学的应用研究的关注日益增多。例如，国外先后创办了《应用认知心理学》(*Applied Cognitive Psychology*)和《记忆与认知应用研究杂志》(*Journal of Applied Research in Memory and Cognition*)等应用期刊。国内心理学期刊发表的相关论文也逐渐增多，例如，学习和记忆研究被用来为教育实践提供指导意见；内隐记忆研究被用来影响消费者的选择和医生的决策。认知心理学对法律制度也产生了实质性影响，包括如何质疑证人，如何进行身份识别程序，如何评估

---

① Xue，G.，"The neural representations underlying human episodic memory,"*Trends in cognitive sciences*，2018，22(6)，544-561.

② Xue，G.，Dong，Q.，Chen，C. et al.，"Greater neural pattern similarity across repetitions is associated with better later memory,"*Science*，2010，330(6000)，97-101.

③ Mehryar，M.，Rostamizadeh，A. & Talwalkar，A.，*Foundations of machine learning*，second edition，Cambridge，MA：MIT Press. 2018.

法庭上的证人记忆；等等。尽管理论研究和应用研究的关系比较复杂，但开展相关应用工作有诸多优点。首先，我们可以利用认知心理学来改善我们的环境。其次，我们可以从中获得反馈，从中探寻亟须探索的新现象和要解决的新问题。最后，应用工作可以促使我们检查研究，尤其是实验室研究的外部效度问题。由此可见，未来的研究应该开展更广泛的应用，诸如"认知心理学和法律""认知和临床诊断""商业决策"。然而，相关领域的开展存在一定困难，相关工作仍任重而道远。

第三章

继承弘扬中华传统文化的智能观

智力与能力，或称智能，是心理学研究的重要内容。心理学、智能心理学是由西方传入的，但在西方心理学传入中国之前，我国早就有心理学、智能心理学的思想，这里被我定义为中华传统文化中的智能观。

我国古代的心理学、智能心理学的思想是十分丰富的。这些思想虽然是朴实的、思辨性的，有些甚至是带有猜测性的，但直到现在仍然闪烁着人类智慧的光辉。在我国，最早提出诸如"上智下愚"智能心理学思想的是孔子（公元前551—前479）。孔子是春秋末期思想家、政治家、教育家，儒家的创始人，名丘，字仲尼，鲁国陬邑（今山东曲阜东南）人。孔子的智能心理学思想反映在《论语》①一书中。此书系门人弟子根据他平时对学生和别人的讲话记录整理而成，是研究孔子智能心理学思想最主要最可靠的材料。

我的智能心理学观，在相当程度上受中华传统文化的影响，我也有义务继承弘扬中华传统文化的智能观。在中华传统文化中，有哪些智能观对我产生影响，使我决心去继承与弘扬呢？我认为至少有三个方面：一是智能的实质及其关系；二是智能的形成与发展；三是智能的结构与培养。

---

① 本章《论语》出处全来自毛起：《论语章句》，南京，南京大学出版社，2009。

第一节

智能的实质及其关系

中国是世界上具有悠久历史和高度文明的古国之一。在古代，中国也和其他国家一样，还不可能产生心理学、智能心理学这样一些专门科学，但在一些思想家、教育家的著作中，却有大量的关于智能心理学思想的论述。

何谓"智"，何谓"能"，两者之间有什么关系，其核心因素是什么，等等，这应该是智能心理学首先涉及的问题。这些问题在中国传统文化的文献中，有着各种各样的观点。

一、智或智力

智，主要指智慧、智谋或智力。

中华传统文化中对智或智力的表述，大致有以下几个方面。

其一是指"聪明"，这是智或能力的核心含义。三国魏刘劭（字孔才，思想家、哲学家）的《人物志·八观》[①]："见事过人，明也；以明为晦，智也。"我很喜欢这"明"字，它外延颇广：明理、明德、明智（洞明事理）、明察、明公、贤明、严明。无非都在论述聪明。《孟子·公孙丑下》举了一个聪明的例子："王自以为与周公孰仁且智？"《孟子》[②]是儒家经典之一，战国时孟子及其弟子万章等著。孟子（约公元前372—前289）名轲，战国时思想家、政治家、教育家，被认为是孔子学说的继承者，有"亚圣"之称。

---

① 刘劭：《人物志》，103页，梁满仓译注，北京，中华书局，2009。
② 本章《孟子》等诸子论述出处全来自《新编诸子集成》，北京，中华书局，1982—2010年陆续出版；台北，世界书局（第5版8册），1991。

其二是指才智，才智突出的人被称为"智者"。智者，就是聪明人，《史记·淮阴侯列传》曾曰："智者千虑，必有一失；愚者千虑，必有一得。"古人已经意识到聪明人也有失误之时，故切忌"聪明反被聪明误"。才智表现为考虑问题能恰到好处，见识事物能超过别人，处理事情能懂得合不合理。《国语·周语下》："言智必及事。"韦昭注："能处事物为智。"《黄帝内经·灵枢·本神》："虑而处物谓之智。"这里的"虑"是指思维。中国古代有着丰富的"知虑观"①，阐述的是今人之认知。知虑观中的"知"主要是指今人的"感知"，"虑"即今人的"思维"。而智，正是通过思维认识问题、处理问题、解决问题。

其三是指能认识规律，掌握规则。在《孟子·离娄下》里，孟子曰："天下之言性也，则故而已矣"，强调客观世界的存在是有其规律的。古人强调的"规"或"则"就是能按规律"处事"，如《国语·周语下》所曰："言智必及事"。例如，"禹之行水也，行其所无事也"就是智，是按规律而因势利导。与之相反，"揠苗助长"的宋人就是做了违背事物发展规律的蠢事，是一种无智的表现。《孟子·万章下》："始条理者，智之事也。"清戴震（1724—1777）《原善上》："条理得于心，其心渊然而条理，是为智。"《孟子字义疏证下·才》："不蔽，则其知乃所谓聪明圣智也。"荀子（名况，字卿，战国时期思想家、教育家）在《荀子·正名》中说："知有所合谓之智。"所有这些，说明智者能够全面而客观地认识问题，了解事物发展过程中的本质联系和必然趋势，不为偏见所蒙蔽。所以古人重视规矩、规则、礼法，朱熹（字元晦，又字仲晦，南宋思想家、教育家、哲学家，1130—1200）在《白鹿洞书院揭示》中说："则夫规矩禁防之具，岂待他人设之，而后有所持循哉！"于是"没有规矩就成不了方圆"成为中国人行事的逻辑。

其四是能明辨是非曲折。《孟子·告子上》："是非之心，智也。"《荀子·修身》："是是，非非，谓之知；非是，是非，谓之愚。"也就是说，有了智，即提高认识水平，使人明辨是非，懂得"是与非"或"对与错"，于是就产生"可做与不可做"。而要达到这一点，是由于智，"知道"前面提到的客观规律，按规律办了。正如荀子所

---

① 高觉敷：《中国心理学史》，97页，北京，人民教育出版社，1985。

言："凡人莫不从其所可，而去其所不可。知道之莫之若也，而不从道者，无之有也。"(《荀子·正名》)

其五是指处理问题讲究谋略。按照戴震的说法："天下事情，条分缕（晰），以仁且智当之，岂或爽失几微哉!"(《孟子字义疏证·理》)；"言乎其能尽道，莫大于智，而兼及仁，兼及勇。"(《孟子字义疏证·诚》)；"人之有觉也，通天下之德，智也。"(《原善下》)；"莫大乎智足以择善也；择善，则心之精爽进于神明，于是乎在。"(《原善中》)由此可见，智的功能可归为处事、尽道、通德、择善。这就是说，人通过智，可以完全掌握"人伦日用"的道理；可以处理"天下事情"，使它不会发生丝毫的错误；可以使人择善而从，凭借"神明"行事，"施诸行不谬矣"(《原善下》)①。此外，有谋略者，言行举止讲求方法方式恰到好处，言谈或沉默均十分恰当。《管子·宙合》："心司虑，虑必顺言，言得谓之知。"《荀子·子道》："言要则知。"《荀子·非十二子》："言而当，知也；默而当，亦知也。"所有这些，都是讲究谋略的智之表现。

二、能与能力

能，主要指能力、才能、潜能。

中华传统文化对能或能力的表述，大致有以下几个方面。

其一是指能耐或力量，这是"能"字的来历。"能"，一种像熊那样的猛兽。《国语·晋语·郑子产来聘》："今梦黄熊入于寝门。"韦昭注："能，似熊。"由于能兽身体健壮，力量极大，因此使用"能"誉称贤能豪杰之士。

其二是指才能。我们平常说"各尽所能"，就是指有才能，如《论语·泰伯》所曰："以能问于不能，以多问于寡。"有才能的人被称为"能人"，就是指在某方面特别能干的人。有才能者，一是善于能事，做所能之事，如《易·系辞上》所云："引而申之，触类而长之，天下之能事毕矣。"意把八卦引申为六十四卦，引申含义、触

---

① 燕国材：《中国心理学史》，557 页，杭州，浙江教育出版社，1998。

类旁通，天下的能事就都囊括在其中了；二是办擅长之事。杜甫（712—770）的《戏题王宰画山水图歌》中就有"能事不受相促迫，王宰始肯留真迹"的诗句；三是会完成一定的功能。《汉书·杜钦传》[①]："观本行于乡党，考功能于官职。"所有这些，其基础是能或能力。

其三是指胜任。"胜"本身有胜任的含义，与能搭配，就有"力能胜"或"力不能胜"之说（《史记·项羽本纪》）。胜任是指能或能力担当得起或承受得起（艰巨）任务。例如，"能文能武""能言善辩""能战能胜"。相反地，《易·系辞下》："'鼎折足，餗，其形渥，凶。'言不胜其任也。"《庄子·秋水》："是犹使蚊负山，商蚷驰河也，必不胜任矣。"《史记·项羽本纪》："乃请陈婴，婴谢不能。"都是讲不能胜任的意思。

其四是指潜能。潜的含义之一是深藏，《诗经·小雅·正月》："鱼在于沼，亦匪克乐。潜虽伏矣，亦孔之炤。"苏轼（1037—1101）《前赤壁赋》："舞幽壑之潜蛟。"这里的潜都是指潜在或深藏。人的能或能力，可以有现实表现，也可以暂不显露，是可能性的存在。现实中的能或能力在一定意义上是实现的潜能。

其五是指成功地完成某种活动的谋略。古代许多贤明的帝王将相都表现出"多谋善断"的才华。我十分喜欢《毛泽东评点二十四史》[②]（人物精选）一书，看到秦皇汉祖唐宗明帝无一不是在洞悉风云变幻中足智远谋、当机立断、准确多识，皆可谓出色的谋略者。孔子提倡各尽所能也有谋有识。在《论语·泰伯》篇中说："以能问于不能，以多问于寡；有若无，实若虚，犯而不校，昔者吾友尝从事于斯矣。"孔子就是按照这个特点来论述询问方法的。

三、智力与能力的关系

我曾在自己的许多论著中，对西方的、苏联的智能观做过评介，其中，有包含说，即智力是个大概念，智力包含着能力；有从属说，即能力是个大概念，智力从属于能力。

---

① 班固：《汉书·杜周传》，2674 页，北京，中华书局，1962。
② 中央档案馆整理：《毛泽东评点二十四史》，北京，中国档案出版社，1998。

而中华传统文化中的智能观，与西方和苏联是不同的，提出了智能既是相对独立，又是密切联系的思想。

(一)智能相对独立论

在中国古代，主张智或智力与能或能力相对独立的观点，可以追溯到孔子、孟子，在他们的论著中，就出现智与能平列并举的提法。而在中华传统文化中，明确地提出智能相对独立思想的是荀子。《荀子·正名》："所以知之在人者谓之知，知有所合谓之智；所以能之在人者谓之能，能有所合谓之能。"把智能看成是在先天资质的基础上与外物相接触中形成和表现出来的，首次提出了智能相对独立论。

如何理解这段名言呢？智(智力)和能(能力)是有区别的。智偏于知，它着重解决知与不知的问题，它是保证有效地认识客观事物的稳固特征的综合；能偏于能，它着重解决会(能)与不会(不能)的问题，它是保证顺利地进行实际活动的稳固特征的综合。

荀子之后，历代有不少思想家、教育家也持智能相对独立论。

《淮南子·主术训》提出"智圆(考虑问题要全面周到)能多(处理问题要多面)"说：

凡人之论，心欲小而志欲大，智欲员(圆)而行欲方，能欲多而事欲鲜。……智欲员者，环复转运，终始无端，旁(广泛)流四达，渊泉而不竭，万物并兴，莫不响应也。……能欲多者，文武备具，动静中仪(准则)，举动废置，曲得其宜，无所击戾，无不毕宜也。[1]

王充(公元27—约公元97)东汉哲学家和教育家，代表著作是《论衡》，他在《论衡·定贤》中指出：

若此，何时可知乎？然而必欲知之，观善心也。夫贤者，才能未必高也而心明，智力未必多而举是。何以观心？必以言。有善心则有善言。以言而察行，有善言则有善行矣。言行无非，治家亲戚有伦，治国则尊卑有序。无善心者，白黑不

---

[1] 何宁：《淮南子集释》，688~689页，北京，中华书局，1998。

分，善恶同伦，政治错乱，法度失平。故心善，无不善也；心不善，无能善。心善则能辨然否。然否之义定，心善之效明，虽贫贱困穷，功不成而效不立，犹为贤矣。[①]

这里有三重意思：一是智与能共有相对的独立性，有着不同的表现形式；二是贤者才能未必高，智力未必多，但心如明镜，举止得体；三是对善心和智能的关系做了讨论。

此外，唐柳宗元（773—819）："能者用而智者谋。"（《梓人传》）以外观与内察的活动作为智能区分的标志。北宋王安石（1021—1086）肯定智能既要"受之天""得乎天"，又要"受之人""得乎人"，形成了独特的天人结合的智能观。柳宗元和王安石都是持智能相对独立论的。

(二) 智能密切联系

在中国古代，尽管大多数思想家、教育家赞成智能相对独立论，但是又主张两者之间是密切联系的。

荀子首先提出智能相对独立论的思想，然而他又主张智与能之间的联系。他强调智与能都是先天与后天的"合金"，其发展条件都是学习，且在学习中统一。《荀子·劝学》："君子博学而日参省乎己，则知明而行无过矣。""知明"是指智力发展到明理；"行无过"，显然是指能力发展到活动顺畅。

《淮南子》的"智圆能多"说强调智（智力）与能（能力）是两个不同的概念，但在智与能的发展上，又把两者一起分析，突出后天因素的作用，在一定意义上是主张智能在发展中统一。"人之所知者浅，而物变无穷，曩不知而今知之，非知益多也，问学之所加也。夫物常见则识之，尝为则能之，故因其患则造其备，犯其难则得其便。"（《淮南子·泰族训》）可见，人应在学习中与困难做斗争来发展智能。

王夫之在《周易外传·坎》中说，"生之建也，知以为始，能以为成。乾知坤能，知刚能柔。知先自知，能必及物。"[②]王夫之探讨的是认识（知）与实践（能）的关系，

---

① 黄晖：《论衡校释》，1119～1120 页，北京，中华书局，1990。
② 陈玉森、陈宪猷：《周易外传镜铨》，302 页，北京，中华书局，2000。

二者相辅相成。也就是说，认识和活动总是统一的，认识离不开一定的活动基础；活动又必须有认识参与。《读四书大全说·中庸》："知者，知其然而未必其能然。乃能然者，必繇于知其然。"可见智力与能力是一种相互制约、互为前提的交叉关系。这种交叉关系，既体现了前面提过的"从属"关系，又体现了"包含"关系。《周易外传·系辞上传》："知无迹，能者知之迹也。废其能，则知非其知，而知亦废。"教学的实质就在于认识和活动的统一，在教学中发展智力和培养能力是分不开的。

在中华传统文化中，能看到能力中有智力，智力中有能力。中国古代思想家一般把智与能看作既有区别又有联系的两个互相转化、共同提高的概念。上面已提到的《荀子·正名》曰："所以知之在人者谓之知，知有所合谓之智；所以能之在人者谓之能，能有所合谓之能。"也可理解为智能相互转化、共同提高的观点，还有王夫之在《读四书大全说》中写道"知能相因，不知则亦不能矣"，说明能力依存于智力。又云："如人学弈棋相似，但终日打谱，亦不能尽达杀活之机，必亦与人对弈，而后谱中谱外之理，皆有以悉喻其故。"[1]可见智力又依存于能力。通过"学""虑"的学问思辨之功，达到"学虑之充其知能"[2]。

正因为智与能的联系如此密切，故不少名篇，如《吕氏春秋·审分》《九州春秋》《论衡·实知》等，均将智与能结合起来称为"智能"，如《吕氏春秋·审分》："不知乘物而自怙恃，夺其智能，多其教诏，而好自以，……此亡国之风也。"其实质就是在把智与能结合起来作为考察人才的标志。

四、智能同属于个性

在中国古代，有着丰富的差异心理学思想，即个性或个性差异观。最典型的是《论语·阳货》："性相近也，习相远也。"孔子的"本性"差异论，奠定了中华传统文化的个性心理学思想的基础。

智能同属于个性也可以从孔子的著作中找到最先的结论。众所周知的著名"上

---

① （清）王夫之：《读四书大全说》，103 页，北京，中华书局，1975。
② （清）王夫之：《船山思问录》，44 页，上海，上海古籍出版社，2000。

智下愚"观，是中华传统文化中最有代表性的智能属于个性的思想。中国古代的思想家、教育家是如何论述智能的个体差异的呢？

一是从发展上，存在着个性观；

二是从认知风格上，存在着个性观；

三是从智能类型上，存在着个性观。

(一)智能发展上存在着"上智—中人—下愚"现象

"上智—中人—下愚"是孔子提出来的。《论语·阳货》："唯上智与下愚不移。"《论语·雍也》："中人以上，可以语上也；中人以下，不可以语上也。"我们这里对上智、中人、下愚做三点说明：一是对智能发展水平高低的表示；二是类似于现代发展心理学的超常、正常、低常表现，中间大、两头小；三是"上智—中人—下愚"三者一般是较固定的或不变("不移")的。今天心理学中的"超常—正常—低常"就类似于孔子的"上智—中人—下愚"；"智商持衡"理论，不就是孔子的"不移"观吗？孔子这种智力差异思想，几乎早于智力差异与智商理论2500年。

类似于"上智—中人—下愚"的观点，在中国古代思想家、教育家的著作中能多处见到。

孟子在论述"良知良能"时，提出了一个人的智与不智的区别。而智与不智的差异从哪里来？由学习决定。《孟子·告子上》："无或乎王之不智也。虽有天下易生之物也，一日暴之，十日寒之，未有能生者也。吾见亦罕矣，吾退而寒之者至矣，吾如有萌焉何哉？"孟子以"易生之物"为例，联系"王之不智"，提出了关键在于学习的理念。

《荀子·不苟》提出的"通士""公士""直士""悫士""小人"，尽管更多在论述人格的差异，但也包含有智能差异的因素。

《淮南子·修务训》："知者之所短，不若愚者之所修；贤者之所不足，不若众人之有余。"这些论述，既承认有智者与愚者、贤人与一般人的区别，又强调智者、贤人也有不足之处。因此，不同智能者，应彼此取长补短。

唐代韩愈(768—824)以大木、细木(小木头)的不同用处，比喻人有聪明与笨拙智能之差及其各尽所能的道理。他的《昌黎先生集》中的"马之千里"，就是指上智或超常，千里马的发现需要伯乐。这千里马与伯乐之说，在中华历史上视为真理，直至今天，对于超常教育仍具有现实的意义。

南宋朱熹重视智与才的学问，同时又承认差异的存在。他在《朱子语类·卷八》中写道："大抵为学，虽有聪明之资，必须做迟钝工夫，始得。既是迟钝之资，却做聪明底样工夫，如何得？"这里明确提出智能有聪明与迟钝之分，与上智与下愚的含义也差不多。当然，朱熹更强调学习，不论是聪明或迟钝者，都要刻苦学习，才能"识义理""工技艺"。

明代王守仁（1472—1529）充分肯定孔子的"上智—中人—下愚"思想，在《传习录·下卷·黄省曾录》中指出："圣人的心，忧不得人人都做圣人。只是人的资质不同，施教不可躐等。中人以下的人，便与他说性、说命，他也不省得，也须慢慢琢磨他起来。"可以看出王守仁坚持智能（天赋）的差异观，按天赋的"上智—中人—下愚"作为因材施教的出发点。

（二）在认知风格上存在着"狂—中行—狷"的现象

人的智能差异，不仅表现在发展的水平上，而且也表现在认知风格或方式上，也就是不同的人在认识问题和解决问题时，表现出独立性水平的差异。这是由于人的个性或人格在人的认知风格或方式上的反映。于是在处理问题时，有人独立性强，有人依赖性强，有人兼于两者中间。这种认知风格的差异，被中国古代思想家、教育家论述为"狂""中行""狷"。

"狂""中行""狷"三词出自孔子的《论语·子路》，"子曰：'不得中行而与之，必也狂狷乎！狂者进取，狷者有所不为也'。"何晏在《论语集解》中引包咸的话说："狂者进取于善道，狷者守节无为。"《辞海》①把"狂狷"定义为"指志向高远的人与拘谨自守的人"。上述的解释或定义都很有道理。如何理解"狂""中行""狷"呢？它们首先反映的是个性或人格，类似于现代心理学的外向、中行、内向，如果把"狂—中

———————————

① 夏征农、陈至立：《辞海》，1272 页，上海，上海辞书出版社，1999。

行—狷"表现在认知风格上，类似于场独立性—介于中间—场依存性。这样，我们把个体差异与智能过程就统一起来了。与此同时，"狂狷"表现在智能的认识风格上，过于"狂"者，在智能活动中，其独立性特别强，表现出高主体的倾向，这就是"过于进取善道"；过于"狷"者，在智能活动中，其依赖性特别强，表现出主体缺乏主动，这就是"过于守节无为"。既然有"过于"的现象，那么多数人是"中行"了，即属于"中间型"。孔子的"狂狷"思想又比威特金（H. A. Witkin）的"场独立性和场依存性"认知风格的提出要早 2500 多年。

对于"狂""中行""狷"的论述，在中华传统文化的文献中，有着较丰富的记载。

第一，"狂"，多指某种外向的人格特征，伴有场独立性的认知风格特点，但褒贬不一。

《左传·文公十二年》："（赵穿）好勇而狂。"《论语·阳货》："好刚不好学，其蔽也狂。"这些都是指态度纵情任性，处理事情时刚勇骄恣，但有时也会产生"狂人""狂言"的词语。

杜甫《君不见简苏徯》诗："深山穷谷不可处，霹雳魍魉兼狂风。"借诗句形容气势猛烈，超出常规品质的意思，在人格及其处事中表现出凶猛、果断、迅速。

《论语·公冶长》："吾党之小子狂简，斐然成章，不知所以裁之。"指急于进取而流于疏阔，致行事不切实际。

上述三种，更符合现代心理学中胆汁质、多血质为基础的强型人格，或者是外向型人格；在认知风格与方式上表现出自信、主观、急于进取，难免有自大、片面、脱离客观的倾向。

第二，"狷"，多指某种内向的人格特征，伴有场依存性的认知风格特点。

前文读到《论语·子路》中提到的"狷者有所不为也"。在《论语集解》中包咸注："狷者守节无为。"其含义是拘谨守分，洁身自好，在处理问题时往往是谨小慎微。

以此产生"狷介"一词。《国语·晋语二》："小心狷介，不敢行也。"韦昭注："狷者，守分有所不为也。"陆龟蒙《和过张祜处士丹阳故居》："性狷介不容物，辄自劾去。"把狷介形容为小心谨慎、保守行事。

上面所引，更类似于现代心理学中的以黏液质、抑郁质为基础的人格特征，或者是内向型人格；在认知风格与方式上表现出缺乏信心、依赖性较强，但沉着冷静、慎重处事。

第三，朱熹坚持孔子的"狂""中行""狷"的思想。

朱熹在《论语集注·子路》中说："狂者，志极高而行不掩；狷者，知未及而守有余。盖圣人本欲得中道之人而教之，然既不可得，而徒得谨厚之人，则未必能自振拔而有为也。故不若得此狂狷之人，犹可因其志节而激励裁抑之，以进于道，非与其终于此而已也。"

由此可见，朱熹坚持"狂""中行""狷"的学说，承认人的人格及其认知风格的三种差异的特征。

(三)在智能类型上，显示了多种的学说

智能表现出不同的类型，形成智能另一种个性的表现方式。

在中国古代，最早提出智能分类的乃是孔子。在《论语·公冶长》中，讲到仲由在"千乘之国"可以管军政大事；冉求在"千户人口""百乘之家"当大夫总管；公西赤可以"束带立于朝"接待宾客……说明从政的智能是有区别的，进而证明智能类型的差异。

朱熹的著作中，针对才能(能力)与其他心理现象的关系，提出了"才与能""才与情""才与志"的三种关系，类似分类，更是强调智能的个体差异。《北溪字义·才》："才能，是会做事底。同这件事，有人会发挥得，有人全发挥不去，便是才不同，是以用言。""才与能"以"会做事"突出能力的实质，人的能力在会不会做事上显出了个性。《朱子语类·卷五·性理二》："性者，心之理；情者，心之动；才便是那情之会恁地者。情与才绝相近。""才与情"以"心动"(心理过程)表现出能力，能力的个体差异，以心动体现出来。《朱文公文集·通鉴室记》："士之所以能立天下之事者，以其有志而已。然非才则无以济其志，非术则无以辅其才。""才与志"以"志"为动力(动机)，以"术"(要领、谋略、技能)为基础展示一个人的才能，朱熹强调才、志、术三者统一，才能"有为于世"，这三者统一，人与人之间就显示出个性来。

明代王廷相(1474—1544)在《横渠理气辩》："出于心之知为智，皆人之知觉运

动为之而后成也。"有学者称:"性之识有三,其属于人者亦有三。得颖悟者,神之识多;得敏达者,精之识多;得记忆者,魄之识多。三者惟圣人能全之。"①这里,王廷相明确地提出了智能由感知、记忆、顿悟(颖悟)、思维等因素组成,其中感知、顿悟是智能的基础。人与人之间的感知、记忆、顿悟、思维的不同水平,形成了人的智能的个体差异。

清代的戴震(1724—1777)在《孟子字义疏证·才》中提出了"才质""才性""才美""才养"四方面智能的性质,也是一种分类的表示。"才质"是智能的自然素质;"才性"是智能材质与人的本性,特别是与性格的关系;"才美"对于智能"本始"而言是善的;"才养"是智能的培养,只有通过"养",才能使智能更美,甚至"充之至于贤人圣人"。戴震通过"才质""才性""才美""才养",论述了智能,以及人与人之间这四个方面的差异,使智能显示出个性来。

在中国古代,最全面论述智能类型的应该是三国时期的刘劭。燕国材先生在《中国心理学史》中对刘劭的智能类型观做了详尽且精辟的评介②,并指出在中国古代思想家、教育家的著作中,也有对智能进行分类的,但谁也没有刘劭那么深刻。

刘劭关于才智性质与类型的思想,几乎全部反映在其撰写的《人物志·材理》篇中。《人物志·材理》:"四理不同,其于才也,须明而章,明待质而行。是故质于理合,合而有明,明足见理,理足成家。"这段话论述了才智的实质。什么是才智?明理或"质于理合"。也就是说,认识事物规律是智力的主要特征与功能。刘劭不但阐明了才智的实质,而且还从"明见理"这一观点出发,对才智进行了分类。如他在《人物志·材理》中所云:"是故质性平淡,思心玄微,能通自然,道理之家也。质性警彻(机警透彻),权略机捷,能理烦速,事理之家也;质性和平,能论礼教,辨其得失,义礼(同'理')之家也;质性机解(机敏通达),推情原意,能适其变,情理之家也。"天地自然、人类社会的具体规律即"理"可以一分为四,即道理、事理、义理、情理。燕国材先生把这四种类型列表如下(见表 3-1)。

---

① 刘晓红:《中国古代心理思想中的记忆问题》,载《上海师范大学学报(哲学社会科学版)》,1998,27(4)。

② 燕国材:《中国心理学史》,256~258 页,杭州,浙江教育出版社,1998。

表 3-1　刘劭才智类型及其心理素质

才智类型	心理素质	主要认识对象
道理之家	质性平淡，思维精细深刻，能掌握自然变化的规律	自然
事理之家	质性警彻，运用谋略机敏通达，善于处理繁杂而紧迫的任务	政事
义理之家	质性和平，能论礼教，辨其得失	社会
情理之家	质性机解，能以己之情意推知他人之情意，并能适应变化，因事制宜	心理

刘劭也十分重视才能（能力）。[1] 他为此撰写了《人物志·材能》来讨论这一问题。"人材各有所宜，非独大小之谓也。"这就是说，一个人能力有大小，才能或能力有个体差异。刘劭接着进一步提出才能（能力）的分类。

夫能出于材，材不同量。材能既殊，任政亦异。是故自任之能，清节之材也。故在朝也，则冢宰之任，为国则矫直之政。立法之能，治家（当是"法家"之误）之材也。故在朝也，则司寇之任，为国则公正之政。计策之能，术家之材也。故在朝也，则三孤之任，为国则变化之政。人事之能，智意之材也。故在朝也，则冢宰之佐，为国则谐合之政。行事之能，谴让之材也。故在朝也，则司寇之任（应为"佐"），为国则督责之政。权奇之能，伎俩之材也。故在朝也，则司空之任，为国则艺事之政。司察之能，臧否之材也。故在朝也，则师氏之佐，为国则刻削之政。威猛之能，豪杰之材也。故在朝也，则将帅之任，为国则严厉之政。[2]

这就是刘劭的"人材不同，能各有异"之来由。他把人的才能划分为八种类型：有的善于自我修养，道德高尚；有的能够创立法制，让人遵守；有的善于出谋划策；有的精通人情事理；有的善于巡视各方，督责办事；有的惯于机巧应变，运用奇计；有的善于考察善恶，辨别是非；有的表现威严勇猛，处事严肃。并且他指出，属于各种不同才能类型的人，其所任之职也是应当有所不同的。燕国材先生把

① 燕国材：《中国心理学史》，258 页，杭州，浙江教育出版社，1998。
② 刘劭：《人物志》，71～72 页，梁满仓译注，北京，中华书局，2009。

这八种类型列表如下(见表 3-2)。

表 3-2 刘劭才能类型及其宜任职务

才能类型	与才质的关系	宜任职务
自任之能	清节之材	冢宰之任(为国则矫直之政)
立法之能	法家之材	司寇之任(为国则公正之政)
计策之能	术家之材	三孤之任(为国则变化之政)
人事之能	智意之材	冢宰之佐(为国则谐合之政)
行事之能	谴让之材	司寇之佐(为国则督责之政)
权奇之能	伎俩之材	司空之任(为国则艺事之政)
司察之能	臧否之材	师氏之佐(为国则刻削之政)
威猛之能	豪杰之材	将帅之任(为国则严厉之政)

五、关于智能的培养

前面第一个问题讨论的是智能形成与发展中"先天与后天的关系"。我们看到，在中国古代的思想家、教育家中，多数并不否定先天因素，即承认天赋的存在，但更肯定了后天对智能形成与发展中的作用，即环境与教育的作用，重视学习的重要性。不仅几乎所有的学者都强调培养智能的关键靠学习，而且像《弟子规》《三字经》那样的读本，也提到活动的重要性："弟子规，圣人训……有余力，则学文。""性相近，习相远。苟不教，性乃迁。"

学习一词，是孔子把"学"与"习"相连接的结果。《论语·学而》："学而时习之，不亦说乎?"于是后人就把"学"与"习"结合在一起，组成学习的概念。

学习是促进人的智能发展的首要因素。如何促进或培养呢? 除论述学习与智能发展的辩证关系之外，学者们也提出了培养非智力因素的问题。

(一)孔子最先提出学习促进人的智能发展

首先，孔子重视学习与智能发展的关系。

《礼记·中庸》："好学近乎知。"这里的知，就是智或智力。好学者，就能提高智力。

《荀子·法行》引了孔子的观点："少而不学，长无能也。"不学者，能力得不到发展，所以学习能提高能力。

其次，如何进行有效的学习？

孔子提出"立志""博学""审问""慎思""明辨""时习""笃行"七个方面的要求。这是学习阶段，也是学习方法，今天国际上提倡的"探究学习"，在这里可以找到依据；既是教与学的过程"学—思—行"的缘起；也是论述学习过程是智力活动与非智力活动（如立志）的统一。获得后人的继承，如《礼记·中庸》中就出现了"博学之，审问之，慎思之，明辨之，笃行之"的论述。有效地学习，为人的智能发展提供一个重要基础。

最后，学习效果取决于非智力因素。

在孔子的著作中，尽管没有今人"非智力因素"的概念，但已经有了这种思想。

《论语·雍也》："知之者不如好之者。"孔子强调的是兴趣、爱好和求知欲。

《论语·雍也》："好之者不如乐之者。"孔子强调的是愉快的情绪情感。

《论语·子罕》："譬如为山，未成一篑，止，吾止也；譬如平地，虽覆一篑，进，吾往也。"孔子强调的是坚持、恒心、毅力等意志品质。

综上所述，兴趣、爱好、情绪、情感、毅力等都属于非智力因素，构成人的学习中的动力、定型、补偿作用。学习有效果，智能也随之获得发展。从中也表明非智力因素与智能发展的互相促进的关系。

(二)朱熹继承孔子的学习与智能发展观

在朱熹的著作中，关于"智"的论述，着重在"思"（思维）这个智力的核心成分上，"慎思""谨思""深（沉潜）思"多处出现；此外，对"才"或"才能"论述较多。如何提高"思"的智能呢？朱熹强调的是学习。为什么要学习呢？程端礼在其整理的《朱子读书法》中指出："为学之道，莫先于穷理。""读书之法，莫贵于循序而致精。"这"理"，无非是道理和理性；这"循序"，无非是掌握规律。在一定意义上，学习是为了发展智能，使人精益求精。

朱熹是位忠于儒学的思想家和教育家。他在论述学习过程中，继承了孔子的"立志""博学""审问""慎思""明辨""时习""笃行"七个方面的学习要求，在《朱子语类》与《朱子大全》中，我们看到上述七条，每条要求都与"思""理""知""贵人"等智能或智能高尚者联系在一起。"立志"："直截要学尧舜。""博学"：懂得"天地万物之理。""审问"："求其理之所安，以考其是非。""慎思"：以"思"为基础，达到"精而不杂""融会贯通"，以及"学人理""有见闻"。"明辨"："辩之明，则断而不差。""时习"："时复思绎，浃洽其中。""笃行"："行之愈笃，则知之益明。"由此可见，朱熹的七条学习要求，其目的与智能发展是相联系的。

《朱子读书法》，被燕国材先生归纳为 24 个字的学习方法：循序渐进、熟读精思、虚心涵泳、切己体察、著紧用力、居敬持志。[①] 这 24 个字，与学习者的智能和非智力因素相联系。学好了，又推进了学习者的智能和非智力因素水平的提高。循序渐进，以学习者的智能水平为出发点；熟读精思，要求学习者遵循读书与思维的规律；虚心涵泳是一种非智力的品质，"笃志虚心，反复详玩，为有功耳"；切己体察，以学习者亲身实践与体验提高学习效率；著紧用力，以勤勉努力的精神加以努力；居敬持志，以专心致志来学习；著紧用力、居敬持志也都属于非智力因素。如果我们把《朱子读书法》与上一节提到的朱熹对智能分类涉及才与能、才与情、才与志联系起来，能进一步看到朱熹对学习与智能关系的重视。

(三) 王充关于学习与智能发展的思想

智能怎样培养呢？王充认为首先通过学习而逐步得到提高。《论衡·实知》："故智能之士，不学不成，不问不知。"这里明显地阐述智能发展来自学习，来自发问。

与此同时，王充认为通过活动或练习，也能提高智能。《论衡·程材》："儒生材无不能敏，业无不能达，志不有(肯)为。今俗见不习谓之不能，睹不为谓之不达。科用累能，故文吏在前，儒生在后。"

---

① 燕国材：《中国心理学史》，429 页，杭州，浙江教育出版社，1998。

(四)彭端淑强调学习中体现非智力因素

1998 年燕国材教授曾推荐我读一下清代彭端淑的文章《为学一首示子侄》,我把这段话作为引言写进了拙著《教育的智慧——写给中小学教师》第九章"非智力因素的激发"中①:

天下事有难易乎?为之,则难者亦易矣;不为,则易者亦难矣。人之为学有难易乎?学之,则难者亦易矣;不学,则易者亦难矣。吾资之昏,不逮人也,吾材之庸,不逮人也;旦旦而学之,久而不怠焉,迄乎成,而亦不知其昏与庸也。吾资之聪,倍人也,吾材之敏,倍人也;屏弃而不用,其与昏与庸无以异也。圣人之道,卒于鲁也传之。然则昏庸聪敏之用,岂有常哉?

蜀之鄙,有二僧:其一贫,其一富。贫者语于富者曰:"吾欲之南海,何如?"富者曰:"子何恃而往?"曰:"吾一瓶一钵足矣。"富者曰:"吾数年来欲买舟而下,犹未能也。子何恃而往?"越明年,贫者自南海还,以告富者,富者有惭色。西蜀之去南海,不知几千里也,僧富者不能至而贫者至焉。人之立志,顾不如蜀鄙之僧哉?

是故聪与敏,可恃而不可恃也;自恃其聪与敏而不学者,自败者也。昏与庸,可限而不可限也;不自限其昏与庸而力学不倦者,自力者也。

从中体现出:一是学习对智能发展提高的重要性;二是非智力因素对人的智能发展起到促进或延缓的作用。如上所述,力学不倦,则天赋不高的人也会突破"昏""庸"的限制而有所成就;反之,摒弃不学,即使天生"聪""敏"的人,也无济于事。我们的古人早已揭示了智力与非智力因素的关系,这对我们是一种极大的启示。

因为弘扬学习是促进人的智能发展乃至成才的精神,所以古人在勉学上出现了诸如匡衡"凿壁借光"、孙康"雪地苦读"、苏秦"头悬梁锥刺股"等勤学成才的生动故事。

---

① 林崇德:《教育的智慧——写给中小学教师》,208 页,北京,开明出版社,1999。

第二节
————

智能的形成与发展

在中国古代思想家、教育家的著作中，有着丰富的智能形成与发展观。这里涉及智能的先天与后天的关系、教育与发展的关系、智能发展的年龄特征、智能的培养等问题，值得我们继承与发扬。

一、关于先天与后天的关系

先天与后天的关系，是各国发展心理学思想都要涉及的问题，我国古代的思想家和教育家们不仅涉及这些问题，而且论述得也是最早的。"人性"或"本性"类似于现代心理学的"心理"，"人性"的先天与后天的关系，是智能形成与发展中先天与后天关系的基础。

（一）孔子最早提出后天决定"人性"发展的思想

在我国，最早提出先天与后天关系问题的是孔子。孔子强调后天影响对心理发展的作用。他在《论语·阳货》中说道："性相近也，习相远也。"就是说，人的先天禀赋是差不多的，人的成就和习性不同，则是后天学习的结果。这里的"习"，主要是阐述环境与教育对人性发展的作用。同样的，他对自己的学问也做了一个客观分析，认为"我非生而知之者，好古，敏以求之者也。"（《论语·述而》）这里，孔子重视的是后天教育和学习对心理发展的作用。这是十分可贵的。

在上一节，我们评介了孔子的智能"上智—中人—下愚"的发展水平，以及认知风格的"狂—中行—狷"，怎么会产生这些差异的呢？有先天的"性"；有后天的"习"；靠教育和学习，即"学而知之"；靠主观的努力，即"为仁由己"。这为中华文化中智能形成与发展的条件奠定了理论的基础。

(二)墨子提出环境和教育在人性到智能发展上决定作用的思想

稍晚于孔子的古代思想家墨子(公元前 480—前 420)在先天与后天的关系问题上，极力强调环境和教育在人性发展上的决定作用。《墨子·所染》以染丝为例，来说明人的人性发展是在环境和教育的习染中形成的。当墨子看见染丝的时候，长叹一声说："染于苍则苍，染于黄则黄，所入者变，其色亦变。……故染不可不慎也。非独染丝然也，国亦有染。……非独国有染也，士亦有染。"他认为，人的本性像没有颜色的丝一样，放在青色的染缸里，就变成青色；放在黄色的染缸里，就变成黄色。人的各种心理活动，不论是知识的获得，还是道德的培养，都是环境和教育影响的结果，所以"染不可不慎"，即应当选择良好的环境和正确的教育。这一思想比西方学者洛克的"白板说"或"白纸说"要早一千多年。墨子以此为基础，强调智能发展靠教育与学习。《墨子·经说下》中提到"智少而不学，必寡"，就是阐明一个人要善于学习，以丰富知识，增长智能。

(三)性善论和性恶论的争论及荀子的"性伪合"观

坚持人的本性为善的"性善论"是孟子提出来的，按"性善论"的思想，人生来就具有"恻隐之心""羞恶之心""辞让之心""是非之心"，这些被他称为"四端"，即四种萌芽，发展起来就成为仁、义、礼、智四种道德(参见《孟子·公孙丑上》)。如前所述孟子从"性善论"出发，在《孟子·尽心上》中提出智能的形成与发展的趋势，即认为人生有"不学而能"的"良能"和"不虑而知"的"良知"。"人之所不学而能者，其良能也；所不虑而知者，其良知也。"意思是先天有"良知"与"良能"的萌芽，智能在后天中获得完善与提升。

与其相反的是荀子的"性恶论"。他认为人性生来是恶的，人之所以能为善全靠后天的努力——人为。《荀子·性恶》："人之性恶，其善者伪也。"荀子从孟子的性善论走到相反的极端，提出人性中生而就有"好利""嫉恶""好声色"，这是没有道理的。然而，他并不强调这种"性恶"的先天禀赋，而是提倡性与伪结合的思想，即承认在"性恶"存在的前提下，靠"伪"，也就是取决于人在出生后所遇到的各种因素和努力的作用，提出其对人性发展的不依人的意志为转移的影响，从而强调教育的意义。这就是在《荀子·礼论》中提出的"性伪合"观点。从这个观点出发在教育和学习中，化性起伪，长大成才。这种"性伪合"的观点是一种正确的观点，是最早提出人性发展中先天与后天统一的思想。智能正是在先天与后天的统一中获得发展。特别是后天的"博学"，如《荀子·劝学》中提到的"君子博学而日参省乎己，则知明而行无过矣"，使智能积极增长。

(四)韩愈的性与情的"三品"说

韩愈批评了人性善和人性恶的观点，在《昌黎先生集·原性》[①]中我们可以看到"三品说"。他指出"举其中而遗其上下者也，得其一而失其二者也"。他提倡的是性与情的"三品"说。他认为"性也者，与生俱生也"，就是说人性是天生的。但性分为上、中、下三品。上品者，"善焉而已矣"；中品者，"可导而上下也"；下品者，"恶焉而已矣"。仁、义、礼、智、信五常是本性所固有的，这都是天命所定的。韩愈认为在性之外还有情，情是"接物而生的"，它也分上、中、下三品，区别为喜、怒、哀、惧、爱、恶、欲七种。上品者，"动而处其中"；中品者，"有所甚，有所亡，然而求合其中者也"；下品者，"亡与甚直情而行者也"。从中引出他的智能观。

《昌黎先生集·原性》："上之性就学而愈明，下之性畏威而寡罪，是故上者可教，而下者可制也。"由此可见，韩愈的性三品和情三品是一一对应的。那么教育还起作用吗？他认为智能乃至性是可移的。对上品者说，"就学而俞明"；中品的人，"可导而上下"。教育对于上、中两等人是可以发生作用的，但是下品者是天生"畏威而寡罪"的，只能用刑法制服，使其有所畏惧而少犯罪。中品者，可上可下，或成上品，或变下品，关键在于教育。

(五)王廷相的先天和后天统一观

在中国古代的智能心理学思想中，比较明确而全面论述先天与后天关系的，是

---

① （唐）韩愈：《韩愈文集汇校笺注》，47～58 页，刘真伦、岳珍校注，北京，中华书局，2010。

明代哲学家王廷相。他在先天与后天对人性发展的影响的关系中，自称是孔子的信徒。《王氏家藏集·答薛君采论性书》中说道："吾从仲尼焉，性相近也，习相远也。"又说："凡人之性成于习。"更重要的是，他具体地论述了人性发展中先天与后天的关系。《慎言·问成性篇》："人之生也，性禀不齐。"《明儒学案·卷五十·肃敏王浚川先生廷相》："婴儿在胞中自能饮食，出胞时便能视听，此天性之知，神化之不容己者。自余因习而知，因悟而知，因过而知，因疑而知，皆人道之知也。父母兄弟之亲，亦积习稔熟然耳。……人也，非天也。"①由此可见，王廷相并未否定人的遗传禀赋的差异；并不否定先天因素的作用，即"天性之知"的作用。但是他更重视在遗传素质基础上发展起来的，通过后天的"习""悟""过""疑"而决定的后知。这里，他不仅强调了环境的作用，人与人之间交往的作用，而且也强调了主体学习、活动的作用。基于上述观点，王廷相论述了智能形成与发展中的先天与后天的统一观。《慎言·小宗》："不患其无才，患其无学，……不患其无功，患其无志"。《明儒学案·卷五十·肃敏王浚川先生廷相》："人之生也，使无圣人修道之教，君子变质之学，……虽禀上智之资，亦寡陋而无能矣。"这里王廷相承认智能有天赋的基础，更强调环境教育的后天作用。无才者只要刻苦学习就能发展其才能；即使有上智的天赋，不认真学习则智能减退，成为一个无用之辈。

二、关于教育与发展的关系

我国有着悠久的教育史。历代教育家们，除了确定各自的教育目的、原则、内容和方法之外，也重视教育与人的智能发展关系的研究，这也必然形成了探讨这个问题的教育思想和智能心理学思想。

首先阐明这个思想的，是孔子。孔子在《论语·为政》中提出了"学而不思则罔，思而不学则殆"学习与思维关系的名句。这里，孔子把学与思、教育与智力发展辩证地结合起来了。在他看来，教育使学生学得一定的知识，只有在知识的基础上，

---

① 吴光：《黄宗羲全集》第八册，489页，洪波校点，杭州，浙江古籍出版社，1992。

通过思维，使学生将所获得的知识上升到理性的东西，发展了智能，才能有所心得收获，否则必然是茫茫若失；同样地，光思维不学习，不接受知识的话，解决问题就无基础，所以发展智能必须依靠教育，即以知识为前提。

在孔子思想的基础上，后来有许多教育家在教育与发展问题上提出自己的见解，归纳一下，大致有三个方面的内容。

(一)教育的作用在于发展学生的智能乃至心理

我们以荀况和董仲舒的思想为例试加论述。

1. 荀子的观点

荀子特别重视教育的作用。他从"性伪合"思想出发，认为人生而无贵贱、智愚与贫富之分，使人产生这些区别的唯一力量是教育。他提出，教育之所以能发挥这么巨大的作用，主要是靠主观的"积"和环境的"渐"。《荀子·劝学》："积土成山，风雨兴焉。积水成渊，蛟龙生焉。积善成德，而神明(睿智)自得，圣心备焉。"

"蓬生麻中，不扶而直，白沙在涅，与之俱黑。兰槐之根是为芷，其渐(渍)之滫(溺)，君子不近，庶人不服。其质非不美也，所渐者然也。故君子居必择乡，游必就士，所以防邪僻而近中正也。"

前一段说"积"，智能与道德是积累而成的，圣人就是人之所积；后一段谈"渐"，指出了环境的重要性。在荀子看来，通过主观的"积"和环境的"渐"，就能够使人的智能乃至本性发生根本的变化。也就是说，教育的作用，就在于改变人性。

2. 董仲舒的观点

西汉时期的思想家、教育家董仲舒(公元前 179—前 104)提出了"性三品"的思想，把人性分为上、中、下三等。他认为性只是质材，它的本身还不能说就是善，必须"待教而为善"。

"性比于禾，善比于米，米出禾中，而禾未可全为米也；善出性中，而性未可全为善也。……天生民性，有善质而未能善，于是为之立王以善之，此天意也。民受未能善之性于天，而退受成性之教于王。王承天意，以成民之性为任者也。……

今万民之性，待外教然后能善；善当与教，不当与性。"(《春秋繁露·深察名号》)①

这段话的意思是，性仅仅为善提供以可能性，而教育将这种可能性变成现实性。这就精辟地阐明了教育与人性发展的关系。

(二)教育促进人的智能从量变向质变转化

在我国古代的教育家和思想家中，有不少人是坚持辩证法的，正是这种朴素的辩证法，将人的本性(心理)发展理解为从量变到质变的过程。我们也举两个例子来加以论述。

1. 荀子的观点

《荀子·儒效》就是从教育的作用出发，提出"习俗移志，安久移质"。《荀子·不苟》提出"长迁而不反其初，则化矣"。在"安久移质"和"长迁不反"的思想中，包含着通过教育人的智能乃至本性发展产生量变与质变的关系。也就是说，人在教育的作用下，其智能、人性经过长期的量变不再恢复其本来的面目，发生了质的飞跃。

《荀子·劝学》："学不可以已。青，取之于蓝，而青于蓝；冰，水为之，而寒于水。"《荀子·大略》："君子之学如蜕，幡然迁之。"这里，荀子所提到的青和蓝、冰和水的关系，以及"学如蜕"的思想，都意味着教育能使人的智能本性经过量的"积"的过程，发生质变。这种教育与发展的辩证观点，是值得我们继承和发扬的。

2. 王充的观点

王充强调教育和教学必须注重锻炼、教导与"识渐"，必须经过"切磋琢磨"才能达到"尽材成德"的目的。他是继荀子之后又一个强调智能乃至人性发展的量变与质变的杰出学者。

他在《论衡·本性篇》中写道："人之性，善可变为恶，恶可变为善，犹此类也。蓬生麻间，不扶自直；白纱入缁，不练自黑。彼蓬之性不直，纱之质不黑，麻扶缁染，使之直黑。夫人之性，犹蓬纱也，在所渐染而善恶变矣。"②

---

① (清)苏舆：《春秋繁露义证》，297～303页，钟哲点校，北京，中华书局，1992。
② 黄晖：《论衡校释》卷一，70页，北京，中华书局，1990。

王充将人性比作蓬纱。由于"渐染"，即量的变化过程，才使蓬纱之质完全变黑。智能、人性，"在所渐染"的量变，才能引起智与愚、善与恶的质变，王充强调了智能、人性量变和质变的意义，强调了人性的量变和质变的互相关系，体现了我国古代重要的"教育与发展"的思想。

（三）不失时机地及时教育

现代发展心理学强调早期教育，强调按照儿童心理发展的关键期进行及时教育，强调根据儿童的原有心理水平而有针对性地不失时机地进行教育，这些观点在中国古代的智能心理学思想中同样地也有所反映。颜之推（531—591）在《颜氏家训·勉学第八》中就曾指出："人生小幼，精神专利，长成已后，思虑散逸，固须早教，勿失机也。吾七岁时，诵《灵光殿赋》，至于今日，十年一理，犹不遗忘。二十之外，所诵经书，一月废置，便至荒芜矣。"[1]当今早期教育与智能发展的观点与此是多么相似。

三、关于年龄特征与个别差异的关系

我国古代有许多思想家和教育家肯定人的发展中既有年龄特征，又存在着个别差异。因此在教育中既要坚持循序渐进的原则，又要实行因材施教。

最早提出人性（心理）发展的年龄特征和个别差异的还是孔子。以后有的人提出年龄特征的思想，有的人提出个别差异的观点。但并不是说坚持前者的否定后者，也不是说提倡后者的不承认前者。他们只是从某一个侧面来讨论一个问题。例如，孟子很重视个别差异，他没有专门论述年龄特征的问题，但是他提倡循序渐进，人在学习时的循序渐进，往往要以年龄特征作为前提之一。这些年龄特征与个体差异的思想，往往出自古代思想家、教育家的智能观。

---

① 王利器：《颜氏家训集解（增补本）》，173 页，北京，中华书局，1993。

（一）孔子的观点

孔子提出了人性（人类心理）随年龄而发展的思想，认为它表现为少、壮、老三个阶段。《论语·季氏》："少之时，血气未定，戒之在色；及其壮也，血气方刚，戒之在斗；及其老也，血气既衰，戒之在得。"这里可以看出在孔子的心理发展观中，包含着一定的发展连续性和发展阶段性的朴素的辩证思想。他在 70 岁以后，回顾了自己的一生，根据自己的体验和观察，曾经对于自己一生的心理发展做了粗略的描绘，把它分为六个阶段。他说："吾十有五，而志于学，三十而立，四十而不惑，五十而知天命，六十而耳顺，七十而从心所欲，不逾矩。"（《论语·为政》）这是孔子的毕生发展观，初步阐明了人的心理发展的趋势。这些划分虽然比较简单，却体现了人性或人的心理发展的一般规律，并一直影响着我国两千多年来对人的发展阶段划分的认识。而这种人性的发展必然以智能发展作为重要的基础。

在孔子的论著中，不仅有心理发展的年龄特征的观点，而且也有个别差异的思想。他在提出性习论的基础上，看到了人们中有少数超常和低常的心理现象存在，看到了在一般发展情况下存在着个别差异。正如我们在上一节中反复提到的"唯上智与下愚不移"。根据这个理论，他在教育学生时，总是既从一般出发，相信环境和教育的力量，重视心理发展的阶段性，同时，也针对学生的智能、禀赋和个性，因材施教，因而取得良好的教育效果。

（二）其他有关儿童发展年龄阶段性问题的思想

在我国古代思想家和教育家的论著中，有许多有关儿童的各年龄阶段特点的论述，关于如何追求儿童聪明、健康发展，肯定关心儿童智能的问题。

1. 对胎儿发展和胎教的认识

《淮南子·精神训》中有一段关于胎儿发育和形神关系的描述[①]。

"一月而膏，二月而肤，三月而胎，四月而肌，五月而筋，六月而骨，七月而成，八月而动，九月而躁，十月而生。形体以成，五藏乃形。……夫血气能专于五

---

① 何宁：《淮南子集释》，510～511 页，北京，中华书局，1998。

藏而不外越，则胸腹充而嗜欲省矣；胸腹充而嗜欲省，则耳目清，听视达矣；耳目清、听视达谓之明。五藏能属于心而无乖，则教志胜而行不僻矣；教志胜而行之不僻，则精神盛而气不散矣；精神盛而气不散则理，理则均，均则通，通则神，神则以视无不见，以听无不闻也，以为无不成也。"

在这些对个体胚胎发育认识的影响下，我国很早就懂得了孕妇心身健康对胎儿发生发展的作用，于是产生了胎教论。

西汉的《大戴礼记・保傅篇》中，记载了周文王之后对其子周成王实行胎教的情况："周后妃任成王於身，立而不跂，坐而不差，独处而不倨，虽怒而不詈，胎教之谓也。"①

颜之推在其《颜氏家训・教子第二》中指出："古者圣王有胎教之法，怀子三月，出居别宫，目不邪视，耳不妄听，音声滋味，以礼节之。"

朱熹在其教育专著《小学・内篇》中，以"胎孕之教"为首论。他引用《列女传》："古者妇人妊子，寝不侧，坐不边，立不跸，不食邪味，割不正不食，席不正不坐。目不视邪色，耳不听淫声。夜则令瞽诵诗，道正事。如此则生子形容端正，才德必过人矣。"②

我国古代的胎教思想，其内容十分丰富，归纳一下，有几个方面是合理的：一是将胎教看作培养理想后代的一种手段；二是关注孕妇的精神状态对胎儿的影响；三是调节孕妇的营养以促进胎儿的发育生长；四是注意外界环境条件对胎儿发育生长的影响；五是关心胎教，为了儿童成长"才德必过人矣"，关心其身心健康，突出"才"，即智能的形成与发展。但是，由于古代科学技术不发达，对胎教的实质及其措施还缺乏深入的探讨，有的过于夸大，有的甚至含有一定的迷信的或不科学的因素。然而，胎教问题的提出，是对我国古代的儿童心理学思想的一大贡献。

2. 对婴儿发展的认识

清代王清任（1768—1831）是著名的医生，他的"脑髓说"是清代的重要心理学思想。他在《医林改错・脑髓说》中写了这么一段话："看小儿初生时，脑未全，囟门

---

① （清）王聘珍：《十三经清人注疏 大戴礼记解诂》，62 页，北京，中华书局，1983。
② （汉）刘向：《列女传・母仪传：周室三母》，14 页，济南，山东大学出版社，1990。

软，目不灵动，耳不知听，鼻不知闻，舌不言。至周岁，脑渐生，囟门渐长，耳稍知听，目稍有灵动，鼻微知香臭，舌能言一二字。至三四岁，脑髓渐满，囟门长全，耳能听，目有灵动，鼻知香臭，言语成句。"这里，王清任不仅指出了脑髓生长与婴儿智力发展的关系，而且也比较全面地阐述了出生后三四年儿童智能与心理发展的年龄特点。这在中国儿童心理学史上写下了重要的一页。

3. 对幼儿期活动和心理的认识

明代重要教育家和哲学家王守仁(1472—1529)的教育思想的中心是"致良知"与"知行合一"，他在批评当时儿童教育的弊端的同时，提出了他对幼儿期智能和活动的见解。他在《训蒙大意示教读刘伯颂等》中写道："大抵童子之情，乐嬉游而惮拘检，如草木之始萌芽，舒畅之则条达，摧挠之则衰痿。今教童子，必使其趋向鼓舞，中心喜悦，则其进自不能已；譬之时雨春风，霑被卉木，莫不萌动发越，自然日长月化。"

很显然，王守仁在这里着重地指出了游戏是幼儿阶段(童子)的主要活动方式，强调了游戏在早期儿童智能发展上有着重要的意义。换句话说，他不仅正确阐述了幼儿阶段发展的主要特点是"乐嬉游而惮拘检"，而且说明了顺应儿童这个特点的教学，必然地会化作时雨春风，盎然生意，滋润儿童的心田，促进他们智能乃至心理积极地发展。

4. 对学龄期的规定

我国古代儿童入学年龄，即学龄初期的开始，早则 5 至 6 岁，晚则 9 至 10 岁，一般为 7 至 9 岁。汉代私学规定，幼童 8 至 9 岁入学；宋、元、明代私学规定 8 岁入学。[①] 入学的依据是智力能否达到识字、背诵、计算、书写的水平。

我国不同朝代，往往对学龄期的分期有着不同的规定。例如，汉代私学分两个阶段，第一阶段是蒙学，主要的目的在识字；第二阶段学习《论语》《孝经》，学完一般要到 18 岁，算小学结业，即可以任小官或在社会上谋生，要想深造就必须入官办的太学或投私家经师，专攻一经或数经。元、明、清三代的典型"教学计划"要算

---

① 毛礼锐、瞿菊农、邵鹤亭：《中国古代教育史》，192、416 页，北京，人民教育出版社，1979。

"程氏(元初程端礼)读书分年日程",这个日程规定:8~15岁,小学阶段;15~18岁,以道为志,以圣为志的"尚志"阶段;18~22、23岁,学文阶段,为的是应科举考试。

由此可见,我国古代有着许多探索儿童与青少年智能心理发展的年龄特征的材料,这就构成了这个领域丰富的中国古代的智能心理学与儿童心理学思想。

第三节

智能的结构与成分

智能的结构,实际上更多的是指"智力结构",这是国内外心理学界极为关注的一个课题。然而,在中国古代的思想家、教育家的著作中,有着许多智力结构观。本节的目的是尽量地展示这些古老的学术思想。

一、智能的认知结构

我曾在自己的论著中,多次呈现智力(或智能)的认知结构,绪论中已有图做了表示。

这个图中出现的感知、记忆、思维、想象、言语与操作技能等因素,在中华传统文化的文献中都能找到。

在中国古代,不一定都用现代心理学的概念,但有类似的提法。有一《尚书·洪范》篇,旧传为商末(约3000年前),后来还有人疑为战国时期(约2500年前)的作品。内有"五事:一曰貌,二曰言,三曰视,四曰听,五曰思。貌曰恭,言曰从,视曰明,听曰聪,思曰睿。"很显然,貌指相貌;言是言语;视、听属于感知;思则为思维。于是知与虑,即感知与思维就成了人的认识过程或认知过程的感性认识与理性认识两个阶段。今天的智能的认知结构,有着古人思想的烙印。

（一）丰富的知虑心理学思想

在中华传统文化中，知虑观是十分丰富且多种多样的，我们不妨举几个典型的例子，从先秦时期、魏晋南北朝时期、宋代和明代各选一位人物作为代表。

1. 墨子的知虑观

《墨子·经上》："知，材也。"感知需要材，即感官；《墨子·经上》："知，接也。"感知需要感官与外界相接，即感知或认识是在外界刺激下产生的。

《墨子·经下》："知而不以五路，说在久。"感知必须以五路，即五种感官——耳、目、鼻、口、身为通道，这五种感官是感知从入之路。

《墨子·经上》："虑，求也。""恕①，明也。"虑与恕都属于思维，思维活动是以求释虑，守恕明理。

《墨子·经上》："言，出举也。""言，口之利也。""信，言合于意也。"思维凭借于言语来实现；言语是在思维调节下的完善；思维与言语的统一才能信，也就是能符合事实。

从中能看出墨子关于感知与感官、感性与理性、言语与思维、知虑（认识）与实际统一的观念。

此外，在春秋战国时期，老子和庄子等道家，都与墨子持类似的观点；荀子、孟子的知虑观，也与墨子有一定的相似之处。

2. 范缜的知虑观

范缜（约 450—515 年），字子真，南北朝时期南阳舞阴人，无神论者，主要著作为《神灭论》。在《神灭论》中有一段问答。其所答中写道：

"手等亦应能有痛痒之知，而无是非之虑。"

"知即是虑，浅则为知，深则为虑。"

"如手足虽异，总为一人。是非痛痒虽复有异，亦总为一神矣。"

"若虑可寄于眼分，眼何故不寄于耳分邪？"

"是非之虑，心器所主。"

---

① 同智。

"心病则思乖，是以知心为虑本。"

从中可见范缜的知虑观：一是感知以感官，如手足眼耳为基础，思维则以"心器"为本，"心器"是遵循孟子之说"心之官则思"，感知与思维是有区别的；二是感知与思维是密不可分的，形成"知即是虑"；但"浅则为知，深则为虑"，感知对于思维说来是低级阶段；感知与思维构成人的智能（认识）活动的两个相统一又是不同的两个部分。

3. 王安石的知虑观

王安石（1021—1086），字介甫，北宋抚州临川人。他关于人之智愚，"非生而不可移"观，以及能力和禀赋、教育的关系的论述，至今都有科学意义。他的主要著作为《临川集》。

《临川集·洪范传》："五事以思为主，而貌最其所后也。……思者，事之所成终而所成始也；思所以作圣也。"①王安石充分肯定了洪范的五事观，提出人的智能（认识）过程应该把思维排在第一位；视、听是感知阶段，是思维之源泉；智能（认识）过程最后由思维所终。

《临川集·礼乐》："聪明者，耳目之所能为，而所以聪明者，非耳目之所能为也。"所有的视在于目，所有的听在于耳，聪明者以视听感知为基础，离开感性认识，人无所谓智能了。

《临川集·书洪范传后》："古之学者，虽问于口，而其传以心；虽听以耳，而其受者意。故为师者不烦，而学者有得也。"学习不能满足于口问耳听，应该"以传心"到"受以意"，进行深入思维。

4. 王守仁的知虑观

《传习录·上·徐爱录》："知是行的主意，行是知的功夫；知是行之始，行是知之成。"知与行互为前提。

《传习录中·答欧阳崇一书》："'思曰睿，睿作圣。''心之官则思，思则得之。'思其可少乎。"引用了古人的语句后，感叹地呼吁"思（维）"不可少！

---

① 杨家骆：《中国学术名著 中国文学名著第三集》，第四版，台北，世界书局，1988。

综上所述，在古代中国，不同时期的思想家、教育家都早已重视感性认识、感知与理性认识的思维的特点、作用和相互关系了。

(二)较为完整的智能之认知结构

如果说，智力或智能的认知结构由感知、记忆(含表象)、思维、想象、言语与操作技能等心理或认知(认识)成分组成，那么，在不少中国古代学者的著作中就有所表示。

除上述知虑观涉及的诸成分，如视、听等感知、思(思维)、言(言语)等之外，也关注了其他认知成分。

《大学·传》中的"心不在焉，则视而不见，听而不闻，食而不知其味"，关注了"注意"。

《关尹子》中的"昔游再到，记忆宛然，此不可忘，不可遗"，关注并明确提出了"记忆"与"遗忘"。

北宋张载(1020—1077)的《语录上》："若以闻见为心，则止是感得所闻见。亦有不闻不见自然静生感者，亦缘自昔闻见，无有勿事空感者。"这"缘自昔闻见"，关注了"表象"；"不闻不见自然静生感者"，关注了"想象"。

对智能的认知结构，通过历代的思想家、教育家的文献，我们可以看到陆续出现相关的成分，构成中华传统文化中较为完整智能的结构思想。

二、思维是智能的核心

在中国古代思想家、教育家的著作中，凡论述知虑问题，必然要涉及"思"或思维问题，且都以重墨相叙。前面所举的众多知虑观，几乎都把思排在首要位置。

(一)思维的实质

1. 老子的"明"与"玄览"之思维观

老子，春秋时思想家，道家创始人，姓李名耳，字伯阳，代表他思想的作品有

《老子》。在老子的知虑观中，用"明"与"玄览"表达"虑"（思维）。"明"，是指认识过程达到"明理"；"玄览"，是指认识过程"深思广虑"或"深谋远虑"。

《老子》十六章："知常曰明。""知常"，认清事物的普遍性，即"虑"（思维）使人明了事物的一般的"理"。

《老子》五十二章："见小曰明。""见小"，看到事物的现象；"曰明"即通过"虑"（思维）使人透过现象看到本质。

《老子》三十六章："是谓微明。""微"，指内部或隐蔽难以察觉之处，"明"则由"虑"（思维）使人认识事物的内在联系。

《老子》十章："涤除玄览，能无疵乎？"排除主观偏见，能达到深思广议的程度，即"虑"（思维）有深度、广度、难度，使人远见卓识，深刻把握事物的全貌。

从中可以看出：思维是对客观事物的本质和规律的认识、内在联系的认识、把握全局的认识。

2. 董仲舒的"智"与"思"关系之思维观

董仲舒在《春秋繁露·必仁且知》中谈到"智"与"思"的关系[①]：

"何谓之智？先言而后当。凡人欲舍行为，皆以其智先规而后为之。……故曰，莫急于智。智者见祸福远，其知利害蚤（早），物动而知其化，事兴而知其归，见始而知其终；言之而无敢哗，立之而不可废，取之而不可舍，前后不相悖，终始有类，思之而有复，及之而不可厌。其言寡而足，约而喻，简而达，省而具，少而不可益，多而不可损；其动中伦，其言当务。如是者谓之智。"

我们从四个方面去理解董仲舒的这段话：首先，"何谓之智，先言而后当"，智能表现在一个人合理行动之前，必须有"规"，也就是要做到有计划、有假设、有预谋；其次，智者的行为是一种有"规"的行为，所以智者按照规律办事能远卜祸福、早知利害、掌握变化、预见结果；再次，智之为智，因为有思（思维），思就是规，思维过程就是提出问题、明确问题，提出假设、验证假设的过程，由于有思，智者才能"终始有类"、把握未来；最后，思维用言语表达出来，"寡而足、约而喻、简

---

① （汉）董仲舒：《春秋繁露》，259页，北京，中华书局，1992。

而达，省而具，少而不可益，多而不可损"，显示出概括性。

从中可以看出：思维是智能的核心成分；言语是思维的物质外壳；概括是思维的首要特征。[①]

(二)思维的产生

从"智能的认知结构"问题讨论"知虑观"时，我们已经看到历代的思想家、教育家提出"以思为主"，把思维排在认识过程的首位，在一定意义上已经在阐述：思维是在感知基础上产生的，反过来又指导感知的提高。

我们还可以从下面的文献中，获得进一步的证明。

《孟子·告子上》："耳目之官不思，而蔽于物。物交物，则引之而已矣。心之官则思，思则得之，不思则不得也。此天之所与我者。先立乎其大者，则其小者弗能夺也。此为大人而已矣。"孟子把感官所形成的感知与心为器形成的思维的关系，评议为"小者"与"大者"的关系，即思维在感知基础上产生，思维反过来支配感知。

王充《论衡·薄葬》："夫以耳目论，则以虚象为言；虚象效，则以实事为非，是故是非者不徒耳目，必开心意。""开心意"是积极思维，它基于对感知的分析提炼，又指导感知，以便认识"以实事为非"。

唐刘禹锡(772—842)《刘禹锡集·天论》："以目而视，得形之粗者也；以智而视，得形之微者也。"感知有其局限性；智(思维)如老子所说的"微明"，也就是揭示在事物的内在关系。这里的"微"，表现在他自己提出的"理""数""势"，人有思，掌握了这"理""数""势"，才能"与天交胜"。

朱熹的《孟子集注·告子上》："耳司听，目司视，各有所职而不能思，是以蔽于外物。……心则能思，而以思为职。凡事物之来，心得其职，则得其理，……而心为大。若能有以立之，则事无不思，则耳目之欲不能夺之矣。"从中看到，耳目感知，是心为器的思维的基础；思维是理性的认识，通过思维，可以产生不受外界刺激所限制的"间接性"的特征；感性与理性的关系，是不能颠倒的。

---

① 朱智贤、林崇德：《思维发展心理学》，11～12页，北京，北京师范大学出版社，1986。

(三)思维是意识参与的心理活动

思维之所以为理性认识，是由于它有意识性。

在唐末宋初的《关尹子·五鉴篇》中有两段论述："意有变，心无变；意有觉，心无觉。""思者，心也；所以思之者，是意非心。"

这里，我们不要把意（意识）与心（心理活动）对立起来，"意生于心"，意识是心理活动的一个组成部分，是心理活动的高级形式或成分。意识之所以是心理活动的高级形式，是一有"变"，而有觉。也就是说，意识具有发展变化的特点，具有自觉的特点。自我意识是思维自觉性、监控或元认知的基础。

思维是心理活动，但它不是一般的心理活动，是一种具有意识的心理活动。正因为有意识，人们运用思维不仅能认识客观事物的本质与规律，而且能够觉察自己，进行反思。

三、思维的组成因素

在绪论中出现我的思维结构图，其内容在国外已经发表，被国内心理学界同行称为三棱结构。①②

这个结构是在我的团队讨论的基础上，又通过对专家和教师的访谈研究提出来的。应该说，中华传统文化的知虑观，对我的影响也不小。可以说，这个结构在某种意义上，也是对中华传统文化的知虑观的一种继承和验证。

(一)思维的目的

思维以问题为出发点，提出问题、明确问题、提出假设、验证假设，它是一种以定向为前提的过程。

前面谈的董仲舒"何谓之智，先言而后当"，以"规"为前提，就在强调智（虑）的

---

① Lin Chongde, Li Tsingan, "Multiple intelligence and the structure of thinking," *Theory & Psychology*, 2003，13，829-845.

② 黄希庭、郑涌：《心理学十五讲》，北京，北京大学出版社，2005。

目的性。目的，是指人在认知或行动之前根据需要在观念上为自己设计的要达到的目标与结果。目的性就是自觉性，自觉的目的，是"志"或意志的一个重要组成因素，意志的首要品质就是目的性或自觉性。中国古代的思想家、教育家都重视"志"在知虑，乃至学习中的作用，《论语·为政》："吾十有五而志于学。"后来历代学者，继承孔子的思想，都强调了"志"的意义，特别是朱熹，在《朱子语类》中提出"志者"，以及"心之所之""心之所向""心之所发"。

错误的心向，即错误的目的，导致错误的认知，错误的决策。古人称其为"目论"。《史记·越王勾践世家》："吾不贵其用智之如目，见毫毛而不见其睫也。今王知晋之失计，而不自知越之过，是目论也。"司马贞索隐："言越王知晋之失，不自觉越之过，犹人眼能见毫毛而自不见其睫，故谓之目论也。"克服目论，强调思维的目的性，使思维这种理性认识或认知，以自觉为定向，能动地预计未来，做出计划，有意识地以改造自然、变革社会、调节自己为前提。

(二)思维的过程

思维有着认识或认知的过程，或者是以认识或认知活动为基础。

中华传统文化的知虑观，就是一个认识或认知的过程观。从《尚书》的"五事"，到《墨子》的"五路""求也""明也"，再到张载的"学贵心悟，守旧无功"，无不在重视思维是一个过程。

朱熹在《北溪字义·志》中写道："志者，心之所之。之犹向也，谓心之正面全向那里去。"因为有目的的(志)定向，思维的心理过程要回答一系列的问题：多久、什么样的顺序和怎样的流程。

王夫之《周易外传·说卦传三》中的"象合以听分，数分以听合也"，讲的是分析与综合过程；《尚书引义·说命中》中的"虚以生其明，思以穷其隐"，讲的是推理、比较。今人的思维过程为分析、综合、抽象、概括、比较、推理、证明，古人不可能一一系统展示，但在不同学者的著作中，能够找到不同的表述。

(三)思维的材料或内容

古有"巧妇难为无米之炊"，说的就是材料或内容的重要性。

知与虑就是古代学者所重视的思（或思维）的材料，前面我们已反复提道：知的内容是感性材料，如感知觉、表象等；虑的内容是理性材料；理性材料是由于言语对外物的"接"（概括）。

有了材料，还需要一个加工过程，正如《乐府诗集·捉搦歌》所述："粟谷难舂付石臼，弊衣难护付巧妇。"

（四）思维的反思或监控

"反思""监控"或"元认知"，可视为同义语，意指以自己的思维活动作为对象而反观自照，与我国古代"反省"，即自我省察相似。《论语·学而》中提道，"曾子曰：'吾日三省吾身：为人谋而不忠乎？与朋友交而不信乎？传不习乎？'"从字面上说，要求自我省察谋事是否"忠"、交友是否"信"、受师教授后是否诵习而"熟之于己"。实际上这些反省行为是对自己的"元认知"，即"对认知的认知"，或思维的反思或监控。

思维为什么有"反思""监控"或"元认知"的成分？如上所述，是因为人有自我意识。所谓自我意识，是意识的一个方面或一种形式，即关于作为主体的自我觉知。我们在前面已经展示了《关尹子》中的"意"与"觉"，正是自我意识，确定思虑为目标，从而提高思虑的自觉性和正确性。

（五）思维的品质

如前所述，古代的学者，把"虑"（思维）看作个体差异，这就会有思维品质的成分。然而，古代学者对于如何展示思维品质，做了些只言片语的表达。

上面多处出现"明理""传心""受意"等，这是对思维品质的深刻性的反映。

古人喜欢用"敏"字，即指"聪敏"，如《论语·颜渊》中"回虽不敏，请事斯语矣"。更多是指"敏捷"，如《书·大禹谟》中"黎民敏德"。蔡沈集注"敏，迷也"，又如《诗·大雅·文王》中"殷士肤敏"，毛传"敏，疾也"。这敏捷，是对思维品质的敏捷性的反映。

从孔子开始，一直到近代教育家陶行知，都强调在教学中"闻一知二""举一反三""一以知十""告往知来"等，而现代教学中的"一题多解""一题多作（文）"等正是从中一脉相承的，这是对思维品质的灵活性的反映。

什么叫"创新"？用《论语》中的词来解释就是"温故而知新"。"创"一词在中国古代文献中有多处解释。《论语·宪问》："裨湛草创之。"《汉书·叙传下》："礼义是创。"颜师古注："创，创造也。"这"创""创始""创造""首创"等正是对思维创造性的反映。

（六）思维中的非智力（或非认知）因素

我们认为，在考虑思维乃至智力结构时，既要考虑智力的因素，或认知因素；又要考虑非智力因素，即非认知因素。在心理学界，人们常常习惯于把智力和非智力（或认知和非认知）因素割裂开来研究。事实上智力中或思维中的智力因素与非智力因素、认知因素与非认知因素之间存在着十分密切的关系。针对这一点，在中华传统文化中，我们看到我们的老祖宗就是这么要求的。

在第一节，我们已经展示了非智力因素在智能形成与发展中的作用。我们在学习孔子的教育思想时，牢记他对学习过程的心理条件之思想："知之者不如好之者"（兴趣爱好），"好之者不如乐之者"（愉快情感），"有弗行，行之弗笃，弗措也"（坚持毅力），"不得中行而与之，必也狂狷乎？"（顾及性格）。在"虑"（思维）的系统中，中国古代思想家、教育家添加了各种各样的非智力（或非智认知），对思维过程及其发展起到了动力（"好之者""乐之者"）、定型（"狂者进取，狷者有所不为也"）和补偿（"勤能补拙"）的作用。

四、"六艺"展示了多元智能

智能一直是心理学极为重要的研究领域。在众多的智能理论中，加德纳①②③的

---

① ［美］加德纳：《多元智能》，沈致隆译，北京，新华出版社，1999。
② Gardner，H.，*Frames of mind：the theory of multiple intelligences*. New York：Basic Books，1983.
③ Gardner，H.，*Intelligence reframed*. New York：Basic Books. 1999.

多元智力理论在国际上产生了广泛的影响。值得注意的是加德纳的多元智力理论与中国古代的"六艺"教育所蕴含的智能思想具有惊人的相似之处。

(一)中国古代的"六艺"教育及其蕴含的智力理论

《周礼·地官·大司徒》①阐述六艺含《礼》《乐》《射》《御》《书》《数》。由孔子在晚年整理而被后人称为"六经"的这些经典分别具有六种功能："六艺于治一也，《礼》以节人，《乐》以发和，《书》以道事，《诗》以达意，《易》以神化，《春秋》以道义。"（《史记·滑稽列传》）

所谓"六艺"，就是指中国古代西周时期（公元前 11 世纪—前 771）官学和春秋时期（公元前 770—前 476）孔子私学的六门基本课程，即礼、乐、射、御、书、数。"礼"是调节和处理人际关系的行为准则、道德规范和法律制度。"乐"是陶冶人们内心情感、满足内在精神需要的综合艺术课。"乐"的内容很广，不仅包括音乐、诗歌和舞蹈，而且也包括绘画、雕刻、建筑等造型艺术，甚至连仪仗、田猎、肴馔等都可以涵盖其中。"射"和"御"都是具有军事训练目的的课程。"射"指射箭。当时的中国古人作战，弓箭是重要的武器之一，掌握射箭技术是当时男子所不可缺少的。"御"指驾车。战车是重兵器械，在战争中具有重要的地位。要掌握驾车的战术，必须学好空间与方向的"御"这种武艺。"书""数"是基础文化课。"书"指书面语言课程，"数"指数学课程。

上一章我已对加德纳的多元智力与"六艺"作了一个初步的比较。加德纳于 1993 年提出，智力是在特定的文化背景或者社会环境中解决问题或者制造产品的能力，而"六艺"教育的目的则是培养含有自知之明的六种能力，亦即六种智力，所以可以说，"六艺"教育所蕴含的理论也是一种智力理论，我们称之为"六艺"教育的智力理论。相应地，可以说，"六艺"教育的智力理论包括六种智力："礼"的智力、"乐"的智力、"射"的智力、"御"的智力、"书"的智力和"数"的智力。

---

① 孙诒让：《十三经清人注疏 周礼正义》，689～772 页，北京，中华书局，1987。

(二)加德纳的智力理论与"六艺"教育的智力理论之间的相似之处

如果静态地、机械地、形而上学地诠释"六艺",那么,就不容易看到加德纳的多元智力理论与"六艺"教育的智力理论之间的许多相似之处;相反,如果动态地、历史地、辩证地诠释"六艺",那么,就会惊奇地发现,二者之间的相似之处很多,突出地表现在两个方面。

1. 加德纳智力理论的七种智力与"六艺"教育的六门课程之间存在对应关系

(1)因为"礼"是调节和处理人际关系的行为准则、道德规范与法律制度,所以,"礼"的教育就是培养处理人际关系能力的教育,掌握了"礼"就意味着具备了处理人际关系的智力。因此,加德纳智力理论的知人智力或处理人际关系的智力在某种程度上对应于"六艺"教育中"礼"的智力。

(2)"六艺"教育的"乐"是综合艺术课,但音乐教育是其不可分割的一个组成部分,因此,加德纳智力理论的音乐智力在某种程度上对应于"六艺"教育中"乐"的智力。

(3)对于西周和春秋时代的中国古人而言,"射"的技能是最重要的身体运动智力,因此,加德纳智力理论的身体运动智力在某种程度上对应于"六艺"教育中"射"的智力。

(4)"御"的技能则是对于当时的中国人来说最重要的空间智力,因此,加德纳智力理论的空间智力在某种程度上对应于"六艺"教育中"御"的智力。

(5)"书"的能力,即"书写文字"的能力,是对于当时的中国人来说最重要的语言能力,所以,加德纳智力理论的语言智力在某种程度上对应于"六艺"教育中"书"的智力。

(6)加德纳智力理论的数学—逻辑智力与"六艺"教育中"数"的智力的对应关系是不言自明的。

(7)在"六艺"教育中,似乎没有一门单独的课程对应于加德纳智力理论的"自知智力"或"自我认识智力"。那么,"六艺"教育是不是就忽视了"自知智力"呢?完全没有。不管是西周的官学还是孔子的私学,"礼"的教育都是第一位的。而"仁"又是礼教育的中心内容。在《论语》中，"仁"字出现的次数达 109 次之多。① "克己"和"爱人"则是"仁"的基本内涵。"爱人"智力的实质，就是加德纳的知人智力；"克己"智力的实质，也是加德纳的"自知智力"。所谓"克己"，即以礼约身，一切行为都遵守礼的准则："非礼勿视，非礼勿听，非礼勿言，非礼勿动。"（《论语·颜渊》）因此，"六艺"教育的"礼"课程不但包括加德纳智力理论的知人智力，而且也涵盖了其如上一章提到的"自知智力"。

2. 两个理论都重视评价过程与学习过程的有机统一

不管是加德纳的多元智力理论，还是"六艺"教育的智力理论，都重视评价过程与学习过程的有机统一。无论是在加德纳的"未来学校"里还是在"六艺"教育的"礼、乐、射、御"四门课程中，评价过程与学习过程不再分离，考场与教室不再分离，考试时间与学习时间不再分离。因此，这种教育所重视的是动态的评价。

在这种评价中，评价是自然的学习环境的一个部分，而不是在一年学习时间的剩余部分中强制"外加"的内容；评价是在个体参与学习的情境中"轻松"地进行的；大多数评价项目都是在学生和教师中自然地进行的，这两部分人都不需要明确地意识到自己正在进行评价。

在这种评价中，评价是学校景观的一个部分，不需要将它从其他的教室活动中分离出来，教师和学生无时无刻不在互相评价；因为这种评价是无所不在的，所以同样也不必"为考试而学"或者"为考试而教"。

在这种评价中，评价者不仅仅是教师单独一方或者学生单独一方的任务，而是学生和教师双方必须共同完成的任务。

在这种评价中，教师的教学效果或者学生的学习效果可以迅速得到反馈，所以，这种教育不但可以为学生提供有益的反馈，而且可以为教师提供有用的信息。此外，这种评价既可以达到鉴别个体学习结果差异的目的，又可以达到立即帮助学生的目的。与标准的智力测验(IQ 测验)评价范式相比，这种评价应该是一个优点。

---

① 中国社会科学院文学研究所计算机室：《论语数据库》，北京，人民日报出版社，1987。

（三）加德纳的智力理论与"六艺"教育的智力理论之间的区别

虽然加德纳多元智力理论与"六艺"教育中蕴含的智力理论有许多惊人的相似之处，但是，由于时代背景的不同——前者是 1983 年提出的，后者已经有三千多年的历史；也由于文化背景的差异——前者属于美国式的，后者属于中国式的。所以，两者之间还是存在许多重要的区别，突出地表现在两个方面。

1. 两者的出发点有本质的区别

加德纳的智力理论是从个体的需要出发，而不是从社会的需要出发，所以，加德纳（1993 年）心目中的"未来学校"必然是"以个人为中心"的学校。这种学校要求根据每个儿童特殊智能上的强项和倾向来实施教育，不但寻求和每个学生相匹配的课程安排，也寻求与这些课程相适应的教学方法。加德纳认为，得到这种帮助的人在事业上将会更投入、更具有竞争力，因此，将会以一种更具建设性的方式服务于社会。然而，一方面，我们承认，加德纳的"未来学校"可能有助于挖掘每一个人的潜能；另一方面，我们也担心，加德纳的"未来学校"也可能培养出一些"天才的白痴"或者"聪明的疯子"，即某一种智力特别发达而其他智力特别迟钝的智力不健全的人。

"六艺"教育的智力理论则是从整个社会的需要出发，而不是从个人的需要出发，这主要表现在两个方面：①"礼"的教育不但居"六艺"教育的首位，而且始终贯穿于其他五艺的教育之中。如果说，加德纳的"未来学校"是"以个人为中心"的学校，那么，"六艺"教育制度的学校就是"以礼为中心"的学校。这是因为，"礼"是西周的立国之本，具有国家宪法的性质，从政治、经济、军事的法律体系，到社会生活的一切道德规范，都在"礼"的范围之内，"礼"的教育的成败直接关系到国家的前途、人民的命运。②"六艺"的教学内容都与当时社会的需要有极大的关系。例如，中国古人作战，以车兵为主力，而车兵进攻的武器又以弓箭为主，射箭技术与驾车技术自然是当时的男子不可缺少的技能，因此，身体运动智力与空间智力的训练分别集中地表现为"射"智力与"御"智力的训练。如果说，加德纳的"未来学校"有可能培养出一些智力不健全的个体，那么，"六艺"教育的最终目的则是一些智能健全的个体。

2. 两者对各种智力间关系的看法不同

在加德纳的智力理论中，七种智力之间是相互独立的，不同的人具有不同的认知能力和认知方式。此外，这七种智力之间是并列的关系，无主次之分，大小之别，因此，彼此之间的顺序可以重新排列。

然而，在"六艺"教育的智力理论中，不同的智力之间是相互联系、相互依存的。例如，"射"智力的训练与评价包括五项内容，其中的第五项，即"井仪"，是指连射四箭皆中靶并呈"井"字状，重在训练箭法之准确。要完成"井仪"训练的任务，不但需要发达的空间智力（即"御"的智力），而且也需要发达的数学—逻辑智力（即"数"的智力）。再如，"御"智力的训练与评价也包括五项内容，其中的第二项，即"逐水曲"，是指沿着曲折的水沟边驾车前进而不使车落入水中。要达到"逐水曲"的训练目的，不仅需要发达的身体运动智力（即"射"的智力），而且也需要发达的数学—逻辑智力（即"数"的智力）。类似的联系，在"六艺"教育中比比皆是。

此外，"六艺"的各种智力之间也并非彼此并列的，而是主次分明的，这体现在两个方面。①智力训练的侧重点因学习阶段的不同而存在极大的差异。例如，西周"小学"阶段的主要任务是训练"书"和"数"的智力，"大学"阶段的主要任务则是训练"礼""乐""射""御"的智力。②"礼"的教育居"六艺"教育的首位和核心地位。不管是西周的"小学"教育还是"大学"教育，"礼"智力的训练都是一项不可缺少的任务，"礼"不仅是"大学"的一门单独的课程，而且始终贯穿于"六艺"教育的全过程。例如，作为"射"智力训练第四项内容的"襄尺"意为：君臣同射，臣不得与君并立，必须后退一尺，这不仅是在行君臣之礼，而且也是在训练谦让之品德。再如，作为"御"智力训练第五项内容的"逐禽左"就是指：驱车逐赶禽兽，要善于把禽兽阻拦在左边，以便君主射猎，因为"礼"规定君主田猎自左方射。

第四章

对思维和智力做理论的探讨

　　我从思维入手研究心理学，特别是智力（认知）及其发展心理学。围绕思维结构，我在理论上研究思维和智力的实质，目的是了解思维结构的内涵；我对思维和智力的发展趋势进行行为实验，目的是创建儿童青少年认知能力发展的系统框架；我通过脑认知实验探讨思维和智力的活动特点，目的是揭示认知发展乃至思维结构的脑机制；我在全国大面积地开展了中小学生思维和智力培养研究，目的是厘清"教育与（心理）发展"的关系，推动我国基础教育的改革；我把智力（认知）与非智力（非认知）因素视为心理健康的内容，在"文化大革命"后最早（1983年）倡导心理卫生与心理健康教育，目的是促进我国心理健康教育工作的科学实践。

　　作为智力核心成分的思维是"地球上最美的花朵"[①]。人类所创造的一切物质和精神的财富，都是人类在实践活动中通过思维，即智力活动而形成和累积起来的。思维已成为人类认识世界、自主创新、改造社会最重要的主观能源，这就是为什么人们越来越渴望探索思维奥秘的主要原因。于此，我把思维及其发展作为自己学习与研究心理学的主攻方向。

　　思维是一种心理现象，心理学特别是思维心理学是把思维从心理现象的角度来加以研究，研究它的过程，它的发生、发展的规律。心理学研究思维是与其他各学科交叉进行的。哲学认识论研究思维的一般规律性；心理学则在哲学认识论的指导下，研究思维的特殊规律，研究个体的思维的规律，研究作为智力活动之核心的思维的规律。逻辑学的对象是在思维过程中产生的认识结果、认识产物之间的相互关

---

　　①　恩格斯：《自然辩证法》，见《马克思恩格斯选集（第3卷）》，864页，北京，人民出版社，2012。

系；而心理学则研究思维过程进行的规律性。生理学特别是认知神经科学研究思维，着重于心理的生理机制；心理学则将这些生理机制作为思维发展的生物前提和基础，并探讨如何将这种发展的可能性变成现实性。语言学从语言与思维的辩证关系来研究思维，侧重于语言；心理学也从语言与思维的辩证关系来研究思维，侧重于言语——口头言语、书面言语和内部言语及其同思维的相互制约性。控制论、信息论从信息加工角度来模拟思维、研究思维，它为心理学研究思维提供了新途径；心理学可以根据控制论、信息论的原理，为思维的发展与培养进一步提出具体的措施。

聚焦思维结构的智力理论是我对思维和智力从事理论、实验、实践研究的概括。我在理论上研究思维和智力的实质，探索思维的特性、思维的分类或种类、思维和智力的差异，从而深入探讨思维的结构问题，并以此为基础，逐步研究、不断完善自己的智力理论。

第一节

思维的特性

科学研究的区分，就是根据科学对象所具有的特殊性。

我们要研究思维的实质，就必须分析思维的特殊性及其表现，也就是要研究其区别于其他心理现象的各种特性。思维有哪些特性呢？以前自己阅读过的一般心理学的著作中，主要强调概括性和间接性两种。我在绪论中也强调概括的重要性，然而，如果从思维的特殊矛盾出发，应全面地探讨思维的特征。我认为它应有概括性、间接性、逻辑性、目的性和问题性、层次性、生产性六个主要特性。于是，我从理论上对这六个思维特性展开了分析讨论。

一、思维的概括性

思维是一种心理过程，即认识（认知）过程。从这一过程来看，思维的最显著特性是概括性。思维之所以能揭示事物的本质和内在规律性的关系，是因为其主要来自大脑对信息进行的概括加工，即来自抽象和概括的过程。概括是在思想上根据抽象出来的事物的共同本质的特征或内在联系结合起来的过程。数学法则"合并同类项"就是对概括的科学而生动的表达。所以概括过程又被称为"类化"过程。概括的功能正是把个别事物的本质属性或特征，推广为同类事物的本质属性或特征。例如，从人的种族、肤色、高矮、性别和国籍等许多特征中，抽出有语言、能思维、能从事社会活动的这些人所具有的本质特征，然后再把具有哲学本质特征的高等动物归为人类，这就是概括过程，并体现出概括的功能。思维的概括性在思维特征中的重要地位，就是来自其揭示事物的本质特征、关系和内在联系，使认知能从个别类化为一般。从这个角度上说，有人把智力定义为"知识的类化"，这一点也不为过。

概括性及其功能的存在，是由于人的思维是语言的思维或理性的思维（又可称理论思维）。语言有两种功能：一是指示性，即告诉别人，引起别人产生相应的行为；二是概括性，即词的命名作用，每一个词都代表某一类或一般的东西，这就构成了概念。正因为如此，人类通过语言—思维达到交际的目的；人类把一般的联系或某一类从个别属性中分出以后，借助于概括性的词，思考着一般的东西或某一类事物；人类在思考一般联系和某一类事物的同时，用语言去揭示内在异同点，加以系统化。例如，生物学界的"门、纲、目、科、属、种"就是思维借助于语言对生物知识系统化的结果，于是概括成为科学研究的关键机制；人类思维依靠语言揭示在不同场合下事物所具有不同的性质，从而理解了物质世界和精神世界的对象与现象中的本质与规律。

心理学根据概括性的不同水平分为初级概括和高级概括。所谓初级概括是指在感知觉或表象水平上的概括，表现为根据感性的具体经验抽取事物的共同特征或联系，总结出某类事物的共同属性。例如，我们在幼儿被试面前呈现"车""马""人""老虎"四张图片，要求其"归类"，然而幼儿拿走的不是"车"组成"动物"类，却是拿走"老虎"，说"人赶着马车，别让老虎吃掉"。可见，概括性的初级形式，尽管有助于个体逻辑思维发展，但因受感性的具体经验的局限，较难归类以揭示事物的本质属性或内在联系。而高级概括，则是指在把握事物的本质特征和内在联系基础上进行的概括。这种概括有三个重要表现。一是掌握了概念，尤其是科学的概念。掌握概念是在概括的基础上形成的，高级概括，在内容上越来越多地不只是单纯掌握这个概念所包括的对象或现象的属性，而是掌握有关属于这个概念的对象或现象的全部知识。二是在形式上，形成阐述"思维的逻辑性"中要提到的概念—判断—推理，且越来越多地使逻辑思维形式趋向成熟和完善。三是借助内部言语，使概括不断"深化""内化""减缩化"，在思想深处越来越多地"存储"了类化、减缩化、密集化的知识系统。

二、思维的间接性

如果说思维是一种对信息的加工，那么我这里把信息理解为知识经验，认为思维是凭借知识经验对客观事物进行间接的认知。

首先，思维凭借着知识经验的信息，能对没有直接作用于感觉器官的事物及其属性或联系加以认知。例如，清早起来，人们发现院子里面湿了，房顶也湿了，就可判定："昨天晚上下过雨。"昨天晚上下雨，并没有被这个主体所感知，然而他能凭借着过去的经验和知识，根据地上和房上的湿度，判断出昨晚下雨的事实，使人间接地认知事物，通过现象揭示了事物的本质和内在规律性的关系。

其次，思维凭借着知识经验的信息，能对根本不能直接感知的事物及其属性或联系进行认知。也就是说，思维继续和发展着感知与记忆表象的认识功能，但已远远超出了它们的界限。假如表象不能把握整个认知活动，如它不能把握每秒 30 万千米的信息加工速度，而思维则能够把握而且应当把握。例如，小学高年级儿童就能理解一艘星际飞船以每秒 5 万千米的速度飞行，它飞向某一遥远星球，比光速慢

6 倍，然而我们谁也不能直接感知或想象以每秒 30 万千米和每秒 5 万千米速度运动的两个物体的速度差别。思维的间接性使人能够揭示不能感知的事物的本质和内在规律性的关系。

最后，思维凭借着知识经验的信息，能在对现实事物认知的基础上进行蔓延式的无止境的扩展。假设、想象和理想都是以思维的间接性为基础的。例如，制订计划，预计未来，就是这方面的表现形式。思维的这种间接性，使思维能够反作用于实践，指导实践变成科学与理论，并揭示事物发展的可能性。思维之所以有间接性，关键在于知识与经验的作用。没有知识经验作为中介，思维的间接性就无法产生。思维的间接性是随着主体知识经验的丰富而发展起来的。因此，研究一个人的思维及其能力，必须要研究他的知识结构，必须分析他的文化背景。当然，思维的间接性问题，也反映了思维与记忆即思维材料的相互关系，有了记忆，人才能积累知识，丰富经验。记忆是知识经验的储备，它是运用知识经验进行思维、认知问题、解决问题的前提。没有记忆，思维将失去材料，就没有知识经验这个思维的中介，也就没有思维的间接性。

三、思维的逻辑性

如前所述，过去不少心理学著作中，将思维定义为"概括的、间接的反映"。这固然有其正确的一面，但也有它不完整的地方。因为概括性不局限于思维，知觉和表象已有初级的概括性；间接性也不局限于思维，想象就是间接的认知。所以我们在讨论思维的定义时，不仅强调"概括与间接的认知"，而且应该加上"对客观事物的本质和规律性关系的认知"，其理由也就在于此。我所说的思维，即指逻辑思维，也叫作理论思维。这是人和动物有本质区别的一种表现。不这样理解思维，在研究思维发展中就会产生出发点混乱、前提混乱、方向混乱的现象。因此，思维有一个重要的特点，就是逻辑性。

逻辑，主要是指思维的规则或规律。思维的逻辑性，就是指思维过程中有一定形式、方法，是按照一定规律进行着的。思维的逻辑性，来自客观现实变化的规律性。它反映出思维是一种抽象的理论认识。

在实践中，人脑要对感性的材料进行加工制作，也就经过思考作用，将丰富的感觉材料加以去粗取精、去伪存真、由此及彼、由表及里的改造制作功夫。从而，在人脑里就产生了一个认识过程的突变，产生了概念，抓住了事物的本质、事物的全体、事物的内部联系，认识了事物的规律性。有了概念，人们可以进一步运用概念构成判断，又运用判断进行推理。这个运用概念构成判断和进行推理的阶段，就是认识的理性阶段，亦即思维阶段。概念、判断、推理，就是思维的形式。但如何形成概念、判断、推理呢？这就有一个思维方法的问题，有一个具体地、全面地、深入地认识事物的本质和内在规律性关系的方法问题。思维的方法有许多，诸如归纳和演绎的统一，特殊和一般的统一，具体和抽象的统一，等等。

思维不仅有形式、方法，而且有一定的规律，也就是说，人们的整个思维活动过程要遵循一定的法则或规则。思维过程中应遵循哪些规律呢？

思维的发展本身可以分为两个阶段，一个是初级阶段，可以叫作普通逻辑思维阶段，另一个是高级阶段，即辩证逻辑思维阶段。普通逻辑思维（形式逻辑）和辩证逻辑思维都是逻辑思维，它们是互相渗透，不可分割的，形式逻辑里包含着辩证思维，辩证思维里也包含着形式逻辑，但它们不是平行发展的，而是各有特殊的思维规律。

初级阶段，即普通逻辑思维，应遵循同一律、排中律和矛盾律三个法则。同一律——在同一思维的过程中，每个概念和判断必须具有确定的同一内容。遵循同一律，使思维具有确定性。排中律——要求在两个矛盾判断中必须二者择一，即，不能既不断定某对象是什么，又不断定某对象不是什么。遵循排中律，使思维消除不确定性。矛盾律——在同一时间、同一关系下，对同一对象所做的两个矛盾判断不能同时都为真，其中必有一假。遵循矛盾律，使思维保持一贯性，即不互相矛盾。

辩证逻辑思维，即高级思维的规律，是对立统一的思维规律，量变质变的思维规律和否定之否定的思维规律。这三个辩证法规律，在思维过程中表现出来，它们表现于思维形式和思维方法之中。

总之，人类的思维主要是抽象概括的理性认知。它要求主体自觉地遵守思维的规律来进行，这样，就能使概念明确，判断恰当，推理合理，具有逻辑性。

四、思维的目的性和问题性

思维是有目的的。思维的必要性首先产生于实践活动中在主体面前出现新的目的、新的问题、新的活动要求和条件。思维总是指向于解决某个任务，思维过程主要体现在解决问题的活动中，思维形式的概念、判断、推理，既是解决问题的材料，又是解决问题的结果。因此，各国心理学家都喜欢通过对解决问题过程的分析，来研究思维过程及思维水平的发展。也正因为这一点，我把思维与问题解决画等号，即思维就是解决问题，因为解决问题这个概念不论是其内涵还是外延，都接近或揭示"思维"在"做什么"和"怎样做"。

思维的问题性，表现在解决问题过程中的思维活动上，即一般地认为体现在解决问题的四个环节上：一是发现问题，在实践活动中，社会的需要转化为个体的思维任务，也就是提出问题；二是明确问题，面对着所发现的或所提出的问题，加以分析，分析问题过程的关键在于明确地抓住问题的核心；三是提出假设，找出并确定解决问题的方案——解决问题的原则、途径、手段和方法；四是检验假设，这是一个反思或监控的过程，检验假设有两种方法：第一，依靠实践或操作，第二，通过思维活动的逻辑推理和论证。

思维的问题性，也表现在对问题或思维任务的理解上。在解决问题的全过程中，理解是任何一个阶段或环节中紧张的思维活动的结果。离开了理解，就不能解决问题。理解就是认识或揭露事物中的本质的东西。从思维的心理结构出发，理解是把新的知识经验纳入已有的认识结构中而产生的，它是旧的思维系统的应用，也是新的思维系统的建立。按照理解的发展水平，它可以分为直接的理解和间接的理解两类，直接的理解是不经过间接思考过程就能立刻实现的理解，间接的理解是以事先的思考为根据的理解过程，是要经过一系列的阶段的。在日常生活或实践活动中，理解的方面很多，如理解事物的因果性，理解事物的内容、形式或结构。但在解决思维任务中，最主要的是两条：第一是由因导果或执果索因，理解事物或现象之间的因果关系；第二是透过现象理解其本质，将一定对象或现象归入某一范畴中。这是一个运用策略的过程，需要不断反思并对思维过程加以思维的活动。这样，就使思维任务，即问题获得解决，并体现思维任务在于揭示客观现实的对象和现象的本质与规律性的关系。在思维心理学的研究中，"解决问题过程"和"理解"都是重要的研究领域。问题解决的策略、理解事物的因果性也成为思维心理学界热门的课题，并成为我的博士生和硕士生论文的选题。

五、思维的层次性

思维是智力的核心，智力是分层次的。所以，在绪论中的第一个问题里，我就提出从四个方面来研究智力的个体差异，本章第三节我还会展开这四个方面的差异。智力的超常、正常和低常的层次，主要体现在智力的差异上，特别是思维能力的差异上。

思维和智力在全人口中的分布，表现为从低到高的趋势，两头小，中间大。研究者的调查中发现，思维和智力发育很差的，即所谓低常的儿童约占千分之三左右，这是一个不小的数字，是关系国家建设，特别是人口素质的一个值得注意的问题。智力或思维超常的(所谓天才)也是少数，约占千分之三左右，所谓超常或天才，无非是聪明一点。除去低常与超常的两个层次之外，大多数则是正常的层次。用统计学上的术语说，叫作"常态分布"，就是一个两头小、中间大的曲线。

如何确定一个人的智力是正常还是超常或低常的呢？过去常用的表达方式是智商，而我自己认为这主要由智力品质来确定，都是为了区分思维的层次性。如前所述，智力品质是智力活动中，特别是思维活动中智力特点在个体身上的表现。因此它又叫作思维的智力品质或思维品质。

思维的智力品质分类的办法很多，我认为主要应包括敏捷性、灵活性、深刻性、独创性、批判性五个方面，这在绪论中已经涉及，这里不再赘述。

思维的智力品质的五个方面，正是判断智力层次，确定一个人智力是正常、超常或低常的主要指标。

六、思维的生产性

思维不仅能够使主体去深刻地认识客观现实，而且，能够制作思想产品去能动地改造客观世界。认识从实践开始，经过实践得到了理论的认识，还须再回到实践中去。认识的能动作用，不但表现于从感性的认识到理性的认识之能动的飞跃，更重要的还须表现于从理性的认识到实践这一个飞跃。

人们从认识客观现实到改造客观世界的每一个阶段，都在依靠思维的作用生产着大量的思想产品。早在 20 世纪 80 年代，有人就思维在形成产品中的作用，将思想产品分为下述四大类。①

一是认识性的产品。例如，调查报告、消息报、社会动态、科学考察等。中、小学生的大部分作业，属于认识性的产品。

二是表现性的产品。例如，文学作品、艺术创作等。

三是指导性的产品。例如，工作计划、工程设计、技术图纸、改革方案等。

四是创造性的产品。例如，科学实验、技术发明、远景规划等。

思维的生产性说明，人不是消极地反映现实，而是现实世界中的积极活动者。人在实践中，为了满足日益增长的社会的和个人的需要而去改变与改造环境或客观世界。马克思说："蜘蛛的活动与织工的活动相似，蜜蜂建筑蜂房的本领使人间的许多建筑师感到惭愧。但是，最蹩脚的建筑师从一开始就比最灵巧的蜜蜂高明的地方，是他在用蜂蜡建筑蜂房以前，已经在自己的头脑中把它建成了。劳动过程结束时得到的结果，在这个过程开始时就已经在劳动者的表象中存在着，即已经观念地存在着。"②

可见，思维的生产性，反映了人们的心理的目的性、计划性和操作性，反映了

---

① 苏常浚：《基础心理学讲话》，北京，人民出版社，1982。
② 马克思：《资本论（第一卷上）》，208 页，中共中央马克思 恩格斯 列宁 斯大林著作编译局译，北京，人民出版社，2004。

思维的能动作用。与此同时，思维的生产性的存在，为我们提供了一条通过一个人的"作品"去分析其思维、测定其智力的途径。

第二节

思维的分类

思维活动是一种极为复杂的智力活动。为了适应实践活动的目的的不同需要，思维活动具有多样性，即多种形态，它不会也不可能只有某一种刻板的固定的格式。因此，对思维的分类也不可能有一个统一的模式。我们的任务就是要按照思维活动或智力活动的实际，探索不同类型思维活动或智力活动的规律。

一、根据抽象性来分类

在心理学中，特别是在发展心理学中，思维的类型是根据其抽象程度来划分的，通常将思维发展分成直观行动思维、具体形象思维和抽象逻辑思维三个阶段。上一章我们提到皮亚杰把它划分为四个阶段，我这里强调三个阶段，但不论是四个或三个阶段，实际上还是可以按这三种类型来分析的。

我认为，就思维的起源来说，不管是种系发展还是个体发展，思维的发生和发展都要经历直观行动思维—具体形象思维—抽象逻辑思维这样三个阶段，并在儿童青少年的发展中，表现出一定的年龄特征。但是，由于思维活动的复杂性，这三种思维之间又能互相渗透。这就是我在绪论中提到的"思维的发展模式"。对于思维成熟者，如成人来说，每一种思维都可以高度发展。从这个意义上说，这三种思维是平等的，不能说有好有坏。

直观行动思维是指直接与物质活动相联系的思维，皮亚杰的"感知运动（或动作）思维"类同直观行动思维。在种系发展上，最初的思维就是直观行动思维。人们通过思维解决眼前活动中所面临的问题，此时思维还未从行动中区分开来，只是后来随着实践活动的发展才从中划分出相对独立的理论思维活动。在个体发展上，最初的思维也是直观行动思维。也就是说，这种思维主要是协调感知和动作，在直接接触外界事物时产生直观行动的初步概括，感知和动作中断，思维也就终止。

具体形象思维是以具体表象为材料（成分）的思维，它是一般的形象思维的初级形态，皮亚杰的"前运算思维"实际上是具体形象思维。不论是种系思维的发展，还是个体思维的发展，都要经历具体形象思维的阶段。这时候在主体身上虽然也保持着思维与实际动作的联系，但这种联系并不像以前那样密切、那样直接了。个体思维发展到这个阶段，儿童可以脱离面前的直接刺激物和动作，借助于表象进行思考。

抽象逻辑思维是在实践活动和感性经验的基础上，以抽象概念为形式的思维，皮亚杰的"具体运算"和"形式运算"两种思维都属于抽象逻辑思维。抽象逻辑思维是一切正常人的思维，是人类思维的核心形态。概念抽象逻辑思维尽管也依靠实际动作和表象，但它主要是以概念、判断和推理的形式表现出来的，所以又叫作理论思维。如上所述，抽象逻辑思维，就其形式来说，就是形式逻辑思维和辩证逻辑思维。两者既有区别，又有联系，它们是相辅相成的。形式逻辑的概念具有确定性和抽象性，辩证逻辑的概念具有灵活性和具体性；形式逻辑反对思维的自相矛盾，辩证逻辑强调思维反映事物的内在矛盾。这是由事物的相对稳定性与事物的可变性辩证关系决定的。然而，形式逻辑和辩证逻辑之间没有一条绝对不可逾越的鸿沟。并不是进行形式逻辑思维的人仅有形式逻辑，绝不可能有辩证逻辑的萌芽和因素，也不是进行辩证思维的人只运用辩证逻辑，根本不运用形式逻辑。辩证逻辑思维是抽象逻辑思维的高级阶段，但正因为它是思维的高级阶段，它必须在抽象逻辑思维的初级阶段——形式逻辑的基础上才能形成从形式逻辑向辩证逻辑发展。

按照绪论中提到的"思维的发展模式"观点，可以看出直观行动思维、具体形象思维和抽象逻辑思维三者的关系。我的结论是，最终要发展的是逻辑思维，即三种逻辑思维，即动作逻辑思维（技能）、形象逻辑思维（简称形象思维）、抽象逻辑思维。

二、根据实践活动目的性的不同需要分类

我赞同逻辑学家汪馥郁的观点，针对适应人类实践活动目的的不同需要，可形成三种基本思维活动类型：一是上升性思维，二是求解性思维，三是决策性思维或决断性思维。[①]

上升性思维的基本特征在于：它是以实践所提供的个别性经验作为人们思维活动的起点，整个思维活动的目的，则是使个别性认识上升为普遍性认识。从有限的个别性经验认识中发现共同性，上升为普遍性认识，必须依靠比较、分析、抽象等方法。上升性思维所获得的普遍性，只是一种可能的普遍性。其中还包含着想象、幻想的成分，其真实性还得由实践来检验。

求解性思维始终是围绕问题展开的。人们要能够提出问题，首先要有一定的知识。一个问题的存在，就意味着在原有知识与当前现状之间存在着一个很大的空白，从而使得原有知识与当前现状之间不能构成一条合乎逻辑的联系起来的知识链条。所以解决问题的关键，就在于寻找能使已有知识与当前现状之间联结起来的中间环节。如何去求得这种中间环节呢？一是以已有知识去同化当前的现状，也就是获得理解，从而使问题得到解决；二是通过创造性活动去寻找这些中间环节。从而使问题可能获得解决。

决策性或决断性思维是以规范未来的实验过程和预测其效果为中心内容的思维活动。决策（决断）性思维，或思维的策略（谋略）性问题的研究，已经在国内外心理学界和逻辑学界受到越来越多的人的重视。决策是一种选择的过程；是在不确定条件下作出决定的过程；是一种估计风险的判断过程。决策（决断）性思维，是人的主观能动性的一个显著表现。一个科学的决策过程应遵循哪些原则呢？一是具体性原则。科学的决策，总是对某一物或某一事未来发展趋势的抉择。二是发展转化原则。科学的决策，要考虑到事物在时间空间内可能的经历。三是综合平衡原则。科

[①] 汪馥郁：《对思维活动的三种基本类型的探讨》，载《北京师范大学学报(哲学社会科学版)》，1982(1)。

学的决策，应该是在尽可能的范围内，克服紧张和压力，使希望达到的目标和实际可能达到的目标之间的差距缩小到最低限度的发展转化。

我认为，以上三种思维是相互渗透和密切联系的。同时，从上升性思维、求解性思维、决策性或决断性思维的发展过程来看，这三种思维又是一个逐步深化的过程。在上升性思维进行中，当普遍性与实践发生矛盾时就会出现问题，这就导致理解问题、解决问题的求解性思维的产生，人们进行求解性思维时，往往会提出不止一个方案，这就需要做出决断，于是就形成决策性或决断性思维。

三、根据解决问题数量分类

按解决问题的数量分类，思维可以分为辐合思维（convergent thinking）和发散思维（divergent thinking）。这是吉尔福特（J. P. Guilford）于 1950 年提出来的。

辐合思维，又译"聚合思维"或"求同思维"，多见一题求一解的思维。其特点有三：一是正确性，从已知的信息出发，根据熟悉的知识经验，按照逻辑规律来获得问题较佳的答案；二是方向性，把与解决问题有关的信息聚集起来，使其有方向、有条理、有范围地获得一个正确答案；三是闭合性，它往往不能摆脱旧经验的约束，使所获的结果总是确定的答案。

发散思维，又译"分散思维"或"求异思维"。多见一题求多解的思维。吉尔福特[①]认为，发散思维"是从给定的信息中产生信息，其着重点是从同一来源中产生各种各样的为数众多的输出，很可能会发生转换作用"。它的特点：一是"多端"，对于一个问题，可以多开端，产生许多联想，获得各种各样的结论；二是"灵活"，对于一个问题能根据客观情况的变化而变化，也就是说，能根据所发现的新事实，及时修改原来的想法；三是"精细"，要全面细致地考虑问题，不仅考虑问题的全体，而且要考虑问题的细节，不仅考虑问题的本身，而且考虑与问题有关的其他条件；四是"新颖"，答案可以有个体差异，各不相同，新颖不俗，无怪乎吉尔福特把发散

---

① Guilford, J. P., "Traits of Creativity," in *Creativity and Its Cultivation*, ed. NY, Harper and Row, 1959.

思维看作创造性思维的基础。按照吉尔福特的见解，发散思维，应看作一种推测、发散、想象和创造的思维过程。它来自这样一种假设：处理一个问题有好几种正确的方法。也就是说，发散思维是从同一问题中产生各种各样的为数众多的答案，在处理问题中寻找多种多样的正确途径。因此，吉尔福特学派乃至美国心理学界都按照吉尔福特的观点把发散思维称为创造性思维，把变通性（flexibility，一题多少解）、独特性（originality，产生出如何与众不同的解）和流畅性（fluency，获得答案的速度）三个特性作为衡量创造性思维水平高低的主要指标。

这里还需要讨论一下发散思维与辐合思维的关系。吉尔福特在谈到辐合思维和发散思维时指出，目前大部分教师关心的是寻找一个正确答案的辐合思维，这束缚了学生的创造力。吉尔福特的思想有可取之处。鼓励和支持学生发展发散思维是改革传统教学、提高教学质量所需要的。从这个意义上说，吉尔福特强调发散思维对于心理科学的应用无疑是有贡献的。然而，在提倡学生进行发散思维时，是否要走反方面，将辐合思维贬为一文不值呢？这也不是科学的态度。我认为，辐合思维与发散思维是思维过程中互相促进、彼此沟通、互为前提、相互转化的辩证统一的两个方面，它们是思维结构中求同与求异的两种形式，两者都有新颖性，两者都是创造思维的必要前提。辐合思维强调主体找到问题的"正确答案"，强调思维活动中记忆的作用；发散思维强调主体主动寻找问题的"一解"之外的答案，强调思维活动的灵活性和知识的迁移。"一题求一解"的辐合思维是"一题求多解"的发散思维的基础，发散思维是辐合思维的发展。在一个完整的思维活动中，离开了过去的知识经验，即离开了辐合思维所获得的一个"正确答案"，就会使思维的灵活性失去出发点；离开了发散思维，缺乏灵活思路的训练，就会使思维呆板，即使学会一定知识，也不能展开和具有创造性，进而影响知识的获得和辐合思维的发展。

在创造思维的发展中，发散思维和辐合思维各处在不同的地位，起着不同的作用。就发散思维来说，它具有多端性、灵活性、精细性和新颖性四个特点，是创造性思维的一个基础或重要组成部分。从解决问题的过程来看，提出多种假设、途径，这对于创造性思维问题的解决是十分重要的。从结论上看，众多的答案，能对创造产品做出验证。再就辐合思维说，从特点上看，沿着一个方向达到正确的结果，这是创造思维不可缺少的前提。从对发散思维的制约性来看，发散思维所提出的众多的假设、结论，需要集中。辐合思维确定了发散思维的方向，漫无边际地发散，总是要辐合，集中有价值的东西，才是真正的创造力。从创造性目的上看，是为了寻找客观规律，找到解决问题的最好办法，辐合思维集中了大量事实，提出了一个可能正确的答案（或假设），经过检验、修改、再检验，甚至被推翻，再在此基础上集中，提出一个新假设。由此可见，发散思维和辐合思维都是人类思维的重要形式，都是创造性思维不可缺少的前提，一个也不能忽视。

四、根据思维的智力品质分类

按思维的智力品质分类，我把思维分为再现性思维和创造性思维。

再现性思维，即一般思维活动。创造性思维则强调思维的独创性。创造性思维，既具有再现性思维即一般思维活动的特点，又不同于一般的思维活动。

第一，创造性思维往往与创造活动联系在一起。创造活动是提供新的、具有社会意义的产物的活动。所以创造性思维最突出的标志是具有社会价值的新颖而独特的特点。所谓创造性或创造力（creativity），是运用一切已知信息，产生出某种新颖、独特、有社会或个人价值的产品的智力品质。传统心理学在阐述创造性或创造力时，有三种定义：一是强调过程；二是强调产品；三是强调个体差异（或智力品质）。我认为这三种定义都有可取之处，因此把三者加以统一，形成我对创造性的上述界定。这里一个重要因素是产品，产品可以是一种新观念、新设想、新理论，也可以是一项新技术、新工艺、新产品等任何其他形式的思维成果。新颖是指不墨守成规，破旧布新，前所未有，独特是指不同凡俗，别出心裁。新颖性、独特性是创造性思维的根本特征。当然，创造性思维也有高低层次或水平之分。在一定程度上，这种层次或水平的高低，取决于社会价值或社会意义。关于这一点，我在本书第八章中再展开分析。

第二，创造性思维的过程，要在现成材料的基础上，进行想象，加以构思，才能解决别人所未能解决的问题。因此，创造性思维是思维与想象的有机统一。创造性思维具有的个人色彩和系统性，也比其他思维方式要多得多。

第三，在创造性思维的过程中，新形象和新假设的产生带有突然性，常被称为灵感。灵感是巨大劳动的结果，是人全部的高度的积极注意下的精神力量。灵感跟创造动机和对思维方法的不断寻觅相联系。灵感状态的特征，表现为人的注意力完全集中在创造的对象上，此时，思维活动极为活跃，在"原型启发"下，使创造过程获得突破。所以，在灵感状态下，创造性思维的工作效率极高。

第四，创造性思维，从一定意义上说，它是分析思维和直觉思维的统一。分析思维，就是逻辑思维。直觉思维，就是人脑对突然出现在其面前的新事物、新现象、新问题及其关系的一种迅速的识别、敏锐而深入的洞察、直接的本质理解和综合的整体判断，换句话说，直觉思维就是直接领悟的思维或认知。人在进行思维时，确实存在两种不同的方式，一种是分析思维，即遵循严密的逻辑规律，逐步推导，最后获得符合逻辑的正确答案或做出合理的结论；另一种就是直觉思维。逻辑思维或分析思维同直觉思维的发生和形成并不矛盾。在一定程度上，直觉思维就是逻辑思维的凝结或简缩，从表面上看来，直觉思维的过程中没有思维的"间接性"，但实际上，直觉思维正体现着由于"概括化""简缩化""语言化"或"内化"的作用，高度集中地"同化"或"知识迁移"的结果。我在研究中看到同逻辑思维和分析思维相比，直觉思维具有以下六个特点：①快速性；②直接性；③跳跃性（或间断性）；④个体性；⑤坚信感（主体以直觉方式得出结论时理智清楚、意识明确，这使直觉有别于冲动性行为或言语主体对直觉结果的正确性具有一种坚信感）；⑥或然性。

当然，直觉思维的发生和灵感有一定的关系，但是，直觉思维和灵感又是两个概念。直觉思维是思维的一种方式，而灵感却是解决思维课题时的一种心理准备；直觉思维产生的时间往往很短促，而灵感则要经过一段时间的顽强探索，有持续时间长短之分，直觉思维是在面对出现于眼前的事物或问题时所给予的迅速理解，灵感的产生常常出现在思考对象不在眼前，或在思考别的对象的时刻；直觉思维出现在神智清楚的状态，灵感可能产生于主体意识清楚的时候，也可能出现在主体意识模糊的时候；直觉思维产生的原因是为了迅速解决当前的课题，灵感则往往由于较长时间的有意注意在某种偶然因素的启发（"原型启发"）下，使问题得以顿悟；直觉思维的产生，无所谓突然，也无所谓出乎意料，灵感在出现方式上则有突发性，或出乎意料性；直觉思维的结果是创造性思维通常和发明、发现、创造、革新，写作、绘画、作曲等实践活动联系起来，做出直接判断和抉择，灵感的结果则与解决某一问题、突然理解某种关系相联系。

第五，创造性思维是辐合思维和发散思维的结合，如前所述，两者在创造性思维中一个都不能少。

由此可见，再现性思维与创造性思维是有区别的。创造性思维是人类心理非常复杂的高级思维过程，它是一切创造活动的主要精神支柱。当然，再现性思维与创造性思维之间也没有一条不可逾越的鸿沟，因为任何再现性思维中都有创造性，所以两者没有严格的界限。创造性思维是再现性思维的发展，再现性思维是创造性思维的基础。此外，在过去的心理学中，创造性思维的研究对象仅仅局限于少数杰出的发明家和艺术家身上。但是，二十多年来，研究者们认为：创造性思维是一种连续的而不是全有或全无的品质。人人都有创造性思维或独创性。这个观点在后面会被我们的实验研究所证实。

五、根据思维的意识性分类

从思维的意识来说，我将思维分为我向性思维、现实性思维和反思性思维。

我向性思维是一种原始思维的方式，是幼儿、文化不发达的人以及某些精神病患者的思维特征。我向性思维的意识性极差，其思维过程，不按照分析、综合、抽象、概括的程序，也不依靠归纳或演绎得到符合逻辑的结论，而光凭直觉、想象、幻想或白日梦，以我为是，我觉得怎么样便是怎样，没有考虑到客观实际，有的简直找不到任何思维的迹象。因此，它被称为"我向性"（autism）。我向性思维的思想是奥地利心理学家、精神分析学派创始人弗洛伊德（S. Freud，1856—1939）提出来的，弗洛伊德把人格的组成分为三个"我"：本我（id）、自我（ego）和超我（superego）。他认为人的心理分为意识和潜意识两个对立部分，在人格发展中起决定性作用的是代表潜意识巨大力量的本我（等于本能）。后来到1923年他在《自我与本我》一书中，才开始注意到兼有意识和无意识的自我在人格发展中的重要作用。与弗洛伊德同时代的瑞士精神病学家布洛伊勒（E. Bleuler，1857—1939），在 1911 年提出精神分裂症一词时，谈到我向性思维是精神分裂症的特征之一，在我向性思维当中，联想作用很薄弱，认知的机能除想到自己之外就没有他人。德国生理学家明科夫斯基（E. Minkowski）也认为我向性思维是由于和现实隔绝，丧失现实感，内心生活也极为单调，只能从幻想、幻觉中寻求内心的安慰。在儿童心理学中，我向性思维可以是异常的，也可以是正常的。例如，我向性思维儿童是问题儿童的一种，其思维特点主要是客观和主观混淆不清，智力低下，行为呆板。至于皮亚杰所说的"自我中心主义"则是正常儿童思维的一种水平，在皮亚杰的实验研究中有过不少记录，如儿童说："月亮跟我走""我不要天下雨""我还没有午睡，所以还不是下午"等，只想到自己，而未顾及客观事实。皮亚杰发现，在 3～7 岁幼儿的语言中，自我中心状态占 28%～51%。①

现实性思维是指正常人的思维，一般的说，现实性思维主要是指逻辑思维。它有如下三个特点。一是具有能动性。逻辑思维是一种意识性思维，而意识是人类特有的心理形式，意识使人具有自觉性、目的性和能动性。伴随意识的现实性思维是主体对环境刺激及自身感受的觉知具有自觉能动性。二是具有客观性。它是指有意识地认知客观现实世界，使其具有对客观现实的真实认知。三是具有适应性。它在现实环境中，表现出随现实的限制或变化而改变、调节自身的同时，又反作用于现实环境的一种交互、互动的动态过程，以适应客观现实，并和现实环境保持和谐平衡的状态。

反思性思维，应该和思维的批判性（或批判性思维，critical thinking），以及元认知和自我监控视为同义语，其实质是自我意识，即主体对其自身的或我他关系的意识在思维中的表现。从一定意义上说，自我意识是意识最高的状态，是人与动物最本质的区别。因此，从思维的意识性来说，反思性思维是意识性最高的一种思维。这种思维具有以下特点。一是主体对自己的思维过程乃至智力活动自始至终可

---

① ［瑞士］皮亚杰：《儿童的语言与思维》，傅统先译，北京，文化教育出版社，1980。

以监控和调节，所以可以称反思性思维为"思维中的思维""认知中的认知""智力中的智力活动"。二是监控和调节表现在所有的心理过程中，也就是使反思性思维参与认知，如"自我概念""自我评价"；反思性思维参与情绪，如"自我体验"；反思性思维参与意志行为，如"自制力"等。三是监控和调节渗透在实践活动的全过程，有了反思性思维的作用，使实践活动之前有计划和有假设，表现出预见性；实践活动之中有监控和策略，表现出灵活性；实践活动之后有反省和反馈，表现出调节性。由于人类有反思性思维，于是，主体就能检查解决问题结果；计划未来并指示下一步的行动；监控认知活动或智力活动的有效性；评价实践活动的绩效并及时对实践活动的策略加以修正。

我认为，现实性思维与正常的我向性思维是辩证统一的。在个体思维发展中，正常的我向性思维是现实性思维形成的开始或基础，现实性思维是在实践活动中，在对客观现实的适应中发展的，其中也包括对我向性思维的改造。从我向性思维发展到现实性思维的过程，反映了思维活动的幼稚性向成熟性发展的过程，思维活动的意识性逐步发展的过程。而现实性思维与反思性思维最大区别在于认知的对象。现实性思维的对象是现实世界的事物、现象、信息等；反思性思维的对象则是认知、思维或智力活动的本身，表现在认知和社会认知中的元认知领域。现实性思维中含有反思性思维，一般地说，随着个体的发展，现实性思维中所含的反思性思维会越来越多，这证明现实性思维的发展过程也正是自我意识越来越多地获得表现的过程。

第三节

思维与智力的差异

思维和智力，就其发生发展来看，既服从于一定的共同规律，又表现出人与人之间的个性差异或上一节所说的思维层次性。从总体分析，在思维和智力的发生与发展中所表现出来的个性差异是思维品质或思维的智力品质。

智力心理学应该从哪些方面来论述智力的个性差异呢？从绪论一开始我就提出智力的发展、智力的认知方式、智力的组成类型和智力的表现范围四个方面的差异。其实，智力的这四个方面的差异，最终要显示在思维品质上，所以智力差异的实质是思维品质的差异。认识这些差异，实施因材施教，以获取促进智力发展的效果。接下来，我想还是以国际智力心理学惯例，从这四个方面加以阐述。

一、智能发展水平的差异

同年龄或同年级的儿童青少年学生，他们在智力与能力发展水平上是不一样的。

智力发展或某种能力，显著超过同龄或同年级学生的平均水平者，称为超常学生；智力发展或某种能力，明显低于同龄或同年级学生的平均水平，并有适应行为障碍者，称为低常学生；智力发展或某种能力，没有明显偏离正常和没有障碍的学生，称为正常学生。这里所说的发展水平，也表现为思维和智力发展的年龄差异。也就是说，儿童青少年学生的智力表现有年龄早晚的不同，有的人智力显露得早，即所谓"早慧"或"人才早成"；有的人智力表现较晚，甚至有所谓"大器晚成"的现象。智力显露较早者，有的属于智力超常学生，有的则只是属于智力早熟而非超常学生，因为他们虽然能力显露得较早，但随着年龄的增长，就不再显示出超常的水平。而智力表现较晚的，也未必不是"天才"，因为智力晚颖、大器晚成的事例是很多的。所以，我们要全面地对待超常、正常和低常发展水平的个体差异。

在智力测验心理学界，多数用智商作为比较儿童青少年智力发展水平的衡量标准。见表4-1。若低于90，则表明其智力发展水平较低，大于110，则表示其智力发展水平较高。

表 4-1 智商的通常分布

智商	类别	占总数的％
130 以上	智力超常	1
110～129	智力偏高	19
90～109	智力中常	60
70～89	智力偏低	19
70 以下	智力低常	1

一般认为，智商有一定的稳定性，但在良好的环境、教育，以及个体主观努力下，可以有一定的变化。可见，智力低常、正常和超常，是稳定性和一定程度可变性的统一。

超常儿童青少年，除了智商在 130 以上之外，往往表现出以下"质"的特征：①能较早地正确使用大量词汇，说话熟练；②较早地发生多种兴趣和爱好，对现实提出较多问题，善于思考，抽象思维能力强；③对事物能深入观察，注意范围广、时间长，能察觉一般学生未察觉的事物；④学习迅速，容易记忆，速度快而牢固，喜欢研究难题，阅读能力发展较早，情绪稳定，能分析自己和判断别人；⑤在某一方面或几个方面有较高才能，会运用知识解决较深奥的问题。

低常儿童青少年当然是需要通过特殊教育采取补救措施，在学校里确有相当一批智商较低学习成绩差的学生。他们不愿上学、没有喜欢的科目；缺乏自信，胆怯、拘谨；脾气执拗，喜欢离群索居或具有挑衅性；理解能力差，视野狭窄，记忆能力弱，思维怠惰而肤浅，表达能力差。

根据儿童青少年学生思维和智力发展水平的差异，我认为，除了办好普通中小学教育之外，应该抓好两头教育，以便他们更好地成才。超常教育是应该创办的，国外有超常教育，我国也有超常教育。公正地说，我国的超常教育是有成绩的，它为我们国家培养了大批的人才。对于成绩落后的学生，甚至于智商稍低的学生，如果及时采取补救措施，他们也是能成材的。国外有各种"补齐班"，我们课题组先后改变了近六百所基础薄弱的学校，多多少少有抓低常教育的味道，我们课题组里的郑士平老师，曾一度专门从事补救差生问题的研究，而且也取得了较显著的成绩。[①]这里，我凸显一下在第二章中已经谈到的一个有趣的事例，当今美国研究智力最有造诣的是斯腾伯格。他在上小学和中学时智商不及格（低于 90），但他发誓，这辈子如果成功了，绝对不是得益于智商，而是"成功智力"，而"成功智力"正是他杰出的智力理论。这一点对我们认识智力超常、正常和低常的稳定性与可变性是有帮助的。

二、认知风格的差异

认知有没有风格呢？有！心理学界一般称其为认知方式。思维、认知与智力的认知方式，对儿童青少年学生学习的影响是明显的。

所谓认知方式（或认知风格），就是个体在对信息和经验进行积极加工过程中表现出来的个体差异，它是一个人在感知、记忆和思维过程中，经常采用的、受到偏爱的和习惯化了的态度与风格。在众多的认知方式中，在第三章，我们看到中华传统文化的智力观所强调的"狂—中行—狷"的表现，而在国际上则由维特金提出的场独立性和场依存性，是研究较多的一个。[②]

场独立性（field independence）与场依存性（field dependence），是两种相对的个性形态。场独立性表明，个体在认知和行为中较少受到客观环境线索的影响而表现出高主体性的倾向；场依存性表明，个体在认知和行为中往往倾向于更多的利用外在的参照标志，不那么主动地对外来信息进行加工。以典型的场独立性与场依存性为两个端点，构成了不同认知方式的一个个性连续体。一端在信息加工时倾向于以内在参照为指导，另一端则常常倾向于以外部参照为指导。相应地，每个人在场独立性—场依存性连续体上都占有一定的位置，所以，除了少数人以外，大部分人都或

---

① 郑士平、张拓书：《对初中数学"差生"的教学心理实验研究》，见林崇德：《中学生能力发展与培养》，235 页，北京，教育出版社，1992。

② 谢斯骏、张厚粲：《认知方式》，北京，北京师范大学出版社，1988。

多或少地处于中间位置。这种认知方式的个体差异，影响了儿童青少年学生的学习活动，乃至影响了他们的思维和智力的发展。由于生活实践包括学习中各种不同性质的活动，对人们心理活动特征有不同的要求，因此，我们不要轻易地做出场独立性或场依存性两种认知方式好坏优劣的结论。

我们团队白学军教授曾做过 4～8 岁儿童心理旋转表象发展的实验研究，揭示了认知风格在思维品质诸方面的表现，并获得"在一定意义上说思维品质不仅是一种思维特征，而且也是一种认知方式"的结论。不同认知方式和中小学生思维品质之间有不同的相互影响作用。

在思维深刻性方面。随着年龄的递增，场依存性学生的得分优于场独立性学生，到高一年级时，得分差异显著。这是因为不同认知方式的差别并不表现在学习能力或记忆能力上，而是表现在学习过程中对材料的选择性注意及其组织材料的方式上。为了透过现象揭示本质，故思维的深刻性往往带有按部就班分析思维的循规蹈矩的特点。而学习是通过对已知材料的理解来发现规律和本质的东西，而不是通过学习未经充分组织的材料，所以场依存性学生的得分就高。

在思维独创性方面。场独立性学生的得分普遍高于场依存性学生，除了八年级之外。面临着创新任务，有认知改组能力，这是场独立性认知方式的特点，也易于完成，所以场独立性学生的得分应该高。八年级处于思维分化和剧变阶段，有些被试可能出现偏某种学科的倾向，使得分有所变化。

在思维灵活性方面。随着年龄的递增，场独立性学生在灵活性上的成绩越来越优于场依存性学生。因为灵活思维需要主体主动灵活，有效地采用相应的学习策略，这正是场独立性倾向者的特点。所以，场独立性学生的得分高，且随着年龄递增，成熟性也提高，更显示出场独立性的特点。

在思维批判性方面。场独立性学生的得分优于场依存性学生的得分。因为思维批判性具有独立分析的要求，而场依存性倾向学生易受暗示，影响其得分的成绩。

在思维敏捷性方面。场独立性学生的得分也高于场依存性学生，其中四年级与八年级的差异显著。一方面敏捷性来自对任务迅速地改组，要有赖于场独立性；另一方面，敏捷性来自其他各种思维品质，它是其他思维品质的表现，在上述分析中看到场独立性学生在思维独创性、灵活性、批判性方面的得分普遍高于场依存性学生。所以，场独立性学生思维敏捷性成绩高的表现也在情理之中。

综上所述，从一定意义上说，思维品质不仅是一种思维特征，而且也是一种认知方式，是认知方面的个性特征的表现，思维品质诸特征和场独立性、场依存性相互联系，相互补充，共同构成全面而丰富的认知方式。在自己的教学实验中，我强调思维品质诸特征和场独立性—场依存性是相互联系、相互补充的，共同构成全面而丰富的思维和智力的认知方式，充分考虑到不同学生的学习受客观环境影响的程度及主体主动对外部信息加工的水平，以便有的放矢地对待，并帮助其建构适合自己个性特点的认知风格。

三、智力类型组合的差异

智力不仅表现出不同的才能，而且表现为不同的类型。前者是指诸如感知（观察）力、记忆力、想象力、思维能力、言语能力和操作技能等；而后者则是指主体如何组合和使用自己的上述才能。这里，不但有上述的才能或智力因素组成，同时，还包含有非智力因素的成分。同样，在一次数学或语文考试中获80分的相同成绩，不同学生可能是通过不同智力与非智力因素的组合获得的。有的可能凭记忆，有的可能靠逻辑推理，有的主要靠用功刻苦学习，有的凭学习基础好，耍"小聪明"，有的本来就有一定学科（如数学或语文）学习的特殊才能，所谓学科"尖子"，等等。不了解这种心理能力类型的组合特征，就无法对学校教学实行因材施教。

儿童青少年学生智力的组成的类型，突出地表现在学科能力类型上。构成学生学科能力类型的因素很多，大致有以下几个方面。

一是学科能力本身组成的因素，如语文、数学、科学等不同学科能力的结构。由于组成各学科内在结构因素的不同，构成了学科能力类型的区别，于是造成了儿童青少年学生掌握学科能力的差异。

二是个体内在生理类型与学科能力交叉。在儿童青少年学生中间，有的属于艺术型，有的属于思想性，有的属于中间型；有的偏左脑功能，有的偏右脑功能，有的较为均匀。而学科又有区别，有的属于文科，有的属于理科，有的属于交叉学科。于是，在众多的交互作用因素中，对不同儿童青少年学生来说，会造成掌握学科能力类型的明显差异。在教学中，我们实验点的教师既尽量不使他们过早造成偏科的倾向，又根据其特点，发挥其特长。在九年级和高中职业指导上，也充分考虑到各自的特长，给予积极的引导，如图 4-1 所示。

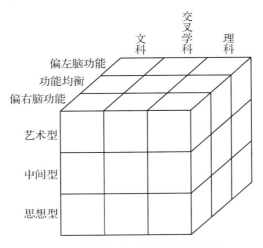

图 4-1　学科能力中不同类型的构成

三是学生学科兴趣。儿童青少年学生智力的发展，往往决定于其非智力（非认知）因素，取决于其学科兴趣的水平，学生的学科兴趣发展有一个过程，刚入学的新生，学科兴趣没有选择性和分化性。但到一年级下学期，就表现出语文和数学爱好方面的个别差异，第二年更有发展。表 4-2 是一项调查的结果。

表 4-2　学生学科兴趣发展调查

年级	喜欢语文和数学	喜欢语文	喜欢数学	不喜欢语文和数学
1	55%	30%	10%	5%
2	40%	40%	15%	5%

当然，这仅仅是学科兴趣个体差异的开始，随着他们知识的增长，小学生语文、数学，乃至历史、地理、自然等，表现出一定的兴趣选择性。但是小学阶段学

生的学科兴趣总是不稳定、容易变化的。

在中学阶段，学生学科兴趣分化较大，且随着年龄的递增而日趋明显化，还出现了男女学生学科兴趣的差异。在中学阶段，男女生的学科兴趣有无差异，这在国际心理学界是有争议的。图 4-2 是美国和日本一些心理学家的研究成果。可见，日本与美国的高中男生重视理论的、经济的、权力的价值，女生重视艺术的、社会的、宗教的价值。两者的不同点在于，美国学生重视宗教的价值，日本学生重视社会的价值。

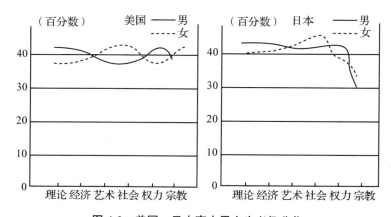

图 4-2　美国、日本高中男女生兴趣分化

我在教改实验中发现，很大程度上小学生的学科兴趣取决于其学习成绩的好坏。于是，我们设法帮助小学生提高学习成绩，这是使他们保持和提高对多种学科兴趣的重要因素。

我们在 20 世纪 80 年代曾通过调查发现，我国男女高中生对文、理两科的兴趣是有差异的。图 4-3 表明：男生对理科的兴趣稍高于女生，女生对文科的兴趣又高于男生。针对男女生不同学科兴趣的特点，从每个学生的学科兴趣出发，进行不同方式的引导，这是我们实验点教师对学生因材施教培养中所重视的一个问题。

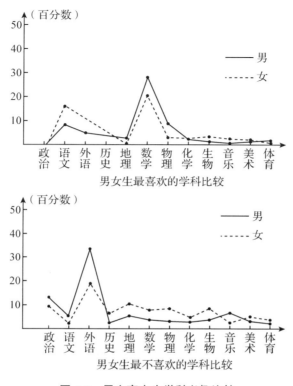

男女生最喜欢的学科比较

男女生最不喜欢的学科比较

图 4-3 男女高中生学科兴趣比较

四、表现范围的差异

智力与能力表现范围的差异有以下三个方面。

一是学习领域与非学习领域的差异。儿童青少年学生在学习领域上的差异是显著的，而学习的好坏，尽管对后来的发展有相当大的影响，但并不一定表现出人才的优劣。早在 1987 年我去美国参加第七届世界天才儿童青少年与天才教育学术大会，会上表彰了一名 17 岁学习成绩平平的中学生，称他是天才少年，因为他曾经组织二三十名小伙伴，帮助公交和航空公司打扫卫生，结果使爱干净的美国人愿意坐该公交和航空公司的汽车与飞机，使其经营扭亏为盈。大会给予这名学生一万美金的奖励。其实，这样的例子在我国教育界太多了，有时候，学习好的学生未必一定有显示自己才华的机会；而学习不好的学生也未必没出息。因此，在学习领域，教师更要突出因材施教，应该对学生一视同仁，尤其是对待那些学习成绩差的学生，更要给予耐心、热情的帮助，除了提高其学习成绩之外，还要鼓励他在非学习领域内成材。

二是表演领域与非表演领域的差异。表演领域主要指体、音、美领域。音、体、美才能既取决于天赋（先天素质），又取决于后天的练习，两者缺一不可。在教改实验中我们看到，有的学生在体育领域、艺术领域表现出特殊才干，有的学生却在这方面能力平平，或几乎是没有发展前途。为此，我们要对不同学生实施因材施教。对前者，我们着重在表演领域加强辅导，给其"吃小灶"，为他们办展览和申报奖项，向有关学校和部门积极推荐，让其发挥特长为国家做贡献。对后者，除了学好体、音、美应学的课程外，鼓励他们向其他领域发展。

三是学术领域与非学术领域的差异。学术是指较为专门的、有系统的学问，学术领域的能力，主要是围绕着学问而展开的。儿童青少年学生在学校学习阶段，谈不上有什么学术能力，即使在中学阶段出现的，也只是学术领域智能的萌芽。非学术能力范畴较广，诸如管理、行政、组织、商业、服务、军事、宣传等。当然，这些领域也有学术问题，但这些领域的思维和智力表现，又是另一种性质的了。在学校教育中，鼓励学生树立志向，是培养未来从事学术与非学术领域工作的一种途径；各科教学及课外校外活动，是另一种途径。更重要的是职业指导，这是根据学生思维和智力表现进行因材引导的一种好途径。从事学术领域工作的人毕竟是少数，学校教育应为社会输出各种各样的人才，因此，我们在教改实验中把英才教育与提高普通教育质量统一起来，更重要的一点是大面积地提高教学质量，培养各种非学术的思维和智力。这就是针对不同领域差异的学生实施因材施教的办法。

我始终坚持一种观点，即"天生其人必有才，天生其才必有用"。学校教育必须把全面发展和学有特色两者统一起来。帮助学生选择好既符合社会需要，又适合其人、其才、其趣的工作，我相信每个人都能在各自的工作岗位上做出自己的成绩。这就是"行行出状元"的道理。

第四节

思维的结构

只要对智力、思维、认知做深入的研究，必然涉及对其结构的探索。在这里，我采用了皮亚杰的提法把智力、思维、认知视为同义语，在研究它们的结构时，统称为思维结构。

在国外，对思维结构的研究较早，也较多。例如，皮亚杰早期以"图式"为核心的思维结构，晚年又提出了以建构主义为特点的认知结构；吉尔福特的三维智力结构；现代认知心理学包括加德纳的多元智能观和斯腾伯格的成功智力结构，都在强调思维结构的问题。又如，苏联的鲁宾斯坦和加里培林等人也提出了思维结构的设想。所有这些，都很有意义。

绪论中展示我的思维结构观，既来自自己的基础教育的实践和实验研究，也来自自己对思维和智力的理论探索。前三节所论述的思维的特性、思维的种类、思维和智力的差异，已为我的思维结构奠定了基础，也就是说，在理论上研究了思维的特性、种类、差异后，必然会提出思维的结构理论。我认可国内心理学界把我的智力理论称为"聚焦思维结构的智力理论"，不过我对智力的思考，远不止自己的思维结构模型；然而，我对思维结构的理解，却成为我自己的智力理论的重点。

一、探索思维结构的理论基础

无论是研究思维结构还是研究智力结构，其理论基础很多，对我影响较大的有三个：一是唯物辩证法的哲学观点；二是系统科学理论；三是哲学界的结构主义思潮。

(一)坚持唯物辩证法，正确理解思维结构

唯物辩证法是对立统一的方法论，它强调实践第一的观点，普遍联系和不断发展的观点，外因通过内因起作用的观点。

根据这种观点，我认为，思维结构是思维活动特征的总和或整体。在思维结构的研究中，应该遵循如下几个原则。

第一，实践活动是人类思维的基础，因此，思维结构的研究应该体现实践—感性认识—理性认识—再实践的辩证唯物主义的原理。这是思维结构研究中最基本的原则。

第二，思维过程和思维结果(产品)是统一的。也就是说，思维心理学主要研究思维过程，即思维操作能力，也研究思维的产物、结果(产品)，还研究思维的策略和对自己思维过程的控制调节，特别是思维的自我监控。我们试想，一台模拟人的思维的电子计算机，在信息输入以后，运算(过程)、储存(结果)和控制(监控)都是必不可少的结构成分。因此，思维结构的研究应该将思维过程结构和逻辑结构结合起来考虑，应该从思维的结果去分析思维过程，应该将思维过程，即思维操作能力的水平、思维产物的水平和自我监控的水平结合起来分析，以获得系统性的结构。

第三，人的思维是共性与个性的统一，既有一般规律，又是分层次的，即思维心理结构中还有一些智力品质的成分。应当怎样从整体上加以考虑，也是很重要的问题。

第四，心理和一切事物一样，是发展变化或运动的。思维及其结构的发展存在着年龄特征的问题，因此，思维结构的研究应该将共时性和历时性统一起来，采用静态和动态相结合的原则。也就是说，既要研究静态的结构，分析思维结构的组成因素，又要研究动态的结构，探讨不同时期(阶段)不同思维结构的发展变化。

从上面四个原则或四个基本观点出发，我才提出了自己的思维结构，即心理学界称的三棱结构，并认为，思维结构是个多侧面、多形态、多水平、多联系的结构。所谓多侧面，即思维是在实践活动中形成和发展的，它要依赖一系列的客观条件，又有内部的动力，它要借助于语言、感知、表象、记忆和知识经验为材料或基础，又要和情感、意志等非智力(即非认知)因素发生关系，形成多侧面。

所谓多形态，即思维活动十分复杂，一个思维结构，有目的，有过程，有结果或材料，有自我监控或自我调节，有品质，有认知（智力）与非认知（非智力）因素的关系，一般智力与特殊智力的关系，在活动中形成多形态。所谓多水平，即思维活动处于发展变化之中，既有共时性结构，又有历时性结构，各种形态的有机结合，形成多级水平。所谓多联系，即思维实质既要表现为思维的特性，又要体现出思维的种类，也反映了思维的差异，在思维活动中组成完整的思维心理结构，并形成多种联系。

(二)吸取系统科学的合理因素，正确理解思维结构

在思维结构的研究中，不管是系统论、信息论、控制论，还是耗散结构、协同学、超循环理论、生命系统论等非平衡自组织理论的影响是不可低估的。

在系统科学的各种理论中，揭示了决定论与非决定论、动力学规律与统计学规律的深刻联系；同时，涉及物质运动过程中对称与对称破缺、精确性与模糊性、有序和无序、可逆过程与不可逆过程的矛盾；这些理论还精彩地体现了渐变和突变、平衡与不平衡、进化与退化、线性关系与非线性关系的辩证法，把我们平时说的唯物辩证法的对立统一、量变与质变、否定之否定的规律生动而具体地展现在人们的面前。[①]

从系统科学出发，系统研究方法的特点是：一方面从整体上来考察一个过程，尽可能全面地把握影响事物变化的因素，注意研究事物之间的相互联系以及事物发展变化的总趋势；另一方面，要研究整体，又必须分析整体内部的各个组成部分，尤其是分析各部分之间的因果关系。

从上述观点出发，我才提出了自己的思维三棱结构，并认为，思维是一个开放系统，既有系统构成要素之间复杂的相互作用，同时又与外界保持着紧密的联系。

在如何建立思维结构模式的问题上，系统科学至少启示我们重视以下几个方面。

---

① 姜璐、王德胜等：《系统科学新论》，30～59 页，北京，华夏出版社，1990。

第一，思维与学习是相互联系的。一方面，客观的学习活动决定着思维的发展；另一方面，思维又对学习活动有促进作用。

第二，教育、教学对思维结构的规模、内容、程度及发展速度的制约，主要通过思维者的思维活动或主体的学习活动。

第三，主体学习活动水平由教育的主导作用，以及对教育的认识所决定。所以，我们不仅要探索思维的结构，而且要研究教师的教育对学生思维发展的意义。

第四，学习成果是思维活动的结晶，这结晶同时也影响、反馈于教育。因此，思维结构既是反映思维组成的静态结构，又是一个体现主客体关系的动态结构。

第五，思维内部之间存在着相互依赖、相互影响的因素，构成思维系统的子系统。一切外部过程，诸如教育、教学、学习要通过这个内部系统而起作用。

（三）分析结构主义的可取因素，正确理解思维结构

在思维结构的研究中，结构主义的影响也是不可忽视的。

结构主义是现代西方哲学中的一个重要观点。这种结构主义不是一个统一的哲学派别，而是一种由结构主义方法论联系起来的广泛的思潮，包括语言学、社会学、历史学、文艺理论和心理学中的某些派别。结构主义哲学观点大多与一定的专门学科结合起来。结构主义的"哲学家"对"结构"的理解并不相同，但是他们根据这种观点去了解现象的结构，则大体上是一致的。[1]

结构主义的产生与发展，大体上说，与两个方面相联系。一是同自然科学的研究有密切关系。自然科学中长期讨论的事物内部结构的问题，给予现代哲学界和理论界的研究以重要的影响。二是同哲学史，特别是近代哲学史上有关结构的研究有密切关系。柏拉图的理念世界的结构体系、笛卡儿（R. Descartes，1596—1650）的天赋观念，莱布尼茨（G. Leibniz，1646—1716）的天赋的认识能力，康德（I. kant，1724—1804）的先验范畴体系等，都对结构主义思想的发展产生深刻的影响。

结构主义有两个明显的特征。其一，结构由许多成分组成，这些成分之间的关

---

① 刘放桐：《现代西方哲学》修订本，713～737 页，北京，人民出版社，1981。

系就是结构。结构主义又把结构区分为深层结构与表层结构。前者指现象的内部联系，只有通过模式才能认识；后者则是现象的外部联系，通过人们的感觉就可以认识。其二，结构主义的核心是结构主义的方法论。①认识对象不是事物的现象，而是它的内在结构，结构与经验现实无关，而与模式有关，应强调用先验的概论或模式认识事物；②应该把认识的对象看作一种整体的结构，组成结构的成分彼此相连和调节，如果一种成分发生变化，则往往影响整体的变化；③整体大于部分，相互联系的整体所具有的意义并不能在个别成分中找到；④共时性的观察比历时性的观察更为重要。

我这里强调思维的结构，并不是采用结构主义的一切观点，将思维结构说成离开客观现实的先验的东西，也不是把思维过程或思维活动看作结构派生的结果，但结构主义对我们毕竟有所启发，主要表现在两个方面。

第一，结构主义的方法论，启示我们应重视思维的整体结构、内部联系、共时性与历时性的关系。

第二，正确理解思维的深层结构和表层结构。因为思维本身是一种深层的东西，难怪冯特这位科学心理学的创始人不研究它，行为主义也不去深入地探讨它。但结构主义启示我们，每一种结构成分均有深层的，又有外部表层的，那么，思维结构又应该有内部联系程序和外在形式序列。

从这两个方面获得启示，我在提出自己的思维三棱结构时认为思维结构有表层和深层之分，这个结构必然是静态和动态的统一。

二、思维是一个较难穷尽的多元结构

思维和智力到底由多少种智力因素组成？我认为它是一个较难穷尽组合的多元结构。国际心理学界更多的是这种看法。在第二章里，我们讨论了"因素说""结构说"，特别是吉尔福特的智力三维结构，都阐明思维和智力是一种难以穷尽的结构，在吉尔福特生前强调思维内容（4 种成分）×操作（5 种成分）×结果（6 种成分）＝120 种因子结构，在他逝世后，其学生却假定为 180 种或 240 种的结构。又如，阜南的智力层次结构，认为智力结构包括一般因素、大因素群、小因素群和特殊因素。实际上，这些结构观在一定意义上都在强调难以穷尽的多元结构思想。对于思维和智力是一个较难穷尽组合的多元结构，我的理由有四个。

(一)思维和智力的先天与后天的关系

在第一章中我已经谈到，在思维及其发展中，争议最多的课题是先天与后天的问题，即遗传、环境和教育在其发展中的作用问题。换句话说，个体的思维和智力能在多大程度上获得改变？这种改变到底有多大的潜力？这些问题，既是古老的问题，也是近半个世纪以来研究中最为热门的课题。我把这个问题，叫作思维和智力发展的条件。具备一定条件，思维和智力及其发展才能实现。而各种条件的性质是不同的，所以在思维和智力及其发展过程中所起的作用也不相同。由此可见，思维和智力的先天与后天的关系，给思维结构的先决条件或机制带来了复杂性。

(二)思维和智力的认知与社会认知的关系

认知心理学称其研究对象是智力性质及人是如何思维的。认知是人类个体对客观世界的认识过程。认知的成分，就构成智力活动的感觉、知觉、记忆、表征、思维、想象、言语和操作技能等心理过程。认知的对象是客观世界。客观世界又分为物理世界(自然界)和社会世界。认知既包括对物理世界的认知，也包括对社会世界的认知，两者共同构成认知的全部内容，但心理学家主要把认知视为对自然界即物理世界的认知。从这个意义上说，对自然界或物理世界的认知和对社会世界的认知并不是同一层次上的并列关系。所以认知就区分为广义的认知与狭义的认知，前者不仅涉及物理世界，而且涉及社会世界。而狭义的认知概念，则只涉及物理世界(自然界)。社会认知的特点是什么？一是对象的特殊性，其首要内容是人与人际关系；二是发展的特殊性，它的发展与非智力(非认知)因素或人格因素的发展有密切联系；三是互动性，社会互动(人际交往及其信息加工)经验对社会认知的影响特别明显；四是情感性，情感在一个人的社会认知中起着重要作用。由此可见，思维和智力的认知与社会认知的关系，给思维结构的类型或要素带来了复杂性。

（三）思维和智力内容与形式的关系

如果按照吉尔福特的观点，智力的内容是思维的对象，也就是我所强调的思维材料。具体地说，这些材料，应包括第二章提到的先由艾森克提出后获公认的三种成分：语言、数和形（空间），几乎国际上研究思维和智力的心理学家，在涉及智力因素或成分时，无一不以这三种对象列为首选的内容。思维和智力的最终形式，总是具体地表现在各种学科，即文科的、理科的、交叉学科的能力上，这也是我强调的"智力的学科能力亚结构"。要探索一门学科能力，既要考虑到具体学科的知识内容，又要揭示各种学科形式的特殊性，构成了一种错综复杂的智力范围或领域。由此可见，思维和智力的内容与形式的关系，特别是学科能力给思维结构的范围或领域带来了复杂性。

（四）思维和智力的表层与深层的关系

如前所述，尽管智力，特别是思维本身对人的心理现象来说是一种深层的东西，然而，思维既然有一种结构，同样地应区分为表层结构和深层结构。思维的表层结构和深层结构有两个含义。一是每一种思维活动或者认知活动，都有表层结构和深层结构之分，更深层的是反思、自我控制或元认知。换句话说，就智力的认知成分与元认知成分的关系而言，认知加工属于表层结构，元认知监控属于深层结构，因为前者是元认知监控的对象，后者是认知加工的主宰，缺乏自我监控的认知加工存在着一定的盲目性，没有认知加工的元认知监控是无意义的。二是思维活动中的非智力因素（或非认知因素），在思维活动中应看作一种深层的结构。换句话说，就智力的认知活动与非认知活动之间的关系而论，前者属于表层结构，后者属于深层结构。因为任何认知活动都会受到某种非认知因素的影响，任何非认知因素的发生发展都与特定的认知活动联系在一起。非智力或非认知因素在思维活动中起动力作用、定型或习惯作用、补偿作用。由此可见，思维和智力的表层与深层的关系，给思维结构的层次或水平带来了复杂性。

由此可见，思维结构的多元性是较难穷尽的。正因为如此，我才提出思维作为一个整体结构，它是人类这一个大的系统中的一个子系统。因此，要探讨人类思维结构的组成，就要从人类主体与其客体的相互关系，从人类思维本身整体和部分，从部分与部分之间的相互关系来考查。根据这一原理，我认为，从心理学的角度来看，思维结构应当包括思维的目的、思维的过程、思维的材料、思维的自我监控、思维的品质、思维中的认知因素与非认知因素六种成分，并与客观环境构成主客体的互动关系。对于诸成分的特点、实质和作用，我在绪论中已做了分析，在国内外相关刊物上也已发表多次相关研究，这里恕不赘述。

三、思维结构是静态结构与动态结构的统一

思维结构是静态结构，还是动态结构？对于这个问题，国内外心理学家很少有人提及。我认为，思维结构是静态结构与动态结构的统一，讨论这个问题，不仅能够更好地揭示思维和智力结构的实质，而且也有利于运用这种结构观指导实践，发展思维能力和培养智力。

(一)关于静态的思维心理结构

心理学家最早从静态的结构观提出思维和智力的心理成分或构成的心理要素。以第二章涉及的对智力本质研究经历的三个取向为例，从"因素取向"，到"信息加工取向"，再到"智力层面取向"，每位心理学家提出的思维和智力结构，总是在强调"共时性"（synchnonic）原则，即强调组成心理要素或心理过程的成分，而不是论述其发生发展和变化，即不强调"历时性"（diachronic）原则，所以，他们都是从静态结构开始研究思维和智力结构的。

从探索思维和智力结构的理论基础，特别是从唯物辩证法的哲学观点加以分析，组成思维和智力结构的形态繁多的心理成分或要素、错综复杂的关系、各种各样的侧面和不同等级的水平，呈现了静态思维和智力结构是一个多侧面、多形态、多水平、多联系的特点，在探讨作为智力核心的思维本质、特征、种类（分类）和差异时，我看到了思维结构的存在，研究了思维结构的具体成分，于是提出了在绪论中展示的思维三棱结构，并认为这个思维三棱结构就是智力结构。我用三棱结构，

说明智力主要是人们在特定的物质环境和社会历史文化环境中，在自我监控的控制和指导下，在非认知因素的作用下，为了达到某种目的，识别问题、分析问题和解决问题所需要的思维能力。一个思维结构，有目的、有过程、有结果或材料；整个结构的成分，由自我意识来监控和调节，并表现出各种思维品质；思维结构是一个智力（认知）因素与非智力（认知）因素交互作用的系统；思维结构是在实践活动中实现的，它要依赖一系列的客观条件（环境），并逐步通过内化和结构内部的动力作用，获得发展。由此可见，如果单纯分析思维结构的具体成分，可以将思维结构看成是静态的；但从思维结构的成分的内在关系和联系上来说，从思维结构的发展来说，这个结构是动态的。思维结构正是这种静态结构和动态结构的统一。

(二) 从研究静态结构到探索动态结构

心理学家对思维和智力结构的探讨，总是从研究静态结构发展到研究动态结构。因为在研究思维和智力结构心理成分或要素时，逐步地发现思维和智力结构的发展变化过程或步骤。

最早提出这种动态结构观的心理学家是拉塞尔（H. Russell），他在其《儿童思维》①一书中，从横向和纵向两方面提出了一些关于思维心理结构的设想。在横向方面，他认为，思维的整体性由四个因素构成：思维的材料，如感觉、知觉、记忆、表象、概念等；思维的过程，如选择、搜寻、排除、操作和组织等；思维的能力，如思维的习惯、技巧等；思维的动机，如情感、需要、态度等。在纵向方面，拉塞尔认为，虽然各种思维活动涉及的材料不同，受的教育影响有异，但各种思维活动都经历类似的六个步骤：环境刺激引起心理活动阶段；建立思维的定向或指导阶段；寻找有关材料阶段；提出假设或尝试性方案阶段；检验审查假设阶段；决策阶段。拉塞尔的思维结构理论，既说明了思维结构的组成要素，又指出了这个结构活动的发展过程或步骤，这是有参考价值的。因为拉塞尔的思维结构涉及结构的动态观点，但他未能进一步阐明各要素之间的联系和关系，也未能说明结构发展的实

---

① Russell, D. H., *Children's Thinking*, Boston, Ginn and Co, 1956.

质，这有待于进一步探讨。

真正提出这种动态结构观的是皮亚杰的"建构主义"理论。如前所述，在皮亚杰的发生认识论里，把结构主义与建构主义紧密地结合起来。"每一个结构都是心理发生的结构，而心理发生就是从一个较初级的结构过渡到一个不那么初级的（或较复杂的）结构。"[①]对于建构的观念，皮亚杰没有一个确切的定义，但体现了他的一种思想，即关于心理结构的一种特殊的见解。皮亚杰认为，所谓建构，是主体与客体相互作用的结果，它有三个特点：一是强调主客体的相互作用，任何心理结构，都是这种相互作用的结果，主体和客体之间的界线绝不是预先确定的，同时绝不是一成不变的；二是不仅强调系统的内在结构和关系，而且强调建构主义和一般结构主义的区别，它既重视"共时性"原则，又重视"历时性"原则，所以它着重研究了认知、思维的发生与发展；三是强调活动范畴时期理论的逻辑起点和中心范畴，他把活动（或动作）作为考查认识（思维和智力）发生与发展的起点和动力。总之，皮亚杰通过"建构"概念将其心理（含认知、思维和智力）结构的整体性、转换性和自调性三个结构特征有机地联系起来，使他所理解的心理结构成为动态结构，具有客观性、主观性、历史发展性和活动性等特征。

现代认知心理学家戴斯（J. P. Das）及其助手们于 1990 年提出的智力 PASS 模型（Planning-Attention-Simultaneous-Successive Processing Model）信息加工的整合包括四个单元：信息输入、感觉登记、中央加工器和指令输出。中央加工器主要包括三种认知成分：同时性加工与继时性加工两种编码过程，以及计划过程。这里，戴斯等人不仅强调思维和智力的认知过程成分，而且也论证了认知或智力发展变化的进程，如图 4-4 所示。

由此可见，信息加工取向不是试图以因素去解释智力，而是确定构成智力活动为基础的记忆、注意、表征、思维、想象等心理过程，这个过程有着大脑的相应功能区的机制，来完成思维和智力活动结构的发展变化。

此外，还有其他一些关于动态的思维和智力结构的研究。如苏联心理学家们提

---

① ［瑞士］皮亚杰：《发生认识论原理》，王宪钿等译，15 页，北京，商务印书馆，1981。

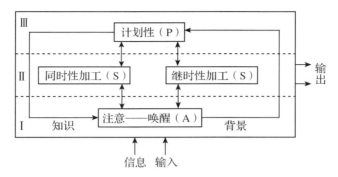

图 4-4　戴斯的智力 PASS 模型

注：Ⅰ、Ⅱ、Ⅲ分别代表鲁利亚学说中相应的大脑一、二、三级功能区。

出的"智力（思维）按阶段形成的理论"。又如现代认知心理学家中很多信息加工论者，他们中有人提出模拟人的思维的计算机程序设计，也就是一种思维结构。特别是美国的西蒙（其中文名字叫司马贺[①]等人提出的"通用解题机"（GPS）思想，都是颇有启发性的。

（三）动态性是思维结构的精髓

尽管思维结构是静态结构和动态结构的统一，但是，动态性是思维结构的精髓。

首先，动态性的思维结构不仅含有思维结构的具体心理成分，而且其表现在思维结构是主客观的统一，是主客观交互作用的结果。也就是说，人类逐步主动积极地处理其客观环境，并从解决各种问题的过程中完善他们的思维结构。虽然，外来客观的刺激和强化常常带有决定性的意义，但是，由于人类主体性的作用，支配思维和智力成长的维度逐渐变成主要的、占优势的地位。这种主客观的统一，凸显出建构主义的结构观。

其次，动态性体现在思维结构的发展变化方面。思维结构不仅指的是内在结构、成分及关系，而更重要的是有发生与发展的特征，这是一个本质的问题。思维

---

① 司马贺、荆其诚：《关于心理学的发展道路和展望》，载《心理学报》，1983(4)。

结构是如何发展的呢？我在自己的研究中看到：

（1）从种类上看，有动作（操作）逻辑思维、形象逻辑思维（又叫形象思维）和抽象逻辑思维一起发展、变化。

（2）从形态上看，思维结构的发展，是一种内化、类化、深化和简缩化的过程。也就是说，思维发展，是从低级的、不随意的、自然的转变为间接的、有意的、社会的，经受着概括化、言语化、简缩化；这说明思维过程逐步深化，以及外部动作逐渐简缩，以致最后完全节减，所揭示的事物的意义和规律得到认识。

（3）从顺序上看，思维结构发展要经历一系列的阶段。在不同的阶段，思维结构具有不同的表现形式，具有不同的总体机能，具有不同的本质特征，具有不同的表现形式。

最后，动态性表现在活动上是思维结构的起点与动力。人类在实践活动中，实践—感性认知—实践—理性认知，思维的自我监控性不断加强。当他们的思维操作技能不断发展的时候，当感知、表象、想象、语言和思维相互结合的时候，其思维结构也就有动力地产生和发展起来。

总之，我的思维三棱结构，强调在活动的基础上建构的思维结构，它的发展体现了主客体的相互作用；体现了系统之间、层次之间、序列之间的变化；体现了多侧面、多层次、多序列的纵横交错的变化。因此，我在考查思维和智力现象的因果关系时，更重视两者之间是一种非线性关系。

第五章

对思维和智力的行为研究

我对思维和智力及其发展的探索，是从行为研究开始的。在近30年的研究中，尽管都是在探讨儿童青少年思维和智力的特点，但涉及的具体内容是有区别的。前10年主要围绕着儿童青少年的数、形、语言三种能力的发展变化，即针对其数学和语文两种学科能力的特点进行行为研究；中间10年主要围绕着自己的思维或智力结构，对儿童青少年的思维和智力进行行为研究，虽然研究内容也有数、形、语言问题，但其研究的侧重点有较大的差异；后10年或最近10年主要是围绕国际前沿的课题，对儿童青少年甚至成年的思维和智力进行行为研究。和我一起投入研究的，有我主持研究项目的课题组同事，有我的弟子们，我们共同获得了较为丰硕的成果。

第一节

────

对学科能力的探索——20世纪80年代对思维和智力的行为研究

20世纪80年代，我国心理学界对思维和智力的研究，基本上属于行为研究，具体课题有概念、分类（归类）、理解、推理、问题解决五个领域及其发展的研究，研究内容比较集中在儿童青少年的数学能力上。与此同时，引进皮亚杰的"临床法"实验，也"热"了一阵子。

那个时期，在我国发展心理学与教育心理学专业内，涌现了几个较有影响的课题协作组。例如，以刘范教授为首的"数学认知"课题协作组，刘静和教授为首的"现代小学数学教学"课题协作组，查子秀教授为首的"超常儿童研究"协作组，李伯黍、章志光两位教授为首的南北方研究"道德（及其发展）"协作组，等等。在恩师朱老的支持下，我和沈德立教授组织起"青少年研究"协作组，成员涉及全国 29 个省、自治区、直辖市，完成了在校青少年个性意识倾向性[①]、思维[②]和离异家庭子女心理[③]等若干项颇具价值的研究任务。我和沈老师在合作中建立了深厚的友谊。我曾写过《友谊因事业而生辉》的小文，表达我与这个学友、兄长和师长几十年来情同手足、不分彼此，真正做到了良友、挚友、诤友和畏友的关系。

除了参与协作组研究之外，20 世纪 80 年代我的研究课题主要是中小学生的心理能力，特别是数学能力和语文能力两个方面的特点，可以说，这是我那时对思维和智力及其发展的代表性的行为研究。

当时针对数学能力与语文能力的研究，大多集中在中小学生数学能力与语文能力的发展方面。中小学生数学能力和语文能力的发展，依据学科的不同、学生的年龄段不同而具有不同的特点，有联系性、一致性、连续性、阶段性、完整性，又有差异性和各自的特点，但在一定程度上都体现了其思维和智力的发展。我们课题组成员在中小学数学能力与语文能力方面做了许多研究，但和后来 20 年有关思维和智力的研究相比，就显示出了当时的研究水平还有待发展提高。

一、对中小学生数学能力发展的研究

数学是人类思维的体操。中小学生"数"和"形"的能力，集中体现在数学能力发展方面，在一定程度上体现了其思维和智力的发展。中学生和小学生数学能力的发展，尽管有联系性，但更多地显示出阶段性的特点。因为小学数学和中学数学教学

---

① 青少年理想、动机、兴趣研究协作组：《国内十省市在校青少年理想、动机、兴趣的研究》，载《心理学报》，1982(2)。

② 全国青少年心理研究协作组：《国内二十三省市在校青少年思维发展的研究》，载《心理学报》，1985(3)。

③ 林崇德：《离异家庭子女心理的特点》，载《北京师范大学学报(哲学社会科学版)》，1992(1)。

内容有质的不同，于是小学生和中学生的数学能力的表现不完全一致。所以，我们对小学生和中学生的数学能力的研究内容，既有关联，又有区别。

(一)对小学生数学能力发展的研究

1981 年我在《心理学报》上的《小学儿童数概念与运算能力发展的研究》[①]一文是我自己对小学生数学能力发展研究的代表作。在该文中，我围绕思维和智力结构做了分析。在当时，我的研究涉及以下几个方面。

1. 数学概念的发展

我认为，数学概念的掌握需要概括能力做基础，同时它又促使概括能力的发展。学生数学概括能力，体现了其掌握数学概念的水平。所以，我在研究小学生数学概念的发展时，主要研究其概括能力发展与数学概念发展两个方面。

一是小学生数学概括能力发展。我针对小学生数学概括能力发展进行了研究，首先把小学生数学概括能力发展水平的指标进行严格界定，把小学生数学概括能力分为五个等级，分别为：第Ⅰ级直观概括水平、第Ⅱ级具体形象概括水平、第Ⅲ级形象抽象概括运算水平、第Ⅳ级初步的本质抽象概括运算水平、第Ⅴ级进入代数命题概括运算水平。我曾研究了一至五年级的 450 名小学生被试，选用比较大小、顺序和进行分解组合，判断对错，求公倍数、公约数，运用逻辑法则，归纳问题，演绎问题，假设推理与解答问题等十个方面的数学材料，对小学生的运算结果、运算过程、步骤和反应时间等进行分析，从研究中我看到：小学生数学概括能力发展水平，既表现出年龄特征，又存在着个别差异。其趋势为：一年级学生在学前期智力的基础上发展起来，他们基础上属于具体形象概括；二、三年级学生从具体形象概括向形象抽象概括过渡，且大多数在三年级均能完成这种过渡；四、五年级学生大多进入初步本质抽象的概括水平，极少数学生在良好的教学条件影响下向较高级的代数运算水平发展。在一般教学条件下，四年级学生在数学概括能力发展中，有着显著的变化，这是小学生在掌握数学概念中，从具体形象概括为主要形式过渡到以

---

① 林崇德：《小学儿童数概念与运算能力发展的研究》，载《心理学报》，1981(3)。

抽象逻辑概括为主要形式的一个转折点（或关键期）。

二是小学生数学概念的发展。在我主持的"七五"规划（1985—1990）教育部教育科学重点课题研究中，我从许多数概念中选取主要的 6 个概念用测验法探索了小学生数概念的发展特点。数概念主要测查他们对数概念的认识是否受无关信息的干扰，如顺序概念、空间概念、体积概念、长度概念和概率概念。我的测查结果表明，一至六年级被试数概念平均的通过率分别为 24％、34.17％、39.83％、51.50％、60.50％、66.83％。从总体上看，幂函数较好地描述了小学生数概念的发展趋势，小学生数概念的发展有一个加速期，这一加速期出现在三到五年级（$p<0.01$），其中四年级是一个转折点，到五年级后基本保持缓慢的发展趋势。具体说来，不同的数概念其发展水平是不同的，其中数量概念发展速度最快，转折点在三年级（$p<0.01$）；顺序概念的发展趋势最接近幂函数的发展趋势；一到三年级空间概念的发展速度基本不快，三到五年级是直线发展的趋势（$p<0.01$），到了五年级后发展缓慢；长度概念和体积概念的发展趋势呈波浪形向上发展；概率概念发展速度最慢。这说明，不同数学概念的内容，其发展速度是不同的，既表现出量的差异，又表现出质的差异。

2. 小学生数学推理能力的发展

在有关小学生数学推理能力发展中，我确定了推理发生的范围、步骤、正确性与品质抽象概括性四项指标，来分析小学生在运算中推理能力发展的水平，可得到相应的四级水平。①归纳推理能力的发展，表现出的四级水平为：Ⅰ. 算术运算中的直接归纳推理；Ⅱ. 简单文字运算中的直接归纳推理；Ⅲ. 算术运算中的间接归纳推理；Ⅳ. 初步代数式的间接归纳。②演绎推理能力的发展，表现出的四级水平为：Ⅰ. 简单原理、法则直接具体化的运算；Ⅱ. 简单原理、法则直接以字母具体化的运算；Ⅲ. 要求合乎逻辑进行多步演绎和具体化，正确地得出结论，完成算术习题；Ⅳ. 进行多步演绎推理，得出正确的结论，完成代数或几何习题。

结果表明，在归纳推理和演绎推理两方面的Ⅰ级水平上，小学一至五年级学生均有通过的，其中最高通过率为 100％，小学一年级学生通过率为 60％左右；在Ⅱ级水平上，一年级学生通过率最高为 10％，二年级有大幅度提升，至 50％和 70％，三年级以上均达到了 75% 以上；一年级在归纳推理和演绎推理的Ⅲ级水平的通过率均为 0，五年级的通过率约为 80%；在归纳推理和演绎推理的Ⅳ级水平上，一至三年级学生均无法完成推理任务，四五年级学生的通过率最高也不超过 57%。

这说明，小学生推理能力的发展趋势为：第一，小学儿童在归纳推理与演绎推理能力的发展上，既存在着年龄特征，也表现出个体差异；第二，小学阶段，随着年龄的增长、年级的升高，儿童推理范围的抽象度也在加大，推理的步骤愈加简练，推理的正确性、合理性和推理品质的逻辑性与自觉性也在增强；第三，小学生在运算能力的发展中，掌握归纳与演绎两种推理形式的趋势和水平具有高相关（$r=0.79$，$p<0.01$）。这个结果和一些国外研究资料中强调两种推理能力发展先后与水平高低的结论是有出入的。

3. 小学生掌握应用题能力的发展

我认为，思维目的的发展经过了从单向（顺向）到重复（质的重复，性质不变），到可逆与守恒，再到反复或反馈（综合性的分析结构）的途径。我以分析小学生解答应用题的过程研究了他们思维目的的发展。

首先，我们课题组考查了小学生解答一步应用题的情况，我们向被试出示三类一步应用题：第一类是顺向（正条件）应用题；第二类是逆向（反条件）应用题；第三类按条件添加问题，编应用题。小学一至三年级学生解决第一类题目的平均正确率为 96.7%，小学生在解答应用题中的思维目的，先从顺向向逆向（可逆与守恒）发展。一年级 83.3% 的被试已掌握了逆向（反条件）应用题，即可以逆向思维。而完成逆向思维任务中，其效果（如第三类题的两种课题）随作业任务的性质而决定。

其次，我们课题组也对小学生解答多步应用题进行了分析。让被试解答多步应用题，要求多步变一步综合列式、综合列式变多步列式或增加步子。这是一个综合性的分析结构，是反复（或反馈）的思维活动，反复地进行综合性分析，找出条件与问题之间的联系，然后解决问题。研究结果显示，解答这种多步应用题的正确率，三年级仅 36.7%，四年级达 78.3%，五年级达 81.7%。可见，小学生解答应用题的思维目的，从可逆性发展到反复（或反馈）性，一般要到四年级才完成。

4. 小学生数学运算中思维法则的发展

思维过程是遵循一定法则的，能否自觉地运用思维法则，在一定意义上体现了我在后来十分强调的思维结构自我监控能力水平。小学生掌握数概念与运算思维时应循法则很多，主要运算法则有四种，即交换律、分配律、结合律和二重否定律。

我以学生运用法则的范围与正确率为指标，小学阶段掌握运算法则可分为三级水平：在数字习题中运用运算法则；在简单文字习题中运用运算法则；在代数式和几何演算中运用运算法则。研究结果显示，80％以上的一年级学生从入学的第二学期起，就可以在简单数字运算中运用交换律、结合律和分配律，经过二年级的过渡，三年级的大部分学生能在简单文字演算中运用交换律、结合律和分配律。四年级以后逐步掌握算术运算中的二重否定律。二重否定律的掌握，是小学生运用运算法则能力中的一个转折点(飞跃期)。

鉴于上述四个方面的分析，我们可以看到，小学生数学能力是一个整体结构，学生的运算思维能力发展的过程，就是运算中思维结构完善和发展的过程。全面地发展小学生的思维结构，是提高小学数学教学质量的关键所在。

(二)对中学生数学能力发展的研究

根据中学生数学能力的结构，我以数学运算能力、数学空间想象能力和数学逻辑思维能力三种基本数学能力为主线，展开了中学生数学能力发展的研究，获得了中学生数学能力发展的特点，我的代表作是《中学生运算能力发展的研究》[1]。现结合自己主持课题组的相关研究[2]分别叙述如下。

1. 数学运算能力

我们课题组认为，可以把中学生的运算能力水平分为三个层次：第Ⅰ级水平为了解与理解运算的水平，第Ⅱ级水平为掌握应用运算的水平，第Ⅲ级水平为综合评价运算的水平。我们对不同年级的中学生数学运算能力的发展水平进行了研究，发

① 林崇德：《中学生运算能力发展的研究》，见朱智贤：《青少年心理的发展》，101 页，北京，北京师范大学出版社，1982。

② 孙敦甲：《中学生数学能力发展的研究》，见林崇德：《中学生能力发展与培养》，158～193 页，北京，北京教育出版社，1992。

现中学生数学运算能力的发展，具有由低水平向高水平顺序发展的特征，是从了解与理解运算的较低水平，到掌握运用运算的基本技能，最后达到综合评价运算能力的较高水平。这种发展次序是不可改变的，因为低级水平是高级水平的基础与前提，高级水平是低级水平发展的方向和必然结果。

中学生数学运算能力发展的特征表现在：每一级水平的运算能力整体随着学生年级的升高而呈上升发展的趋势的同时，八年级学生的运算能力在第三级水平上有所滑落，而九年级学生无论是在第三级水平上，还是在前两级水平上都有一个飞速的发展，这一发展速度要大大超过由七年级发展到八年级的速度，这表明八年级是运算能力发展的新的起步，八年级是运算能力发展的关键，应该在八年级提高学生运算能力培养的质量与速度，从而可使九年级学生的运算能力获得一个质的发展飞跃。

对于同一年级的学生而言，随着运算能力水平层次的升高，进入到高一级水平的学生人数在不断下降，即随着能力水平的提高，达到相应水平层次的学生人数越来越少。从思维品质的角度来看，这一结果是很容易理解的，因为学生的运算能力水平是与其数学思维品质的发展的质量紧密联系在一起的，学生的年级越低，其数学思维品质发展越不完善，运算能力水平达到高层次的人数当然就越少。也就是说，只有发展与完善所有学生的数学思维品质，才能使更多学生的运算能力发展到更高水平的层次上。此外，运算能力的发展与运算知识和技能的增长既有联系又有区别。性别差异不显著。

2. 数学空间想象能力

中学生数学空间想象能力的发展，可以分为三级水平：第Ⅰ级水平为，由形状简单的实物想象出几何图形，由几何图形想象出实物的形状，通过整体形状来认识二维或三维的几何图形，分析出简单几何图形的特征；第Ⅱ级水平为，能够由较复杂的图形分解出简单的、基本的图形，在基本的图形中找出基本元素及其关系，并能够将图形及其特征联系起来，根据条件做出或画出图形；第Ⅲ级水平为，能够由基本图形组合成较复杂的图形，能想象几何图形的运动和变化，会形象地揭示问题的本质。

由于中学生的空间想象能力与其解释图形信息，即对视觉表征及在几何作业、图形、图表、各类图示中使用的空间语言的理解有关，因此它与学生所学习的课程内容和内容的组织形式，尤其是内容的表现形式有很大关系。空间想象能力还与视觉加工能力有关。视觉加工能力包括把抽象的关系或非图形信息转换成视觉信息，对视觉表征及视觉表象的操作和转换，是一种过程能力，与学生所学内容的呈现形式无关。因此，从这个角度看，空间想象能力的发展又与形象思维能力的发展密不可分。

空间想象能力的发展与思维的深刻性品质的完善程度紧密相连。因为没有思维的深刻性，就不可能有发展良好的解释图形信息的能力；同时，没有思维的灵活性与敏捷性，就不可能对非图形信息与视觉信息进行灵活的转换与操作，无法想象运动变化的空间；而没有思维的独创性与批判性，就不可能富有成效地进行形象的分解、组合与再创造，当然也就不能使学生的空间想象能力得到充分的发展。中学生数学空间想象能力的发展，具有由低水平向高水平顺次发展的特征，这种发展次序是不可改变的，因为低级水平是高级水平的基础与前提，高级水平是低级水平发展的方向和必然结果。

每一级水平上的空间想象能力都是随着年级的升高而呈上升发展趋势的，同时，我们在研究中还看到，八年级学生的空间想象能力在第一、第二级水平上，与七年级学生相同水平层次上的能力相比较，并没有太大的进步，相反地，在第三级水平上还有所滑落。九年级学生在前两级水平上有一个飞速的发展，这一发展速度要大大超过其他时期的发展速度，这表明八年级是空间想象能力迅速发展的关键期，由于八年级的数学教育中大大丰富了平面几何的内容，因此经过八年级一年的学习，九年级学生的空间想象能力获得了一个质的飞跃发展。

中学生各年级男女生之间，空间想象能力的平均水平存在着差异，有的还较显著，特别是七年级、高一年级。男生数学空间想象力发展的结束期较早，但女生的空间想象力能够较持续和平稳地发展；在空间想象能力的离散性方面也存在着差异，但不显著。各年级男女生空间想象力的分布是交错的，说明除了男女生之间性别差异以外，还存在着个体差异。

3. 数学逻辑思维能力

我们课题组的研究也从三个方面来展开：中学生数学逻辑思维能力发展的一般趋势、中学生数学命题演算水平的发展和中学生数学推理能力水平的发展。

第一，中学生数学逻辑思维能力发展的一般趋势。首先，中学生数学逻辑思维能力从八年级开始得到快速发展，并且三种水平的逻辑思维的发展有着各自的快速阶段。七年级到高二各年级达到形象抽象逻辑思维的发展，各相邻年级平均水平差异的 Z 检验结果为：八年级到九年级差异显著（$p < 0.05$），其余各相邻年级差异不显著（$p > 0.05$），中学生形象抽象逻辑思维发展的快速阶段在八年级；七年级到高二各年级达到形式抽象逻辑思维的发展，各相邻年级平均水平差异的 Z 检验的结果为：八年级到九年级差异显著（$p < 0.05$），九年级到高一差异非常显著（$p < 0.01$），其余各年级的差异不显著（$p > 0.05$），中学生形式抽象逻辑思维发展的快速阶段在九年级；七年级到高二各年级达到辩证抽象逻辑思维的发展，各相邻年级平均水平差异的 Z 检验的结果为：八年级到九年级差异显著（$p < 0.05$），高一到高二差异非常显著（$p < 0.01$），其余各相邻年级差异不显著（$p > 0.05$），中学生辩证抽象逻辑思维发展的快速阶段在八年级和高中。其次，中学生数学逻辑思维能力的发展，是从形象抽象思维到形式抽象思维，再到辩证抽象逻辑思维。其中，在七年级，40.4％的学生的数学逻辑思维能力达到形象抽象逻辑思维的水平；从九年级开始，半数以上的学生达到形象抽象逻辑思维，并且越来越多的学生向着更高的水平发展；到了高二，有 39.5％的学生达到了形式抽象逻辑思维，而达到辩证抽象逻辑思维的学生则要更少一些，只占全部学生的 29.4％。再次，高二多数学生的数学逻辑思维能力仍未达到形式抽象逻辑思维的水平。皮亚杰提出形式运算阶段在 12～15 岁，这是由于他使用的是形象的实验材料，而抽象的数学，高二达到形式抽象逻辑思维水平的学生占 39.5％，仍为少数，多数学生尚未达到形式抽象逻辑思维的水平。过去有的研究曾表明，美国大学生中仍有半数或者更多的学生，其数学逻辑思维的水平仍未达到形式抽象逻辑思维。我们的结果与此是吻合的。为此我们认为，认知不同对象，其形式运算水平是允许有差异的。最后，对于中学生数学逻辑思维能力发展的性别差异的研究，我们看到：中学男女生之间数学逻辑思维能力平均水平的差异不大；男生数学逻辑思维能力的离散性略大于女生；男中学生数学能力、数学逻辑思维能力发展的速度略高于女生；在高中数学逻辑思维水平高的学生中，男生明显多于女生。

第二，中学生数学命题演算水平的发展。中学生掌握命题能力，即掌握数学判断形式的能力，其发展表现在进行命题演算的水平上，我们的研究着重于中学生掌握命题的结构方面。首先，中学生掌握命题结构能力的发展表现在正命题（原命题）—逆命题—否命题（对称命题）—逆否命题（反申命题）四种命题的领会和运算上。这四种命题结构的掌握，既反映了学生理解不同数学命题的抽象程度，又反映了学生在思维过程中掌握思维目的的可逆性与守恒性，也反映了思维活动的辩证关系，而命题与其他命题的关系，正是反映了"否定之否定"规律在学生运算上的具体体现。从研究结果中看到，中学生掌握命题的能力是数学教学中的薄弱环节之一。在正常的教育条件下，命题结构的四种表现的全部掌握，尤其是对逆否命题的掌握，要到高中以后才能完成。其次，分析中学生数学命题演算水平的发展。皮亚杰从数理逻辑出发，用群集和格，即16个二元命题运算来刻画儿童青少年思维结构的成熟。我们在研究中看到，中学生命题演算的水平在不断提高，的确反映了他们逻辑思维发展的趋势。中学生是按照结构由简到繁的顺序发展的，具体表现出如下几级水平：第Ⅰ级水平是能够对带有全称量词的简单命题进行演算，但不能理解命题演算过程中逻辑连接词的含义；第Ⅱ级水平是能够进行简单命题的合并，能够对简单命题进行否定演算；第Ⅲ级水平是能够进行复合命题的否定演算，这一级水平要求学生不但能理解逻辑连接词的含义，而且能够按照命题演算的法则（如交换律、结合律、分配律和双重否定律等）进行正确的操作。这三个命题演算水平的发展顺序，不仅反映了中学生逻辑思维能力的水平由低到高，由简单到复杂的发展过程，而且反映了中学生思维运演能力从群集结构向格结构的发展过程。中学生正是通过对越来越复杂的命题形式的演算，来发展自己的逻辑思维能力，从而使思维结构趋向成熟。最后，中学生数学命题演算水平发展的年龄特征表现在：八年级学生的命题演算水平大多集中在第Ⅰ级水平上，九年级与八年级相比较，虽然在相同水平层次上都有所发展，但仍是以集中在第Ⅰ级水平上的人数为最多。进入高中以后，第Ⅰ级水平的发展似乎停滞，而后两级水平，特别是在第Ⅲ级水平上却有一个飞速的发展。前面论述的运算能力和空间想象能力却无此特征。这样的一个发展结果，主要是由于高中数学课程中增加了与数学命题演算直接相关的内容，如集合、逻辑等。学生经过学习与练习，数学命题演算水平就有了一个迅速的发展。

第三，中学生的数学推理能力的发展。按照推理所得的结论是否完全确信的特征，可将中学生推理能力的发展分为，论证推理能力的发展与似真推理能力的发展两个方面。这两种推理能力表现在学生解决问题过程中的不同阶段上。选择什么样的方法解决问题，多与似真推理能力的发展水平有关。用选定的方法最终达到问题的解决，多与论证推理能力的发展有关。因此，我们可以从这两个方面展开研究，这里主要叙述中学生论证推理能力的发展。我们认为中学生的论证推理能力可以分为四级水平。第Ⅰ级是直接推理水平。套上公式，对上条件，直接推出结论。第Ⅱ级是间接推理水平。不能直接套公式，需要变化条件，寻找依据，多步骤地推出结论。第Ⅲ级是迂回推理水平。分析前提，提出假设后进行反复验证，才导出结论。第Ⅳ级是按照一定数理逻辑格式进行综合性推理的水平。处于这一级水平的学生，他们的推理过程逐步简练和合理化。然而我们研究表明，中学生的逻辑推理水平同样是数学教学中的薄弱环节，有一半以上七年级学生不能套公式做题，高中学生竟有人不能按公式一步推理；多步推理成为中学生的普遍难题；抽象的综合性推理更是困难。中学生在正常的教育教学情况下，数学推理水平是随着年级的升高（年龄增加）而发展的。八年级学生普遍地能按照公式进行推理，多数高一学生能够掌握多步骤间接推理和迂回推理，高二学生的抽象综合推理水平得到较大的发展。八年级和高二是中学生数学推理能力发展的转折点。我们在纵向研究的追踪班，也获得类似的结果。我们看到高中阶段学生的数学推理能力趋向抽象和简化，在推理过程中自觉性和揭露本质的程度也在发展。这说明，中学生运算思维过程是一个螺旋式"内化"的过程，推理活动的"思维量"渐趋"简化"。中学生的数学逻辑推理存在着个体差异，体现在中学生数学逻辑思维能力发展的性别差异上。

二、对中小学生语文能力发展的研究

由于语言是思维的物质外壳，语言和思维是不可分割的联系在一起的。中小学生语文听、说、读、写能力的发展也自然地在一定意义上体现了其思维和智力的发展。与数学能力发展有所不同，小学生和中学生的语文能力发展具有内在的连续性和完整性；尽管有其阶段性，但一致性要比数学能力显得更明显。因此，我们对中小学生语文能力发展的分析，是把中小学生连贯起来进行的。我们课题组成员，特别是由黄仁发先生所领衔的"中国儿童青少年语言发展与教育"研究小组在这方面做了许多研究。[①] 这里我们选用这个小组的研究材料，以体现共同的主试、共同的被试（全国分六个大区取样）、共同的研究时间，使研究材料前后有一致性和科学性。

（一）对中小学生语文"听"的能力发展的研究

听是语言最基本的"进"的表现。语言行为是"进入性"与"表达性"的有机统一。

我们通过两种途径对中小学生的听写进行考查。一是由原教师主持，随堂听写，听写近两周内所教授的记叙文中的 10 个词语、5 个单句和一段话，范读三遍：第一遍逐字读，每字一秒；第二遍联词读，每字 0.5 秒；第三遍播音速度读。二是听写包括 10 个词语、5 个单句和一篇短文（词、句从文中摘出）的统一材料。两项测试都由研究人员统一评定，词语、句子、段落各 20 分，满分为 60 分。两次测试，共测被试 3996 人次，男女各半。

1. 随堂听写的研究结果

不同年级学生随堂听写成绩中，满分 60 分，优秀 48 分，及格 36 分。尽管这种测验的随意性较大，但仍说明以下两个问题。第一，除小学二、四年级外，各年级听写的成绩都在优秀线以上。这表明，他们对语文教学内容的听写要求是胜任的，具有一定的听写能力和习惯。第二，小学阶段发展不稳定，曲线大起大落；中学阶

---

① 黄仁发：《中国儿童青少年语言发展与教育》，见朱智贤：《中国儿童青少年心理发展与教育》，128～229 页，北京，中国卓越出版公司，1990。

段比较稳定，曲线平稳。分析随堂听写词、句、段的特点。小学生听写能力以认词为最佳，其次是句，最差是段；中学生则反之，句段并列，最差的是词。词和句段似乎成了两个体系。词的听力成绩大起大落，没有什么规律，表明机遇性大；句与段的听力始终并驾齐驱，比较稳定。两者形成鲜明对照。分析随堂听写的性别特征，结果显示，随堂听写，所听材料是刚教过的课文里的东西，在熟悉程度上是等同的，结果成绩却出现差异，除了高二学生之外，其他年级女生随堂听写能力优于男生，初中阶段最为明显。

2. 统一材料的研究结果

不同年级学生统一材料听写成绩的发展趋势。我们用来听写的统一材料，是一篇短文。显然，中小学生的听写成绩随年级的递增而提高。小学的中高年级可以达到及格水平，中学阶段可以达到优秀水平。分析听写统一材料词、句、文的特点。材料不同，发展的曲线也不一样。小学生听写词语的成绩最佳，其次是句子，最差是全文，其差距随年级递增而缩小；中学生则反之，最佳的成绩是全文，句子次之，最差的是词语，而且其差距有随着增龄而扩大之势。这种现象与我们上述的随堂听写的结果是一致的。这说明，中小学生对语文的听的能力，不论针对什么材料，也不论处于什么情境，其心理能力的发展特征是一样的。关于听写的性别差异，统一材料听写和随堂听写的结果一致，都是女生优于男生，但差异不显著。

(二)对中小学生语文"说"的能力发展的研究

言为心声，说和写都是语文表达能力，而说是最基本的表达。

1. 口头表达能力的发展

我们用复述材料为手段，采取两种途径：一是复述教学课文，以记叙文为限，读完新课后随堂面测，由原任教师主持；二是复述统一材料，材料保密，课外进行，读后立即进行复述，也由原任教师主持。我们的研究指标分为说话的要求与复述材料的评分指标两个方面。首先看说话的要求。乍看起来，说话似乎人人都会，但要说得中肯动听，则不大容易。中肯动听的话，必须是正确的、流利的、有感情的。所谓正确的，就是俗话说的"五不"、"一要"、"三到"。"五不"，即不说错、不丢添、不重复、不颠倒、不聱牙；"一要"，即话音要响亮；"三到"，即眼到、口到、心到。这里有技能问题，但更重要的是心明，即对所要说的话的意义的理解具有概括性。只有对说话内容的含义有正确的理解，才能发出真挚而自然的感情。

其次看研究复述材料的评分指标，小学生复述成绩评定指标分数水平共分为四级。一级：演说式的口语表达水平，复述材料时表达准确、鲜明、生动，而且运用各种修辞手法来表达自己的感情和思想；在表达时注意逻辑关系，具有一定的感染力。二级：完整的口语表达水平，复述材料时，注意用词确切，言语通顺，句式恰当，但缺乏生动的感染力。三级：初步完整的口语表达水平，复述材料时，语句完整，合乎一定的语法规则，使听话人能明白和满意。四级：对话言语向独白言语过渡并逐步达到独白为主要形式的水平，复述材料时，学生先有一定思考，能接近地、简单地表述材料，让别人能听得懂。

再次来分析我们的研究结果。第一，分析不同年级中小学生复述材料的发展趋势。复述满分为 4，优秀为 3、2，及格为 2、1。随堂读完教学课文的复述，除小学四年级外，其他年级全在及格线上，而其最高点也只能达到及格与优秀的中点。这说明，中小学生各年级都能胜任教学对他们"复述课文"的要求，但都有待进一步提高，以臻完善。读完统一材料的复述，小学一、二年级学生不能复述。我们在深入课堂观察时，发现小学一、二年级学生在说话水平上，往往是对话占主要地位，他们常常还不善于复述生疏的（或新的）材料，他们中间多数学生的独白言语还不发达，需要教师追问，才能说出下一段的内容，还有少数学生在说话时只说半句话，前后颠倒，不合语法。任意复述各种材料的能力，萌芽于小学三、四年级，萌芽后这种能力发展较快。初中学生达到及格水平，高中学生（包括相当的初中毕业生）臻于优秀。在复述的字数方面，小学一年级无力，二年级乏力，三年级吃力；学生从小学四年级起，直至高中，都能用 280～380 的字数加以复述（因为研究者最高数统计到 400 字）。这说明复述的发展，不在于掌握文字的多少，主要是在于对文字的概括和表达水平。第二，分析中小学生复述材料的性别差异。从研究来看，女生的复述成绩高于男生，尤其是小学和初中阶段更为明显。到了高中以后，男生见长，发展速度超过了女生。但从整体来说，男生的离散性较大，相对的女生离散性要小一些。

2. 关于中小学生正音、正读的问题

正确地掌握常用字的字音、字形、字义，是中小学生口头语言能力，即"说"的能力之一，也是中小学语文教学的基本任务之一。这是一项艰巨的任务。因为我国地大人多，方言多，尽管方言也能很好地表达思想，运用方言同样有很高的说话能力，但是，语言是交流的工具，方言毕竟影响交际的进行，一个人若有非常高超的说话能力，但说的话使人听不懂，也达不到表现心声的愿望。所以，中小学语文教学要使学生理解和熟悉汉语拼音，掌握拼音字母的拼读、书写规则，学会普通话，不断扩大识字量，掌握常用字的读音、书写和字义，懂得错读、错写、错用汉字的原因及纠正方法，具备正音、正读能力。这对中小学生"说话"能力的发展和继续自学语文是大有裨益的。

中小学生的正音、正读能力的发展，既有年龄特征，又有明显的个别差异。我们曾针对中小学生学习普通话的正音能力进行调查，发现年龄越小，可塑性越大。假定小学低年级正音数字率为 100%，小学高年级则为 90%，七年级为 80%，九年级为 60%，高中生要低于 50%。十七八岁后，由于地方音所造成的惰性严重性，致使正音教学的难度大大增加。正读能力有其自己的特点，它的水平主要取决于正音能力和自觉性。在阅读中，如果有的字已经读成错字、别字，学生还不能有意识地更正，就会发生习惯性的错读现象。

(三)对中小学生语文"读"的能力发展的研究

中小学生的阅读能力包括阅读形式和阅读内容两个方面。

1. 中小学生阅读形式方面的特点

阅读的形式有朗读和默读。朗读比默读出现得早，朗读是默读的准备条件，默读是阅读的最高阶段；反过来，朗读又可以用作检查默读的手段。因此，朗读和默读是相辅相成的，是整个阅读能力发展过程中的两个重要方面。

首先分析朗读。在随堂朗读测验的基础上，对原被试进行统一材料的朗读测验。第一，评定指标分为四级：响亮口齿表情准确计 3 分；响亮流利有表情，无或很少错、别、添、漏字，轻重、抑扬、停顿得当计 2 分；错、别、添、漏字一般，轻重、抑扬、停顿一般计 1 分；不响亮不流利无表情，错、别、添、漏字严重、无轻重、抑扬、停顿或不当计 0 分。第二，中小学生朗读发展的特点：满分为 15 分，优秀为 12 分，及格为 9 分。显然，随堂朗读教学课文，中小学生不管处于哪个年级，其成绩全在及格线与优秀线之间，这说明他们对各自的教学材料的朗读是能够胜任的。但是，朗读统一材料，其成绩随年级递增而提高。小学低年级处于及格线以下；小学四年级冲过及格线；中学生发展平稳；高二年级越过优秀线。可见，只要善于发挥教育机制，学生从小学四年级起便可顺利渡过朗读关。第三，中小学朗读各指标发展特征：很明显，中小学生朗读的教学课文和统一材料都是"响度"最佳，技能最差，表情亦不理想；口齿与准确视材料性质而转移。朗读熟悉的、符合他们程度的教学课文，成绩尚可，能吐词清楚而流利地朗读，无什么错、别、添、漏字，否则，便出现这样或那样的问题。

其次分析默读。比起朗读，默读有不同的作用和意义：一是默读的应用范围广；二是默读的速度快；三是更有助于对阅读材料的理解。如何鉴别中小学生默读能力的水平，我们在研究中采用了三个指标：一是外部表现，要求不出声，不动嘴唇，不指读；二是阅读的速度；三是理解程度，读后能说出或写出课文的主要内容，回答研究者提出的问题。研究结果显示，第一，中小学生默读中的嘴动现象。这种情况交叉幅度较大，有些学生到小学四、五年级就消失了嘴动现象，而另一些学生到了高中在默读时还存在嘴动或潜在嘴动的现象。嘴动现象与阅读材料有关，难度较大的材料，容易出现嘴动甚至出声现象。第二，中小学生默读中的速度。默读速度视被试的默读方式和材料的性质而转移。精读者慢，泛读者快；易解者快，费解者慢；难读者慢，易读者快。此外，不同题材对不同年级的速度要求也不同。中小学生对一般熟悉材料阅读的速度：小学高年级 250～300 字/分钟；初中生 300～400 字/分钟；高中生 400～500 字/分钟。学生从小学三年级开始能够默读，其速度随年级递增而加快，增幅大致是小学—初中—高中，每阶段增 50～100 字/分钟。

2. 中小学生阅读内容方面的特点

阅读的内容是理解字、词、句。分段编写段意，概括中心思想是理解文章的主要方法，也是目前对中学生阅读内容方面能力研究的较客观的指标。它既反映中小学生的语文水平，也反映了他们的思维水平。

我们在研究中使用的评定指标为：依据段落分析、归纳中心思想问答等，共分为四个等级分数。一级水平 4 分：能明确地划分段落；概括地归纳段落大意，并拟出段落提纲和小标题；善于概括中心思想；正确而简练地归纳中心思想。二级水平 3 分：划分正确；归纳段意和提纲、小标题基本正确，但语言烦冗；或段落有出入，但归纳段意、拟提纲、小标题与段落相符，说明对文章尚能理解，基本上能归纳中心思想，但语言烦冗，正确或基本正确，但不简练。三级水平 2 分：能划段或划段有出入；不善于归纳段意、拟提纲和小标题，说明对文章不甚理解，归纳中心思想不够确切、重复文章情节或口号式，且笼统部分正确，对语意不甚理解。四级水平 1 分：划段、归纳段意以及拟提纲和小标题紊乱或不正确，表明对文章不能理解，归纳中心思想不对或离开文章旨意解释错误，对语意不理解。研究材料分为两种：一种是随堂教学的课文，另一种是统一材料。

在研究结果方面，理解内容的满分为 4 分，优秀为 3、2 分，及格为 2、1 分。中小学生理解阅读内容的能力发展有一个过程：小学低年级对阅读内容的理解是较肤浅的；三年级开始理解阅读内容，往后阅读能力逐年发展，至五年级接近及格线；初中越过及格线，并向优秀线靠近；高中稳居优秀线以上。此外，我们通过大量个案分析发现，小学一、二、三年级 75％ 以上为四级水平；四、五年级以三级水平为主；初中生多数为二级水平；高中生多数为一级水平。在男女不同学生理解阅读内容的性别差异方面，男女中小学生在理解阅读内容上存在着差异，男生总的发展趋势比女生成绩高、发展速度快，但这种差异并不显著。

(四)对中小学生语文"写"的能力发展的研究

1. 对命题作文的研究

我们课题组对中小学生写作的研究，主要从命题作文、修改作文和改写文章三个方面入手。

命题作文能力的评定指标分为三级：3 分为一级：水平明确、词汇丰富、句子通顺善于运用、修辞手法结构严谨、使用明确；2 分为二级：水平不甚明确、词汇一般、句子呆板、修辞一般、段落欠清、结构不紧、使用一般、时见错误；1 分为三级：水平不明确、词汇贫乏、句子不通修辞贫乏、结构紊乱、使用不当、逗号通篇。命题作文的被试为小学四年级至高中二年级的学生。

修改作文的步骤为：隐去题目；将文章段落顺序任意打乱；将原文的一个自然段的标点符号隐去；将原文的结尾几句隐去；挑出原文中的五个错（别）字、错词、错句。之后，编制成试卷，要求被试完成如下作业：①拟题；②调整段落；③改错；④归纳中心思想；⑤续补文字；⑥添加标点符号。修改作文的评定指标分为四级。4 分为一级水平：善于根据文章旨意点题，切合文章主旨。3 分为二级水平：善于结合文字，点题不够完善明确，基本切合主旨但确切。2 分为三级水平：按故事发展的自然结尾或口号性结尾以文章的外在联系拟题。1 分为四级水平：离题或不切题意或续补架空呼口号或拟其他题材的题目，或拟题困难等。改写文章有一定的选材要求，材料来自报纸上的报道，将全文析成 1 至 10 层意思。要求被试将 1 至 10 各行文字理成段，标上标点符号，并写一篇读后感或扩写成一篇文章，字数不限。改写文章的指标评定由研究人员统一进行，"理段"和"标点符号"按正误评定；"读后感"或扩写评定指标同命题作文。

中小学生命题作文的成绩，在小学四年级后的各年级都在及格与优秀之间，相当于百分制的 65～75 分，这表明他们对各自写作的教学要求是胜任的。中小学生命题作文各指标特点，中小学生命题作文中各指标成绩的发展是不平衡的，其平均成绩依次为：中心思想波动于 2.15～2.57 分，平均 2.38 分（百分制的 79.25 分）；篇章结构波动于 2.01～2.32 分，平均 2.14 分（百分制的 71.26 分）；遣词造句波动于 1.99～2.28 分，平均 2.12 分（百分制的 70.59 分）；标点符号波动于 1.88～2.48 分，平均 2.11 分（百分制的 70.26 分）。修辞波动于 1.62～1.93 分，平均 1.81 分（百分制的 60.27 分）。五个指标形成三个档次：①中心思想；②篇章结构、遣词造句、标点符号；③修辞。首尾相差近百分制的 20 分。男女差异：除九年级和高一之外，其他各年级的女生均占上风，差异中心是小学五年级和七年级。此外，女生的发展（曲线）平稳，男生的发展则不稳定。

命题作文的对象和内容特点：因为作文命题为"记一个熟悉的人"，所以对象和内容随"人物"展开。从小学四年级到高二，由近及远，从以熟人、同学为主逐步过渡到以伙伴、社会人物为主；从生活、学习的具体内容逐渐过渡到对道德、性格的描述与评述。

命题作文的篇章和句法特点：小学三年级学生清一色的顺叙；五年级开始出现个别插叙，还有些倒叙；有近 1/3 的八年级学生运用插叙和倒叙（两项合计），高二则有近 2/3 运用插叙和倒叙的手法。

如果结合文章内容再做分析，还可以发现这样的趋势：小学三年级是比较纯粹的记叙；五年级也是纯粹以记叙为主，但出现议论现象；八年级也是以记叙为中心，开始把自己摆进去，所以议论时有出现；高二大部分学生能夹叙夹议。

在句法上，疑问句（包括反问句）和感叹句的比重，从小学三年级至高中二年级，逐渐增加，小学三年级只是个别学生能用，到高二有过半学生能用。此外，写作能力的个别差异很大，个别高二学生的作文内容贫乏，似乎还只停留在小学五年级的水平；也有一些八年级学生，他们写作水平的各项指标已达到满分，与高二学生相比也不逊色。

2. 对中小学生写作能力发展的几点看法

朱老指出写作能力的发展有一个过程。大体经过三个阶段。①准备阶段，即口述阶段；②过渡阶段，包括两个过渡：一个是口述向书写过渡，另一个是阅读向写作过渡；③独立写作阶段，即独立思考，组织材料，写出文章。[①]

结合我们课题组的一系列研究，我看到小学低年级是准备阶段；三年级是口述向书写过渡；四年级是阅读向写作过渡的开始；小学高年级，尽管学生能开始独立写作，但多是处于第二阶段；中学生的写作能力，正是在第二阶段的基础上，逐步向第三阶段发展，并逐步地以第三阶段的独立写作占主导地位。

---

① 朱智贤：《儿童心理学》下册，213 页，北京，人民教育出版社，1979。

首先，不论是小学还是中学，学生的写作能力总是按上述三个阶段发展的。从小学三、四年级起，有一个明显地从阅读向写作发展的过程，即有一个从模仿到独立写作（仿写）的过程，但中小学生表现形式和水平有高有低，有简有繁，所以会显出差异和等级来。

其次，写作能力发展有一个概括化的过程，写作水平的高低，在一定程度上取决于中小学生的概括能力。不管什么文体，写作时，其题材、结构、审题、选材，或布局、立论、论证、说理等，都要通过书面语言条理化地、生动地表达事物（包括时间、地点、人物、事件等）的内在联系，这里有一个综合、提炼过程，即概括能力发展的过程。

再次，中小学特别是中学阶段的作文所涉及的体裁很多。尽管中小学生作文的体裁和方式也随着年级升高而多样化，但是这方面的个体差异相当大，甚至于在同一个年级里，学生之间的写作能力差异超过两三个年级的间隔，这种差异自九年级之后更为明显。

最后，中小学阶段写作能力发展有关键期和成熟期。小学四年级、八年级是两个转折点，高中二年级初趋定型，这种关键期或成熟期的出现，与思维能力发展是一致的。不过，写作能力的成熟期不如一般心理能力的成熟期那么稳定，仍具有较大的可塑性。所以，确切地说，如果在高中阶段具备了一定的写作能力，正是进一步发展的良好基础。

必须承认，20世纪80年代，尽管我的研究与国内研究同步，但研究的水平是不高的。但值得肯定的是，我的研究紧紧联系教育实际，虽然离中小学生或儿童青少年智力发展指数还有距离，然而，它却为中小学教学，尤其是自己的教改实验，提供了心理学研究的依据。

第二节

————

对思维和智力整体结构的揭示——20 世纪 90 年代对思维和
智力的行为研究

　　智力发展的实质，是思维或认知能力整体结构的发展变化。对聚焦思维结构的
智力理论，不能停留在原先的初步实证研究上，更不能仅仅做理论探讨，而应该深
入实证研究。于是，我和我的弟子们都重视对相关问题做行为研究。从 20 世纪 80
年代末至 21 世纪的前 10 年（主要是 20 世纪 90 年代），我们用行为研究的数据，对
自己的思维或智力三棱结构，加以科学的分析，即从自己的思维和智力整体结构的
成分出发，论述思维和智力的目的、进程、材料、品质、监控能力与非智力（非认
知）因素的变化，以揭示上述每个因素发展的趋势和特点。

一、思维和智力目的的变化

　　智力目的的发展变化或完善的指标表现在如下五个方面：

　　定向性——解决问题的自觉性和定向性的发展；

　　功能性——体现智力的本质是为了适应（适应是智力的目的）；

　　建构性——主客体的交互作用越来越明显；

　　结构性——图式的完善；

　　主体性——能动性、预见性和有意性的变化。

（一）辛自强、康武的两个实验的结果分析

我的博士生的不少论文，涉及智力目的的研究。这里我展示两个实验。

1. 图式的获得与建构

辛自强的博士论文题目叫作《儿童在数学问题解决中图式与策略的获得》，他指出：人类只有建立更加完善和复杂的认知结构才能更好地认知和适应环境，使主体在感性认识的基础上产生一种理性认识。这种理性认识以自觉的定向，能动地预见未来，做出计划，有意识地改造自然、变革社会、调节自己为前提。所以目的性是智力的根本特点之一，反映了人类智力的自觉性、能动性、方向性和有意性，而智力的目的性受主体的图式制约。

心理学研究的智力结构有很多种，如脚本、图式、框架、计划等，其中有关图式的研究尤其能说明它对智力活动目的的影响。现代认知心理学对图式的定义众说不一，但大都将它定义为个体的知识和认知结构，它对输入的新信息进行选择、组织，并将其整合到一个有意义的框架中，以促进对信息的理解。

在问题解决过程中，从对问题情境的知觉到对问题的理解，再到问题解决方法的获取，都受到图式的影响。图式知识一旦被激活，就能引导问题解决者以特定的方式搜索问题空间、寻找问题的有关特征，有助于提高问题解决的效率。可见，图式选择是问题解决的固有部分，在面临问题时，我们需要选择合适的图式，并用它指导问题解决行为。由此可见，具备合适的图式可以引导问题理解和解决的方向，是产生智力活动目的性的基础。

图式或智力结构的建构有一个过程，辛自强对基本算术应用题类型图式的研究能说明这一点。基本的算术应用题包括四种类型：变换问题、组合问题、比较问题和使相等问题。儿童要解决这些问题，必须具备相应的问题类型图式，正确识别问题的类型。如果能对许多不同类型的问题做出合理的归类，就可以说明儿童具有了相应的图式。研究者让 60 名小学三、四年级儿童对 16 道算术题进行归类，发现 44 名儿童的分类能够反映其图式的质量，这些分类包括 5 个水平：11.4% 的儿童在水平 0 上，他们不会分类，不会概括分类标准或一题一类；在水平 1 上的儿童占 29.5%，他们根据数量指称的事物进行分类，把问题分成关于弹球的问题、关于邮票的问题等；36.4% 的儿童在水平 2 上，他们根据题目中与数量变化有关的字眼（如谁给谁、谁多几个）分类；在水平 3 上的儿童占 15.9%，他们能根据对数量关系的初步概括或反映数量关系的线索词比较正确的分类；在水平 4 上的儿童占 6.8%，他们能根据对集合关系的本质概括做基本正确的分类。上述 5 种水平的分类基本反映了儿童的不同图式水平。分类水平 0 至水平 2 的儿童属于前图式水平，在这个水平上的儿童没有掌握问题类型图式；而水平 3、4 以上的儿童达到了图式水平，基本掌握了问题类型图式。儿童在不断的问题解决或专门的问题类型表征训练中可以提高图式水平。

辛自强上述的研究，从一个侧面展示了智力结构的完善或图式水平的提高可以使问题解决活动更具有目的性，有助于选择正确的解题程序，从而达到目标。这个研究表明，已经掌握或基本掌握问题类型的儿童的问题解决成绩（以列式正确数为指标），显著高于那些仍处于前图式水平的儿童的解题成绩（见表 5-1）。原因就在于，问题类型图式可以引导智力操作沿着正确的方向进行，提高了解题正确率。

表 5-1 图式水平与解题成绩的关系

图式水平	0	1	2	3	4
列式正确数	3.6667	5.2500	5.4167	6.0000	5.3333
事后差异检验	$MD_{(1-0)}=1.5833^{**}$		$MD_{(2-0)}=1.7500^{***}$		$MD_{(3-0)}=2.3333$
	$MD_{(4-0)}=1.6667^{***}$		$MD_{(3-1)}=0.7500^{*}$		

注：* 代表 $p<0.05$，*** 代表 $p<0.01$，**** 代表 $p<0.001$。

2. 学生数学问题的提出

康武的博士论文题目为《中学生数学问题提出能力——类型、发展及影响因素》，他指出，数学问题提出能力是指在问题解决过程中，顺利地提出数学问题的稳固的个性心理特征。它有两方面的含义：一是指产生新的数学问题；二是指转化而来的数学问题。一般来说，这种能力的外显行为包含三个方面：一是指问题解决前的问题提出；二是指问题解决中的问题提出；三是指问题解决后的问题提出。但从深层来看，它是一种内隐的复杂的认知加工过程：须对数学情境或问题进行积极主动的计划、假设、检验、调控和反思。

康武采用自编的中学生数学问题提出能力问卷收集数据，以 919 名学生为被试，以数量化的证据为依据对中学生数学问题提出能力发展的特点、规律及其影响因素进行了分析。研究发现，问题的思考价值是教师对学生问题提出判断标准的首要参照系。教师根据学生参与的深度，倾向于将学生问题提出分成三类。教师在描述积极提出问题的学生特点时，首要考虑的是思维特征。教师认为学生问题提出的首要功能是促进思维的发展。三种问题提出类型在性别因素上有显著的差异。不同问题提出类型在数学成绩上主效应显著。中学生问题提出能力从七年级到高二呈平稳增长趋势。男生的问题提出能力在高二时明显高于女生，在其他年级没有显著性差异。学生问题提出行为在不同性别上表现出了如下特点：不同性别除了在问题提出技能维度上差异不显著外，在问题提出的主动提出问题、合适提出问题、反思三个维度上，均表现出了显著的性别差异。成就动机、自我效能、数学信念、课堂环境及文化因素等对中学生数学问题提出能力发展存在较明显的影响。

(二)辛自强、康武实验的启示

无论是经典还是当代认知(智力)发展理论的一个重要问题就是研究被试目标指引的行为，其中图式获得和问题提出能力尤其能体现智力活动的目的性。从最一般意义上说，这两个方面是目标指向的旨在解决问题的心理结构和心理操作。

我的弟子们的研究涉及思维和智力的目的性问题，从中使我们获得三点启示：

第一，通过被试的图式变化和策略发展，使我们看到智力目的性发展变化的趋势：定向自觉性在逐步提高；对解决问题的适应性和预见性越来越明显；问题提出能力随着年龄的增长不断地在提高。

第二，辛自强用的是小学一个年级的被试，康武用的是中学不同年级的被试。尽管思维和智力的目的性发展有一定年龄特征，但更多的表现出个体差异。从中我们看到，思维和智力目的性成为衡量不同被试水平高低的指标。要促使儿童青少年的智力发展，我们可以在目的性方面下功夫。思维和智力结构的目的性不仅仅体现年龄特征，更重要的是显示个体差异。如前所述，思维和智力本身是一种个性心理特征，因此，研究思维和智力目的性的个体差异，在一定意义上说，比探讨年龄特征显得更为重要。

第三，人类思维和智力活动的根本目的是为了适应与认识环境。问题解决作为主要的高级智力活动之一，尤其能体现出目的性，而这种目的性是建立在主体的认知结构基础上的，其中图式与问题提出能力的影响尤其显著，它们的不断发展与完善对保证智力活动的方向性、针对性和目标专门性有重要意义。

二、思维和智力过程的发展

思维和智力过程的发展或完善的指标主要表现在以下两个方面：一是成功地进行信息加工，且逐步完善，即能进行串行加工、平行加工和混合加工；二是逐步掌握分析—综合的方法，且能引申出比较、分类、抽象、概括、系统化和具体化。

按照当代认知心理学的观点，智力过程是信息加工的过程。一般认为，人的信息加工有三种基本形式：认知过程从宏观上看是串行加工的过程，如记忆和对熟悉问题的解决过程等；从微观的角度来看，在认知过程的具体环节上存在着并行加工，如阅读理解、解决问题假设的提出和策略的选择等；综合使用这两种加工，就是混合加工。

传统心理学认为，在智力过程中，思维过程是其核心过程。思维的过程一般包括分析和综合及其表现形式：比较、抽象、概括、系统化和具体化等，其中分析和综合是最基本的过程。思维过程一般贯穿于智力过程。

(一)张奇研究结果的分析

张奇的博士论文对小学生等量关系运算和几何图形预见表象等认知过程进行了信息加工过程和思维过程的分析。

他以"等量关系运算"为例，来分析小学生"等量关系认知能力"的信息加工过程和思维。他在"小学生等量关系认知能力测验"中给被试呈现诸如下列的等式：$2(\quad)5=10$；$5(\quad)9(\quad)5=40$；$36(\quad)6(\quad)3=2$；等等。测验让小学生根据给出的每个等式的等量关系，在括号内填写一个适当的运算符号(＋、－、×、÷)。对于学过加、减、乘、除运算的二年级及其以上年级的小学生来说，在解决这样的问题时，其信息加工的过程往往是混合加工的过程。例如，一位二年级小学生被试在解决 2( )5＝10 时，可以完成的信息加工过程如图 5-1 所示。

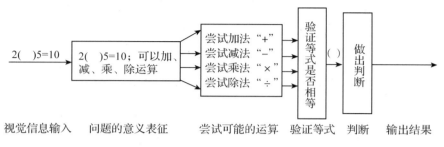

视觉信息输入　　问题的意义表征　　尝试可能的运算　验证等式　判断　　输出结果

图 5-1　小学生解决数学问题信息加工过程图(Ⅰ)

按照信息加工的术语，图 5-1 的认知过程中既有串行加工，也有并行加工，是一个混合加工的过程。从认知的总过程来看是串行加工；但在信息加工的具体环节上存在并行加工。在这个信息加工过程中，"尝试可能的运算"和"验证等式是否相等"都是平行加工。

按照传统心理学的观点，在上述认知过程中，除了视觉"信息输入"和"结果输出"之外，其余的认知环节都是思维过程。"问题的意义表征"是分析—综合的过程；"尝试各种可能的运算"是发散思维的过程；"验证等式是否相等和做出判断"是综合思维的过程。所以，在"等量运算"的各关键环节上都是思维活动的过程，表现出分析和综合的基本思维过程。

研究者认为，对智力过程的信息加工分析(用信息加工的流程图来描述认知过程)使我们获得对认知过程的直观认识。分析认知过程的思维过程，有利于我们把握认知过程的核心过程和心理机制。两者的对比分析，会使我们更加清楚地认识认知过程的发展。

再如，一位三年级小学生被试在解决 5( )9( )5＝40 的问题时，表现出的信息加工过程如图 5-2 所示。

图 5-2 的认知过程也是混合加工的过程。而且，等量运算的步骤越多，并行加工就越多，信息加工的过程就越复杂。思维过程也是如此。我们看到等量运算的步骤越多，思考的运算组合就越多，思维活动就越复杂。一般来说，发散思维过程对应的是并行加工；辐合思维过程是由并行加工的过程过渡到串行加工的过程。小学

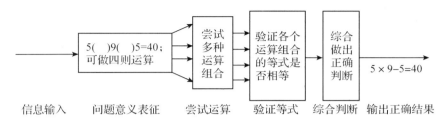

图 5-2　小学生解决数学问题信息加工过程图（Ⅱ）

生等量关系运算能力的发展是随着年级（年龄）的增长而逐步提高的。一般来说，一年级小学生尚无"两步"等量运算的能力，二年级小学生才开始具有这种能力。三年级及其以下小学生一般还没有"三步"等量运算的能力，四年级小学生开始具有这种能力。四年级及其以下小学生一般还没有"四步"等量运算的能力，五年级小学生开始具有这种能力。这说明，小学儿童等量运算的智力过程的发展是逐步完善的。其表现为信息加工的过程由简单到复杂，由不完善到逐步完善。其思维过程的发展也是如此，最初是简单的分析与综合，再发展表现为抽象与概括，最后，实现等量运算概念的系统化和具体化。

几何图形预见表象过程也是信息加工的过程。它与等量运算认知加工过程的区别是信息的表征形式不同，认知加工（信息加工）的方式也不同。但就其信息加工过程的形式来说，也有串行加工、并行加工和混合加工。下面我们以"立体几何图形的表面展开作业"为例，分析其信息加工的过程。

立体几何图形表面展开的作业，如图 5-3 所示。

图 5-3　立体几何图形展开作业的示意图

按照信息加工的观点，图 5-3 的预见表象的过程也是混合加工的过程。整个信息加工的过程是串行加工，具体的表象过程是并行加工。在上述信息加工过程中，"表象的各种可能的图形"是并行加工。按照传统心理学的观点，几何图形的预见表象过程是对几何图形的独立想象过程，即形象逻辑思维过程。在上述认知过程中，从"视觉信息的输入"到"问题的语义表征"是分析—综合的过程；从"表象的各种可能的图形"到"结果图形的选择"过程是更深入的分析—综合过程。可见，分析与综合是思维活动的基本过程。这个研究结果显示：小学生几何图形预见表象能力的发展是由"参照水平"到"独立水平"，由比较简单的几何图形的预见表象发展到比较复杂的几何图形的预见表象。这说明，小学儿童表象信息加工的过程或形象逻辑思维过程的发展也是逐步完善的。

其信息加工的过程，如图 5-4 所示。

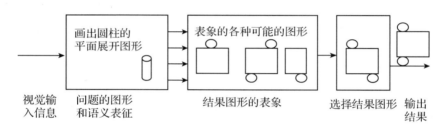

视觉输入信息　问题的图形和语义表征　　结果图形的表象　　选择结果图形　输出结果

图 5-4　小学生解决几何问题信息加工过程图

(二)张奇研究结果的启示

通过张奇博士论文的研究结果对小学生数与形认知的信息加工过程的分析，我们得到以下两点启示。

1. 思维过程是智力(认知)的主要过程

不论是等量关系的认知过程，还是几何图形的预见表象过程，其思维活动过程都是智力(认知)的主要过程。问题的表征、数学逻辑运算、几何图形的预见表象、运算或表象结果的判断等都是逻辑思维的过程。问题的表征就是对问题的分析和理解，这是数学逻辑分析思维的结果；数学运算是心理的逻辑操作过程，这是数学逻辑转换思维的结果；对几何图形的预见表象是形象思维的过程，是几何图形逻辑想象的结果；对运算或表象结果的判断或选择是思维比较和概括的结果，也是思维的过程。在智力（认知）过程中，感知为思维提供有待加工的信息；记忆为思维提供有用的知识。而且，预知信息的选择和记忆内容的提取也受思维过程的支配。

2. 思维过程的发展促使智力过程的完善化

个体思维的发展的一个重要表现是思维过程的发展。思维过程的发展也是智力发展的重要方面。思维过程的发展是思维过程的不断完整化、简约化和优化的过程，即思维过程的完善化过程。这种完善化过程既有思维具体过程的完善化，如分析和综合过程的完善、抽象，概括过程的完善，以及系统化和具体化的完善。还包括整个思维活动过程的协调统一和完善化，如解决问题中的思维过程的完善化等。尽管有着年龄特征，但也表现在不同个体发生在解决不同课题的过程中，如解决"数"的问题，二年级学生可以获得与五年级学生同样的串行、平行和混合三种加工的过程中。当然这里年级之间解决问题的质量是有区别的。

3. 智力过程的发展表现为认知过程的完善化

在认知过程中思维过程是主要过程，思维过程的发展或完善决定认知过程的发展或完善。认知过程的发展包括两个方面：一是整体认知过程中各个具体认知过程的发展或完善；二是整个认知过程中各个认知环节的协调、统一和完善。这种协调、统一和完善是在思维活动的目的、任务、过程的要求下实现的。因此，思维过程的发展或完善决定着整个认知过程的发展或完善。

4. 智力过程的发展表现为智力过程的完善化

智力过程体现在许多具体的智力活动过程中，如认知过程、学习过程、分析和解决问题的过程、推理和判断的过程、创造性过程等。因此，智力过程的发展包括认知过程的发展、学习过程的发展、分析和解决问题过程的发展、推理和判断过程的发展、创造性过程的发展等。但是，所有这些过程都表现在认知过程发展或完善决定着其智力过程的发展或完善上。如果这些过程达到了多种（串行、平行和混合）加工，达到了会分析与综合，并表现为有比较、分类、抽象、概括、具体化和系统化的过程，就算达到了智力的发展变化和完善化的指标。因此，思维过程的发展或完善决定着智力过程的发展或完善；思维过程的发展或完善就是智力过程的发展或完善。

三、思维和智力材料(内容)的发展

如前所述，思维和智力的基本过程是认知过程。认知的材料(内容)即智力的材料(内容)。按照信息加工心理学的观点，认知的材料(内容)就是信息，即外部事物或外部事物属性的内部表征。外部信息的内在表征有多种类型或形式。首先是各种外部刺激的内部感觉，如音响、明暗、冷热、气味、软硬、口味等。其次是知觉水平的表征，如大小、形状、旋律、口音、语速、形象等。再次是表象表征，如记忆表象(再现表象)、想象表象(预见表象)等。最后是抽象表征，首先是语言表征，如口头语言、文字语言、听觉语言(这三类信息简称为 AVL 信息)和语义表征。语义表征有具体的描述性语义表征，如陈述、说明、解释等；还有抽象的语义表征，如概念、命题、规则等。抽象表征，其次是图形表征，如曲线、几何图形、徽章、商标等。更抽象的表征是符号表征，如数字、运算符号、推理符号、代码、公式、标志符号等。我们可以把感觉表征、知觉表征和表象表征统称为直接的具体的表征；而把语言表征、图形表征和符号表征统称为间接的抽象的表征。按照哲学认识论的观点，前者是智力的感性材料，后者是智力的理性材料。

我认为，智力(内容)的发展变化或完善的指标为：感性认识(认知)材料的全面性和选择性；理性认识(认知)材料的深刻性和概括性；感性材料向理性材料转化的灵活性和准确性。

(一)陈英和研究的结果分析

陈英和的博士论文《关于儿童青少年获得几何概念认知操作的发展研究》能够揭示这个问题。

陈英和在研究中发现儿童青少年的平面几何概念的发展共经历了四个水平。第一，具体水平。这一水平的儿童青少年能够在一定的时间间隔后，将某个先前感知过的图形从若干其他图形中辨认出来。第二，同一性水平。儿童青少年能够在不同的视觉角度下，将先前感知过的图形认作同一图形。第三，分类水平。儿童青少年能够将某一几何概念(图形)的两个或多个不同的例证视为同一类事物,达到这一水平的核心能力是抽象。第四,形式水平。儿童青少年可以从本质上对概念的内涵进行表征。

这个过程反映出儿童青少年对客体的认识从感性向理性发展的特点,同时也反映出儿童青少年思维能力的发展并非完全呈直线状态而是呈螺旋式上升趋势。具体表现为以下几点。

第一,学前晚期中已有相当一部分儿童能在时间和空间位置都发生变化的情况下,将先前感知过的图形视为同一个图形,在图形认知上进入了具体水平表征并接近同一性水平表征,随着年龄的增长,这两种能力继续发展,并分别在小学一年级和四年级达到成熟。

第二,小学一年级至五年级儿童进入了概念发展的第三级水平——分类水平,即在图形认知上已开始表现出一定的抽象能力,能够排除外部特征的干扰,深入事物内部去寻找本质特征,并以此作为判断的依据,而且随着年级的增高,儿童能将表面形式差别很大但本质一样的图形视为同一类别,达到了图形认知上的分类水平表征,但每个年级在这一水平上的具体发展程度不同,小学二年级和四年级是在这个水平上发展较快的两个阶段。

第三,从初中开始,实际上从小学六年级开始青少年就进入了概念发展的形式水平的初级阶段,随着年龄的增长,他们能逐步做到,不仅能分辨出某一几何概念的本质特征,而且能用标志概念的内涵的语言对这些本质特征进行描述,进入高中阶段后,个体则能根据事物的本质特征评价概念的正负例证,并通过对正负例证进行分析、比较,给出相应概念的内涵,在图形认知上达到了形式水平表征水平。

个体概念每一级水平的发展总是以一种新的认知操作形式的出现为基础,概念水平的发展是表现,相应的认知操作水平的提高是实质。儿童青少年在概念学习过程中,有关的认知操作呈现流动传导状态,随着年龄的增长和知识的增多,每一种包含于前一级水平的操作形式都将传递到下一级水平中去,作为一种新操作出现的基础,或在功能上对新操作予以辅助。这个过程不断地进行下去,当所有有关的认知操作累加在一起,并经过内部的重新组合和调整而趋于完善的时候,个体相应的概念的发展也就趋于成熟了。

(二)陈英和研究的启示

陈英和的博士论文使我们在智力材料(内容)的发展变化或完善性上，获得如下四点启示。

第一，智力材料(内容)的发展是由具体形象向逻辑抽象方向的转化。智力材料(内容)的本质就是外部事物在人脑内的信息加工。外部事物的不同内在表征形式从一个侧面反映了智力的水平或思维的水平。感觉表征、知觉表征和感觉获得的对外部事物及特征的记忆表征是从直接到具体的表征，这是感性认识(认知)的结果。而语言表征、图形表征和符号表征是间接的抽象的表征，这是理性认识(思维)的结果。年幼儿童首先具有感性认识，然后才发展到理性认识。皮亚杰把儿童认知(智力或思维)的发展划分为感知运动水平、前运算水平、具体运算水平和形式运算水平。我们早在 20 世纪 80 年代的研究认为[1]，学前儿童已经具有了动作思维和形象思维。小学儿童开始具有抽象思维。在小学阶段，儿童以形象思维为主，同时抽象思维迅速发展，两种思维并存了，并实现从形象思维到抽象思维的过渡。到中学阶段，青少年的抽象逻辑思维处于优势的地位，即达到了一种假设的、形式的、反省的思维。

第二，青少年儿童智力材料(内容)的不断抽象化，或认知表征的不断概括化是他们智力或认知能力发展的重要特征之一。它标志着他们思维过程简约化或概括化水平的提高，也就是抽象思维或理性认识的发展。人类思维或理性认识突出的特征之一就是其概括性和间接性。人类思维可以摆脱具体事物的感知和表象，进行抽象的、间接语言思维和符号运算。这是人们认识事物本质和规律的基础。正因为如此，人类认识才不至于停留在感性认识上，而向更深刻的认识——理性认识发展。

第三，当代认知心理学无疑注意到了事物表征和概括表征。在认知心理学中，视觉表征、听觉表征和语义表征都是常用的术语。但它没有对不同水平的表征形式做出明确的区分，而把物理表征、语义表征和概念及命题表征混为一谈。这无疑忽

---

[1] 朱智贤、林崇德:《思维发展心理学》，北京，北京师范大学出版社，1986。

略了感性认识与理性认识的本质区别。我们认为，视觉和听觉表征，以及其他感觉表征形式属于感性表征；而语义的、符号的、概念的和命题的表征属于理性表征。思维既可以在感性表征的基础上进行，也可以在理性表征的基础上进行。但两种思维（或认知）的水平有本质的不同。理性思维主要是在理性表征的基础上进行的思维过程。这是一种人类特有的认知能力，即理性认知能力。研究理性认知或抽象思维应是认知心理学研究的重点。

第四，理性认知或抽象逻辑思维的材料（内容）主要有三种：语言（语义、概念和命题等），数（标志符、运算符、代码符）和形（几何图形、设计图、草图、曲线、示意图等）。思维的内容不同，思维的过程也不同。所以，在智力心理学中，语言能力、数及数的运算能力、图形的表象能力是三个基本的智力部分。在认知发展心理学中，语言能力的发展、运算及数量关系认知能力的发展、图形表象能力的发展常常是分开进行研究的，三种能力各有其发展规律。陈英和的《关于儿童青少年获得几何概念认知操作的发展研究》集中探讨了儿童和青少年图形表征能力的发展，也有一些研究侧重揭示儿童数运算能力的发展，都发现了有价值的结果。的确，数的认知能力与形的表象能力是两种不同的能力，应该加以分别研究，这样有利于问题的深入，对于各种能力特质的深入探讨才具有积极意义。但智力（认知与思维）毕竟是一个整体，也有必要开展适当的综合研究，使人们进一步认识智力（认知或思维）的整体特征。

四、思维和智力的反思（监控）的变化

思维和智力的反思（监控）的发展变化或完善的指标表现在如下五个方面。

计划——对面临的任务所确定目标、规划进程、预示结果的发展；

检验——用恰当方法检查学习活动的进展和变化，使其保持合理性；

调节——根据检验结果，及时调整、完善解决问题的方式、方法；

管理——不断提高对自己要解决任务保持"反省"，逐步做到对问题"心中有数"；

评价——在解决问题以后，有一个科学评判标准，能客观地对待自己的结果。

(一)章建跃研究结果的分析

章建跃的博士论文题目为《中学生数学学科自我监控能力——结构、发展及影响因素》，从这篇论文中，我们可以看到智力的反思或自我监控是如何发展变化或完善的。

表 5-2　各年龄段学生数学学科自我监控能力各维度的平均分

年龄段	参数	计划	检验	调节	管理	评价
小学	M	14.64	13.68	14.75	16.23	6.27
小学毕业生	SD	5.09	4.50	5.69	5.81	2.83
初中生	M	17.73	16.53	14.81	18.45	7.23
	SD	4.63	4.75	5.68	6.08	3.36
初中毕业生	M	18.93	18.46	18.00	22.37	8.48
	SD	4.38	5.20	7.46	6.87	3.80
高中生	M	19.34	17.62	15.96	20.03	8.68
	SD	4.52	4.02	5.07	5.54	2.82
总体	M	18.03	16.80	15.74	19.32	7.81
	SD	4.88	4.75	5.88	6.24	3.28
	F	12.741	0.508	10.148	5.760	11.790
	p	<0.001	>0.05	<0.001	<0.001	<0.001

从表 5-2 中可以看出，在正常的学校教育条件下，中学生数学学科自我监控能力的发展有其年龄阶段性。但是发展的趋势除小学毕业到初中阶段比较明显外，其他年龄段均较为平缓，而且经检验在整个中学阶段的发展没有显著性差异，在调节、检验及管理上，从初中毕业到高中还有下降趋势。

(二)章建跃研究的启示

中学生自我监控能力的发展尽管呈现年龄阶段性，但是当前中学生自我监控能力的发展比较平缓，没有达到与其他智力成分或心理能力的同步发展，也不是数学知识增长的必然结果。不过，中学生自我监控能力的发展仍有其自身的规律性。

从总体上来看，中学生数学学科自我监控能力的发展符合从他控到自控、从不自觉经自觉到自动化、从局部到整体、敏感性逐渐增强、迁移性逐渐提高等基本规律。

章建跃的研究至少给我们以下几点启示。

1. 中学生数学学科学习中的自我监控由他控发展到自控。这说明当前中学生自我监控中他控比重仍然很大，即使到了高中也如此。

2. 中学生数学学习中的自我监控发展经历了一个从不自觉到自觉再到自动化的过程。学生是否能对学习活动进行自觉的自我监控，这种监控能不能达到自动化的程度，与学生对活动所需的思想方法的熟悉程度密切相关。除了在某些方面外，中学生在学习中的自我监控自动化水平是比较有限的。这突出表现在对解题过程的检验这一自我监控核心环节的发展缓慢上。

3. 迁移性逐渐提高，即中学生数学学习中自我监控的过程或方式可以从一个具体的数学活动情境迁移或应用到与其相同或相似的其他数学活动情境中去。随着学生所掌握的数学思想方法抽象水平的提高，对其本质的认识不断加深，学生对这种思想方法的有效性的认识在不断提高，应用它来指导自己的实践活动的意识和自觉性也在不断增强，这就是学生在学习中自我监控的过程或方式的迁移性提高的表现。

4. 敏感性逐渐增强，即学生根据数学学习中各因素之间的关系及其发展变化，对学习进程做出迅速而有效的调节和校正的能力在增强。敏感性是衡量中学生在学习中自我监控水平的重要指标。敏感性的增强过程在一定程度上可以看成是中学生自我监控水平的发展过程。

5. 从局部监控到整体监控，即中学生数学学习中的自我监控在深度和广度方面都在逐渐发展。在数学学习中，从局部到全局的自我监控，与学生的思想方法从具体到抽象的发展密切相关。从局部监控到整体监控是学习中自我监控发展的又一个重要特征。

五、思维和智力品质的变化

智力品质，即思维的智力品质的发展变化或完善的指标表现在思维的敏捷性、灵活性、创造性、批判性和深刻性五个方面。

早在 20 世纪 80 年代，我研究了小学生在数学运算中思维品质的发展变化，获得如下结论：小学生思维的智力品质的发展存在着明显的年龄特征。思维品质是统一的整体，其发展存在着一致性，同时，完整的思维品质又包括不少成分，它们又各有其年龄特征的表现。一般来说，小学生思维的敏捷性与灵活性是稳步发展的，我在研究小学生运算过程中，尚未发现其思维敏捷性与灵活性有"突变"或"转折点"。这是敏捷性与灵活性在发展上的相似之处，但两者又不完全类似。在小学阶段，学生思维的敏捷性往往易变化，不稳定。也就是说，在小学生敏捷性的发展上，其年龄特征更易表现出可变性。在预备实验中，几次测得敏捷性的信度和效度普遍比其他品质低，这里，固然有实验者、主试及试题的原因，但也有敏捷性"易变"的因素，思维敏捷性不如其他品质"稳定"，其原因是决定它的因素太多，其中也包括它要受其他品质的影响，而造成敏捷性的不稳定。小学生思维的灵活性比敏捷性稳定，同时，在发展中它的表现形式也比敏捷性丰富或多样化。小学生思维的深刻性，在发展中既表现出不断发展的趋势，又有三四年级的一个转折或关键期。从三四年级起，在学生思维的成分中，逻辑性成分逐步占主导地位。小学生思维的创造性或独创性，比其他思维品质的发展要晚，要复杂，涉及的因素很多。我们既不能忽视小学阶段，尤其是高年级学生思维创造性品质的发展与培养，但也不能过高地估计他们独创性思维品质的水平。当然，在当前教育中，忽视独创性的现象比过高估计的现象要严重得多。

从 20 世纪 80 年代起，我一直在探索中学生思维品质的特点，90 年代后期我的学生李春密的博士论文研究展示了这个领域的新成果。

(一)李春密实验的结果分析

李春密的博士论文《高中生物理实验操作能力的发展研究》中涉及中学生思维品质的变化和完善过程。

1. 各品质之间的比较研究

表 5-3 　高中生物理实验操作能力中各品质所占的比重

深刻性	灵活性	批判性	敏捷性	创造性
23.4%	19.3%	19.4%	21%	16.9%

由表 5-3 可见，学生的深刻性品质的得分最高，反映了深刻性是诸品质的基础，这是逻辑抽象思维发展的必然趋势；学生的创造性的得分最低，这说明创造性的思维品质的发展，较其他品质要迟、要慢，难度最大。

2. 思维品质之间的相关性

为了清楚地看出各品质之间的相关性，李春密把各品质之间的相关系数表示成如下相关距阵：

	深刻性	灵活性	批判性	敏捷性	创造性
深刻性	1	0.508	0.447	0.519	0.371
灵活性	0.508	1	0.716	0.646	0.660
批判性	0.447	0.716	1	0.673	0.654
敏捷性	0.514	0.646	0.673	1	0.640
创造性	0.371	0.660	0.654	0.640	1

由上面的相关距阵可见，敏捷性品质与其他品质的相关系数最高，说明敏捷性主要是由各品质派生或决定的；灵活性、批判性与创造性的相关系数高，证明了发散思维是创造思维的前提或表现，创造程度与批判程度具有高相关；深刻性与创造性的相关系数低，说明抽象逻辑思维未必都能产生创造性思维，同样地说明创造性思维也未必都来自抽象逻辑思维，因为创造性思维也来自形象逻辑思维。

(二)李春密实验的启示

从李春密的博士论文中，我们得到了三点启示。

第一，智力品质的完善首先表现出思维的智力品质的全方位发展和成熟。比起小学的思维品质，到了高中阶段，思维的深刻性、灵活性、批判性、敏捷性和创造性获得全方位的发展。我们利用多重比较发现，高中阶段各年级之间（高一与高二之间、高一与高三之间、高二与高三之间）不存在着显著差异，这说明思维的智力品质到了高中已趋成熟，如表 5-4 所示。

表 5-4   高中生思维智力品质成熟度

	平方和	自由度	均方	F	Sig.
组间	2.613	2	1.306	1.678	0.187
组内	1126.359	1447	778		
总计	1128 972	1449			

第二，智力既然作为个性心理特征，当然是有层次的，它要集中地体现出个体差异来。智力的超常、正常和低常的层次，主要体现在思维水平上，即思维品质上。也就是说，思维的智力品质是智力活动中，特别是思维活动中智力特点在个体身上的表现，因此，思维品质的实质是人的智力、思维的个性特征，思维品质的完善与成熟，必然成为智力完善与成熟的重要指标。思维品质的不同体现了个体智力的差异，事实上，我们的教育、教学，目的是要提高每个个体的学习质量。因此，在智力的培养上，往往要抓住学生的思维品质这个突破口，做到因材施教。

第三，智力发展变化或完善也表现在各思维品质的作用上，李春密在研究中所揭示的思维品质之间的比重与彼此相关，说明了各思维品质在智力活动中的地位与作用、发展变化的时间与次序、彼此之间的影响与功能，这些因素的完善，就意味着思维品质的完善，且表现为智力发展变化的一个重要指标。

六、思维和智力中的非智力因素的变化

智力中的非智力因素，或思维中的非认知因素的发展变化或完善的指标表现在非智力（或非认知的）因素结构的完整化，以及对思维和智力活动的作用两个方面。

(一)申继亮研究的结果分析

1988 年，申继亮编制了智力与非智力因素两个量表[①]，并以 53 名高中生的语文、数学、外语三门课的期终成绩的平均数，作为被试的学业成绩。他运用模糊综合评判的方法，对评价结果进行统计处理。之后又求得智力因素、非智力因素和学生成绩三者的相互关系，结果如表 5-5 所示。

表 5-5　智力因素、非智力因素与学业成绩的相互关系

智力因素与非智力因素	智力因素与学业成绩	非智力因素与学业成绩	智力、非智力诸因素与学业成绩
0.90***	0.8265**	0.7181**	0.8131**

注：** $p < 0.01$，*** $p < 0.001$。

由上述结果可以看到，智力因素与非智力因素的相关极为显著，达到了 0.001 的水平；学业成绩与智力因素、非智力因素及智力、非智力诸因素构成的整体的相关，均达到了非常显著的水平，即 0.01 的水平。这说明，在学生智力形成和发展过程中，非智力因素的影响是非常显著的。良好学业成绩的取得，不仅与智力品质有关，而且与非智力因素有关。

申继亮的研究同时指出：智力因素与非智力因素在学生学习活动中各自发挥作用，即权重：智力因素＝0.525，非智力因素＝0.475。尽管这个数据与国外的非智力因素略大于智力因素在学习活动中的作用的数据有些不同，但本质是一样的。学生的学习活动要受智力与非智力两种因素的作用，至于哪个因素略大一点，这不是实质的问题。

(二)申继亮研究的启示

申继亮的研究，至少给我们三点启示。

第一，智力不能与非智力因素割裂开来，智力的发展变化或完善应该包括非智力因素的发展变化或完善；同样的，非智力因素只有与智力因素一起才能发挥它在智力活动中的作用。

---

① 申继亮：《心理模糊性的定量研究》，载《北京师范大学学报(增刊)》，1990。

第二，应该探索非智力因素在智力发展变化或完善中的具体作用。两个因素之间 0.90 的相关系数（$p<0.001$）是很有意义的。我们将在第七章中展开，说明非智力因素对智力活动的动力、定型和补偿三个方面的作用。

第三，人的一切智力活动，包括学习活动、智力因素与非智力因素共同起作用，作用的孰多孰少不是实质的问题。正因为如此，在智力因素的培养上，不仅要从智力本身出发，而且也要考虑到从非智力因素出发。这就是我们在第七章中要讨论的重要问题。

第三节

对认知与社会认知新课题的探讨——20 世纪 90 年代后对思维和智力的行为研究

我在第二章中论述了"智力研究的新进展"，在这个新进展中，国际心理学界出现许多认知的或社会认知的新课题或新的研究领域。处于信息时代的今天，我国的心理学并不落后，只要国际上有先进的课题，我们都有相应的研究。当然，我国的心理学家绝不"跟风"，我们也出现一些原创性的研究。

20 世纪 90 年代后，我和我的团队对认知与社会认知领域的新课题开展了一系列的行为研究，并把行为研究与现代化研究手段（或认知神经科学研究）结合起来。我特别要指出的是我的团队的研究成果发表在国际科学引文索引（SCI）和社会科学引文索引（SSCI）收录的杂志或国内《心理学报》以及相关权威学术杂志上。出自对我这个老师的回报，我当上不少研究报告的通信作者。

这里，我把部分文章的摘要做了汇集，分认知与社会认知两个选题对一些代表性的研究进行介绍。

一、对认知及其发展的新探索

20世纪90年代后，我的团队对认知及其发展的新探索，有代表性的应数李红、胡清芬和连四清等人，对推理枢纽项比较模型、人工类别学习、因果判断中的信息选择与处理、工作记忆等国际上比较前沿的课题，进行了一系列的探索。

(一)李红对两项认知及其发展新课题的研究

下面介绍我们团队李红与他的博士生的研究。

1. 关于推理能力发展的系列研究

关于传递性推理，研究者提出了传递性推理的枢纽项比较模型。该模型认为，解决三项系列问题的关键在于弄清其实质，即枢纽项（中间项）与两个端点项之间的比较。个体如果能够了解这种实质，那么解决问题时就有了更加明确的方向。只要找到枢纽项，确认枢纽项不同时大于或小于两个端点项，并将其中任何一个端点项做比较，就可以得出正确的结论。同时，了解三项系列问题的实质，也有助于帮助个体判断三项系列问题的真伪，使个体不被前提语言描述的复杂性所迷惑，从而帮助个体更好地解题。对6～19岁青少年传递性推理的研究结果显示，空间模型、语义模型、语义—空间混合模型和枢纽项比较模型是相互补充的，是在不同认知发展阶段依一定次序，按一定的阶段逐渐形成的，最终构成以枢纽项比较模型为核心的、多种心理模型并存的复合模型。[①]

关于儿童的因果推理，李红等人采用斜面滚球装置，设置了不同的推理方向、规则维度的因果推理任务，研究了60名3.5～4.5岁儿童因果推理能力的发展。结果发现：①儿童在不同方向的因果推理任务上成绩差异显著，因→果推理成绩要好于果→因推理；②不同维度下儿童的推理成绩有极其显著的差异性，一维的因果推理更容易，三维合取规则的因果推理任务更难；③3.5～4岁是儿童因果推理能力发

---

① 李红、林崇德：《个体解决三项系列问题的心理模型》，载《心理学报》，2001，33(6)。

展的快速期。①

关于儿童类比推理的发展，李红研究了儿童单双维类比推理能力的发展水平和特点。结果表明：在具备相应知识经验的前提下，4 岁组到 5.5 岁组儿童的单维类比推理能力已接近形成，没有显著的年龄差异；4 岁组到 5.5 岁组儿童的双维类比推理能力还均处于较低的发展水平，但年龄差异显著，其中 5.5 岁组儿童明显优于 5 岁组，5 岁组和 4.5 岁组之间没有显著差异，4.5 岁组显著优于 4 岁组，在一定程度上反映出 4.5～5.5 岁为儿童发展双维类比推理的"快速增长期"。②

关于归纳推理，在归纳推理的多样性效应方面，研究者提出用复杂认知分段设计来进行研究，指出惊奇感是成人产生多样性效应的关键，反映了情绪对认知的影响。③ 在归纳推理的发展方面，研究发现，4 岁幼儿显著地依赖于质地相似度进行归纳，颜色相似度在 5～6 岁时的重要性明显提高，但仍略低于质地相似性，差异不显著，这表明颜色相似度和质地相似度在幼儿的归纳推理中具有不同程度的重要性。当儿童面临知觉相似与概念相似的冲突时，3.5 岁儿童基于知觉相似与基于概念相似的推理之间差异不显著，而 4.5 岁和 5.5 岁儿童能显著地基于概念相似进行归纳推理。④

为了探讨儿童是基于知觉相似还是基于概念进行归纳推理的，李红等人利用儿童较为熟悉的材料，设计了一种知觉相似与概念冲突的情形，并在 4 种不同的信息提示条件下，测试了总共 275 名 3.5 岁、4.5 岁和 5.5 岁儿童的归纳推理。实验结果显示，在预备实验中，3.5 岁儿童已经能够排除无关刺激，要么基于知觉相似要么基于概念进行归纳推理，但二者没有显著差异；在正式实验中，在 4 种任务条件下，3.5 岁儿童的情况基本与预备实验相同，而 4.5 岁和 5.5 岁儿童则更倾向于基于概念进行归纳推理，这表明儿童的归纳推理可能的确经历了从依据知觉相似到依

---

① Li Hong，Zheng Chijun & Gao Xuemei et al.，"The influence of complexity and reasoning direction on children's causal reasoning," *Cognitive Development*，2005，20(1)，87.101.

② 李红、冯廷勇：《4～5 岁儿童单双维类比推理能力的发展水平与特点》，载《心理学报》，2002，34(4)。

③ Antao Chen，Hong kong Li & Tingyong Feng et al.，"The diversity effect of inductive reasoning under segment manipulation of complex cognition，*Science in China Series C：Life Sciences*，2005，48，275-283.

④ 李富洪、李红、陈安涛等：《物体颜色与质地相似度对幼儿归纳推理的影响》，载《心理学报》，2005，37(2)。

据概念关系的转变，但发生转变的年龄应该不是在7~8岁，而是在4岁之前。[①]

为了揭示高级认知过程中认知冲突的脑机制，李红等人采用事件相关电位技术探讨了顿悟问题（字谜）解决中提供答案后的脑内时程动态变化。根据反应结果，将字谜答案区分为三种认知状态：①无顿悟，即所提供的答案与被试猜测的结果一致；②有顿悟，即被试先前没有猜到答案，但是能理解所提供的答案是正确的；③不理解，即被试既没有猜到答案，也不能理解所提供的正确答案。结果发现，在250~400ms内，"有顿悟"和"不理解"比"无顿悟"的ERP波形均有一个更为负向的偏移（见N320）。差异波（"有顿悟—无顿悟"和"不理解—无顿悟"）的地形图显示，N320在中后部活动最强。通过对"有顿悟—无顿悟"的差异波做偶极子溯源分析发现，N320主要起源于扣带前回（ACC）附近。这似乎表明，N320可能反映了提供答案瞬间新旧思路之间的认知冲突过程。[②]

此外，李红等人还尝试提出了一种新的血流动力学函数来改进fMRI数据分析方法——广义线性模型（general linear model，GLM）。这个模型的关键是如何构建设计矩阵来更好地模拟感兴趣的效应同时又能较好地分离噪声。李红等人所提出的动力学特征函数作为新的血液动力学函数来处理fMRI数据，并用新的动力学函数卷积刺激模式作为设计矩阵来检测脑活动信号。通过应用真实fMRI数据来检验该新模型的有效性，结果更显示出该数据结果是由一个视觉刺激唤起的，其兴奋区域主要分布在初级视觉皮层。[③]

2. 关于人工类别学习的研究

人工类别学习（artificial category learning）是个体获得知识和技能的主要途径，而基于规则的类别学习或人工类别学习则是规则与概念获得的主要形式，因此人工类别学习的心理与神经机制的研究对于理解人类智能行为，特别是学习行为有重要

[①] 龙长权、吴睿明、李红等：《3.5~5.5岁儿童在知觉相似与概念冲突情形下的归纳推理》，载《心理学报》，2006，38(1)。

[②] Jiang, Q., Li, H. & Zhang, Q. et al., "Brain mechanism of cognitive conflict in a guessing Chinese logogriph task," *Neuroreport*, 2006, 17(6), 679-682.

[③] Yuan, H., Li, H., et al., "A General fMRI Linear Convolution Model Based Dynamic Characteristic," *Advances in Natural Computation: First International Conference*, ICNC, 2005, Changsha, August 27-29, 2005, Proceedings, Part I.

价值。近几年来，李红等人采用新设计、新材料和新技术，在人工类别学习的认知神经机制方面开展一系列研究。在研究方法上，李红等人提出了复杂认知分段设计（SMCC）方法，其关键思想是将复杂的思维过程分解成多个段落加以研究，进而可将各段落加工的结果进行比较，以探寻其中的规律。[①] SMCC 为开展高级认知活动的科学研究奠定了基础，通过分段设计，可以实现分段操作、分段观察、分段分析和整合研究。通过对人工类别学习任务的有效分解，将类别学习分解成类别归纳、分类和认知控制这样三个相对独立又相互联系的子过程，从而实现对人工类别学习所涉及的各个认知加工过程分别做横向和纵向研究。采用高密度事件相关电位技术并结合偶极子源分析，李红等人对三个子过程涉及的 ERP 成分和时间过程、各个 ERP 成分对应的心理过程做了研究，得到如下发现。

①类别归纳在 ERP 上的效应反映在 LPC 上，在 480ms 左右到达加工的高峰，源分析结果显示，类别归纳加工的颅内源在 MTL 附近，其中海马体的激活水平在类别归纳任务中明显高于特征匹配任务，鉴于海马体与新异联结的形成有关，因此海马体在任务完成期间受到激活进一步确定任务的性质为类别归纳。[②]

②无论是在清晰预期条件下还是在模糊预期条件下，分类加工的 ERP 效应都从 N2 开始一直持续到 P3 结束，相应的源分析结果表明分类加工中存在从 ACC 到 MTL 的连续激活过程，其中 ACC 激活与 N2 成分上的差异对应，而 MTL 激活与 P3 成分上的差异对应，这说明在分类反应中 ACC 对异常变化（不符合预期）敏感，ACC 受到更强激活意味着非靶刺激的出现，而 MTL 则在需要调用长时记忆的分类任务中起进一步确认判断的作用。[③]

③对认知控制的研究发现，任务无关信息会首先引发更大波幅的 N2 成分，与之对应的颅内源确定在 ACC 上，随后任务无关信息会进一步引起负方向波幅更大的 P3 成分，与之对应的颅内源确定在 PFC 上，这一结果为认知控制领域的冲突监

① Antao Chen, Hong Kong Li & Tingyong Feng et al., "The diversity effect of inductive reasoning under segment manipulation of complex cognition", *Science in China Series C: Life Sciences*, 2005, 48, 275-283.

② 陈安涛、王乃戈、李红等：《类别归纳的时间过程和源定位——事件相关电位研究提供的电生理证据》，载《心理学报》，2006，38(6)。

③ Chen, A., Li, H. & Jiang Qiu et al., "The time course of visual categorization: electrophysiological evidence from ERP," *Chinese Science Bulletin*, 2006, 51(13), 1586-1592.

测理论提供了直接的支持，也说明在认知控制中存在 ACC→PFC 的激活转换，其含义是 ACC 监测到信息当中存在的异常情况，随后激活 PFC 对这些异常情况进行监控。①

3. 关于执行功能和心理理论关系的研究

李红等人首先考查了执行功能和心理理论的关系。例如，采用不同成分的执行功能任务和错误信念任务考查 3～4 岁时期二者的关系，结果显示，工作记忆和抑制控制混合的执行功能与儿童对他人知识状态的理解能力相关显著，由于 3～4 岁儿童的错误信念理解能力还处于初步发展阶段，错误信念理解能力与执行功能之间相关不显著；后续研究表明，随着儿童错误信念理解能力的发展，工作记忆和抑制控制混合的执行功能与错误信念理解能力的相关逐渐提高，最终达到显著水平。② 李红等人采用错误信念任务、意图理解任务和维度变化卡片分类（dimensional change card sort，DCCS)任务考查 3～5 岁儿童执行功能与心理理论的关系，结果发现执行功能与儿童未知能力及意图理解能力相关显著，且初步得出了 3～4 岁可能是儿童意图理解发展的转折期。③ 李红等人通过操控标准意外地点任务和白天/黑夜任务中抑制控制难度，发现任务中所包含的抑制控制的难度水平是影响执行功能和心理理论关系的重要因素之一。④ 此外，李红等人的研究表明，执行功能和心理理论的这种密切关系在聋童身上也同样存在。⑤

其次，李红等人研究儿童执行功能的发展及其机制。在冷执行功能方面，着重研究了幼儿在 DCCS 任务中执行功能的发展。例如，设计了"相同—不同任务"与标准 DCCS 任务相比较，结果发现，3 岁儿童在相同—不同任务上的成绩显著地高于在标准 DCCS 任务上的成绩，说明选择性注意可能是造成 DCCS 任务的困难原因之

① 陈安涛、张庆林、王乃戈等：《分类活动中的认知控制：一项事件相关电位研究》，载《自然科学进展》，2006，16(11)。
② 张婷、吴睿明、李红：《不同维度的执行功能与早期心理理论的关系》，载《心理学报》，2006，38(1)。
③ 廖渝、李红、Philip David Zelazo 等：《意外地点任务中不同测试问题及意图理解与执行功能的关系》，载《心理学报》，2006，38(2)。
④ 魏勇刚、吴睿明、李红等：《抑制性控制在幼儿执行功能与心理理论中的作用》，载《心理学报》，2005，37(5)。
⑤ 李一员、吴睿明、胡兴旺等：《聋童执行功能发展：聋与正常儿童的比较》，载《心理学报》，2006，38(3)。

一；李红等人让 3 岁儿童在不接触 DCCS 任务范式的条件下判断学习 DCCS 任务中的颜色规则和形状规则，使这两个规则在儿童的头脑中完全达到清晰、稳定的程度，从而使儿童对这两个规则的认知程度不再构成影响因素，结果显示近 70％的 3 岁儿童经训练后在初次接触标准 DCCS 任务的时候能够通过此任务，这表明规则熟悉度是 3 岁儿童在 DCCS 任务中产生困难的原因之一。在热执行功能方面，李红等人对儿童赌博任务的研究发现，在降低涉及计算和记忆的归纳概括能力后，儿童在赌博任务上的成绩有所提高，但 3 岁儿童仍然倾向于选择不利纸牌；即使是在完全排除归纳推理能力后，3 岁儿童也不能很好地完成赌博任务，这说明了归纳概括能力能造成儿童赌博任务中的困难，但这并不是决定性因素。

（二）胡清芬对因果判断中信息选择与处理的研究

因果判断能力是个体在成长过程中逐渐获得的一项重要能力，它在人类认识世界、了解事物相互关系的过程中发挥着极其重要的作用。在因果判断过程中，原因与结果之间的共变以及原因引起结果的能力是人们所需要处理的两种最为重要的信息。

胡清芬的博士论文《因果判断中的信息选择与处理》关注的正是人们在问题情境中所获得的共变信息与他们经验中有关因果能力的信息的各自作用及如何结合的问题。研究不仅根据这两种信息及与之密切相关的其他可能原因信息各自的特点为它们设置了细致、明确的变异水平，而且在必要时使用了计算机呈现信息的方式，使信息呈现得到了严格的控制和良好的分离。

同时，研究选取了小学、初中和高中三个年龄组的被试，为他们设置同样的实验任务，希望能够考查他们在解决相同任务时所具有的不同特点，并探讨这种差异的根源和个体因果判断能力发展的过程与趋势。

1. 因果判断中经验信息与共变信息的作用[①]

在有关因果判断的研究中，因果共变与个体知识经验的作用一直是研究者们所

---

① 胡清芬、林崇德：《9—16 岁儿童因果判断过程中经验信息与共变信息的作用》，载《心理发展与教育》，2004（1）。

关注的一个问题。目前，绝大多数研究者都承认，因果共变与个体自身的知识经验都是因果判断中不可忽视的重要因素。

但是，这两种信息在因果判断中所起的作用和所处的地位是否是一样的？胡清芬认为，由于这两种信息在基本含义、数据类型等方面的差异，它们很可能在因果判断中起着不同的作用。经验信息更多的是提供了一种因果机制，使个体获得了特定原因是否可能引起结果的信息。而共变信息则更多的是针对当前所描述的情境，根据原因与结果共变的程度，个体去推测特定原因是否引起了结果。因此，这两个因素在不同水平上的变化对于被试判断的影响可能是不同的。

胡清芬选取了小学、初中和高中三个年龄组的被试，要求他们回答 36 个因果判断问题。在这些问题中，经验信息和共变信息都受到了严格的控制。在经验信息变量上，有"可信""可信但无经验""不可信" 3 个水平。在共变信息变量上，也根据原因与结果的共变指标，依次设置了 12 个水平。

此研究的结果发现，正如胡清芬所预计的，过去经验和当前的因果共变对于因果判断都具有显著影响，但其所起到的作用是相当复杂的。在"可信但无经验"条件下，因果共变所造成的影响明显要大一些。也就是说，当被试面对全新情境时，他们所看到的原因与结果之间的共变对于因果判断所起的作用更大。

同时，胡清芬还发现，不同年龄被试对于这两种信息的采纳和处理有着不同的特点。年龄比较小的被试更多的使用经验信息来做出判断，特别是在两种信息相互矛盾的情况下（如看起来不可能引起结果的因素与结果之间的共变极强，或相反情况），他们还是会依赖自己的过去经验做出判断，而不是根据当前的共变信息对自己的经验做出调整。随着被试年龄的增长，他们越来越多地重视共变信息。

2. 因果判断中经验信息与共变信息的结合[①]

通过研究知道了经验信息与共变信息在个体的因果判断中所起的作用，胡清芬的注意点转移到了这两种信息的结合方式上。人们在进行因果判断时，究竟是如何将这两种信息结合在一起的？他们在处理这两种信息时，进行的是一种简单的相加

---

① 胡清芬、陈英和、林崇德：《因果判断中经验与共变信息的结合及各自作用》，载《心理学报》，2005，37(2)。

操作？还是将经验信息作为"闸门"，当认为原因可能引起结果时，闸门打开，才允许共变信息进入，根据共变信息进行判断，而如果认为原因没有产生结果的能力，就将"闸门"关闭，根本不去考虑共变信息呢？

为了更好地解决这个问题，胡清芬设计了计算机程序来模拟信息的处理顺序。通过相继呈现两种信息的方法，使被试接受两种信息的顺序以及在做每一次判断时接收的信息得到了严格的控制。在研究中，三个被试组接收信息的顺序是不同的，分别是同时接收（控制组）、先接收共变信息（实验组1）和先接收经验信息（实验组2），但在进行最终的判断时，他们都已接收了全部两个信息，这时，他们所处理的信息内容是相同的，只是处理信息的方式有所差别。在这一研究中，我们发现，控制组被试在待判断原因可信时，判断结果更类似于实验组2。而在待判断原因不可信时，他们的判断更类似于实验组1。

因此，胡清芬认为，个体在综合经验信息和共变信息进行因果判断时，既不是将这两种信息简单相加，也不是把经验信息作为是否允许共变信息进入考虑范围的"闸门"，而是进行了更加复杂的信息加工过程。具体地说，这个过程是分几步进行的。首先，个体的确是先考虑经验信息的，如果过去经验证明当前待判断的原因可信，就会进一步去考虑共变信息，如果共变程度较高，就形成"有因果关系"的判断，而如果共变信息不支持这种判断，就会形成"无因果关系"的判断。而如果过去经验证明当前待判断原因不可信，也会进一步去考虑共变信息，如果共变程度较低，就会形成"无因果关系"的判断，而如果共变程度较高，则会回过头去，对待判断原因的可信程度进行重新判断。

3. 其他可能原因对共变信息作用的影响[1]

在前面的两个研究中，胡清芬探讨了人们利用经验信息和共变信息进行因果判断的过程。在这两个研究中，所针对的都是只存在一个待判断原因的情况，而没有涉及其他可能引起结果的原因。而事实上，在绝大多数情况下，引起某一事件的原因都不是唯一的，而存在着多种可能性。那么，另外一种可能原因的出现是否会使

---

[1]　胡清芬、林崇德：《其他可能原因对于因果共变信息作用的影响》，载《心理科学》，2004(27)。

人们过去的判断出现变化呢？

为了将其他可能原因的作用更好地分离出来，胡清芬又一次使用了相继提供信息的方法，先为被试提供待判断原因与结果之间的共变信息，在被试根据这个信息做出了第一次判断后，我们再为其提供有关其他可能原因的信息，要求被试做出第二次判断。通过对这两次判断的比较，可以清楚地看到其他可能原因所产生的影响。

在过去有关其他可能原因的研究中，研究者们对于其他可能原因的关注绝大部分停留在"有"和"没有"的差别上。而胡清芬认为，其他可能原因所起的作用是十分复杂的，它在各方面的特点都会影响到它在这一过程中所产生的作用。与过去研究主要关注其他可能原因本身的特性相比，胡清芬提出了"其他可能原因与待判断原因共同存在程度"这一新的变量，通过操纵这一变量在不同水平上的变化，试图证明它能够影响到其他可能原因的作用。胡清芬认为，其他可能原因对待判断原因所产生的作用并不是因其"可以"产生结果造成的，而是因其在当前情况下"可能"产生了结果而造成的。

研究的结果证明了胡清芬的假设。在研究中胡清芬发现，当被试知道在当前所判断的因果联系中，还存在着一个有可能引起结果的因素时，他们对原来所判断过的原因的相信程度显著下降。同时，其他可能原因所起到的影响作用也会因它与待判断原因同时存在的程度不同而有所差异。即使是同样的其他可能原因，当它与待判断原因共同存在的程度不同时，它对被试判断所产生的影响却是不同的。因此我们可以初步推断，其他可能原因正是通过对于因果共变的解释而产生作用的。

(三)连四清对工作记忆的研究

1974 年，巴德利·希契（Baddeley Hitch）等人提出了一个由多成分构成的工作记忆系统模型，它由中央执行系统（central executive system）和两个存储信息的子系统——语音环路（phonological loop）、视空间模板（visio-spatial sketch pad）组成。其中语音环路和视空间模板分别用于储存与保持语言信息与视觉空间信息。中央执行系统是一个注意控制的系统，同样具有资源有限性，它与集中注意力、计划、行为控制和问题解决有密切关系。它具有协调和整合来自两个子系统的信息、提取及其提取策略的控制（如抑制无关信息的提取）、反应选择、记忆更新（memory updating）、输入和输出监控等多种中央执行系统的功能成分（简称为中央执行成分）。[①] 2000 年，贝特利在原来的工作记忆三成分模型基础上提出了工作记忆的第四种成分——情节缓冲器（the episodic buffer），情节缓冲器是一个使用多峰编码的储存系统，是在感觉上保存完整事件或情境的事件，是使用不同编码在亚系统之间提供有限容量界面的缓冲器。[②] 贝特利及其同事提出多成分模型引发了大量的实验研究，行为研究和神经心理学上的许多证据表明了四个子系统的存在。有关工作记忆结构及其作用形式的认识也在不断地丰富和完善。人们发现工作记忆与智力、语言理解能力、推理能力有着紧密的联系。自贝特利等人于 1978 年对工作记忆在算术认知中的作用进行研究之后，一些心理学家开始将工作记忆理论应用于数学认知领域，对数字信息在工作记忆中表征形式、保持和加工进行研究，结果同样表明工作记忆与数学认知也有着非常紧密的联系。

然而，有关研究主要集中在算术认知领域，工作记忆和代数认知之间的关系却很少得到关注。我们团队的连四清主要利用双重任务实验方法来考查语音环路、视空间模板和中央执行系统在简单代数中的作用。[③④⑤] 他的博士论文《工作记忆在简单代数运算中的作用》一共由七个实验组成，所有实验均采用双重任务实验方法，即要求被试在四种任务条件下完成代数判断任务。四种任务条件分别为控制条件、语音任务条件、手动击键任务条件和随机间隔决策任务条件。其中，控制条件是在没有次级任务的条件下完成代数主任务，语音任务条件、手动击键任务条件和随机间隔任务条件是指被试在完成代数任务的同时完成语音任务、手动击键任务和随机

---

① Baddeley, A. D. , Logie. G. , Working memory, in G. A. Bower, *The Psychology of Learning and Motivation*, New York, Academic Press, 1974, 47-89.

② Baddeley, A. D. , "The episodic buffer: a new component of working memory?" *Trends in Cognitive Sciences*, 2000, 4(11), 417-423.

③ 连四清、张洪山、林崇德：《工作记忆在简单整式和判断中的作用》，载《心理发展与教育》，2007，23 (3)。

④ 连四清、张洪山、林崇德：《工作记忆在简单指数乘法等式判断中的作用》，载《心理科学》，2007(2)。

⑤ 连四清、林崇德：《工作记忆在数学运算过程中的作用》，载《心理科学进展》，2007(1)。

间隔决策任务。实验中，代数任务用视觉方式呈现而且呈现时间为 1500 ms。

研究 1 由三个实验组成，其目的是探索语音环路、视空间模板和反应选择成分是否参与简单整式和等式判断、简单指数乘法等式判断与公式适用性判断。实验 1 和实验 2 的结果表明，语音任务、手动击键和随机间隔决策任务显著干扰两项代数判断的反应时，对真假不等式判断的错误率产生了不同程度的影响。这些实验结果表明，语音环路、视空间模板和反应选择成分参与了简单代数判断，真假等式判断需要不同的注意资源。实验 3 以平方差公式应用肯定判断任务作为主任务，结果表明：①语音任务干扰效应显著，而且语音环路负荷的干扰效应差异与字母替代个数有关，但与运算结构无关。特别地，在语音任务条件下，含有字母"a"或"b"的代数式(字母替代个数为 0 和 1)的反应时显著长于不含字母"a、b"的代数式(字母替代个数为 2)；含有字母"a"或"b"的代数式(字母替代个数为 0 和 1)的判断出现更多的错误；②视空间记忆负荷和反应选择成分负荷的干扰效应差异与运算结构有关，而与字母替代个数无关。这些说明，语音环路用于储存和保持代数式与公式的字母信息，而且语音环路储存容易受到来自内部和外部信息的相互干扰；视空间模板用于储存和保持代数式的运算结构信息；运算结构调整需要更多的反应选择成分的参与。

研究 2 由两个实验组成，其目的是探索符号的音素特性是否改变语音环路、视空间模板和反应选择成分在简单代数判断中的作用。实验 4 和实验 5 中的主任务分别由字母符号、常用的图形符号和平假名符号组成的简单整式与等式判断任务与简单指数乘法等式判断任务。实验结果表明：①语音任务、手动击键任务和随机间隔决策任务在反应时上存在显著的干扰效应，但是它们不受符号类型的影响；②任务条件并没有显著增加判断的错误率，但是符号类型显著影响判断错误率。特别是，平假名符号任务的错误率显著高于其他两种符号等式。这些结果说明，语音环路、视空间模板储存和反应选择成分的作用并没有随着符号音素特性的变化而变化。

研究 3 主要探索数学经验是否影响工作记忆的作用和次级任务干扰易受性。实验 6 和实验 7 的主任务分别与实验 1 与实验 2 相同。我们选择了具有不同数学专业经验的八年级、高二和大二年级的学生作为被试。实验结果表明：①语音任务、手动击键任务和随机间隔决策任务在反应时上的干扰效应显著；②相比较大二年级被试而言，八年级被试较容易受到语音任务（实验7）或手动击键任务（实验6）的干扰，但是八年级被试的语音任务和手动任务的干扰易受性与高二年级没有显著差异；③相比较高二年级和大二年级被试而言，八年级被试非常容易受到随机间隔决策任务的干扰。④语音任务、手动击键任务和随机间隔决策任务条件下，假等式判断错误率显著增加，但真等式判断错误率并没有显著增加。语音任务、手动击键任务和随机间隔决策任务在错误率上的干扰效应不存在显著的年级差异。这些实验结果表明，无论数学经验如何，被试需要利用语音环路、视空间模板和中央执行系统来完成简单代数判断任务。更为重要的是，三种次级任务的干扰易受性的年级差异表明，除语音环路容量、视空间模板容量和中央执行能力是影响次级任务干扰效应的因素之外，代数表征能力也是影响语音环路、视空间模板和中央执行系统，以及次级任务干扰效应的重要因素。

(四)朱丽等人对记忆和智力的研究

1. 长时记忆的个体差异

人类的记忆对个体的生存发展至关重要，但随着时间推移和年龄变化，记忆的有限性、不稳定性、脆弱性逐步凸显。早在20世纪上半叶，英国心理学家弗雷德里克（Frederic C. Bartlett）通过对自然情景下人类日常记忆的追踪研究发现，记忆出乎意料的脆弱并易于被歪曲。[1] 随着时间的流逝，真实记忆（对过去感知信息和事件的准确再现）逐渐消退，而错误记忆（对从未体验的事件产生生动并带有细节内容的回忆，或混淆目标事件和它发生前后的诸多事件）逐渐增加。揭示人类多种类型记忆的个体差异与年龄特征，这一直是发展认知神经科学、法律神经科学和教育心理学等多个学科共同关注的基础性前沿科学问题。[2]

朱丽的博士论文《错误记忆的个体差异》探讨了两种最为常见的错误记忆实验范

---

[1] Bartlett. F. C., *Remembering: An Experimental and Social Study*, Cambridge, Cambridge University, 1932.

[2] Schacter D. L. & Loftus E. F., "Memory and law: What can cognitive neuroscience contribute?", *Nature Neuroscience*, 2013, 16(2), 119-123.

式(错误信息和语义关联)引发的错误记忆的个体差异(认知因素、人格特质及其交互作用),并且提出了一种增加错误记忆的新实验操作。该研究有助于澄清错误记忆的本质,了解哪些个体更容易产生错误记忆,并对错误记忆研究的应用(特别是在目击者记忆准确性上的应用)具有指导意义。

研究 1 考查了由两种方式(错误信息和语义关联)引发的错误记忆的相关认知因素。[1] 557 名中国大学生参与了错误记忆测验和一系列认知测验。结果表明两种类型的错误记忆之间有一定程度的正相关。错误信息范式引发的错误记忆与智力、感知能力、一般记忆能力、面孔判断和注意力之间呈显著负相关。语义关联范式中的错误记忆与智力和由变化盲测验评定的感知判别能力呈负相关。

研究 2 探索了人格特质、认知能力和错误信息引发的错误记忆之间的联系。[2] 436 名中国大学生参加了错误信息测验并接受了一系列人格和认知测验。结果表明错误记忆与坚持性、自我主导和积极应对呈正相关,而与抑郁、恐惧负面评价、寻求新奇、消极应对以及认知能力呈负相关。更为重要的是,我们发现人格因素与认知能力之间存在显著交互作用。人格特质与认知能力的特殊组合(较低恐惧负面评价、较低回避伤害、较高合作性、较高奖励依赖、较高自我主导与较低认知能力组合),可以使个体更容易受到错误信息的影响。

研究 3 报告了一种增加错误记忆的新实验操作,它导致个体在实验操作发生一个月后显著增加错误记忆。[3] 相对于标准的三阶段错误信息效应范式(原始事件、错误信息、测验),在该新实验操作中,实验组被试先观看两个以彩色幻灯片展示的故事(事件),然后阅读有关这些事件的准确陈述(而非错误信息),最后根据他们自己对原始事件的记忆回答测验问题;一个月后,该被试参加有关两个新事件的标准错误信息范式实验。对比组被试在两个时间段都参加了标准的错误信息范式实验。

① Zhu, B., Chen C. & Elizabeth F. Loftus et al., "Individual differences in false memories from misinformation: Cognitive factors,"*Memory*, 2010, 18(5), 543-555.

② Zhu, B., Chen C., Elizabeth F. Loftus et al., "Individual differences in false memory from misinformation: Personality characteristics and their interactions with cognitive abilities," *Personality and Individual Differences*, 2010, 48, 889-894.

③ Zhu, B., Chen C. et al., "Treat and trick: A new way to increase false memory,"*Applied Cognitive Psychology*, 2010, 24, 1199-1208.

结果表明，在第二次错误记忆实验当中，实验组比对比组被试产生了更多错误记忆。该研究从信任与可靠度两个角度探讨该效应的可能潜在机制。此外，还初步分析并探讨了新实验条件下实验组被试错误记忆的个体因素。

综合上述结果，该论文发现，两种方式（错误信息和语义关联）引发的错误记忆中存在系统的个体差异；这些差异与不同领域的认知能力有关（从感知觉到智力）；对于不同实验范式引发的错误记忆，其潜在认知加工过程可能不同；较低认知能力与某些特定人格因素结合时，个体更容易受到错误信息的影响；在不同实验条件下，错误信息引发的错误记忆的相关认知因素较为稳定，而相关人格因素有所变化。通过进一步研究，错误记忆个体差异研究将有利于预测哪些个体在真实生活中（特别是在法律目击证言中）可能更容易产生错误记忆。

2. 人类记忆与认知能力的神经遗传基础

基因遗传和脑神经发育是人类个体认知发展的生物前提，社会环境和教育必须在这个基础上才能发挥作用。[1][2] 但是，不同类型记忆发展如何受到大脑、基因和环境的共同影响？传统神经科学家采用动物模型（如果蝇、海兔、老鼠或灵长类动物）考查了记忆的遗传和神经机制。例如，2000 年诺贝尔生理学或医学奖获得者埃里克·坎德尔（Eric Kandel）采用海兔揭示了记忆储存的分子神经生理机制，2013 年美国麻省理工学院采用光遗传学技术（optogenetics）在《科学》（Science）上发表了关于在老鼠的海马脑区植入错误记忆的研究。[3] 2014 年诺贝尔生理学或医学奖得主美国科学家（John O'Keefe）、挪威科学家（May Britt Moser & Edvard Moser）采用老鼠为被试考查了海马脑区和内嗅皮层脑区在空间记忆中的重要作用。但是，随着人类基因测试技术和功能磁共振脑成像等技术的成熟，人类分子行为遗传学（molecular behavioral genetics）和神经影像遗传学（imaging genetics）的快速发展，探索人类记忆发展的遗传与神经基础和环境共同作用已成为 21 世纪科学家面临的重要挑战之一。

---

① 林崇德：《发展心理学（第 3 版）》，北京，人民教育出版社，2018
② 董奇：《发展认知神经科学：理解和促进人类心理发展的新兴学科》，载《中国科学院院刊》，2012，(A1)
③ Ramirez, S., Liu, X. & Pei-Ann Lin et al., "Creating a false memory in the hippocampus," Science, 341(6144), 387-391.

为了解决这个谜团，我们需要整合基因、脑、记忆发展行为与环境多个水平上的证据，充分揭示人类多种类型记忆发展的神经和遗传机制以及环境的共同作用。

朱莉等人综合采用基因分型、脑成像和认知行为测查三种技术手段，发现了人类神经相关基因与认知能力及其相关脑结构的关系，为解决基因—脑—认知的联合分析提供了参照。课题组采用基因芯片、脑成像和心理行为测查技术，考查了329名中国汉族健康成人的基因型、脑结构和认知能力。揭示了SEMA5A基因（一种与神经生长有关的基因）与大脑海马体体积的关联。[①] 在SEMA5A基因的rs42352位点上，携带TT型人类个体的大脑海马体积高于其他类型的个体。发现SEMA5A基因与大脑海马体体积的交互作用对人类认知推理能力有影响。在SEMA5A基因的rs42352位点上，携带TT型人类个体的大脑海马体积与人类认知推理能力之间存在较高的正相关。该研究说明，人类的大脑海马体与认知推理能力之间的关系受到遗传因素的影响。还有研究发现人类γ-氨基丁酸受体亚基β1（GABRB1）基因（一种与中枢神经系统抑制性递质相关的基因）与丘脑体积相关，并且该基因对丘脑体积与智力的关系具有影响。[②]

朱莉等人在基因与环境共同作用方面，探索了基因与家庭环境交互作用和基因与教育环境的关系[③]，考查了基因与环境如何共同作用于认知能力。例如，采用五百多名中国汉族健康大学生为被试，研究发现5HTTLPR基因型、性别和家庭社会经济地位在面孔表情识别能力上的三因素交互作用显著。[④]

在记忆的脑机制方面，朱莉等人探索了人类长时记忆的关键脑区结构和功能。对两百多名青年被试在记忆受到虚假信息影响后进行了一年半的行为追踪，并考查

---

① B. Zhu，C. Chen & Gui Xue et al.，"The SEMA5A gene is associated with hippocampal volume，and their interaction is associated with performance on Raven's Progressive Matrices，" *NeuroImage*，2014(88)，181-187.

② Zhu，B.，Chen，C. & Gui Xue et al.，"The GABRB1 gene is associated with thalamus volume and modulates the association between thalamus volume and intelligence，" *NeuroImage*，2014(102)，756-763.

③ B. Zhu，C. Chen，Robert K. Moyzis et al.，"Educational attainment-related loci identified by GWAS are associated with select personality traits and mathematical and language abilities，" *Personality and Individual Differences*，2015(72)，96-100.

④ 朱莉、陈传升、Robert K. Moyzis 等：《5-HTTLPR、性别、家庭社会经济地位与面孔表情识别的关系》，载《心理发展与教育》，2013(29)。

了这两百人被试脑结构与长时记忆的关联。[①] 结果发现大脑海马体体积与 1 小时内记忆更相关，而大脑皮层梭状回体积与 1 年半记忆更相关。此外，利用功能磁共振脑成像和多体素神经模式分析技术，我们的研究对记忆编码和提取阶段采用了不同的视觉与听觉模式，考查了人脑感知觉皮层在记忆编码提取过程中神经激活全局相似性，及其对额叶记忆提取监控的影响，揭示了人类在编码提取加工过程中不同脑区的记忆表征复杂的交互作用。[②]

（五）黄四林对任务切换中执行功能产生机制的研究

任务切换（task switching）是指人们在完成多项任务时快速地从一个任务切换到另一个任务的过程。该过程中的切换加工是执行控制（executive control）的一种重要功能，体现为在工作记忆中控制竞争同一认知资源的两项任务间相互切换的过程。在任务切换中，执行切换任务要比重复任务的反应时更长，错误率更高。这种由切换所导致的反应时或正确率的亏损被称为切换代价（switch cost），其指标为切换任务与重复任务的反应时（或错误率）之差。根据减法反应时的逻辑，切换代价反映了在切换时执行控制对各种认知活动的控制和调节效应。因此，切换代价便成为量化执行控制能力的一个重要指标。

为揭示任务切换中执行控制的作用机制，研究者围绕任务切换的问题进行了大量的研究，关注的焦点是切换代价产生的心理加工过程与机制。目前该领域主要有三种观点，即任务设置惯性观、任务设置重构观和联结竞争观。其中，任务设置惯性观和联结竞争观提出切换代价反映的是一种自下而上的自动控制，而任务设置重构观认为它是一种自上而下的执行控制。随着研究的深入，研究者们发现，切换代价可能体现了多种认知加工的作用，而不是某种单一效应。于是，有人提出了切换代价的两成分模型或多成分模型。显然，对已有观点的整合能够进一步揭示任务切

---

① Zhu, B., Chen, C. & Elizabeth F. Loftus et al., "Hippocampal size is related to short-term true and false memory, and right fusiform size is related to long-term true and false memory,"*Brain Structure and Function*, 2016, 221(8), 4045-4057.

② Zhu, B., Chen, C. & Shao X. et al., "Multiple Interactive Memory Representations underlie the induction of false memory,"PNAS, 2019, 116(9), 3466-3475.

换的内部机制。因此，黄四林在其博士论文研究中，试图在已有研究的基础上对上述三种观点进行整合，更为重要的是，考查三者之间的内在关系。

为此，根据反应时相加因素法的理论，三个研究均采用了被试内因素设计和任务线索范式，对 149 名大学生进行个别施测，从行为层面来考查预先信息、时间间隔和刺激类型对任务切换影响机制。研究 1 由三个实验组成，其目的是考查预先信息与时间间隔对任务切换的影响，以揭示任务设置重构与任务设置惯性之间的关系。[1][2] 实验 1 将预先信息分为全部信息、部分信息与无信息三个水平，研究结果发现预先信息对任务切换有显著影响，随着准备时间的延长，这种影响效应越明显。这表明预先信息影响的是任务设置的重构过程。实验 2 发现预先信息对反应时及其切换代价有显著影响，并且这种差异主要表现在全部信息与无信息、部分信息之间，而后二者之间无显著差异。该实验还发现，无论是对于反应时还是切换代价来说，预先信息与准备时间均存在显著的交互作用。进一步简单效应表明，在准备时间非常短，为 100 ms 时，反应时及其切换代价在三种预先信息之间都无显著差异。只有准备时间达到 600 ms 和 1000 ms 时，才体现出了预先信息对切换代价的影响效应，这说明，预先信息对切换代价的影响效应受到准备时间的调节作用。由此可知，预先信息的作用效应以一定的准备时间为前提条件，否则其影响效应在靶刺激呈现之前无法发挥作用。此外，我们还发现，当准备时间分别为 600 ms 与 1000 ms 时，预先信息对切换代价均存在着显著的影响作用。这说明当准备时间达到 600 ms，甚至更短的某个时间段时，准备时间对预先信息效应的调节作用就弱化了，甚至消失了。实验 1 和实验 2 发现，预先信息影响的是任务设置重构，那么，它与任务设置惯性之间的内在关系是什么？为回答这个问题，实验 3 同时应用延迟时间与预先信息进行实验，考查二者对任务切换的影响是否存在显著的交互作用。实验 3 研究结果发现，虽然预先信息与延迟时间的主效应分别显著，而二者的交互作用不显著。这一结果说明了预先信息与延迟时间分别影响着不同的认知加工过

---

① 黄四林、林崇德、胡清芬等：《预先信息的不确定性与准备时间对任务切换的影响》，载《心理学报》，2010，42(3)。

② 黄四林、林崇德：《延迟时间与预先信息对任务切换的作用》，载《心理学报》，2011，43(4)。

程。具体地说，预先信息影响的是任务设置的重构，而延迟时间影响的是任务设置的惯性。综合研究 1 的结果可以发现，任务设置的重构与任务设置的惯性是切换代价的两个不同的认知加工阶段，而且二者对切换代价的作用效应是具有相加效应的。

研究 2 包括两个实验，主要研究目的是揭示刺激类型与预先信息对任务切换的影响，以整合联结竞争与任务设置重构两种观点。[①] 实验 1 在奥尔波特（Allport）等人研究的基础上，采用了同等难度的两种任务，并将刺激类型分为全部中性刺激、部分干扰刺激和干扰刺激三种类型，试图揭示联结竞争对切换代价的影响机制。我们研究结果发现，对于数字与字母两种任务的反应时来说，全部中性刺激与部分干扰刺激（数字干扰刺激或字母干扰刺激）之间的差异显著。这说明，在当前任务的刺激类型不同时，中性刺激的反应时明显小于干扰刺激的反应时。同时，部分干扰刺激与全部干扰刺激之间的差异不显著。这表明，在当前任务的刺激类型相同时，两种情况之间的反应时差异不显著。综合这两个方面的结果可以说明，影响任务切换的是当前任务的刺激类型，而不是前一个任务的刺激类型。

在实验 1 的基础上，实验 2 通过研究刺激类型和预先信息对任务切换影响是否存在交互作用，以揭示任务设置的重构与联结竞争二者之间的关系。本实验采用 $3 \times 2 \times 2$ 的被试内设计，第一个自变量是预先信息，包括 3 个水平，无信息、部分信息和全部信息，为 block 间设计；第二个变量是刺激类型，包括 2 个水平：中性刺激和干扰刺激，为 block 内设计；第三个变量是任务类型，包括 2 个水平：重复任务和切换任务，为 block 内设计。我们研究结果发现，刺激类型和预先信息对切换代价的主效应都显著，但是二者交互作用不显著。这个结果与我们的假设是一致的，说明预先信息与刺激类型分别影响了两个不同的认知加工过程。具体地说，预先信息影响的是对接下来任务设置的构建过程，而刺激类型影响的是基于刺激驱动的刺激—反应联结。

研究 3 在研究 1 和研究 2 的基础上，同时考查了这三种因素对任务切换的影响，以揭示三者之间的内在关系和执行控制的作用机制。[②] 该研究采用 $3 \times 2 \times 3 \times 2$ 的被

---

① 黄四林、林崇德：《任务刺激的类型对任务切换的影响》，载《心理科学》，2011，33(6)。
② 黄四林：《任务切换中切换代价产生的机制》，载《应用心理学》，2010，16(3)。

试内设计，第一个自变量是预先信息，包括 3 个水平：无信息、部分信息和全部信息；第二个变量是刺激类型，包括 2 个水平：中性刺激和干扰刺激；第三个变量是延迟时间，包括 3 个水平：100 ms、600 ms 和 1200 ms；第四个变量是任务类型，包括 2 个水平：重复任务和切换任务。其中，预先信息为 block 间设计，其他三个自变量均为 block 内设计。由于每个被试的错误率都在 6% 以下，平均错误率为 2.9%。因此仅以正确反应时和反应时切换代价为主要指标。研究结果发现，首先，对于切换代价来说，预先信息、延迟时间和刺激类型的主效应分别显著。具体地说，与无信息和部分信息条件相比，全部信息条件下的切换代价明显减少。与延迟时间为 100 ms 相比，600 ms 和 1200 ms 的切换代价显著下降。其次，三个变量之间的二次交互作用均不显著。这两个结果与研究 1 和研究 2 的结论是一致的，也表明研究结果的稳定性。最后，也是最为重要的，延迟时间、预先信息和刺激类型之间的三次交互作用不显著。这与我们的预期是一致的，说明切换代价确实反映了三种成分，即前一个任务设置的延迟效应、任务设置的重构效应和刺激—反应联结竞争效应。由于三个变量的主效应都显著，而三者之间的交互作用不显著，因此我们认为，切换代价反映了三种成分：前一个任务设置的延迟，当前任务设置的重构和刺激—反应联结竞争。这三种认知加工成分分别出现在任务切换过程中的不同时间阶段，是具有可加性的序列加工过程。

二、对社会认知及其发展的新探索

20 世纪 90 年代后，我的团队对社会认知及其发展也做了新探索，有代表性的是方晓义、张文新和周宗奎等人。

(一)方晓义关于中国不同人群对性病艾滋病的认知研究

目前，性病、艾滋病正处于世界性的高感染期。在性病(STD)方面，我国性病流行在过去十几年来呈总体上升趋势。而在艾滋病(HIV/AIDS)方面，自我国 1985 年发现首例艾滋病以来，艾滋病在我国经历了从农村向城市发展、从静脉注射向性行为发展、从高危人群向一般人群发展。

西方国家的研究表明，充分地了解艾滋病知识是艾滋病预防和干预的必要的、首要的步骤。我国政府已经越来越强调艾滋病知识和教育的重要性。中央政府从健康、财政、科学等各个领域寻求教育和预防措施。在《中国预防与控制艾滋病中长期规划(1998—2010年)》中，政府提出了艾滋病知识教育的一个目标，那就是，到2002年，70％的城市人口、40％的农村人口，以及80％的高危人群(暗娼和嫖客、吸毒人群)将已经掌握基本的艾滋病知识。现状表明，我们仍需要很大的努力来达到这些目标。因此，了解我国国民的性病、艾滋病知识及认知特点对进一步开展预防和干预方案十分必要。其中，针对易感群体开展研究显得尤其重要。

1. 大学生的性病、艾滋病知识研究

在我国，尽管针对青少年和年轻人的性病、艾滋病的预防措施还很有限，但越来越多的学者开始关注对这部分群体开展有效的、可行的和适应我国文化的预防策略。在对北京大学生的调查中，只有一半的人知道使用安全套能够减少性病、艾滋病感染的危险。所有文献都已经表明，总体而言，大学生的性病、艾滋病知识相对较多。因此，当中国一般民众的性病、艾滋病知识都比较有限时，中国大学生知识的缺乏可能比一般民众相关知识的缺乏更具危险性，因为人们期望大学生这些将来社会的领导者、受过高等教育的群体能够了解HIV/AIDS知识。

方晓义等人在2004年考查了我国大学生的整体艾滋病知识的了解程度和性别、年级差异。结果显示，大学生关于艾滋病知识有显著的性别差异，总体上男性比女性的AIDS知识更多。男性比女性对于艾滋病传播的错误途径、治疗与预防途径更清楚。整体上艾滋病知识与年级有正相关，即大二、大三学生比大一学生的艾滋病知识更丰富，特别表现在对艾滋病的症状、错误的传播途径、治疗与预防几方面的知识上。三分之一以上的大学生认为自己的艾滋病知识贫乏。学生能识别艾滋病病毒的传染方式，但对于症状、不会传染病毒的活动、治疗和干预措施了解较少。不同地区生源学生的艾滋病知识不同，城市学生的相关知识多于农村学生。研究表明，对目前中国年青一代大学生进行艾滋病相关的健康促进和干预是迫切需求。[1]

2. 高危妇女的性病、艾滋病知识相关认知特点研究

由于通过性行为导致的 HIV 感染率和女性 HIV 感染率急剧上升，大量性病和艾滋病预防干预项目致力于提高性活跃人群中，特别是高危人群的安全套使用率。安全套使用率直接受到使用意图的影响，安全套使用意图是影响安全套使用行为的关键因素之一。而安全套使用意图与高危人群的性病、艾滋病知识和认知评价相关。方晓义等人在 2005 年研究了高危妇女（有偿性服务的女性）的安全套使用意图以及相关社会认知影响因素，结果发现，高危妇女关于 HIV 传播的知识掌握得较好，而对性病的知识了解缺乏。对于性病、艾滋病知识的掌握程度与安全套使用意图有显著正相关，只有二分之一多的高危妇女觉察到 HIV 的严重性，对艾滋病的危害认识极为不足。安全套使用自我效能越高，则安全套使用意图越强。回归分析发现，在控制了人口统计学因素和相关环境因素的影响后，对使用安全套的好处的认知和对艾滋病严重性的觉察能够正向预测高危妇女的安全套使用意图。[2]

3. 农村流动人口艾滋病知识、保护动机与性病、艾滋病高危性行为的关系

另一个可能感染性病、艾滋病的高危人群是从农村到城市谋求发展的流动人口。随着中国经济的快速发展和现代化进程的加快，中国出现了数量达上亿人的流动人口。农村流动人口与性有关的问题已经引起我国新闻媒体的广泛关注。有研究发现，与城市居民相比，农村流动人口更可能从事性交易，更可能有多个性伙伴等与感染性病、艾滋病有关的行为；这些高危险行为将增加农村流动人口感染性病、艾滋病的危险。当年的卫生部（现为国家卫生健康委）也指出，农村流动人口是今后我国预防性病、艾滋病的重点人群。

关于艾滋病知识的认知程度，方晓义等人在 2005 年的研究显示，尽管流动人口对艾滋病的三种传播途径（血液传播、母婴传播和性传播）的知晓率比较高，但对

---

[1] Li, X., Lin, C. & Gao, Z. et al., "HIV/STD knowledge and the implications for health promotion programs among Chinese college students: geographic, gender and age differences," *Health Promotion International*, 2004, 19(3), 345-356.

[2] 赵然、方晓义、李晓铭等：《心理社会因素对暗娼安全套使用意图的影响》，载《中国艾滋病性病》，2006, 12(4)。

一些不能传播 HIV 的途径并不太确定，如在"苍蝇和蚊虫的叮咬""使用公共游泳池、公厕等"两题上的正确率就非常低。对艾滋病的症状知识知晓率也较高，其中对"艾滋病可以降低身体对疾病的自然抵抗能力"最了解。[①]

　　进一步考查艾滋病知识、保护动机因素与流动人口性病、艾滋病高危性行为的关系，方晓义等人在 2006 年的研究发现，保护动机各因素中，若流动人口感受到外部奖励、内部奖励，认为自己有能力采取健康行为的自我效能感，反应代价等动机越强，则他们的危险性行为(安全套使用、参与性交易、性行为发生时间、性伙伴数量、性对象的性行为等)越多。若认为 HIV/AIDS 易感性、严重性，以及认为自己做出保护行为后的有效性越强，则危险性行为越少。而在流动人口的艾滋病认知因素中，只有艾滋病症状知识对安全套的使用有直接的预测作用，但它可以通过保护动机间接地预测性病、艾滋病高危性行为。流动人口对我国性病、艾滋病的评价只对安全套的使用有直接的作用，而流动人口所拥有的艾滋病传播知识对 STD/HIV 既没有直接的预测作用，也没有间接的预测作用。[②]

(二)张文新关于社会认知的研究

张文新发表的关于社会认知的研究报告很多，我仅展示他两个方面的成果。

1. 青少年的自主期望、对父母权威的态度与亲子关系

　　进入青春期以后，随着身体逐渐发育成熟和社会角色的变化，青少年的自主要求和独立意识迅速增强。自主性(autonomy)的获得是青少年时期个体心理社会发展的一项基本任务，它在个体由青少年向成年的过渡中的意义与自我同一性建立同等重要。[③] 随着自主要求的增强，青少年对父母权威的不满日益增加[④]，对父母在其

[①] 蔺秀云、方晓义、林丹华等：《北京市农村流动人口的 HIV/STD 高危性行为和知识分析》，载《中国艾滋病性病》，2006，12(5)。

[②] 方晓义、蔺秀云、林丹华等：《保护动机对农村流动人口性病艾滋病高危性行为的预测》，载《心理学报》，2006，38(6)。

[③] Steinberg, L., *Adolescence*, fifth edition, The McGraw-Hill Companies Inc, 1999.

[④] Smetana, J. & Asquith P., "Adolescents' and parents' conception of parental authority," *Child Development*, 1988, 59, 321-335.

日常生活中的权威的接受性越来越低①，同时他们也变得更加愿意公开反对父母的意见②，对与父母公开发生分歧持更为接纳的态度。③

作为心理社会发展的内容，青少年关于自己所应拥有的自主以及父母权威的合法性的认识或信念与他们生活于其中的社会文化环境有着密切的联系。在那些尊重父母权威、强调家庭责任重于个体自由的家庭、社会或文化中，个体期望获得或被赋予自主的年龄一般较晚，而在崇尚个体独立与自主，主张个人实现的环境中，个体与家庭的联系相对弱化，对父母权威的尊重也显得不那么重要。

相对于西方个人主义取向文化，中国传统文化是以集体主义为特征的。在人际关系领域，中国文化强调个人对群体的归属、合作和群体的和谐。在家庭关系中，集体主义的价值观强调家庭成员之间相互依赖，强调集体和家庭的需要先于个人需要。我国传统文化中的孝道要求子女对家庭忠诚并遵从父母的愿望。在个人利益与家庭利益发生冲突的时候，个体成员首先要考虑家庭的利益而放弃或抑制个人的利益，否则就被看作自私的行为。同时，中国文化中的社会化过程还特别注重培养儿童遵从权威和各种社会规则，承担社会义务。④

张文新等人以七百余名高中城乡青少年为被试，考查了我国当前城乡青少年的自主期望、对父母权威的态度以及亲子冲突和亲合。⑤ 研究发现，在行为自主期望方面，城市男青少年的自主期望最早。

此项研究通过对与父母发生分歧的接受性和对父母权威的认同两个方面考查了青少年对父母权威的态度，结果发现，与农村青少年相比，城市青少年对与父母公

---

① Fuligni, A., "Authority, autonomy, and parent-adolescent conflict and cohesion: A study of Adolescents from Mexican, Chinese, Filipino, and European backgrounds," *Developmental Psychology*, 1998, 34, 782-792.

② Youniss, T. & Smollar, J., *Adolescents' relations with mothers, fathers and friends*, Chicago, the University of Chicago Press, 1985.

③ Fuligni, A., "Authority, autonomy, and parent-adolescent conflict and cohesion: A study of Adolescents from Mexican, Chinese, Filipino, and European backgrounds," *Developmental Psychology*, 1998, 34, 782-792.

④ Chen, C. L. & Yang, D. C., "The self image of Chinese-American adolescents: a cross-cultural comparison," *the International Journal of Social Psychiatry*, 1986, 32(4), 19-26.

⑤ Zhang, W. X. & Fuligni, A., "Authority, autonomy, and family relationships among adolescents in urban and rural China," *Journal of Research on Adolescence*, 2006, 16(4), 527-537.

开发生分歧持有更为接受的态度，城市女孩对与父亲公开发生分歧的接受性最高；女孩比男孩更认同父母的权威。

在亲子关系方面，与农村青少年相比，城市青少年跟母亲的冲突更多、与父母冲突的强度更大、与父母的亲密程度更低，并且与父母较少讨论自己当前的生活和未来的规划。在所有调查的青少年中男孩与母亲的亲密程度最低，并与父亲关于自己当前生活和未来规划的讨论最少，而城市女孩对与父亲公开发生分歧的接受性最高。城乡青少年在自主期望等方面的差异表明，中国正在发生的社会生产与生活方式的变化正影响着中国城市家庭的权威、自主以及亲密性。与中国城乡青少年家庭义务感的研究一致[1]，此项研究也表明中国市场经济转轨更多地影响城市男青少年，而传统文化在农村的影响更为深远。

但与华裔和欧裔美籍青少年相比[2]，中国城乡青少年更认同父母权威、自主期望较晚、与父母冲突较少而与父母亲合更高。这表明中国传统文化目前在我国城市和农村仍保持着相当的影响力。

2. 儿童二级错误信念的发展以及与同伴接纳的关系

20 世纪 80 年代后，儿童心理理论(theory of mind)的发展作为社会认知发展的一个新的研究领域，受到了国内外发展心理学家的高度关注。[3] "错误信念"(false belief)问题的发现是心理理论研究的一个里程碑。该领域的研究者较为一致地认为儿童获得心理理论的主要标志是达到对"错误信念"的认知。[4][5][6] 已有的大量研究表

---

[1] Fuligni, A. J. & Zhang Wenxin. , "Attitudes toward family obligation among adolescents in contemporary urban and rural China,"*Child Development*, 2004, 74, 180-192.

[2] Fuligni, A. , "Authority, autonomy, and parent-adolescent conflict and cohesion: A study of Adolescents from Mexican, Chinese, Filipino, and European backgrounds," *Developmental Psychology*, 1998, 34, 782-792.

[3] Flavell, J. H. & Miller, P. H. , "Social cognition," in D. Kuhn, R. S. Siegler, Damon, W. (Series Ed), *Handbook of Child Psychology: Cognition, Perception, and language* (5thed), New York, Wiley, 1998.

[4] Wimmer, H. & Perner, J. , "Beliefs about beliefs: Representation and constraining function of wrong beliefs in young children's understanding of deception,"*Cognition*, 1983, 13(1), 103-128.

[5] Baron-Cohen, S. , Leslie, A. M. & Firth, U. , "Does the autistic child have'theory of mind'?"*Cognition*, 1985, 21, 37-46.

[6] Roth, D. & Leslie, A. M. , "Solving belief problems: toward a task analysis," *Cognition*, 1998, 66, 1-31.

明，虽然儿童心理理论的发展水平因社会经验和测查任务的不同而有所变异，但是一般来说，儿童在 4 岁左右能够达到对错误信念的认知。[1][2][3][4]

然而，获得错误信念认知并不代表儿童心理理论发展的最终成熟状态。有研究者指出，随着儿童的成长，他们会运用更精细的理论框架来解释和预测人们的行为。[5] 学前期以后，儿童心理理论的一个主要的量的发展就是他们能够洞察的心理状态的嵌入量增加，会从对一级信念的理解（如"小刚认为巧克力在橱子里"）发展到对二级信念（second-order belief）的理解（如"小红认为小刚认为巧克力在橱子里"），即对他人关于另外一个人的信念的推断或认知，实际上也就是对他人心理活动的递推性思维。这种二级认识状态是许多社会推理的基础，也是对他人行为进行精确认知所必需的。韦默和普尔尼（Wimmer & Perner）采用了与一级错误信念测查任务相似的"故事理解"模式来测查儿童的二级错误信念认知，他们的研究发现，在最佳实验条件下，6～7 岁的儿童能够达到对于二级错误信念的认知，这表明在一级错误信念认知和二级错误信念认知之间至少有 2 年的差距[6]。但是，一些研究表明，儿童获得二级错误信念认知的年龄受测验任务所要求的信息加工能力的制约。[7] 在降低测验任务复杂性的情况下，大部分的 5 岁以后儿童能够掌握二级错误信念。

鉴于国外关于儿童二级错误信念发展研究结论不尽相同，张文新等人采用苏维利亚（Suvillian）等人设计的"新故事"范式，以 133 名 3～6 岁儿童为被试，探讨了我国学前儿童获得二级错误信念认知的关键年龄及其发展。[8] 结果发现，6 岁左右是儿童二级错误信念发展的关键期。与西方同类研究相比，我国儿童对于二级错误信

① Roth, D. & Leslie, A. M., "Solving belief problems: toward a task analysis," *Cognition*, 1998, 66, 1-31.

② 邓赐平、桑标:《不同任务情境中对幼儿心理理论表现的影响》,《心理科学》, 2005(2)。

③ 王益文、张文新:《3～6 岁儿童心理理论的发展》, 载《心理发展与教育》, 2002(1)。

④ 桑标、缪小春、陈美珍:《幼儿对心理状态的认识》, 载《心理科学》, 1994(6)。

⑤ Wimmer, H. & Perner, J., "Beliefs about beliefs: Representation and constraining function of wrong beliefs in young children's understanding of deception," *Cognition*, 1983, 13, 103-128.

⑥ Wimmer, H. & Perner, J., "Beliefs about beliefs: Representation and constraining function of wrong beliefs in young children's understanding of deception," *Cognition*, 1983, 13, 103-128.

⑦ Sullivan, K., Zaitchik, D. & Tager-Flusberg, H., "Preschoolers Can Attribute Second-Order Beliefs," *Developmental Psychology*, 1994, 30, 395-402.

⑧ 张文新、赵景欣、王益文等:《3～6 岁儿童二级错误信念认知的发展》, 载《心理学报》, 2004, 36(3)。

念的理解可能相对较晚。这在一定程度上支持了心理理论发展的文化间差异的假说。对该研究言语控制问题的分析发现，这种文化间差异的出现可能与我国儿童言语能力的发展有关。该研究还发现，4 岁左右的儿童能够掌握二级未知知识，这与西方的同类研究结果相一致，同时也支持了霍格雷费（Hogrefe）等人的观点[①]：要掌握二级信念，儿童还需要进一步明确他人的信念，学会表征关于事件的相互矛盾的命题，即区分事件的真实状态以及他人所认为正确的事件的错误信念。该研究还发现，在一级推理的基础上逐渐发展起来的二级推理能力可能是儿童理解二级错误信念的关键。通过比较各年龄组儿童在错误信念认知上的成绩，该研究认为，实际上 3～6 儿童的二级错误信念在整个发展历程中经历了两次转折：第一次转折发生在 4 岁，这时候儿童掌握了二级未知知识；第二次转折发生在 5 岁，儿童的二级推理能力逐渐开始发展。这两次转折也在某种意义上说明从一级错误信念认知到二级错误信念认知的发展并不是全或无的发展，而是逐步发展的过程。

儿童心理理论在其社会关系和社会行为中的作用问题开始引起研究者的关注。[②③] 弗拉维尔指出[④]，心理理论能力在很大程度上制约着儿童的社会关系及社会行为的发展，因而在儿童的社会性发展过程中具有十分重要的作用。斯劳特（Slaughter）等人认为，儿童的心理理论能力与同伴接纳之间存在着紧密关联：一方面，心理理论能力提高了儿童对人际的敏感性，使他们能更准确地理解同伴的需求、观点、情感及信念，因此心理理论能力高的儿童在同伴群体中更受欢迎；另一方面，良好的同伴关系为儿童提供了一个重要的社会背景，其中，同伴之间大量的互动机会促进了儿童对他人心理状态的理解，因此受同伴欢迎儿童的心理理论水平较高。大量的研究较为一致地表明：至少从一级错误信念认知的能力来看，儿童的

---

① Hogrefe, G. J., Wimmer, H. & Perner, J., "Ignorance versus false belief: A developmental lag in attribution of epistemic states"*Child Development*, 1986, 57, 567-582.

② Slaughter, V., Dennis M, J. & Pritcharc M, T, "Theory of mind and peer acceptance in preschool children,"*British Journal of Developmental Psychology*, 2002, 20(4), 545-564.

③ 刘明、邓赐平、桑标：《幼儿心理理论与社会行为发展关系的初步研究》，载《心理发展与教育》，2002，18(2)。

④ Flavell, J. H. & Miller, P. H., "Social cognition" in D Kuhn, R. S. Siegler Damon, W. series, *Handbook of Child Psychology: Cognition, perception, and language*(5th ed). New York, Wiley, 1998.

心理理论能力与同伴接纳之间存在着密切联系。[1][2]

在已有研究的基础上，张文新等人在 2005 年以 113 名 3～6 岁的儿童为被试，运用上述关于儿童二级错误信念认知的"新故事"范式，进一步探讨了幼儿的二级错误信念认知与儿童的同伴接纳的关系，并考查了二级错误信念认知和亲社会行为这两个不同领域的变量对儿童同伴接纳的相对重要性。[3] 结果表明，二级错误信念认知和亲社会行为对儿童同伴接纳的影响存在一定的年龄效应。具体来说，二级错误信念认知是年幼组儿童同伴接纳的最佳预测变量，而亲社会行为则是年长组儿童同伴接纳的最佳预测变量。儿童的二级错误信念认知与亲社会行为在儿童同伴接纳中的相对重要性随年龄增长而变化，这一结论有助于深化我们对儿童同伴关系形成与发展的认识，同时启示我们：在儿童由幼儿园进入小学后，培养儿童与亲社会行为有关的社会技能可能是使儿童顺利进入同伴群体的必要条件。

(三)周宗奎关于中美两国儿童的尊重观念及其与友谊的关系研究[4]

在中国这样一种东方文化背景下，人类被视为一个有序世界的不可或缺的部分，道德的终极表现就是和谐。因此，尊重就是为了达到和谐而对内部和外部的冲突进行调和。[5] 皮亚杰的实证研究显示尊重有两种形式，自发地对成人的尊重和自发地对同伴的尊重。[6] 前者主要是单项尊重，后者主要是相互尊重。我们的研究也已经证明了儿童的尊重观念是从单项尊重向双向尊重发展的。另外，尊重这个概念

---

[1] Dekovic，M.，Gerris，J. R. M.，"Developmental analysis of social cognitive and behavioral differences between popular and rejected children,"*Journal of Applied Developmental Psychology*，1994，15，367-386.

[2] Badenes，L. V.，Estevan，R. A. C. & Bacete，F. j. G.，"Theory of mind and peer rejection at school," *Social Development*，2000，9(3)，271-283.

[3] 赵景欣、张文新、纪林芹：《幼儿二级错误信念认知、亲社会行为与同伴接纳的关系》，载《心理学报》，2005(6)。

[4] Hsueh，Y.，Zhou，Z.，et al.，"Knowing and showing respect：Chinese and U. S. children's understanding of respect and its association to their friendships,"*Journal of Psychology in Chinese Societies*，2005，6 (2)，229-260.

[5] Dien，D. S. F.，"A Chinese perspective on Kohlberg's theory of moral development," *Developmental Review*，1982，2，331-341.

[6] Piaget，J.，*The Moral Judgment of the Child*(M. Gabain，Trans)，New York，Collier Books，1962. (Original work published 1932).

是有文化特定性的。

尊重的跨文化研究为数较少。研究多集中于比较西方社会（通常是北美）和亚洲东方社会（通常有着悠久的儒家文化传统，崇尚对年长者尽孝道和对职权者表示单向尊重的国家）间的尊重观念的差异。对日本、澳大利亚等地儿童的研究①②发现，这种跨文化的差异是存在的，如对老师的尊重超出了"个体的结构"（individual construct）——"在个体自我觉知的良好品质的基础上对某个特定他人的态度或倾向性。"③有人指出，这种尊重是受到一整套文化价值观和信仰影响的有关人类关系的有意识的结构。④ 本研究引入"文化图式"这一概念来讨论儿童尊重观念的形成。

周宗奎等人研究的首要目的在于考查中国和美国三至六年级儿童对尊重概念的不同理解。已有的心理学、社会学及哲学研究都指出，友谊和尊重相互决定、相互影响。⑤⑥⑦ 我们比较了不同文化下儿童的互选友谊数量和对尊重的理解，以考查不同文化是否有差异，不同的尊重理解和互选友谊是否相关。

研究中选取中国武汉 580 名三至六年级小学生（318 男，262 女），美国孟菲斯227 名三至六年级小学生（98 男，129 女）。采用自编的"关于尊重的问卷"，三个题目分别考查儿童对尊重的定义、儿童尊重别人的原因，儿童以及如何尊重老师，每个问题有五个备选答案。对友谊关系的测量采用了同伴提名法，计算相互提名为好朋友的互选朋友数，并在班级内标准化。

通过研究，周宗奎等人看到，关于"什么是尊重"（问题 1）。国家×年级×备选答案的三项交互作用显著，结果表明，相互性答案（"对他们好，就像你希望他们对

---

① Taylor.，S. I.，Wilson，J. T.，Kaneda，T. et al.，"Rules are made to be golden：A qualitative study of American and Japanese children's morals," *Kindergarten Education：Theory，Research，and Practice*，2000，5(1)，19-41.

② Mann，L.，Mitsui，H.，Beswick，G. & Harmoni，R.，"A study of Japanese and Australian children's respect for others,"*Journal of Cross-Cultural Psychology*，1994，25，133-145.

③ Frei，J. R. & Shaver，P. R.，"Respect in close relationships：Prototype definition，self-report assessment，and initial correlates,"*Personal Relationships*，2002，9，121-139.

④ Li，J.，"The core of Confucian learning,"*American Psychologist*，2003a，58(2)，146-147.

⑤ Frei，J. R. & Shaver，P. R.，"Respect in close Relationships：Prototype definition，self-reportassessment，and initial correlates,"*Personal Relationships*，2002(9)，121-139.

⑥ Lawrence-Lightfoot，S.，*Respect：An explanation*，MA，Cambridge Perseus Books，2000.

⑦ Rubin，Z.，*Liking and loving：An invitation to social psychology*，New York，Holt，Rinehart and Winston，Inc，1973.

你那样")和钦佩("尊敬或者敬佩他们")出现次数最多。美国儿童大都(超过73%)选择相互性答案;中国儿童则有超过43%选择钦佩,38%选择相互性答案,$\chi^2_{(1)} = 122.11$,$p < 0.01$。从钦佩的角度定义尊重的美国儿童少于2%。对于中国儿童而言,随着年级的增加,选择相互性答案的频次也开始增多,$\chi^2_{(1)} = 6.12$,$p < 0.05$,美国儿童则没有这一现象。总体而言,美国儿童认为应从相互性的角度定义尊重,中国儿童对尊重的定义介于相互性和钦佩之间。分析还表明,随着年级的增加,中国儿童更少地选择权威型答案,$\chi^2_{(1)} = 12.18$,$p < 0.01$,美国儿童不存在这种现象。随着年级的增加,更多的中国儿童选择了避免消极影响的答案,$\chi^2_{(1)} = 11.08$,$p < 0.01$。

关于"为什么要尊重他人"(问题2)。国家×年级段×备选答案间的交互作用显著,$\chi^2_{(4)} = 15.74$,$p < 0.01$。儿童更多地选择相互性答案("如果你尊重他们,他们也会尊重你")和"人人应有的权利"答案("不论是谁,都应得到尊重")。卡方分析表明,选择"人人应有的权利"答案的美国儿童(40%)要显著多于选择相互性答案的(19%),$\chi^2_{(1)} = 17.27$,$p < 0.01$。总体而言,两国儿童都认为尊重是人人应有的权利,但很多美国儿童认为相互性是尊重他人的一个原因。虽然两种文化下的儿童大都没有选择避免消极结果的答案("如果你不尊重他人,他们就不喜欢你也不会和你交朋友"),但对于中国儿童而言,随着年级增高,他们相对更多地选择该项回答;随着年级下降,美国儿童相对更多地选择该项回答,$\chi^2_{(1)} = 7.79$,$p < 0.01$。对于自我定义的回答("尊重他人表示你是一个好人"),随着年级增高,中国儿童更多地选择该项回答,美国儿童则不是,$\chi^2_{(1)} = 4.57$,$p < 0.05$。

关于"怎样对老师表示尊重"(问题3),中美儿童均深信要遵从成人的权威就要对老师表示尊重("像对待父母那样对待老师")。相较于完成自己的任务(努力学习),美国儿童认为尊重老师更多的是服从("按照老师说的去做"),$\chi^2_{(1)} = 115.96$,$p < 0.01$。两国儿童都相信,应该尊重作为成人和权威的老师。另外,美国儿童认为服从可以体现尊重;中国儿童则认为对老师表示尊重是一种职责,体现为要做好自己的作业。

基于被试对问题1和问题2的回答,在两国儿童中抽取了从相互性角度定义尊重的儿童。分析了这些儿童对为何表示尊重所持不同观点在同伴关系上的影响。对标准化的互选友谊数量进行 2(为何要尊重，相互性—应得)×2(中国—美国)×2(年级段，三、四年级至五、六年级)分析。结果显示，"为何要尊重"的主效应显著，$F(1, 391) = 6.41$，$p < 0.01$，其他效应均不显著。比起认为尊重他人是出于相互性原则的儿童，认为尊重他人是因为他人应该得到尊重的儿童拥有更多的班级互选朋友。国家、性别及年级这些因素和互选友谊数量没有统计上显著的关联。

在结果的基础上，周宗奎等人认为，答案频次上的文化差异明显。对尊重的定义和表示尊重的原因在发展阶段上存在差异。对于从相互性定义尊重的儿童而言，班级互选友谊的数量和表示尊重的原因相关。当要求儿童对尊重下定义时，"尊重是什么?"美国儿童更多地选择了"对别人好，就像你希望他们对你那样"，体现了相互性原则；大约有 20% 的儿童选择了反映权威的定义。中国儿童则更喜欢"尊敬或者钦佩他们"，几乎没有人选择反映权威的定义。"怎样尊重老师?"美国儿童认为要像对待权威人物一样对待老师，并且服从老师的指导，这两种方式都体现了单向的尊重。虽然中国儿童也视老师为权威，但他们更强调通过努力学习而不是服从指导来表示对老师的尊重。中美儿童在对尊重的理解和互选友谊数量的关系上有着相同的模式。在两个文化中从相互性的角度定义尊重的儿童，那些认为尊重他人的原因是相互性原则的儿童，那些认为尊重他人是因为他人应该得到尊重的儿童在班上得到了更多的互选友谊数量。这很有可能是因为当内部价值("应当得到尊重")成为表示尊重的原因时，友谊会朝积极的方面发展。而积极的友谊关系又可能促进尊重的形成。有趣的是，国家、性别及年级因素和互选友谊数量统计上没有有意义的关联。

周宗奎等人还认为，儿童对尊重的理解在文化上体现的差异可以从个人主义—集体主义(individualism vs. collectivism)(或独立—相互依存，independence vs. interdependence)这一概念机制来解释。该机制便于明晰不同的文化行为，但对理解文化内差异以及如何综合看待跨时间的文化变迁和个体发展因素并不能提供很好的解释。因此，有必要引入文化图式这一概念。文化图式指的是"一种能够辨析客体和事件的概念化结构"①。文化图式的一个论点就是视儿童为对环境有着自己的理解且具有文化色彩的发展主体。儿童通过在家和在校的各种经历发展出与尊重观念有关的文化图式。这样的文化图式提供给个体适应、理解特定的社会情境，并能够根据社会情境调整行为的方法。美国社会推崇的是互惠原则。社会鼓励儿童和他人竞争，鼓励儿童坚持自己的需求。不论是在家还是在校，都有着这样一个原则：服从父母和老师。基于此原因，美国儿童在理解和表示尊重时体现出了两种貌似相反的特征——互惠和服从。和美国不同的是，中国的道德教育是家庭和学校的共同责任。儿童在校的学习和家庭教育应承担起同样的道德目标。对于中国儿童来说，学校学习不仅仅代表了学业成就，还体现了家庭的责任和荣耀。美国的文化是政教分离，其结果导致家庭和学校在道德教育上的分离；中国文化侧重于儒家观点，要求家庭和社会都有义务承担道德教育。因此，美国儿童和中国儿童在对尊重的理解与表示尊重方面的差异体现了文化上的不同意义系统。尽管当前的中国社会仍然推崇儒家的分享原则，但是随着社会经济的发展和适应，中国对尊重的文化图式也有可能融合西方的一些理念，就有必要重新审视这样一种发生变革的儒家信条指导下的中国儿童的同伴关系。

---

① D'Andrade，R. G.，"Schemas and motivation," in R. G. D'Andrade，C. Strauss，*Human motives and cultural models. Cambridge*，England，Cambridge University Press，1992.

第六章

对思维和智力的脑机制研究

  2005 年 10 月，在拥有两千多代表的中国心理学会第十届学术大会上，我做了《中国心理学研究的十大关系》的大会报告。第一个问题是"自然面与社会面的关系。"我提出：20 世纪 90 年代，我国心理学呈现一种大家都来购置现代器材，都来探索心理的大脑奥秘的现象，这是一件好事，说明研究手段正趋向现代化，但也必然引起有的心理学家担忧我国心理学这种追求时尚，是心理学纯生理化的倾向。这就给心理学研究提出了一个严肃的课题：研究自然面与研究社会面的关系。从心理学来看，研究自然面，主要是从脑定位（在脑的什么部位"唤醒"什么样的意识状态）、关键期（年龄特征）、可塑性（环境与脑机制的发展变化）三个方面入手；强调的是心理本体，也就是说既维护心理学有不同于神经科学的研究对象，又突出心理是脑的机能，有其相应的神经活动，还揭示心理的内容及其脑机制发展趋势受社会环境的制约。在今天，我们不探索自然面是一种落后的表现，但忽视社会面也是一种不科学的表现。因为在心理学研究的性质上有三个特征：一是社会性，二是个性性，三是多样性。在心理学研究方法上有三个层面：一是传统的行为研究，二是 20 世纪八九十年代广泛使用脑电图（EEG）、相关电位（ERP）和核磁共振（fMRI）等研究，三是近年来进入信息传递的分子细胞研究，如脑磁图仪进入心理学实验室。我们应该允许从不同层面去分析与研究心理现象，既可以从认知神经科学角度或从分子细胞上，即微观水平上展开研究；又可以从宏观水平上加以研究，甚至于进行一些理论的探讨；也可以更多地从行为科学角度对心理学进行研究。

  我们团队和我国的认知神经科学的发展同步，探索思维和智力的脑机制变化的科学规律。在我所提出的聚焦思维结构的智力理论中，涉及思维的目的、思维的过程、思维的材料、思维的自我监控、思维的品质和认知中的非认知因素六个方面。思维的目的、思维的过程主要指在思维过程中能否有效地排除无关信息的干扰，对相关信息进行高效的编码、转换、刷新和协调，从而成功完成某种认知活动，实际上是思维执行加工的过程，这种思维执行加工水平的高低，对创造性等思维品质产生影响。思维材料主要指思维过程中相关信息的表征形式，这就涉及工作记忆问题，工作记忆容量的大小对思维的深刻性和灵活性也会产生影响。思维的自我监控主要指对思维的思维，它直接决定了思维批判性水平的高低。各种思维品质都要体现出思维活动的速度，即敏捷性，它主要与信息加工速度有关。因此，对思维执行加工、信息加工速度、工作记忆和自我监控的脑机制进行研究，不仅能够验证聚焦思维结构智力理论的合理性，而且也必须从神经机制层面对这一理论进行补充和深化。所以，我们按照第二代认知科学发展的格局，跟随我国心理学研究的步伐，从20世纪90年代初起，一直重视对思维和智力的脑机制研究。

第一节

思维执行加工的脑机制

思维执行加工（thinking executive control）负责认知活动的调节和任务计划等，包括抑制（inhibition）、转换加工（shifting process）、双任务协调（dual-task coordination）和编码刷新（code updating）等成分。[1] 思维执行加工是人类高级认知活动的关键环节，其认知神经机制备受发展心理学、认知心理学、人工智能、动物学习研究和神经生理学的关注，具有重要的理论意义。我分别和我团队成员王益文、罗良、沃建中等在以往研究的基础上，探索了额叶在思维执行加工中的作用，不同图形推理能力的被试在大脑机制上的差异以及中学生表象能力的发展特点等。

------

① Collette，F.，& Linder，M. V.，"Brain imaging of the central executive component of working memory,"*Neuroscience and biobehavioral review*，2002，26，105-125.

一、额叶在思维执行加工中的作用

以往多项研究证明额叶在思维执行加工中起到重要的作用[1][2][3]，但是这些研究大多以时间分辨率较低的 fMRI 作为脑成像手段，对思维执行加工时间进程的研究较少，并且已有研究的词语刺激材料多为英文。汉字作为世界上主要的语言文字之一，与西方拼音文字相比具有象形表义的特点，我们的一项研究也表明，工作记忆中的汉字加工具有不同于拼音文字的认知神经基础。那么，以汉字作为实验材料的思维执行加工任务会激活哪些脑区？额叶在思维执行加工中起什么样的作用？激活脑区动态变化的时间进程又是怎样的呢？我们通过一项 ERP 研究对这些问题进行了探索。[4]

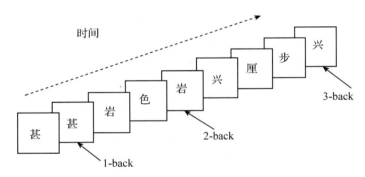

图 6-1　汉字 1/2/3-back 任务的刺激呈现序列示意图

实验采用 N-back 范式，这种实验范式要求被试连续刷新工作记忆中的信息编码，同时存储、抑制和提取信息流，是一种典型的思维执行控制加工，并且通过变

---

① D'Esposito, M., Detre, J. A., Alop, D. C., et al., "The neural basis of the central executive system of working memory,"*Nature*, 1995, 378(10), 279-281.

② Markela-Lerenc, J., Ille. N. Kaiser, S., et al., "Prefrontal-cingulateactivation during executive control: which comes first?"*Cognitive Brain Research*, 2004, 18, 278-287.

③ Wang YW, Yan Liu & Yanxia Gao, "False belief reasoning in the brain: An ERP study,"*Science in China Series C: Life Sciences*, 2008, 51(1), 72-79.

④ 王益文、林崇德等：《额叶参与执行控制的 ERP 负荷效应》，载《心理学报》，2005，37(6)。

化任务负荷，来观察哪些脑区随任务中信息量的增加而出现激活程度加强的现象，进而确认参与认知活动的脑区。我们从《汉字频度统计表》中选取了 111 个一级和二级常用字，采用 1/2/3-back 任务，刺激呈现序列见图 6-1，在屏幕中央呈现一个个汉字，每个汉字持续呈现 1500 ms，刺激间隔（interstimulus interval，ISI）为 1500 ms，要求被试在每个汉字呈现时判断当前汉字是否与向前第 n 个汉字相同（如 $n=2$ 时，判断当前汉字与向前第 2 个汉字是否相同）。3-back、2-back 和 1-back 任务均包括 70 组有效刺激序列，被试对实验顺序进行平衡。使用 NeuroScan ERP 记录与分析系统，按国际 10—20 系统扩展的 64 导电极帽记录 EEG。分析时程为刺激后 1500 ms，基线为刺激消失前 200 ms。根据已有研究结果与研究目的，选择 16 个电极统计分析。对头皮前部和后部分别进行任务（3-back、2-back 和 1-back 任务）×左右半球×电极（头皮前部：AF3/AF4、F7/F8、F3/F4、T7/T8 和 C3/C4。头皮后部：P3/P4、PO3/PO4 和 O1/O2）三因素重复测量方差分析，对方差分析的 P 值采用 Greenhouse-Geisser 法校正。采用脑电源分析程序 BESA 5.0（Brain Electrical Source Analysis program；Megis software）进行皮层电流密度和偶极子源定位（Dipole Source Localization，DSL）。结果分析如图 6-2 所示。

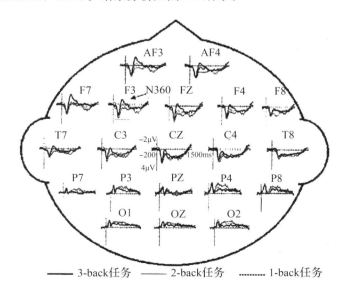

图 6-2　汉字 1/2/3-back 任务的 ERP 总平均图

汉字 N-back 任务刺激间隔的 ERP 波形见图 6-2。l/2/3-back 任务均在头皮前部诱发 P230、N360 和晚正波(late positive complex，LPC)，在头皮后部诱发 N150 和晚负波(late negative complex，LNC)。N150、P230 和 N360 测量峰－峰值，LPC (600~1000 ms)和 LNC(400~800 ms)持续时间较长且无明显波峰，故测量平均波幅。N150、P230、LPC 和 LNC 的任务间差异均未达到显著水平，N360 的任务主效应($p<0.001$)、记录点主效应($p<0.001$)以及任务与记录点交互作用显著($p<0.05$)。因此，我们从两个方面对 N360 进行详细的分析。

1. N360 及其激活源

N360 在 AF3/AF4 和 F3/F4 点的波幅最大，刺激消失后 360 ms 时在双侧额叶皮层均有密集电流分布(见图 6-3)，其偶极子分别位于左额中回和右额颞区(见图 6-4)。科恩(Cohen)等人采用 fMRI 研究发现执行 N-back 任务时背外侧额叶皮层(dorsolateral frontal cortex，DLFC)的激活表现出一种负荷效应，额叶激活模式中腹侧或背部的区别与正在加工信息的执行过程(操作加工类型)有关。[1] 热瓦斯(Gevins)等人采用 N-back 任务发现，右侧顶叶部位晚正波的活动与有准备的持续注意位置有关。[2] 这与本研究发现的右侧顶叶的皮层电流密度分布是一致的。参与做出反应等短暂加工的脑区，将表现出时间效应，即激活随时间发生变化，但没有负荷效应，即激活不随负荷增加。科恩等人发现运动皮层可能参与做出反应，而本研究中的 N360 波幅在 C3/C4 记录点上无任务负荷效应，N360 可能除了包括工作记忆中信息保持的成分外，还包含了反应选择或准备的执行控制加工成分。N360 在左半球的波幅大于右半球，F7/F8 和 T7/T8 点上存在左右侧的显著差异，均是左侧显著大于右侧，表现出一种左半球优势效应，左额区皮层电流密度也高于右侧，其偶极子位于额中回。F7 记录点大约对应于布洛卡区，F7 的 N360 波幅显著大于 F8 点，其差异可能反映了左半球参与语言加工的优势效应，与 fMRI 研究发现的激活模式基本

---

[1] Cohen，J.D.，Perlstein，W.M，Braver，T.S，et al.，"Temporal dynamics of brain activation during a working memory task,"*Nature*，1997，386，604-608.

[2] Gevins，A.，Smith，M.E.，Le，J.，et al.，"High resolution evoked potential imaging of the cortical dynamics of human working memory,"*Electroencephalogr aphy and Clinical Neurophysiology*，1996，98(4)，327-348.

一致。综合上述分析可见，左右半球均不同程度地参与工作记忆加工，只是在大脑某一具体部位上(布洛卡区)表现出左半球的相对优势，可能是一种复述加工成分。

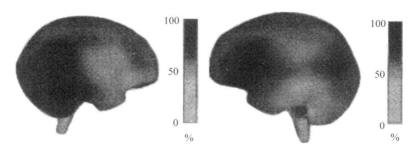

图 6-3　3-back 任务左右半球的皮层电流密度分布图

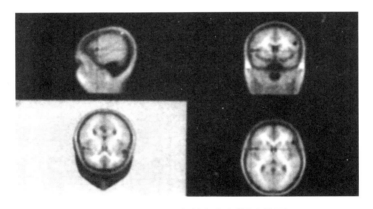

图 6-4　3-back 任务的偶极子源定位图

2. N360 负荷效应及其时间过程

研究发现，3-back 任务中 N360 的波幅显著大于 2-back 任务和 1-back 任务，但 2-back 任务和 1-back 任务的差异不显著，任务总体的差异在两个低负荷任务间出现间断或消失，表现出一种跨任务的负荷效应模式。N360 的波幅只在 AF3/AF4 记录点上存在任务间的两两差异，随工作记忆负荷(1，2 至 3)逐级地增加，N360 的波幅在相邻任务间存在显著的差异，呈现随负荷增加而逐步增大的变化，表现出一种逐级任务负荷效应。N360 在 F3/F4、F7/F8、T7/T8 记录点上的任务负荷效应与任务总体的差异模式基本相同。采用 N-back 任务的研究发现，激活随负荷增加的区域包括双侧背腹部额叶和顶叶等[1]，而采用延迟反应任务的研究中，头皮前部额叶区域和后部顶叶激活可能反映了参与词语信息保持的区域网络。[2] 比较两种任务发现，N-back 任务除激活延迟反应任务激活的区域外，还激活双侧背外侧额叶皮层。延迟反应任务是一种保持加工，而 N-back 任务同时包含信息保持和执行控制。在本研究中 3-back 任务 N360 的偶极子位于左侧额中回和额颞区，后部顶叶皮层有高密度电流分布，可能反映了执行控制加工。另外，汉字 1/2/3-back 任务 N360 的负荷效应出现在刺激消失后 250～600 ms，360 ms 达到最高强度。N360 的时程可能揭示了信息编码、刷新以及执行控制的时间过程，其他执行控制任务也发现了范围接近的负成分，如 Stroop 任务的冲突加工与 N450 成分相联系等。[3] 这说明思维执行控制加工不是单一的认知模块，可能包括多个子系统。相同前额区域介入大量的执行任务说明，思维执行加工必须根据不同区域间的相互作用，而不是单一区域与单个高级认知加工的特定联系来理解。

二、不同图形推理能力被试大脑机制的差异

推理是由具体事物归纳出一般规律，或者根据已有的知识推出新的结论的思维活动。从本质上看，推理属于问题解决的范围，要回答问题就要提取长时记忆中的知识，并且和当前的一些信息在工作记忆中进行综合。推理能力是一种相当高的心理能力，是智力的一个核心成分，因此一直是心理学家们研究的重点。图形推理是以图形为材料的推理，在图形推理中，图形材料通过不同图形特征的组合以及不同图形组成的逻辑关系的复杂程度来控制难度，与其他材料的推理相比，图形材料能更客观地反映个体的思维执行加工。2003 年，格雷(Gray)等人直接研究了瑞文推理

---

① Braver, T. S. , Cohen, J. D. , Nystrom, L. E. , et al. , "A parametric study of prefrontal cortex involvement in human working memory," *Neuroimage*, 1997, 5, 49-62.

② Velman, D. J. , Rombouts, S. , Dolan, R. J. , "Maintenance versus manipulation in verbal working memory revisited: an fMRI study," *Neuroimage*, 2003, 18, 247-256.

③ West, R. , "Neural correlates of cognitive control and conflict detection in the Stroop and digit-location tasks," *Neuropsychologia*, 2003, 41(8), 1122-1135.

成绩与大脑活动之间的关系，结果发现瑞文推理测验成绩，与被试完成 N-back 任务时的背外侧前额皮质(dorsolateral prefrontal cortex，DLPFC)和前扣带回活动之间存在显著的相关，思维执行加工被背外侧前额皮质的活动所调节。[①] 我们在前面已经提到，思维执行加工是一个具有时间进程特征的心理过程，为揭示图形推理能力与大脑活动之间的关系，一个重要的方面是要了解不同图形推理能力的被试在大脑活动上存在哪些差异，这些大脑活动的差异随时间发生怎样的变化。

我们在一项 ERP 研究中[②]，首先选取了 154 名大三和大二学生，作答"瑞文推理能力测验"，根据"瑞文推理能力测验"的成绩(满分为 60 分)，选取前 12 名为高图形推理能力组被试(平均成绩为 54.6 分)，选取后 12 名为低图形推理能力组被试(平均成绩为 35.4 分)。单因素方差分析显示，高图形推理能力组被试的测验得分显著高于低图形推理能力组被试($p < 0.001$)。这 24 名被试完成接下来的 ERP 实验。ERP 实验中的刺激任务采用延迟匹配的实验范式，实验刺激具体呈现顺序和时间进程如下(见图 6-5)：①目标阶段，在屏幕中央的二维矩阵里面呈现 2 个(低负荷任务)或者 4 个(高负荷任务)图形，呈现时间为 1800 ms，要求被试尽量记住这些图形(包括大小、填充图案和形状，不用记忆图形的空间位置)；②延迟阶段，保持灰屏3000 ms，要求被试对目标阶段出现的客体视觉信息进行保持；③探测阶段，在屏

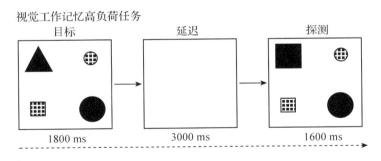

图 6-5 实验刺激呈现顺序和时间进程举例

---

① Gray, J. R., Chabris, C. F. & Braver, T. S., "Neural mechanisms of general fluid intelligence," *Nature neuroscience*，2003(6)，316-322.

② 罗良：《视空间工作记忆系统的分离与个体差异——来自 ERP 研究的证据》，硕士学位论文，北京，北京师范大学发展心理研究所，2005。

幕中央的二维矩阵里面呈现 2 个(低负荷任务)或者 4 个(高负荷任务)图形,呈现时间为 1600 ms,要求被试判断探测阶段的图形是否与目标阶段的图形完全相同。实验设备为美国 NeuroScan 公司生产的 128 导 ERP 记录与采集系统和 Ag/AgCl 电极帽。ERP 时间锁定在从目标记忆任务开始一直到探测记忆任务出现的 4800 ms(1800 ms+3000 ms),基线为目标记忆任务出现之前的 200 ms。把连续的时程分成 10 个时间窗口,采用伯施(Bosch)等人使用的头皮电极点合并方法①,把电极点位置合并成 12 个头皮兴趣区(见图 6-6)。对于两种类型被试在两种负荷任务上诱发的 P300 成分,采取选择有代表性电极点的方式进行,分别以该成分的峰值作为因变量进行统计分析。对于两种类型被试在两种负荷任务上诱发的 ERP 慢波,求出每一个时间窗口内在每一个头皮兴趣区的平均波幅,使用独立样本 T 检验的方法进行分析。

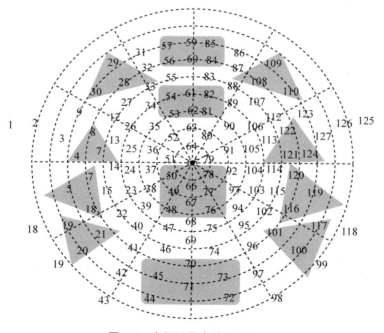

图 6-6　电极记录点头皮分布图

①　Bosch, V., Mecklinger, A. & Friederici, A. D., "Slow cortical potentials during retention of object, spatial, and verbal information,"*Cognitive Brain Research*, 2001, 10(3), 219-237.

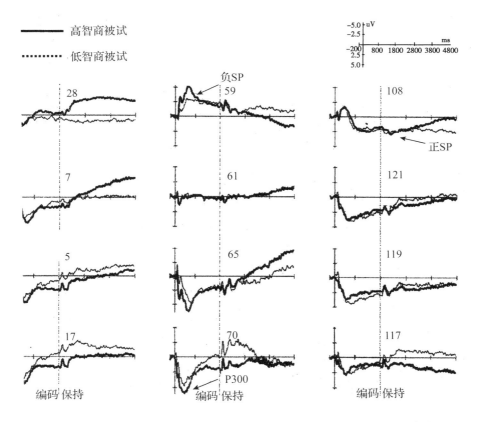

图 6-7 高智力水平与低智力水平被试在低负荷任务上的 ERP 总平均波形图

在高负荷和低负荷任务上，两类被试 ERP 波形的特征具有相似性（见图 6-7），都在中前部脑区诱发出 N100 和 P200；在后部脑区诱发出明显的 P300。中前部脑区在 P200 之后，后部脑区在 P300 之后，开始出现头皮慢电位（slow cortical potentials，在本文中简称 SP 成分）。根据以往研究和这个实验研究结果，我们主要对 P300 和 SP 成分等皮层慢电位进行分析。

比较高图形推理能力组被试与低图形推理能力组被试在前额叶中部电极点上所诱发的负 SP 成分发现（见图 6-8），编码低负荷的视觉工作记忆信息时，两组被试没有显著差异，而当编码高负荷的视觉工作记忆信息时，记忆刺激呈现后的 300 ms 到 1000 ms，高图形推理能力组被试诱发的 SP 成分显著负于低图形推理能力组被试。我们在另外一项研究中发现，在前额叶中部电极点上出现的记忆负荷效应，可能是被试对高负荷的记忆任务进行了更高整合度的编码。[①] 这里出现的个体差异，可能也反映了被试在对记忆目标进行整合性编码时投入心理资源的差异。在 300 ms 到 1000 ms 之间，高图形推理能力组被试投入了更多的心理资源对记忆目标进行高整合度的编码。

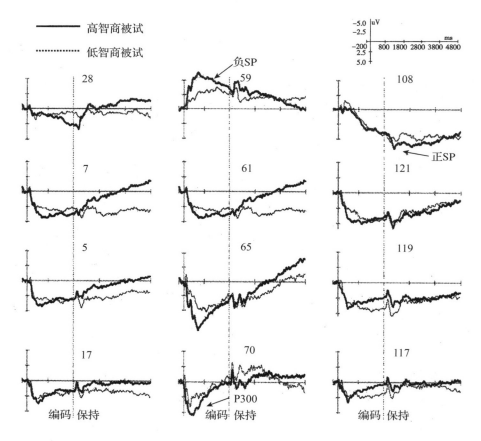

图 6-8　高智力水平与低智力水平被试在高负荷任务上的 ERP 总平均波形图

这个结果被前人的研究所支持，并进一步丰富了前人的发现。卡彭特（Carpen-

　　① 罗良、林崇德、刘兆敏等：《客体工作记忆任务中大脑皮层活动的记忆负荷效应》，载《心理学报》，2006，38(6)。

ter)等人研究发现，瑞文推理测验的题目中包含了大量的规则和图形，能够在工作记忆中保持较多规则和目标的个体就可以取得比较好的测试成绩。[1] 普拉巴卡兰（Prabhakaran）及其同事运用 fMRI 对被试在完成瑞文渐进推理测验时的大脑进行扫描[2]，他们发现额叶、顶叶的一些脑区都有活动，并认为可能是空间、视觉和言语工作记忆引发了众多脑区的活动，似乎图形推理能力是工作记忆能力的总和。而上面的发现证明视觉工作记忆与图形推理能力的确存在较密切的关系，而这种关系似乎主要集中于视觉信息的编码阶段，出现这个结果也有一个可能是与瑞文推理测验自身的特点有关。瑞文推理测验的题干与选项同时在被试眼前出现，大量的视觉信息需要被试进行编码，但是由于这些视觉信息一直在被试眼前，因此保持的压力并不是特别大，能够在较短时间内投入较多心理资源进行高整合度编码的被试，就有可能取得更好的测试成绩。这个结果说明在视觉信息编码过程中整合能力高低对于完成瑞文推理能力测验非常重要，并且不同图形推理能力水平被试之间的差异主要出现在背侧前额叶对视觉信息进行整合编码的效率上。

三、中学生表象能力的发展和脑电 α 波的关系

认知心理学家对表象的大量研究证实，儿童在思维过程中比成人更多地使用表象。布鲁纳等人[3]和皮亚杰[4]都提出，表象在儿童的思维执行加工中扮演着主要的角色，并推断儿童的表象能力将对其概念形成和推理能力产生重要的影响。了解儿童青少年表象能力的发展特点及其与脑电 α 波的关系，不仅有助于揭示表象的脑机制，还将帮助我们把握思维执行功能发展的方向。

---

[1] Carpenter, P. A., Just, M. A. & Shell, P., "What one intelligence test measures: A theoretical account of the processing in the raven progressive matrices test," *Psychological Review*, 1990, 97(3), 404-431.

[2] Prabhakaran, Vivek., Smith, J. A. L., Desmond, J. E. et al., "Neural substrates of fluid reasoning: an fMRI study of neocortical activation during performance of the Raven's progressive matrices test," *Cognitive Psychology*, 1997, 33, 43-63.

[3] Bruner, J. S., Olver, R. R. & Greenfield, P. M., *Studier in cognitive growth*, New York, Wiley, 1996.

[4] Piaget, J. & Inhelder, B., *Mental Imagery in the Child*, New York, Basic, 1971.

我们使用脑电超慢涨落图技术(Encephal of lutuograph Technology，ET)记录13～18岁共188名中学生在安静状态下的脑波。脑 ET 技术方法采用脑电超慢涨落分析仪，按国际10—20系统安置电极，引出导线连接到9612型12道脑电放大器，选用 F3、F4、C3、C4、P3、P4、O1、O2、F7、F8、T5、T6 共12导联进行单极引导，以双耳连线为参考电极，前额正中接地保护，记录被试在正常安静闭眼状态下的脑电 α 波(8～13Hz)。时间为18分钟，时间常数为0.3秒。除了记录这些中学生在安静状态下的脑波之外，让他们完成句图匹配和心理旋转两项表象能力测验，以探索中学生表象能力的发展特点及其与脑电 α 波的关系。[①] 主要有以下两方面的发现。

(一)中学生表象能力的发展特点

采用计算机记录被试进行正确反应的时间，作为评价表象能力的指标。正确反应所需时间越短，表象能力越强；反之，反应时越长，表象能力越弱。根据反应时的变化，我们分别考查了中学生在句图匹配和心理旋转两项表象任务中的发展特点。中学生在这两项表象能力测验中表现出了相同的发展特点，即不同年龄间存在显著差异，男女生的反应时无显著性差异。反应时的年龄差异主要来自13至15岁与16至18岁之间的差异。16岁为反应时发展变化的一个转折点。16岁以前，中学生句图匹配和心理旋转的反应时均呈明显的下降趋势，16岁以后则变化不大，渐趋稳定。

中学生表象能力的发展经历了一个先快后慢的转折过程。这个转折点在16岁，16岁以前个体表象能力随年龄增长逐渐提高，16岁以后则保持稳定。在前人的研究中，对表象能力的性别差异存在着争论。我们认为，表象并不是一种单一的能力，它由几种不同的信息加工成分组成，或者说它包含了一些信息加工的子系统。男女生在表象加工的不同子系统中的信息加工速度的差异有所不同，在某些子系统中(如将信息储存在长时记忆中)，女生的加工速度比男生快；相反，在另一些子系

---

① 潘昱、沃建中、林崇德：《13～18岁青少年表象能力的发展和脑电 α 波的关系》，载《心理发展与教育》，2001(4)。

统(如激活表象记忆)中，男生的加工速度比女生快。在整个表象加工过程中，男女生在加工子系统中的优势和劣势互补，使得其反应时的差异并不显著。当然，这只是我们的一种假设，还需要进一步的深入研究加以验证。

(二)中学生的表象能力与 α 波频率成分之间的关系

为探讨表象能力与脑功能之间的关系，在每个年龄段，根据被试句图匹配和心理旋转两项作业的反应时，我们分别对两项表象作业中好组和差组的 α 波 6 种频率成分(8～13Hz)的比例进行了比较，结果表明，好组和差组的 α 波 6 种频率的差异均不显著，但在句图匹配和心理旋转作业中好组 10Hz α 波的比例均高于差组(见图 6-9、图 6-10)。

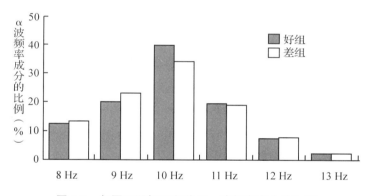

图 6-9　句图匹配好组和差组 α 波频率成分的比较

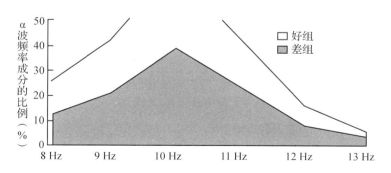

图 6-10　心理旋转好组和差组 α 波频率成分的比较

根据 EEG 技术中 α 节律的衰减与脑区活动的增强有关的原理，许多研究者将 EEG 应用于视觉表象的研究，布朗(Brown)认为，在表象产生过程中伴随着脑部视觉区域的 α 节律减弱。[①] 本研究中采集的是中学生被试安静闭目状态下的 α 波数据，而不是实时记录被试表象操作过程中的脑电 α 波。在某个占主频的 α 波变化，能在一定程度上反映表象能力的差异。我们认为，虽然脑电 α 波能够客观地反映个体大脑的生理成熟过程，可以将其作为衡量中小学生脑发育和成熟程度的主要指标，但是用静息状态下 α 波频率成分来推测个体认知功能的方法具有很大的局限性，我们有必要从其他途径更深入地来探索表象能力的脑机制。

第二节

信息加工速度的脑机制

信息加工速度(the speed of information processing)，也叫认知加工速度(the speed of cognitive processing)或心理加工速度(the speed of mental processing)，最早起源于反应时的研究。根据信息加工的观点，人脑类似于计算机的信息加工系统，这种类比只是功能上的类比，而不是物质结构上的类比。由此可认为，人的认知活动过程在功能上与计算机具有类似的信息加工过程，计算机的信息加工需要信息的输入、编码、储存和提取等一系列的操作，由此可类推，人类的信息加工就是人脑对输入信息的获取、编码、储存和提取等一系列的操作，个体在这一操作过程中都需要一定的时间，不同的个体对同一任务的操作都有快慢的差异，这就是信息加工的速度问题。在高尔顿(Galton)和斯皮尔曼(Spearman)的早期智力研究中，他们把心理速度(mental speed)作为智力的基础或智力的重要组成部分，此后，许多智力研究把心理速度作为衡量智力个体差异的重要指标。因此，在我提出的聚焦思维结

---

① Brown，B. B.，"Specificity of EEG phoptic flicker responses to color as related to visual imagery ability," *Psychophysiology*，1966，2(3)，32-37.

构的智力理论中，也把信息加工速度的快慢作为思维品质的一个重要方面，我把它称为思维品质的敏捷性。

有研究表明，脑电 α 波的频率与人类的认知功能有关，α 波（8～13 Hz）的脑波成分与个体的思维和认知等脑的高级功能有关。较多的低频 α 波的出现，与困倦和较差的认知作业成绩有关；较多的高频 α 波则与积极的认知活动有关。凯尔和我们的研究都表明，从信息加工速度的年龄变化趋势来看，儿童信息加工的速度逐渐加快。[1][2] 索尔托斯发现，人们到了 20 岁以后，信息加工速度又逐渐减慢，65 岁老年人的信息加工速度相当于 6、7 岁儿童的水平。[3] 也就是说，信息加工速度的变化趋势与脑电超慢涨落的变化趋势具有类似之处，为了更好地探讨脑功能的发展与信息加工速度的关系，我和弟子沃建中等人利用脑 ET 技术对中小学生脑电 α 波进行了一系列的研究。

一、小学生脑电 α 波频率分布特点与信息加工速度的关系

大脑是思维和认知活动的物质基础，个体的信息加工过程离不开大脑的支配和控制。研究信息加工速度的特点，仅仅采用传统的认知实验和观察方法，只能对信息加工的内部机制做出粗略的推测。因此，将信息加工速度与大脑的生理机制结合起来进行研究是非常必要的。

我们的一项研究[4]使用 PⅡ300 计算机呈现刺激材料，记录反应时并采集脑 ET 数据，测查了 228 名 6～12 岁小学生脑电 α 波频率分布特点与信息加工速度的关系。实验的刺激材料包括六项操作任务，即简单反应、选择反应、字母匹配、图形匹配、句图匹配和心理旋转。

---

　① Kail，R.，"Processing time declines exponentially during childhood and adolescence," *Developmental Psychology*，1991，27(2)，259-266.

　② 沃建中、申继亮、林崇德：《信息加工的阶段及其年龄差异源》，载《心理科学》，1997，20(2)。

　③ Salthouse，T. A.，"The processing-speed theory of adult age differences in cognition," *Psychological Review*，1996，103(3)，403-428.

　④ 曹河圻、沃建中、林崇德等：《6～12 岁儿童脑电 α 波频率分布特点与信息加工速度的关系》，载《心理学探新》，2000(4)。

(一)脑电 α 波的脑区分布特点

结果分析发现，不同频率 α 波的脑区分布有所不同，且相同频率的 α 波在各脑区的比率存在着显著的差异。在总体上，左右脑 8、10、11、12、13Hz 的 α 波呈对称分布，右脑 9Hz α 波显著多于右脑。经过具体的比较发现，α 波在左右对称脑区的分布比率也因频率不同而表现出不同的左右脑优势。且除了左前颞叶的 α 波平均频率显著大于右前颞叶外，其他左右脑对称区域的平均频率的差异均不显著。脑电 α 波平均频率在不同脑区的大小在 9.31～9.45。除了左前颞叶的平均频率显著大于右前颞叶外，其他左右脑对称区域的平均频率的差异均不显著。α 波的平均频率从高到低依次为枕叶、中央区、顶叶、左前颞叶、后颞叶、额叶、右前颞叶。

(二)α 波成分与信息加工速度的关系

从脑电被试中随机选取了 41 人，分别在计算机上进行 6 项信息加工速度测验。根据测验的成绩从被试中选取信息加工速度快组和慢组，将快组和慢组被试的不同频率 α 波成分的差异进行比较表明，快组和慢组被试的 6 种频率(8～13Hz)α 波的比率均无显著性差异。快组 9Hz α 波的比率小于慢组，10Hzα 波的比率大于慢组，8、11、12、13Hzα 波的比率则基本相同。

脑电 α 波在全脑 12 个脑区的比率，因频率成分不同而表现出不同的分布特点。格拉顿(Gratton)等人于 1992 年对成年被试 α 波在颞叶、枕叶和顶叶 3 个脑区的空间分布进行研究发现，在闭目状态下颞叶的频率最低，为 9.51Hz；枕叶的频率居中，为 9.88Hz；顶叶的频率最高，为 10.41Hz。本研究对 12 个脑区 α 波平均频率的分布进行了考查发现，α 波的平均频率从高到低依次为枕叶、中央区、顶叶、左前颞叶、后颞叶、额叶、右前颞叶。

我们研究的结果表明，信息加工速度与 α 波的关系并不是十分明显，快组和慢组被试的 6 种频率(8～13Hz)α 波的比率均无显著差异。我们认为，这是由于 α 波是个体在安静闭目状态下产生的大脑自发电位，极易受到声、光等物理刺激的影响，在个体从事认知活动时 α 波消失，而代之以低幅快波。此外，本研究并非实时地对被试从事认知活动过程中的脑电波进行监测，因此，用本研究方法进行验证 α 波与个体认知功能之间的关系还是有一定困难的。

二、小学生脑波功率涨落特点与信息加工速度的关系

小学生脑电 α 波频率分布特点与信息加工速度的关系研究中，虽然初步揭示了脑电 α 波的结构、优势成分、平均频率和脑区分布的一些特点，但是建立 a 波与信息加工速度的联系还是比较困难的。为进一步探究脑电波与个体信息加工速度的关系，我们采用与《6～12 岁儿童脑电 α 波频率分布特点与信息加工速度的关系》研究中的研究方法，使用计算机对脑波进行优势频率扫描，可以分离出这种涨落的周期性优势超慢成分，由超慢成分组成的超慢系统简称为 S 系统。S 系统以 mHz 为单位，由 S1、S2、S3、…S255，共 255 条谱线组成超慢谱（简称 S 谱）。S 谱具有很多精细结构成分，主要包括优势频率、特征谱线、基础谐振系、连续频率、选择性相干等。从脑波中分离出来的这些超慢涨落信息可以展示精细的、深层次的频率—空间结构，它们反映脑的高度自组织活动，并与脑内神经化学活动等深刻过程联系起来。我们分析了这种超慢系统（S 谱系）与信息加工速度的关系。[①]

（一）S 谱基频谱线的年龄变化特征分析

在 S 谱中，S1、S2、S3、S4、S5、S6、S7、S11、S13 这 9 条基频谱线随年龄变化的趋势是不太一致的，虽然它们表现出各自不同的发展特点，但也有一个共同的现象：男生 S2、S3、S6、S7、S11 等多条谱线的功率在 9 岁时出现一个明显的峰值，在所有年龄组中处于最高水平。而女生的这些谱线的功率则在 9 岁时明显下降，在所有年龄组中处于最低水平。同时，6、7 岁组女生的所有基频功率都很高，而男生的这些基频功率在 6 岁时还比较高，而到了 7 岁就明显降低，在各年龄组中处于最低水平。这种脑活动功率发展趋势上的性别差异说明脑活动的短期活跃现象在男孩和女孩身上出现的时期是不同的，男孩比女孩普遍要晚一些，这与男孩比女

---

① 沃建中、林崇德、曹河圻等：《6～12 岁儿童脑波功率涨落特点与信息加工速度的关系》，载《北京师范大学学报（自然科学版）》，2001(1)。

孩发育成熟要晚一些的现象是一致的，说明与其他生理指标一样，在脑内的神经活动方面，男孩比女孩的发育成熟也要稍晚一些。

(二)不同信息加工速度儿童 S 谱基频功率的前后脑关系差异

在不同信息加工任务中表现出好与差的儿童的 S 谱基频功率在前后脑的比值表现出不同的特点，其中在简单反应、句图匹配、字母匹配任务中，速度快组的儿童在绝大多数(≥8 个)基频谱线上的前后脑功率比值均大于速度慢组。在字母匹配任务中表现较好的儿童的所有基频谱线都在前脑更为活跃，而在这个任务中表现得不太好的儿童的后脑比较活跃。同时，在选择反应和心理旋转任务中则表现出了完全相反的特点，在这两项任务中表现较好的儿童的绝大多数(≥7)基频谱线的前后脑比值均小于速度慢组。其中在心理旋转任务中表现较好的儿童的各种基频谱线在后脑较前脑更为活跃，而在这一任务中表现不好的儿童的前脑更为活跃。功率的前后逆转、额叶功率的过高对于儿童认知能力具有一定的影响。本项研究证明了这一现象在不同认知水平的儿童之间同样存在。

(三)不同信息加工速度儿童 S 谱基频功率的左右脑关系差异

在不同的认知任务中表现出好与差的儿童的 S 谱基频功率在左右脑的比值同样表现出不同的特点，在简单反应、选择反应、图形匹配任务中表现较好的儿童的基频谱线在左右脑活动中更平衡，而在这些任务中表现得不太好的儿童则左右脑对称性较差。左右脑比较平衡的儿童在简单反应、选择反应和图形匹配任务上表现较好，而左右脑差异较大的儿童则在句图匹配任务中取得了好成绩。这充分说明，不同的信息加工活动与大脑的不同部位相联系，也与大脑活动的空间关系相联系。同时，通过对在简单反应任务中表现不同的儿童的 S3 功率在各脑区分布的考查，说明在简单反应任务中，右脑的神经活动起着一定的作用。通过对在心理旋转任务中表现不同的两组儿童的 S7 功率在各脑区分布的考查，说明在心理旋转这样的复杂认知任务中，左右脑神经活动的相对平衡对认知过程也起着一定的作用。

三、小学生脑波超慢涨落功率与计算速度的关系

已有多项研究表明，脑波超慢涨落功率的分布与认知功能有关。但此类研究多集中于成年人，而我们认为个体的大脑发展在较小年龄段发展最快，信息加工速度发展得也非常快，个体差异较大，所以研究儿童的脑超慢涨落发展或许能获得更多信息。计算速度受多种因素影响，如知识、策略、脑的发展等。我们通过比较计算速度来考查小学生脑波超慢涨落平均功率的发展特点，为探讨与信息加工速度相关的脑区活动发展特点提供实验依据。[①]

在该项研究中选取 6～12 岁的小学生，共 176 名，根据年龄分为 5 个组，分别为 6～7、8、9、10、11～12 岁年龄组。使用 12 导的脑电超慢涨落分析仪对 EEG 进行记录。计算速度测验材料的内容包括加法测验、减法测验。所有的计算速度的测验都是在计算机上完成的。

(一)小学生计算速度与前后脑区平均功率的比较

针对每个年龄组的被试，按照平均反应时等分成三组，即快组、中组与慢组，对计算速度快组和计算速度慢组中各年龄组的脑区平均功率分布进行分析，结果表明，快组和慢组基本上都呈现出额低枕高的前后梯度趋势。从梯度逆转数据来看（见图 6-11），在各个年龄组中，除了 6～7 岁和 11～12 岁年龄组外，其余各年龄组的计算速度快组的逆转总数明显低于计算速度慢组，其差异主要在右脑（见图 6-12），计算速度慢组的平均功率前后梯度逆转数比计算速度快组高，特别是在 8 岁和 9 岁年龄组；但在左脑，两组的逆转数差异较小。人们左右脑的不对称性可能会对认知功能产生一定的影响。由此，可以认为在一般意义上左脑参与数学运算较多，在低年龄段儿童身上左右协调控制对数学运算速度也起一定作用。

---

① 沃建中、林崇德等：《6～12 岁儿童脑波超慢涨落功率与计算速度的关系》，载《心理学报》，2001(6)。

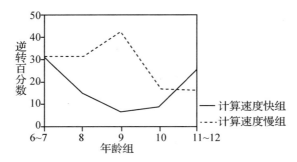

图 6-11　计算速度快组和计算速度慢组脑波功率前后梯度逆转年龄变化曲线

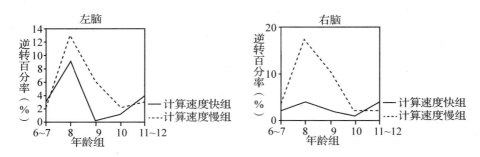

图 6-12　左脑和右脑脑波超慢涨落功率前后梯度逆转年龄变化曲线

(二)小学生计算速度与脑区功率的比较

　　就左右脑区而言，在计算速度快组和计算速度慢组两组中(见图 6-13)，左脑平均功率都小于右脑平均功率，计算速度慢组左右脑平均功率差异显著，计算速度快组左右脑平均功率差异接近显著性水平。计算速度快组的逆转总数高于计算速度慢组，且在各个年龄组中，除了 11～12 岁年龄组计算速度快组的逆转百分数等于计算速度慢组外，其余各年龄组的计算速度快组的逆转总数都高于计算速度慢组。就前后脑区而言(见图 6-14)，计算速度快组和计算速度慢组脑波功率左右逆转百分率的差异主要反映在后脑，后脑脑波功率左右逆转在逆转总数上计算速度快组多于计算速度慢组。人类大脑的额叶是最新进化的脑区，但在此之前大脑还经历了头部化、皮层化、侧脑化等发展顺序，额叶是最高层次的思维认知功能调控中枢，左右脑关系其次。后脑部分是较老的脑组织，后脑参与认知的功能很少，所以左右逆转在计算速度快组多表现于后脑，而不表现于前脑。在前脑，计算速度快组的逆转数是少于计算速度慢组的，由于前脑对思维起关键作用，前脑左右逆转多的儿童的计算速度慢于后脑左右逆转多的儿童。

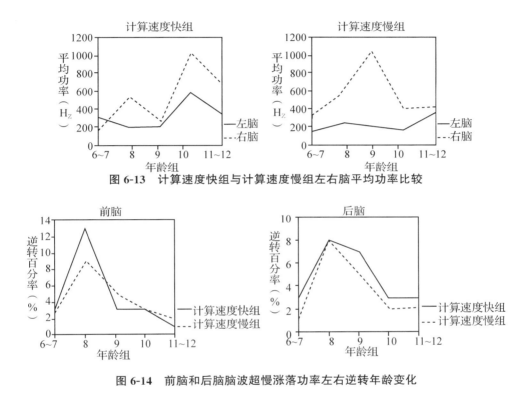

图 6-13　计算速度快组与计算速度慢组左右脑平均功率比较

图 6-14　前脑和后脑脑波超慢涨落功率左右逆转年龄变化

无论是计算速度快组、中组，还是慢组，随着年龄的增长，脑波超慢涨落功率不断减小，而且逆转现象逐渐减少。这说明脑区不断优化，逐渐表现出有序性。大脑左右脑区的平均功率都是先升后降，只是升降的时间点不同。我们认为在 9 岁时计算速度好的学生脑电超慢波平均功率最低，发展最慢，随后逐渐增加。而计算速度慢组正好相反，9 岁时是发展的最高峰，随后脑区发展将呈下降趋势。此时学生的计算速度能力将不断分化，最终有可能导致永远的差异。我们认为脑波超慢涨落功率对计算速度的控制是涉及前后、左右脑区调节的，是一个双层次调节过程，即前后脑区和左右脑区共同地、各自发挥一定作用的调节。对于小学生来说，计算速度快的儿童在进行认知活动时以高层次的前后调节为主，而计算速度慢的儿童则以层次较低的左右调节为主。可见，脑波超慢涨落功率的分布和发展特点与计算速度有着根本的联系。

　　与以往的研究相比，此时的小学生和中学生脑电 α 波的发展已明显超过 20 世纪 60 年代时期的水平。[①] 就平均频率而言，现在 6 岁小学生 α 波的平均频率就达到了 20 世纪 60 年代 10 岁小学生的发展水平。7～10 岁小学生的平均频率介于 60 年代 12～13 岁儿童的发展水平。这其中的原因可能是多方面的。就外界环境而言，随着经济的发展，生活水平的提高，中小学生的各项生理指标的发展都表现了超前趋势，大脑的发育也不例外。此外，社会的进步，人口素质的提高，使人们越来越重视下一代的培养与教育，人们普遍重视儿童的早期教育、儿童的早期智力开发。这些无疑给儿童提供了丰富的环境刺激，从而促进了儿童大脑的发育与成熟。

第三节

工作记忆的脑机制

　　工作记忆（working memory）是为完成某一特定任务而暂时储存和保持有限容量的信息，并对其进行操作加工和执行控制的系统，它由中央执行系统（central executive）、语音回路（phonological loop）和视觉空间模板（visuo-spatial sketchpad）组成。[②] 认知科学家已经接受工作记忆容量是导致一般智力差异的"X 因素"的观点[③]，揭示了工作记忆在保持信息时脑区的激活及其动态加工过程成为思维和智力脑机制研究中的一个重要问题。我分别和弟子王益文、沃建中、罗良等人主要探索了不同类型

---

　　① 刘世熠、邹勤娥：《8 岁至 20 岁儿童与青少年脑电图的研究》，载《心理学报》，1962(3)。

　　② Baddeley, A. D., "Working memory," *Science*, 1992, 225, 556-559.

　　③ Conway, A. R. A., Kane, M. J., Engle, R. W., "Working memory capacity and its relation to general intelligence," *Trends in Cognitive Sciences*, 2003, 7(12), 547-552.

的信息在工作记忆中进行存储和复述的大脑机制，工作记忆激活长时记忆中信息加工的机制，以及在记忆状态下，儿童青少年 α 波和脑波超慢涨落的特点。

一、词语工作记忆中短时存储与复述动态分离的 ERP 证据

信息的短时存储与复述是人类知识获得、记忆形成和思维进行的关键环节，这种认知活动被组织在工作记忆的理论框架中进行研究。在巴德利（Baddeley）提出的工作记忆的三个组成部分中，语音回路负责词语信息的存储和加工，该子系统由两部分组成。一部分是语音存储（phonological store），它能保持语音信息 1～2 秒，其中的项目均由语音结构来表征。另一部分是发音控制加工（articulatory control process），其功能为：一是词语复述，通过默读重新激活消退中的语音存储表征来防止记忆消退；二是语音转换，将书面词语转换为语音代码储存在"语音存储"中。[①] 语音回路是短时记忆容量的基础，其保存的项目数是记忆痕迹消退速率与默读复述重新激活速率的复合函数。在工作记忆系统中保持信息需要同时进行存储和复述加工，但是在存储和复述加工过程中是不是存在分离，以及这两个过程分别激活哪些脑区的问题上，还存在非常大的争论。[②③] 我们比较了汉字 2-back、0-back 和复述任务的 ERP 成分，试图分离工作记忆中短时存储和复述成分的功能定位及其时间过程。[④]

2-back 任务、0-back 任务和复述任务，其刺激呈现顺序与时间过程示例如图 6-15 所示。在 2-back 任务中，在屏幕中央呈现单个汉字的序列，汉字呈现时间为 1500 ms，ISI 刺激间隔为 1500 ms。要求被试在汉字呈现时判断当前汉字是否与向前第 2 个呈现的汉字相同，并进行按键反应。0-back 任务的刺激呈现参数与 2-

① Baddeley，A. D.，"Is Working Memory Still Working?"*American Psychologist*，2001，56，849-864.

② Postle，B. R.，Berger，J. S. & D'Esposito，M.，"Functional neuroanatomical double dissociation of mnemonic and executive control processes contributing to working memory performance. *Proceedings of the National Academy of Sciences of the United States of America*，"1999，96，12959-12964.

③ Fiez，J. A.，Raife，E. A.，Balota，D. A.，et al.，"A positron emission tomography study of the short-term maintenance of verbal information，"*J. Neurosci*，1996，16(2)，808-822.

④ 王益文、林崇德、魏景汉等：《短时存贮与复述动态分离的 ERP 证据》，载《心理学报》，2004，38(6)。

back 任务相同。复述任务要求在汉字消失后的刺激间隔，立即连续无声复述前面出现的汉字直到下一个汉字出现为止，无须判断和按键反应。分析时程（epoch）为刺激消失后 1500 ms，基线为刺激消失前 200 ms。根据已有研究结果与本研究目的，选取头皮前部的 AF3/AF4、F7/F8、F3/F4、T7/T8 和 C3/C4，头皮后部的 P3/P4、PO3/PO4 和 O1/O2，共 16 个电极进行统计分析。

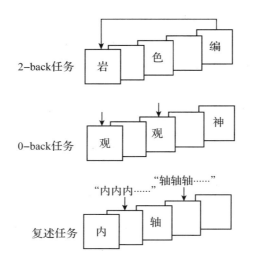

图 6-15　2-back、0-back 和复述任务的刺激呈现顺序与时间过程示例

我们比较了三项实验刺激间隔的 ERP，试图分离工作记忆中短时存储和复述加工成分的神经基础。2-back 任务要求注视一个连续的刺激序列，顺序保持最近的 2 个刺激，在每一个刺激出现时丢弃旧信息并输入新信息，从而刷新刺激序列。执行 2-back 任务在刺激间隔阶段至少需要以下认知加工：①刷新保持在工作记忆中的 2 个项目及其时间编码；②存储这些项目及其时间编码；③复述这些项目及编码。[1] 0-back 任务仅需不断刷新当前刺激以匹配目标靶刺激。在 2-back 和 0-back 任务中汉字序列的呈现参数完全相同，在知觉和反应要求上匹配严格，信息刷新

① Cohen, J. D., Perlstein, W. M., Braver, T. S., et al., "Temporal dynamics of brain activation during a working memory task," *Nature*, 1997, 386, 604-608.

和反应选择的执行控制没有区别。2-back 任务的工作记忆负荷大于 0-back 任务，相减后得到纯粹的保持加工，包括主动复述和被动存储。复述任务无须任何判断反应，只含有复述加工成分。三项任务刺激间隔阶段可能包含的认知成分如表 6-1 所示。

表 6-1　2-back、0-back 和复述任务刺激间隔阶段的认知成分

任务类型	复述	存储	执行控制
2-back 任务	√	√	√
0-back 任务			√
复述任务	√		

(一)顶枕叶区域在短时存储中的作用

在头皮后部顶枕叶区域，2-back 任务晚期负成分(late negative component，LNC)的平均波幅显著大于复述任务(见图 6-16)，两任务相减后出现了差异波 N430。2-back 任务减复述任务将得到词语存储成分，差异波 N430 可能反映了工作记忆中汉字的短时存储。N430 至 800 ms 左右结束，推测短时存储从 200 ms 开始到 800 ms 左右存储完成，400～600 ms 是存储的高峰期，N430 动态反映了工作记忆中存储加工的时间过程。

在头皮前部，2-back 任务的 P230 和 LPC 波幅均显著大于复述任务，相减后在头皮前部出现了持续正成分(sustained positive component，SPC)。头皮前部差异波 SPC 可能反映了 2-back 任务减复述任务后剩余的执行控制成分(见表 6-1)。200～1000 ms 在头皮前部出现的 SPC，在 N430 结束后仍然持续，可能与反应预期和准备有关。因为，2-back 任务要求在当前刺激与两个刺激之前的刺激进行匹配并做出判断反应，而复述任务没有存储要求仅是进行连续无声地重复，不进行判断反应。与 n-back 任务减复述任务的模式不同，保利苏(Paulesu)等人采用延迟反应任务与字母押韵任务相减。延迟反应任务是一种纯保持任务，n-back 任务含有一些执

行控制的成分，如刷新和时间序列监控等①，字母押韵任务要求被试判断字母是否与目标字母押韵并做出反应。额叶有无激活可能与认知减法采用的具体实验任务有关。而且 SPC 的极性是正波，这与一项研究中执行波②的极性一致。尽管如此，SPC 的意义仍需要进一步研究证实。

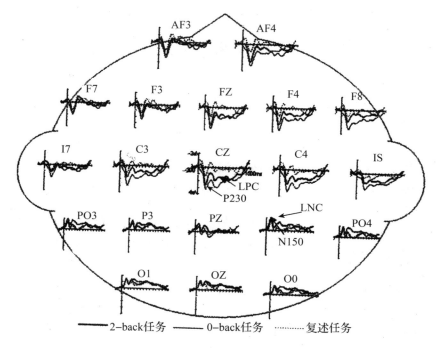

图 6-16　2-back 任务晚期的平均波幅

（二）复述加工的 ERP 指标及其时程

根据表 6-1 中的逻辑，2-back 任务减 0-back 任务将得到参与词语存储和复述的脑区。本研究在头皮后部顶枕叶区域，2-back 任务 LNC（400～600 ms）的平均波幅显著大于 0-back 任务，相减后在头皮后部得到差异波 N430，与 2-back 减复述任务

① Cohen，J. D.，Perlstein，W. M.，Braver，T. S.，et al.，"Temporal dynamics of brain activation during a working memory task,"*Nature*，1997，386，604-608.

② Kusak，G.，Grune，K.，Hagendorf，H.，et al.，"Updating of working memory in a running memory task：an event－related potential study,"*International Journal of Psychophysiology*，2000，39，51-65.

得到的 N430 波形极为接近。差异波 N430 在两个认知减法中均出现，可能是短时存储成分在该认知减法中的反映。

在头皮前部 2-back 任务中的 P230 波幅显著小于 0-back 任务，其晚期正成分（late positive component，LPC）平均波幅在右侧前额部显著小于 0-back 任务，相减后主要在 C3 点和头皮前部右侧出现持续差异负成分（sustained negative component，SNC）。奥（Awh）等人通过比较两种认知减法发现，左侧 VPFC（BA44/Broca's areas）和运动区参与默读（subvocal）复述，因为它们仅在 2-back 任务减 0-back 任务中激活，而在 2-back 任务减复述任务中没有激活。[①] 在研究中 SNC 主要存在于右半球，奥等人在 PET 检测中也发现右侧顶叶上部、前运动皮层和辅助运动皮层均有激活，只是强度低于左半球。对复述加工的时间过程分析发现，头皮前部 P230 存在任务间的差异，右额 LPC 从 400 ms 至 800 ms 任务间有差异。SNC 从刺激消失时开始出现持续至 800 ms 左右结束，表明复述加工自刺激消失时开始至 800 ms 左右结束。SNC 动态反映了复述加工的时间过程，可能是工作记忆中复述加工的指标，理由有三。其一，SNC 仅在头皮前部 2-back 任务减 0-back 任务中出现，在 2-back 任务减复述任务中不出现。2-back 任务减复述任务出现的 SPC 与其极性相反，并且 SPC 是 200～1000 ms，SNC 是 0～800 ms，其起始时间也不一致。因此两者不可能是同一个成分。其二，头皮前部的 SNC 与头皮后部的 N430 的持续时间基本一致，均自刺激消失时开始出现持续至 800 ms 左右结束。其三，SNC 的极性为负向，与大多数研究中发现的执行控制 ERP 波不一致，不大可能是执行控制的成分。

二、视觉空间工作记忆中客体与空间的分离

上面我们对词语工作记忆的存储与复述的神经机制进行了研究，工作记忆还有另外一个重要的组成部分——视觉空间模板，视觉空间模板也叫视觉空间工作记

---

① Awh, E., Jonides, J., Smith, E. E. & Schumacher, E. H. et al., "Dissociation of storage and rehearsal in verbal working memory: evidence from positron emission tomography," *Psychological Science*, 1996, 7，25-31.

忆，用于存储视觉和空间信息，主要负责产生、操作和保持视觉映象。关于视觉空间工作记忆的研究发现[1]，视觉空间模板中存在着视觉工作记忆和空间工作记忆两个相对独立的子成分，视觉工作记忆对物体的大小、颜色和形状进行加工与存储，而空间工作记忆主要负责加工和存储物体的空间位置信息。脑成像研究发现，被试在完成视觉记忆任务与空间记忆任务时激活的脑区不同，但在具体的激活部分上，不同研究者之间还存在差异，我们利用 ERP 慢波的空间—时间特征来考查当客体空间信息在工作记忆中进行编码和保持时[2]，大脑激活部位存在哪些差异，激活部位的差异随着时间的变化发生怎样的变化？

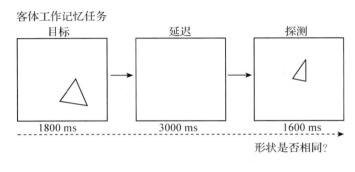

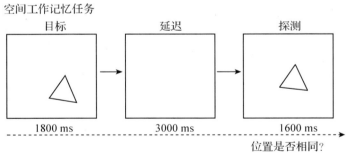

图 6-17　实验刺激呈现顺序和时间进程举例

我们使用延迟匹配任务的实验范式（见图 6-17）。为了确保 ERP 慢波活动是明

---

① Smith, E. E. & Jonides, J., "Working Memory: A View from Neuroimaging,"*Cognitive Psychology*，1997，33(1)，5-42.

② 沃建中、罗良、林崇德等：《客体与空间工作记忆的分离：来自皮层慢电位的证据》，载《心理学报》，2005，37(6)。

确地与特定内容的保持加工相关的，我们改进了以往使用的实验材料，两种任务在目标阶段使用相同的任务刺激材料，都在 15cm×15cm 二维矩阵里呈现一个三角形，但指导语要求不同，对于客体工作记忆任务，要求被试尽量记住三角形的形状，而对于空间工作记忆任务，要求被试尽量记住三角形在二维矩阵里的位置。研究采用了 128 导 ERP 记录与采集系统，叠加平均从目标记忆任务开始呈现前的 200 ms 一直到 4800 ms(到探测刺激开始出现为止)，目标记忆任务呈现前 200 ms 的平均波幅作为所有波幅测量的基线。通过对 ERP 数据分析发现：客体工作记忆与空间工作记忆所诱发的皮层慢电位在时间上存在分离，在 SP 出现的脑区空间位置上也存在着分离(见图 6-18)。

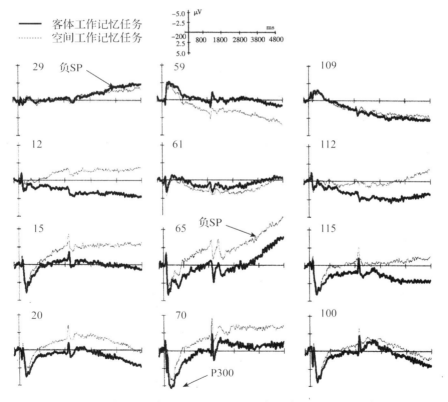

图 6-18　客体工作记忆任务和空间工作记忆任务 ERP 总平均波形图

(一)客体工作记忆与空间工作记忆的时间性分离

研究发现在整个后部脑区，两种任务类型诱发的负 SP 成分有明显不同的时程特点(见图 6-18)。空间任务在目标刺激出现以后的 700 ms 左右就出现负 SP 成分，且各个脑区负 SP 成分出现的时间一致，而客体任务负 SP 成分出现的时间差异较大，甚至有些脑区电极记录点就没有出现负 SP 成分。这个结果说明空间任务的编码和复述开始得更早，并且与客体任务相比，空间信息在从编码到保持/缓存系统的传递更快。此外，这个结果还可以使用贝利斯(Baylis)和德赖弗(Driver)提出的层级位置编码假设(Hierarchical Position-coding Hypothesis)进行解释。[1] 他们认为，视觉信息一般是通过基于情境(scene-based)系统和基于客体(object-based)系统进行加工的，所谓基于情境系统是指在一个情境中计算客体的位置，所谓基于客体系统是指计算客体组成部分的相对位置。贝利斯和德赖弗通过 7 个系列实验证实，客体位置信息对客体组成部分相对位置的判断有干扰效应，但并没有发现客体组成部分相对位置的加工对客体位置信息的干扰效应。可以想象，在本实验中，当被试加工空间信息时，被试可以直接对三角形在二维矩阵里面的位置进行加工，不用考虑三角形的组成元素，而当要求被试加工客体信息时，被试可能要通过记忆三角形三个角的相对位置来记住整个三角形的形状，但是根据层级位置编码假设，这种对客体组成部分相对位置的加工只有在客体位置信息加工完成之后才能进行，因此，空间信息在从编码和传递到复述系统时要比客体信息快，这个假设说明了两种任务在慢波活动中时间上的分离。

(二)客体工作记忆与空间工作记忆的结构性分离

实验发现，在前额叶中部的电极点上，客体任务诱发的 SP 成分负于空间任务诱发的 SP 成分，方差分析也显示从 700 ms 一直到探测刺激出现(4800 ms)，在整个刺激呈现和延迟阶段，客体任务诱发的 SP 成分都显著负于空间任务诱发的 SP 成分，结合脑地形图(见图 6-19)可以更细致地发现，客体任务主要在前额叶中部的左

---

[1]　Baylis, G. C. & Driver, J., "Visual attention and objects: Evidence for hierarchical coding of location," *Journal of Experimental Psychology: Human Perception and Performance*, 1993, 19(3), 451-470.

客体工作记忆任务

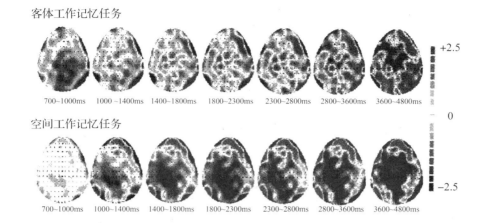

空间工作记忆任务

图 6-19 客体和空间任务的脑地形图

侧脑区诱发出负 SP 成分。[1] 梅克林尔(Mecklinger)也在一项研究客体工作记忆与空间工作记忆分离的实验中发现，当被试在完成客体任务时，随着记忆负荷的增加，负慢波的波幅相应增加，梅克林尔认为这说明正在进行客体信息的保持与复述。根据霍曼(Homan)的观点[2]，前额叶中部的电极点基本覆盖了前额叶背侧，因此可以推论，当大脑进行客体信息的编码和保持时，激活左背侧前额叶。

前人的 fMRI 和 PET 脑成像研究发现言语工作记忆被左下前额叶调节[3]，梅克林尔也发现客体任务在左前额叶和颞叶诱发的 SP 成分比空间任务的 SP 成分更负，并认为这种差异是因为客体任务中有更多的言语复述的参与。而在本研究中我们发现，两种任务都在左下前额叶(LIPFC)诱发出负 SP 成分，并且这种负 SP 成分并不

① Mecklinger，A. & Pfeifer，E.，"Event related potentials reveal topographical-spatial visual working memory activate separate neural systems in spatial and object working memory,"*Cognitive Brain Research*，1996，4，211-224.

② Homan，R. W.，Herman，J. & Purdy，P.，"Cerebral location of international 10-20 sysytem electrode placement,"*Eletroencephology Clin Neurophysiol*，1987，66，376-382.

③ Paulesu，E.，Frith，C. D. & Frackowiak，R. S. J.，"The neural correlates of the cerbal component of working memory,"*Nature*，1993，362，342-345.

存在显著差异。根据恩格尔(Engle)提出的注意控制理论①，注意控制在工作记忆中起到关键作用，并且认为这种注意控制能力是普遍性的，独立于具体的存储系统之外。在本研究中发现的负 SP 成分可能就是注意控制的参与而诱发出来的。

三、工作记忆中汉字与空间的分离

汉字是世界上最主要的语言文字之一，目前以汉字为刺激材料的工作记忆研究还较少，尤其缺少汉字与其他类型工作记忆的比较研究。与西方拼音文字不同，汉字具有象形文字的特点，其在工作记忆中的加工可能不同于英文等拼音文字。我们采用 ERP 技术，以汉字和空间位置为刺激材料，拟考查工作记忆中汉字与空间信息保持的时间进程、汉字和空间延迟反应任务激活的部位、左右半球优势，以及各脑区激活表现出的时间顺序和动态变化等构成的脑机制模式特点。②

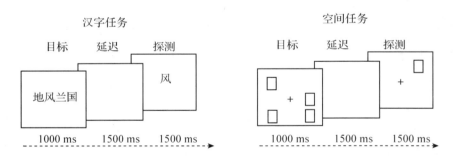

图 6-20　汉字任务与空间任务的刺激呈现与时间进程

实验采用了延迟匹配任务的范式，由"目标—延迟—探测"三个阶段构成实验单元。在目标(target)阶段，汉字任务为在屏幕中央呈现四个汉字，空间任务为在屏幕上 8 个可能的二维空间位置中，随机选择 4 个位置呈现 4 个方框，呈现时间均为

①　Engle, R. W., Tuholski, S. W. & Laughlin, J. E., et al., "Working memory, short-term memory, and general fluid intelligence: A latent variable approach," *Journal of Experimental Psychology: General*, 1999, 128, 309-331.

②　王益文、林崇德、魏景汉，等：《工作记忆中汉字和空间分离与动态优势半球的 ERP 效应》，载《心理学报》，2004，36(3)。

1000 ms；在延迟(delay)阶段保持黑屏 1500 ms，要求被试记忆汉字或方框位置；在探测(probe)阶段呈现一个汉字或方框，被试判断汉字或方框的位置是否在目标阶段出现过(实验任务示例如图 6-20 所示)。按国际 10—20 系统扩展的 64 导电极帽记录 EEG，分析时程为刺激后 1500 ms，基线为刺激前 200 ms。我们仅分析了延迟阶段的 ERP，结果发现，汉字和空间任务主要在头皮前部产生 P260 和晚期正成分，在头皮后部双侧顶枕叶产生 N150 和晚期负成分(见图 6-21)。

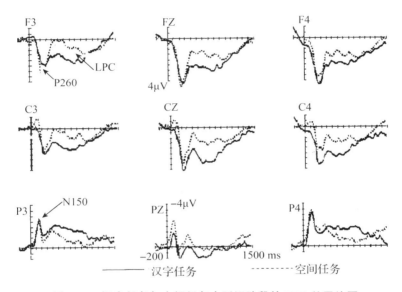

图 6-21　汉字任务与空间任务中延迟阶段的 ERP 总平均图

(一)工作记忆中汉字与空间信息的定位与分离

研究发现，P260 在 F3/F4 点的波峰最大，并且在汉字任务中右半球显著大于左半球，在空间任务中左右半球没有显著差异。P260 的潜伏期表现为在汉字任务中左半球长于右半球，在空间任务中右半球长于左半球。N150 在 P3/P4 点的波峰最大，N150 的潜伏期所有主效应和交互作用均不显著。结果分析还发现，头皮前部 LPC 平均波幅汉字任务显著大于空间任务，汉字任务易于进行默读复述，消耗的认知资源较多。左半球记录点汉字任务的平均波幅显著大于空间任务，空间任务右半球的平均波幅显著大于左半球。头皮后部 LNC 平均波幅差异均不显著。汉字与空间信息的分离主要表现在 400～800 ms 时头皮前部额叶皮层，后部分离不明显。梅克林尔和穆勒（Muller）发现[1]，刺激后 400 ms 客体记忆在额部 P300 及随后的慢波产生了差异，空间工作记忆中没有此效应。他们认为，可能是由于空间任务与客体任务相比记忆策略较少造成的。格芬（Geffen）等人采用事件相关慢电位探讨了视觉空间工作记忆任务中记忆负荷效应[2]，发现头皮前部电极比头皮后部电极记录的差异更大，这与本研究的结果一致。综上所述，工作记忆中信息的保持可能是根据信息类型（词语、客体或空间）进行组织的。但无论是采用空间任务或言语任务，均存在一个工作记忆激活回路把头皮前部额叶和后部顶枕叶联结起来。

汉字任务　　　　　　　　　　空间任务

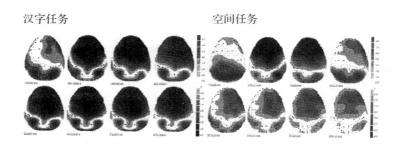

图 6-22　汉字任务和空间任务 100～800 ms 的地形图

（二）左右半球优势的动态变化

整合本研究波形分析和脑电地形图（见图 6-22），发现在头皮前部，空间任务从 P260 的左右半球均衡变化为 400～800 ms 更多激活右半球。可见 fMRI 研究发现的工作记忆中空间信息的右半球优势在刺激消失至 300 ms 时并未发生，而是在刺激消失 400 ms 后才开始显现，并一直持续到 800 ms 后。汉字任务从 P260 的右半球优势转化为 400～800 ms 左半球的激活程度显著大于空间任务。汉字信息的

① Mecklinger，A. & Muller，N.，"Dissociations in the processing of 'what' and 'where' information in working memory：an event－related potential analysis," *Journal of cognitive neuroscience*，1996，8（5），453-473.

② Geffen，G. M.，Wright，M. J. & Green，H. J.，et al.，"Effect of memory load and distraction on performance and event-related slow potentials in visuospatial working memory task," *Journal of cognitive neuroscience*，1997，9（6），743-757.

保持在早期 100～300 ms 时是右半球相对优势，在晚期 400～800 ms 转变为左半球相对优势。工作记忆中信息的保持呈现出一种动态变化的左右半球优势效应。这与以英文字母为材料的研究结论不尽相同。工作记忆中保持汉字可能不能静态地讲是大脑哪一侧半球占优势。汉字是由象形文字发展而来的，其认知加工具有区别于西方拼音文字的特点。本研究中汉字任务 P260 的潜伏期左半球长于右半球，工作记忆中加工汉字时左右半球之间存在信息传递，汉字可能在右半球进行字形的空间形体加工时，表现出右半球优势。随后将信息传送至左半球进行语音义加工，这时就表现出左半球优势。罗跃嘉和魏景汉等人认为，左右半球的功能关系只不过是大脑高级功能加工的动态过程的一个组成部分，两个半球在加工时是分工与合作且不断变化的动态关系。① 优势半球应从加工速度和加工强度两个维度来理解，静态优势半球已难以解决大脑多维变化的复杂性，本研究支持了优势半球多维动态假说。

四、工作记忆激活长时记忆中信息的机制

当完成一项具体的认知操作任务时，工作记忆的一个重要作用就是激活长时记忆中与当前操作任务相关的信息，并根据这些激活的信息完成进一步的加工。例如，阅读过程就是将当前输入的信息与先前加工的、已进入读者长时记忆的文本信息，以及一般的世界知识在工作记忆中进行整合，并形成连贯的心理表征的过程。研究者围绕工作记忆如何激活长时记忆中的信息进行了大量研究，取得了较丰富的成果，但是在工作记忆激活长时记忆中的信息的机制问题上存在比较大的分歧，这一分歧在阅读心理学研究领域尤其激烈。

建构主义理论认为，在文本阅读过程中，工作记忆激活长时记忆中的信息是一个积极的、策略的过程，读者会对文本的事件、主人公的行为和状态进行解释，根据当前阅读内容主动地激活背景知识，将当前信息与先前信息进行整合形成文章的

---

① 罗跃嘉、魏景汉、翁旭初，等：《汉字视听再认的 ERP 效应与记忆提取脑机制》，载《心理学报》，2001，33(6)。

情境模型，以获得连贯的心理表征。建构主义最有代表性的理论是"追随更新假设"，该理论认为，读者总是不停地对当前阅读信息的意义寻求解释，把当前阅读的句子与先前的句子在工作记忆中进行整合，不断追随新阅读的信息对已建立的文本表征进行更新，并将更新后的模型带到下一步的阅读中去①②③，因此，激活的长时记忆中的背景知识是更新后的信息而非课文的原始信息。而麦康（Mckoon）、迈斯（Myers）等人在 20 世纪 90 年代后期提出的文本加工的记忆基础。文本加工观认为，在阅读过程中，工作记忆通过共振机制自动通达长时记忆中先前的篇章信息。新阅读的句子进入工作记忆后，该句子所蕴含的概念和命题，以及存在于工作记忆中的信息都自动向长时记忆发送信号，通过这种"共振"机制，非策略地、被动地、快速地激活长时记忆中的与这些信号匹配的文本信息。④⑤ 通过分析可以看出，工作记忆激活长时记忆中信息的类型上还存在重大分歧，建构主义的更新追随假设则认为激活的是更新后的情景模型中的信息，而记忆基础的文本加工观认为激活的是明确出现在先前课文中的、未经整合的原始信息。我们通过核磁共振技术，从神经活动的角度对这一问题进行了探讨。⑥

我们对奥布赖恩（O'Brien）等人在 1998 年研究的材料范式⑦进行改编，设计了同一主题的一致性版本、不一致性版本和恢复一致性版本三种条件，例文如表 6-2 所示。

---

① Graesser，A. C.，Lang，K. L. & Roberts，R. M.，"Question answering in the context of sto-ries," *Journal of Experimental Psychology*：*General*，1991，120，254-277.

② Graesser，A. C.，Singer，M. & Trabasso，T.，"Contructing inferences during narrative text com-prehension," *Psychological Review*，1994，101，371-395

③ Bower，G. & Morrow，D.，"Mental models in narrative comprehension," *Science*，1990，247，44-48.

④ Mckoon，G. & Ratcliff，R.，"Memory-based language processing：Psycholin-guistic research in the 1990s," *Annual Reviewof Psychology*，1998，49，25-42.

⑤ Myers，J. L. & O'Brien.，E. J.，"Accessing the discourse representation during reading," *Discourse Processes*，1998，26(2)，131-157.

⑥ Lei Mo，Ho-Ling Liu，Hua Jin，Yan-Bee Ng et al.，"Passive reactivation of background information from long—term memory during reading," *NeuroReport*，2006，17(18)，1887-1891.

⑦ O'Brien，E. J.，Albrecht，J. E.，Rizzella，M. L.，et al.，"Updating a Situation Model：A Memory-Based Text Processing View," *Journal of Experimental Psychology*：*Learning*，*Memory*，*and Cognition*，1998，24，1200-1210.

表6-2 研究的材料样例

介绍性段落
今天玛丽约了一个朋友吃饭。/她来到餐馆后开始看菜谱。/
第一种条件：一致性版本
她对饮食一直不是很在意。/各种类型的食物她都能吃。/她也从来不忌讳油腻食物。/
第二种条件：恢复一致性版本
她有段时间坚持只吃素食。/但现在她什么食物都吃了。/她也不再忌讳吃肉类食物。/
第三种条件：不一致性版本
她一直都很注意饮食健康。/她已形成了吃素食的习惯。/她从来不吃任何肉类食品。/
屏蔽段落
十分钟后她的朋友也到了。/她与她朋友很久没见面了。/两个人一见面就聊个不停。/后来她示意餐馆侍者过来。/她再一次仔细地看着菜谱。/她一时很难决定自己吃什么。/
目标句
她点了一份面包与炸鸡块。/
结尾
她的朋友随意点了两个菜。/她与她的朋友又继续闲聊。/侍者送来了她们点的东西。/她俩一边吃一边还在说。/餐馆快关门时他们才道别。/朋友叫了一辆出租车走了。/玛丽也坐车回到了家里。/她的家人都已经睡觉了。/

从以上例文可见，文中对主人公行为特征的描述与文章后面主人公的行为分别构成一致、不一致和恢复一致三种关系：①一致性版本条件，该条件所描述的特征与后面目标句主人公的行为是一致的；②不一致性版本条件，该条件所描述的特征与后面目标句主人公的行为是矛盾的；③恢复一致性版本条件，该条件先描述的是主人公过去所具有的与后面目标句不一致的特征，后面一句则说明现在这个特征已经改变为与目标句行为一致的特征，因此，还是与目标句的行为一致。屏蔽性段落目的在于将主人公的特征信息的句子推进长时记忆中去，使这些信息成为背景，但同时又使整个故事的内容保持连贯。结尾段落在于避免目标句信号受问题句诱发的信号的污染。研究中运用动窗技术，由被试自己控制逐行（"/"是行标，下同）呈现阅读材料，以目标句的阅读时间及诱发的BOLD信号变化为因变量，选取了健康右利手的男性志愿者作为被试。

对脑成像数据进行实验条件间的配对比较(见图6-23)发现，第一组是恢复一致与一致版本间的比较，结果在未校正 $p<0.001$ 阈值水平上，没有发现任何激活区域或负激活区域。第二组是不一致版本与一致版本间的比较(未校正 $p<0.001$，激活范围 >50 voxels)，结果双侧额叶、双侧颞后部、颞顶枕联合处均在不一致版本条件下有更强的激活，其峰值点分别出现在左额中下回BA9、11、47，右额上回BA9，右颞上回BA39和右枕舌回BA18、19；而没有发现有区域在一致版本条件下激活更强。第三组是不一致版本与恢复一致版本间的比较(未校正 $p<0.001$，激活范围 >50 voxels)，比较结果与第二组接近，与恢复一致版本比较，不一致版本显著激活了一较为广泛的皮层网络，涉及左侧额叶、右枕叶及右颞叶后部颞顶联合处，峰值位置分别落在右枕舌回BA18、右海马体BA19、左额中回BA8、左额下回BA47及右缘上回BA40，没有发现有区域在恢复一致版本条件下激活更强。

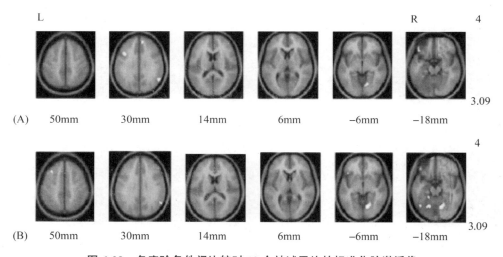

图6-23　各实验条件间比较时12个被试平均的标准化脑激活像

每一切面下的数字为Talairach Z坐标。L指左半球，R指右半球。

A：不一致版本 vs. 一致版本；

B：不一致版本 vs. 恢复一致版本。

根据更新追随假设，在恢复一致条件下，读者在阅读关于主人公特点的描述时，会随着新信息的进入不断更新相应的心理表征并将它带到随后的阅读中去，因此恢复一致性版本在主人公特点的描述部分所形成的人物表征应该和一致性版本一样。这样，在这两种版本条件下，目标句激活的背景信息应该是一致的。在一致性版本与恢复一致性版本下目标句的背景信息激活与整合的皮层激活应该相同。而上面的结果分析发现一致和恢复一致条件下的脑激活区域基本相同，提示这两类条件下目标句的加工没有区别，支持了建构主义的更新追随假设。这个实验结果说明工作记忆激活长时记忆中的信息是一个主动的、有策略的、选择性的过程。

五、记忆状态下的中小学生的脑电特点

前面几项关于工作记忆的研究，对象主要是成年人，重在探索成熟个体工作记忆的神经基础，那么对于不同年龄段的被试，在记忆状态下大脑活动有什么样的特点呢？这就涉及认知发展的脑机制问题，为此，我们对记忆状态下中小学生脑电 α 波的特点和脑波超慢涨落的特点进行了研究。

(一)记忆状态下中小学生脑电 α 波的特点

我们选取一所小学和一所中学的各年级男、女生各 1 名，共 24 名被试，对他们记忆状态下的脑电 α 波的特点进行了研究。[1] 采用录音呈现的方式，记忆的材料包括词汇对偶联合、算术计算和图形对偶联合三部分。分别采集被试在静息状态下和记忆状态下的脑电 α 波数据各 1 组。在静息状态下，要求被试在测试时保持安静闭眼状态，避免一切动作和思考激烈紧张的问题；在记忆状态下，要求被试在测试时保持安静闭眼状态，同时通过耳机认真收听录音机中播放的内容，并尽量把这些内容记下来，在测试结束后要求被试写出所记下的内容。

结果表明，在熵值的高低方面，在 24 名被试中，有 18 名被试在记忆状态下所表现出的熵值与静息状态相比有所升高，只有 6 名被试的熵值降低，但降低的幅度很小。熵值越大，说明被试脑内各种频率 α 波所占的比率越接近。在记忆状态下，

---

[1] 林崇德、沃建中、胡清芬等：《记忆状态下儿童青少年脑 α 波特点的研究》，载《北京师范大学学报(自然科学版)》，2002(1)。

被试 α 波熵值表现出了明显的上升，这说明在记忆状态下，被试脑内各种频率的 α 波共同活跃，而不再是只有一种频率的 α 波活跃。在脑区 α 波的平均频率的变化方面，在记忆状态下，被试各脑区 α 波的平均频率都有所上升，这种上升趋势均达到了统计学意义上的显著水平。

在高频波的多少方面，在记忆状态下，低频 α 波在全脑所占比率有所下降，而高频 α 波所占比率则有所上升。记忆状态下这三种频率的 α 波在全脑所占比率要显著多于静息状态。更高频的 13Hz α 波上升的幅度更大，这种上升趋势在前脑和左脑表现得更为明显。这些都说明，高频 α 波与记忆活动有着密切的关系，而左前脑和左侧颞叶的脑波活动在记忆活动中有着重要的意义。当被试进行记忆时，高频 α 波增多。颞叶 α 波活动与记忆也存在着特殊关系。

(二)记忆状态下中小学生脑电超慢功率涨落分布及发展特点

在研究了中小学生脑电超慢涨落发展特点的基础上，为了探索被试在记忆状态下脑波超慢涨落的特点，找出中小学生在记忆活动中脑活动的独特规律，并对影响记忆活动和记忆效率的各种可能因素进行初步考查，我们采集被试在静息状态和记忆状态下的两组 ET 数据，通过分析被试在静息状态和记忆状态下的不同脑区 ET 数据的区别与联系，考查了记忆状态下中小学生脑电超慢功率涨落分布及其发展特点。[①]

1. 各脑区平均功率的变化

对比静息状态和记忆状态两种不同状态下的脑区平均功率，发现各脑区平均功率均有所变化，记忆状态下的脑波平均功率的变化存在着一定的性别差异。有 2/3 以上的男生在绝大多数脑区的脑波平均功率有所下降，特别是后脑的枕叶，几乎所有男生的平均功率都比静息状态下低。而女生的情况则有所不同，有近一半女生的脑波平均功率出现上升的情况。

不同性别的被试在记忆状态下各脑区平均功率的变化有着不同的特点。在记忆

---

① 沃建中、刘慧娟、林崇德：《记忆状态下儿童青少年脑波超慢涨落特点的研究》，载《心理科学》，2002 (3)。

状态下，男生的右脑，特别是右前脑功率变化不大，而左脑功率则明显下降。与男生不同，在记忆状态下，女生的左前脑平均功率变化不大，而右脑，特别是右前脑功率则明显上升。同时，在记忆状态下，男女生被试的脑平均功率在后脑和两侧颞叶表现出了基本一致的变化特点。除右中央区外，男女生的后脑和颞叶平均功率在记忆状态下都表现出了明显下降的趋势。统计检验表明，男生右枕叶(O2)功率变化达到显著水平，在记忆状态下的平均功率显著低于静息状态。同时，男生左后脑两个区(P3、O1)的功率变化也达到了接近显著的水平。

在左右脑优势被试记忆状态下平均功率变化方面，右脑占优势的被试在记忆状态下左前脑平均功率的变化很小，而右前脑的平均功率则有着一定程度的上升。而左脑占优势的被试则是右前脑的平均功率变化很小，而左前脑的平均功率有着一定程度的下降。同时，左脑占优势的被试左颞叶功率下降的程度要大于右脑占优势的被试，而右脑占优势的被试右颞叶功率下降的程度要大于左脑占优势的被试。

2. 各脑区基频 S 谱系功能功率的变化

在 S 谱系的 255 条谱线中，S1、S2、S3、S4、S5、S6、S7、S11、S13 这 9 条谱线是基础频率谱线。在记忆状态下，不同基频谱线的功率变化是不同的，其中 S1、S2、S11、S13 谱系的变化较为明显。

在右前脑的 F4、C4 区，男生的 S1、S2、S13 功率基本没有变化，S11 功率表现出了微弱的上升趋势；而女生的 S1、S2、S11、S13 功率则表现出了明显的上升趋势。在左前脑的 F3、C3 区，男生的 S1、S2、S11、S13 功率明显降低，而女生的 S1、S2 功率则明显上升，S11、S13 功率基本没有什么变化。同时，在后脑的枕叶和两侧颞叶，男生和女生的 S1、S2、S11 功率都在记忆状态下表现出了明显的下降趋势；在后脑的枕叶和右侧颞叶，男生的 S13 功率在记忆状态下表现出了明显的下降趋势，而女生的 S13 功率在左枕叶和右后颞叶则表现出了一定程度的上升。T 检验表明，在记忆状态下，男生左后颞叶(T5)的 S1 功率下降到了显著水平，S11 功率下降达到了接近显著的水平。男生双侧枕叶(O1、O2)的 S2 功率下降达到了接近显著的水平。男生右枕叶(O2)的 S1、S11 功率下降都达到了显著水平，S13 功率下降达到了接近显著的水平。

在本研究中，我们发现了 S1、S2 两条谱线的频率在记忆活动下出现了明显的变化。在记忆状态下左前脑功率的变化较大，说明男生的左前脑活动与记忆活动的相关比较密切，而女生则相反，其右前脑的活动与记忆活动的相关更加密切。左右脑优势不同的被试在记忆状态下平均功率的变化是不一样的。静息状态下左脑占优势的被试在记忆时左前脑功率的变化更大，活动更加剧烈，而静息状态下右脑占优势的被试在记忆时右前脑功率的变化更大，活动更加剧烈。这或许与被试的用脑习惯有关，左脑优势的被试在认知活动中更倾向于使用左脑来完成任务，而右脑优势的被试则更倾向于使用右脑。在后脑的六个区中，P4 区的功率变化与其他五个区不同，无论是平均功率还是各基频谱系的功率都表现出上升趋势，我们发现 P4 区是一个比较特殊的脑区。此外，在记忆活动中，顶叶的脑活动可能也起着比较特殊的作用。

第四节

思维结构的监控的脑机制

如绪论所述，在我们的思维结构中，有一个深层结构叫作思维的自我监控（self-monitoring），又称反思，它是自我意识在思维中的表现。2006 年，我主持了一项国家自然科学基金，题目是"思维过程中的执行加工与自我监控：事件相关脑电位研究"，我和我的团队围绕这个问题开展了研究。1990 年，纳尔逊（Nelson）和内雷斯（Narens）提出了人类自我监控的理论构架[1]，认为人类的认知过程存在两个层面的思维活动，一个是较低级的客体层面（object level），另一个则是元层面，元层面的活动控制并调节着客体层面的活动，使客体层面的加工产生一定的改变或变化，这种改变是以元层面对客体层面的加工活动所做出的判断和评价为依据的，这种判断

---

① Smith，J. D.，Shields，W. E.，Washburn，D. A.，"The comparative psychology of uncertainty monitoring and metacognition,"*Behavioral and Brain Sciences*，2003，26，317-373.

和评价就是监控。我的行为研究表明，自我监控是思维结构中的顶点或最高形式，它对确定思维的目的、搜索和选择恰当的思维材料与思维策略、评价思维结果发挥重要作用，因此，揭示自我监控的认知神经机制，对深入认识思维与大脑之间的关系有着重要的意义。但是，由于自我监控本身的复杂性，后来才有一些研究对自我监控的认知神经机制进行探索。与这些研究同步，我和我的团队成员罗良、黄四林、陈桄、胡清芬等对不确定监控和工作记忆过程中监控的大脑机制进行了考查。①

一、不确定监控的 ERP 研究

在早期的心理物理学研究中，研究者常常会允许被试在感觉自己不能将当前刺激划分到两个类别中时做出不确定反应。一些研究者希望这种不确定反应的程度可以作为感觉敏感性的指标，因为感觉越敏锐的被试会越少使用这种反应。但是，这种方法受到了质疑。一些研究者指出，在做出不确定反应时，需要某种特殊的心理活动，并且相对于知觉判断反应来说，不确定反应的潜伏期更长。可以看出，相对于知觉判断反应，不确定反应具有其自身的特点。知觉判断反应的加工对象是知觉刺激的性质，而不确定反应的对象则是被试自身的感受。因此，这两种判断的加工过程截然不同，不确定反应需要的更多是元层面的监控，做出这种反应所需要的更长的反应时可能也反映了这一点。在实验后，人类被试的口头报告表明，做出不确定反应时，主要是根据不确定、不知道正确答案的自身感觉。这一回答对于我们更深入地认识不确定监控具有一定的启示作用。它说明，在人类做出不确定监控时，可能不仅需要对题目难度等材料特征做出判断，还要将自己作为监控对象来进行反省，即不确定监控中所反映的是对材料和自身能力的联合判断。但也有人对这一说法提出疑问。针对这个问题，弗拉维尔提出，在做出这种不确定反应时，被试的心理状态至少存在三种可能。第一，被试不能确定如何反应，但不存在任何对于这种不确定的意识和感受。第二，被试已经有了不确定或犹豫的意识和感觉，但并不能

---

① 罗良、胡清芬、林崇德等：《不确定监控的事件相关电位研究》，载《自然科学进展》，2008(1)。

确认这种感觉就是不确定。第三，被试体验到了不确定的感觉，同时也知道这是一种不确定的感觉。他认为，动物和人类婴儿的不确定反应只可能反映前两种状态，第三种可能则只出现在成人身上。

显然，当我们将不确定监控作为研究和讨论的对象时，我们针对的是第三种心理状态。因此，我们在研究不确定监控时，采用了不同的实验任务，在指导语中明确指出要求被试判断自己做出准确判断的确定性，并将这类反应与知觉判断相对照。在此实验中，两组被试所接受的刺激完全相同，而指导语却要求他们根据不同的判断标准做出反应，知觉组被试是判断两种色块的面积是否相等，是针对刺激特性做出的判断；而监控组被试则是判断自己做出准确分辨的确定性，是针对自身能力做出的判断。同时，与过去的范式不同，此研究中的不确定反应不再具有额外价值，不再与逃避当前的题目难度相联系，只是作为一种与确定反应，也与知觉判断平等的反应项目，排除了情绪等的干扰作用。我们认为，相对于过去的实验范式来说，这一任务直接针对监控过程，明确要求被试在监控的基础上做出判断，因此能够相对单纯地考查监控过程的特性，如图 6-24 所示。

图 6-24　实验任务举例

我们首先对知觉组被试与监控组被试在反应时上的差异进行了比较，发现监控组被试的反应时间(1210 ms)显著长于知觉组被试(928 ms)，上面已经交代，两组被试面对的实验刺激是相同的，只不过要求知觉组判断两种色块的面积是否相等，而要求监控组判断自己做出准确分辨的确定性如何。根据减法反应时实验逻辑，当两种反应时任务的其他方面均相同，而在反应时上存在显著差异时，说明一种反应时任务可能包括了另外一种反应时所没有的一个心理加工过程。上面的研究结果揭示被试在判断自己做出准确分辨的确定性如何的时间显著长于直接判断两种色块是否相等的时间，这说明确定性判断可能包含了色块是否相等判断所没有的一个心理加工过程，根据过去不确定性监控的研究，这个心理加工过程可能就是监控，它是被试对自身判断准确性的一个反省过程。

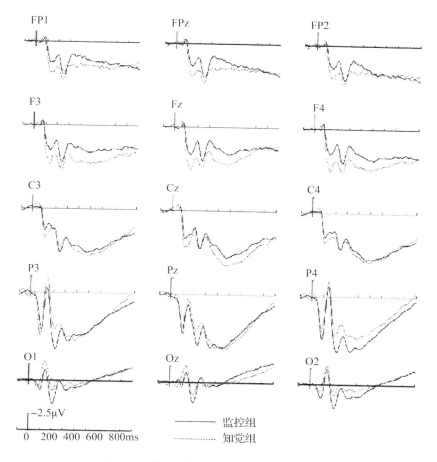

图6-25　监控组与知觉组 ERP 总平均波形图

　　这种监控过程的认知神经机制是怎样的呢？为了回答这个问题，我们对两组被试在完成上面任务时所诱发的 ERP 成分进行了分析（总体情况见图 6-25）。两组被试在头皮后部诱发的 P1（50～110 ms）和 N1（110～170 ms）成分的波幅与潜伏期都没有显著的差异，P1 和 N1 成分主要反映大脑后部皮层对视觉刺激物理特性的早期加工，这说明两组被试对任务物理特性的早期加工上并没有明显的不同。监控组被试在头皮前部诱发出的 N2(160～220 ms)成分的波幅，显著大于知觉组被试，Go/No-go 任务、靶目标搜索任务以及其他冲突任务研究都在头皮前部诱发出 N2，万·维恩(Van Veen)总结了这些研究，认为 N2 反映了一种监控机制，它的产生源是前扣带回。[①] 在我们这个研究中，要求监控组被试判断自己做出准确分辨的确定性，这可能既需要对两种色块大小进行判断，又需要对这种判断的准确性进行元层面的加工，而知觉组被试只需判断两种色块的面积是否相等就可以，因此监控组被试可能需要更多的监控加工，这支持了万·维恩的结论。我们对与 N2 出现时间相近，在大脑后部出现的 P2(170～230 ms)成分的波幅进行分析，发现监控组显著大于知觉组，科特索尼(Kotsoni)认为 P2 是早期视觉皮层的再次激活的一个指标，可能反映了从高级大脑皮层到低级视觉皮层的信息逆向反馈。[②] 我们认为本研究发现的 N2 与 P2 可能反映了两个相关联的加工，主要是大脑前部额叶进行监控加工，根据监控加工的结果对后部低级视觉皮层进行信息的逆向反馈。乔恩克曼(Jonkman)认为 N2 的波幅反映了对一些加工投入注意资源的程度[③]，前部额叶对监控加工投入的注意资源越多，可能从前部额叶逆向反馈给后部低级视觉皮层的信息量就越大，因此诱发出波幅较大的 P2。

此外，我们还对大脑头皮前部的晚期成分进行了分析，发现监控组被试与知觉组被试在 P340－440 和 P440－540 两个时间窗口诱发出的 ERP 平均波幅存在显著差异，监控组被试诱发的 ERP 成分与知觉组相比更为负走向，在 540 ms 后，这种差异消失。这个结果说明前额叶在监控加工后期起到非常重要的作用，与知觉视觉刺激相比，监控需要前额叶投入更多的资源，且这种资源的投入在刺激出现后的 540 ms 左右完成。

---

① Van Veen, V., Carter, C. S., "The anterior cingulate as a conflict monitor: fMRI and ERP stud-ies," *Physiology & Behavior*, 2002, 77, 477-482.

② Kotsoni, E., Csibra, G., Mareschal, D. & Johnson, M. H., "Electrophysiological correlates of com-mononset visual masking," *Neuropsychologia*, 2007, 45(10), 2285-2293.

③ Jonkman, Lisa. M., "The development of preparation, conflict monitoring and inhibition from early childhood to young adulthood: a Go/Nogo ERP study,"*Brain Research*, 2006, 1097(1), 181-193.

二、工作记忆过程中监控的 ERP 研究

恩格尔(Engle)认为工作记忆容量是一种一般化的、持久的、独立于具体领域之外的能力，这种一般化的能力实际上就是注意监控的能力[①]，它是引起工作记忆广度与复杂认知测验之间存在高相关的一个主要成分。进一步研究发现，在存在干扰的条件下，注意监控发挥重要的作用，因为干扰会破坏记忆的保持，为了保持与任务相关信息的高激活和易通达状态，注意监控需要付出额外的努力。[②] 邦蒂(Bunting)总结了相关研究，认为注意监控在工作记忆中主要发挥两方面的作用：一方面是保持相关信息的激活；另一方面是抑制无关信息的激活。[③] 那么，这种监控机制在信息保持过程中，尤其是在面对干扰信息时，是如何发挥作用的？它的认知神经加工机制是怎样的呢？

我们通过一项空间工作记忆的双任务 ERP 实验进行了研究。实验要求被试在一个试验(trial)中，完成一项空间工作记忆主任务和一项图形分辨次级任务(见图 6-26)，空间工作记忆任务要求被试记住等边三角形出现在哪一个方框中，并在后面的探测阶段进行再认，图形分辨任务要求被试判断中间出现图形的形状是长方形还是正方形，图形分辨任务在空间工作记忆保持过程中出现，距离空间工作记忆目标阶段时间在 600～800 ms 随机。根据图形分辨任务中图形出现的位置与空间工作记忆中等边三角形出现的位置之间的关系，分为两种实验条件：二者位置一致，二者位置不一致。如果在工作记忆过程中，存在注意监控过程，那么二者位置一致时，图形分辨任务将会出现易化效应，即二者位置一致条件下，图形分辨任务的正确率高于二者位置不一致条件，反应时短于二者位置不一致条件。比较两种条件下，ERP 波形

[①] Engle, R. W., Cantor, J. & Carullo, J. J., "Individual differences in working memory and comprehension: A test four hypothese," *Journal of Experimental Psychology: Learning, Memory, and Cogintion*, 1992, 18(5), 972-992.

[②] Rosen, V. M. & Engle, R. W., "The role of working memory capacity in retrieval," *Journal of Experimental Psychology: General*, 1997, 123, 374-393.

[③] Bunting, M. F., Conway, A. R. A. & Heitz, R. P., "Individual differences in the fan effect and working memory capacity," *Journal of memory and language*, 2004, 51, 604-622.

及脑地形图之间的差异，揭示出现干扰信息时，大脑皮层的激活模式。

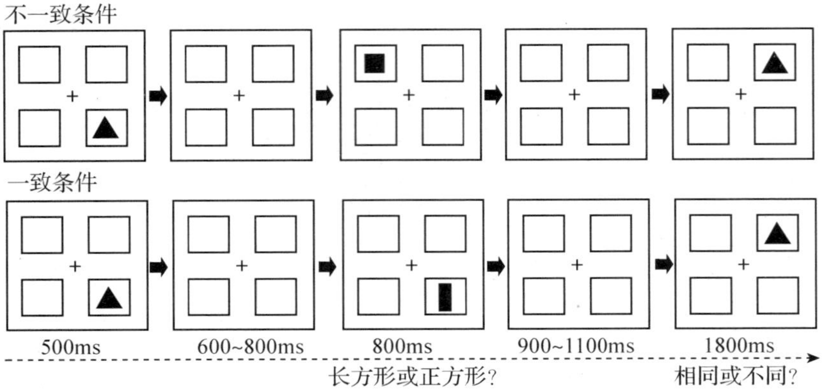

图 6-26 实验模式图

对图形辨认任务的行为数据分析发现，被试在二者位置一致条件下反应的正确率显著高于二者位置不一致条件，而反应时显著短于二者位置不一致条件，出现了易化效应。返回性抑制的研究表明，对原先注意过的位置（线索）进行反应（靶子）时，如果二者间隔小于某个时间（有研究表明是 300 ms），这时候出现易化效应；如果二者间隔大于某个时间（300 ms），则出现滞后印象，被称为返回性抑制，认为这是人类对环境适应能力的一种表现。根据这个观点，我们这个研究在空间工作记忆的编码阶段，实际上是提供了一个线索，中间的图形辨认任务，相等于对靶子进行反应，而二者的时间间隔大于 300 ms，应该出现返回性抑制现象，即位置一致条件下的反应时长于位置不一致条件。但我们这个研究的结果与此相反，这说明人类在空间工作记忆信息的保持过程中，可能一直对记忆的位置信息进行着注意监控，并且注意监控让相关信息在整个保持阶段处于一种激活的状态，因此当图形分辨任务中图形的位置与空间工作记忆中的位置一致时，不需要空间注意的切换，直接就可以对当前的图形进行分辨；而在位置不一致条件下，在当前要完成的任务中，与空间工作记忆信息中的位置信息不同，需要空间注意的切换，因此消耗了更多的心理资源，导致反应时变长，正确率下降。

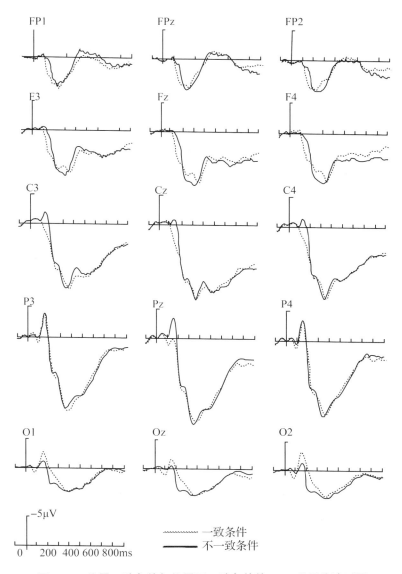

图 6-27 位置一致条件与位置不一致条件的 ERP 总平均波形图

在位置一致条件与位置不一致条件下，对被试完成图形辨认任务时所诱发的 ERP 成分进行分析（ERP 总平均波形见图 6-27），进一步证实了上面的结论。通过 ERP 总平均波形图可以看出，两种条件都在枕叶诱发出明显的 N1 成分。在枕叶的

Oz，Ol，O2 等电极点上，一致条件下诱发的 N1 成分比不一致条件下诱发的 N1 成分的波幅大，峰潜时短；但在顶叶和顶枕部位的电极点上，不一致条件下诱发的 N1 成分的波幅显著大于一致条件。我们选取 CP1/CPz/CP2，P1/Pz/P2，PO3/POz/PO4，Ol/Oz/O2 十二个电极点，分别以 N1 的波幅和峰潜时作为因变量，进行了 2（实验条件：一致 VS 不一致）×4（前—后维度）×3（左—右维度）的重复测量方差分析，结果发现：以波幅作为因变量时，实验条件与前—后维度间存在显著的交互作用，进一步简单效应分析发现，在 O1/Oz/O2 三个电极点上，一致条件下诱发的 N1 成分比不一致条件下诱发的 N1 成分的波幅大，而在 CP1/CPz/CP2，Pl/Pz/P2 六个电极点上，不一致条件下诱发的 N1 成分的波幅显著大于一致条件；当以 N1 的峰潜时作为因变量时，实验条件的主效应显著，结合平均数发现，一致条件下 N1 的峰潜时显著短于不一致条件。经典的视觉选择性注意研究中也发现，有效提示下的靶刺激由于总是会出现在预先已受到注意的范围内，相对于无效提示来说，有效提示下的行为反应成绩更好，早期 ERP 成分也较无效提示下的波幅增大，这反映了视觉注意监控的一种自上而下的、对于感知觉加工的"增益调节"机制，即在该机制中，注意充当了一个感觉控制器，控制着从纹状反质向外纹状皮质传送的视觉信息，放大来自注意位置上的刺激感觉信号。这个观点解释了在本研究中发现的，在 01/0z/02 三个电极点上，一致条件下诱发的 N1 成分为什么比不一致条件下诱发的 N1 成分的波幅大，并进一步说明了空间工作记忆过程中注意监控的存在。由于注意监控的存在，并且对一致条件下的感知觉加工进行了"增益调节"，因此大脑不需要再调动更多的资源投入当前的图形分辨任务中，就可以直接完成。但在不一致条件下，这种"增益调节"机制不再发挥作用，而且由于注意监控的存在，与当前任务相关的注意加工受到抑制，要解除这种抑制，并进一步完成任务，大脑不得不投入更多的注意资源，因此不一致条件下在顶叶和顶枕部位都诱发出了波幅更大的 N1 成分，峰潜时也更长。两种条件在 100～200 ms 的脑地形图（见图 6-28）为上面的推论提供了更形象的证据。

最后，我们用自己的研究结果强调，认知神经科学体现了第二代认知科学的特色，给心理学提供了研究的新方法，它打破了"心理学是黑箱"的局限，给心理学研

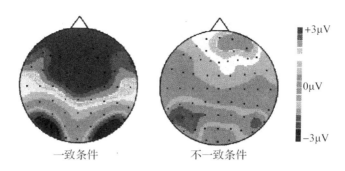

一致条件   不一致条件

图 6-28   两种条件在 100～200 ms 时的脑地形图

究带来了一种更加"自由"、更加科学的方式。

然而，心理学要重视自然面，就像社会面对于心理学的重要性一样。也就是说，生理不能说明心理，如同社会不能说明心理一样，心理学有着自己的独立地位。正像重视社会面的研究一样，重视自然面的研究要为心理学服务，而不能全盘自然科学倾向，不能取而代之。心理学是介于自然面和社会面之间的中间科学。

认知神经科学研究者与传统心理学研究者彼此对对方的工作应表达充分的尊重；要了解对方，学习对方，进而进行合作。传统心理学的研究者要想与认知神经科学的研究者对话，必须要熟悉他们的工作，否则怎能与他们对话呢？认知神经科学研究者也最好能深入地了解传统心理学的工作，提出更有针对性的心理机制层面的理论构造的建议。

总之，认知神经科学不能丢的是"认知"（认知＝心理）的主题，否则变成了纯神经科学的研究，这正是心理学界有人产生的"心理学正在迷失自我"等观点的来由。今天，心理学家首先要自己看得起自己，看得起自己的事业。心理学毕竟更多地属于行为科学，所以，既要加强对认知神经科学的研究，也要做好心理学研究的自身工作。

第七章

人的心理是智力因素与非智力因素的统一体

　　非智力因素（nonintellective factors），又称非认知因素（noncognitive factors）。人的心理是智力因素与非智力因素的统一体。

　　我在中小学生思维和智力发展与培养的实验研究中，一个突出的措施，是抓学生的非智力因素的培养。近 30 年的教育实验研究，北京通县第六中学[①]的研究成果，是我最为满意的成果之一。北京通县第一、第二[②]和第六中学三所学校，1986年招收的新生，入学考试的最低成绩分别为 193、185 和 121.5（满分为 200）分；智商测定分别为 114.5、104.8 和 87.79（正常智商为 90～110）。我们的实验点，通县第六中学主要狠抓学生的非智力因素的培养，经过三年的努力，1989 年在初中毕业升高中的中考时，名列全县 46 所中学第二名，仅次于通县一中。智商不满 90 的学生挤入了智商超过 110 学生的行列，做到了学习能力明显进步，学习成绩极大提高，智力也有所发展。1994 年，通县第六中学被评为北京市中学"特色校"。这里不难看出教师在学生智力发展中的主导作用，以及从非智力因素入手来培养学生的智力与能力，从而提高教育质量的重要性。这也是我主持的全国 26 个省、市、自治区各实验点的一个共同的突出的措施，即抓学生的非智力因素或非认知因素的培养。由此，我们可以获得一个结论：一个学生的成才，不仅要依赖于智力因素，而且更重要的是要依靠非智力因素或非认知因素。

---

　　① 　北京通县第六中学现为北京市通州区第六中学。
　　② 　北京通县第一、第二中学现分别为北京市通州区潞河中学、北京市通州区第二中学。

第一节

————

非智力因素研究的变迁与进展

非智力因素这一概念，从其孕育、产生、发展到今天，已有九十多年的历史了。它的发展变化大致可以分为如下三个阶段。

一、20 世纪 50 年代以前——非智力因素研究的产生阶段

人们对智力因素的认识，几乎是与心理学同时的，但相对于智力的概念来说提出非智力因素，是 20 世纪 30 年代的事情。

（一）30 年代以前关于非智力因素的研究

我们知道，关于智力的认识，人们也经历了一个过程。在 19 世纪初，西方在哲学中还没有将智力与灵魂、感觉、知觉、联想、意志等相区别（这一点不如中国的心理学思想）。到 19 世纪末，随着科学心理学的诞生（1879 年），心理学家才提出智力的概念，并把智力从哲学中区分出来进行科学的研究。如前所述，1902 年，法国心理学家比内根据对他的两个女儿的观察与实验，写成了《智力的实验研究》一书。随后，在法国教育部的委托下，比内与西蒙于 1905 年用语言、文字、图画、物品等项目编制了世界上第一个智力测验量表。后传入美国，1916 年推孟制订了斯坦福-比内量表。在随后的几十年间，智力测验在美国迅速发展。这些已于第二章中做过较详细的介绍，不再赘述。智力测验的蓬勃发展，构成了非智力因素概念产生的土壤，而因素分析方法在智力研究中的普遍应用，则为非智力概念的提出与界定提供了合适的方法。

早在 1913 年，维伯（E. Webb）在对一组测验和一些评定性格特质的评价进行因

素分析时，从中抽取一个名为"W"的因素，广义来说，"W"因素似乎与道德的和欲求的倾向性有关，维伯将之称为正直性（conscientionsness），或目的的恒定性（purposeful consistency）。几年以后，在斯皮尔曼的实验室内，朗克斯（A. Lanks）和琼斯（Wynn Jones）也证实了另一种和智力有关的因素的存在，他们将其称为"P"（perseveration）因素，意指被试的心向或定势中表现出来的拒绝变化的倾向。1921年布朗（W. M. Brown）曾把性格特质作为智力测验中的因素来进行讨论。1933年卡特尔（R. B. Cattell）曾报告气质测验和智力评价之间有相关。

（二）亚历山大是最早提出"非智力因素"概念的心理学家

20世纪30年代提出非智力因素问题的是美国心理学家亚历山大（C. P. Alexander）。因为他在当时反对流行的斯皮尔曼的"二因素论"（G因素与S因素）和凯勒、瑟斯顿的"多因素论"。他通过大量的测验和实验，发现在大量的智力测验中，各种变量之间的相互关系有很大部分被忽视，但它们对测验数据起着相当重要的作用。

1935年，亚历山大在其《智力：具体与抽象》一文中，详细介绍了他的一些研究。他主要是通过对一系列言语测验和操作测验进行广泛的因素分析，并以对成就测验和学习成绩的分析为辅来探讨智力问题的。其研究结果发现，除G因素（一般智力）、V因素（言语能力）和P因素（实践能力）三种因素之外，相当一部分的变异可以由另外两种因素来解释，他把这两种因素分别称为X因素和Z因素。X因素是一种决定个体的兴趣、"关心"的因素，用亚历山大的话来说，它是气质而不是能力。Z因素是气质的一个方面，它与成就有关系，就亚历山大的被试而言，成就就是学习成绩。X因素和Z因素在不同测验上的荷重变异是比较大的，但是即使一些被斯皮尔曼称为G因素的测验，也包括一些Z因素，几乎所有的操作测验都显示出相当大的X或Z因素的荷重。正如所预想的，这些因素在学术成就或技术成就中起着相当大的作用。例如，在科学方面的成就，X因素的荷重是0.74，而G因素的荷重只有0.36；在英语方面，X因素的荷重是0.48，而G因素的荷重是0.43。由此我们可以推论，在某种意义上，仅用智能不足，是不能很好地解释学生学习失败的原因的。

总之，亚历山大所分析的 X 和 Z 因素的变量，指的是被试对作业的兴趣、克服困难的坚持性以及企图成功的愿望等。他把这些因素总称为人格（个性）因素，并在自己的著作中，首次称之为非智力因素。

（三）韦克斯勒对"非智力因素"做了科学的分析

在亚历山大等人的启迪下，韦克斯勒（D. Wechsler）于 1943 年提出了"智力中的非智力因素"的概念。测验的直接经验使韦克斯勒越来越重视非智力因素的研究，于是他强调了"智力不能与其他个性因素割裂开来"的观点。1949 年，他再次撰文探讨了非智力因素，题目叫作《认知的、欲求的和非智力的智力》，发表在第二年的《美国心理学家》杂志上[①]，专门就非智力因素问题进行了广泛的探讨。他认为，一般智力不能简单地等同于各种智慧能力之和，还应包含其他的非智力因素。根据他的观点，非智力因素主要是指气质和人格因素，尤其是人格因素，还应该包含先天的、认知的和情感的成分。一般来讲，心理学界将韦克斯勒这篇文章的发表，作为非智力因素概念正式诞生和科学研究开始的标志。

后来，到 1974 年他对非智力因素的含义又做了进一步的说明：①从简单到复杂的各个智力水平都反映了非智力因素的作用；②非智力因素是智慧行为的必要组成部分；③非智力因素不能代替各种智力因素的各种基本能力，但对后者起着制约作用。

二、20 世纪 50 年代至 80 年代——非智力因素概念研究的发展阶段

20 世纪 50 年代以后，对非智力因素概念的研究有了进一步发展。这表现在，不仅在心理测量领域内，心理学家继续广泛深入地探讨这一问题，在其他领域内，有关这方面的研究也日益增多。这里主要谈的是两个领域，一是认知心理学领域，二是发展心理学领域。

---

① David，Wechsler，"Cognitive，Conative and Non-intellective intelligence，"*American Psychology*，1950，5(3)，78-83.

(一)认知心理学的研究

20 世纪五六十年代以后,行为主义在心理学中的统治地位逐渐让位于认知心理学,认知心理学家对各种认知过程与非认知因素的关系,也进行了研究,如知觉与需要,记忆与情绪,智力操作与动机、情绪等相互之间的关系,等等。具体的实验研究很多,在此我们不能一一列举,仅简要介绍几位认知心理学家的观点,做些代表性的分析。

如前所说,"认知心理学之父"是美国心理学家奈塞尔于 1963 年在《科学》第 139 卷上,发表了一篇题为《机器对人的模仿》的文章,详细论述了人工智能与人类思维之间的差异。[①] 他指出,认为机器能像人类一样进行思维的观点,是一种对人类思维性质的误解,人类思维所表现出来的三个基本的、相互联系的特点,是计算机程序所不具备的,这三个特点为:①认知发展,人类个体的思维有一个发生、发展、成熟的过程;②认知活动的情绪基础,人类思维活动的始发,总是与情绪、情感密切联系在一起的;③动机的多重性,几乎人类所有的活动,包括思维活动在内,都具有目的性。显然,这后两个特征所涉及的问题就是非智力因素的问题。为了说明奈塞尔有关非智力因素的观点,我们在此对其和西蒙(H. A. Simon)的人类思维的特点观稍加介绍。

奈塞尔认为,人类新生儿的活动,主要是以各种需要的满足为组织原则的。新生儿在同化环境刺激时,主要是以需要得到满足与未得到满足的状态为行为的调节器。然而,新生儿内部状态的波动与他所处的环境没有明显的逻辑关系,因此往往需要数月或数年,两者之间才能协调。所以说,需要和情绪并不只是为认知活动设置了一个"舞台"后就"退休"了,而是在人的整个一生中继续发挥作用,只不过他们发挥作用的大小与形式不同罢了。由此可见,认知活动是以一定的情绪为基础而发展和进行的。人的认知活动的另一个特点是目的性。例如,下棋对于计算机来讲,只有一个目的,那就是战胜对手,但对于人来讲,下棋的目的与意义就不止于战胜对方,它还有其他意义。例如,有人认为下棋是增进友谊的一种活动;也有人认为

---

① Neisser,U.,"The Imitation of man by Machine,"*Science*,1963,193.

它是发泄攻击性的一种方式；还有人想通过下棋的"敢为"行为来表现自己的勇敢性格；又有人想通过"保守"的棋法来表明自己是一个稳重的人；等等。总而言之，人的活动总是为一定的动机所驱动的。

在奈塞尔之后，西蒙（即司马贺）于 1967 年发表了题为《认知的动机监控与情绪监控》①的文章，专门就奈塞尔提出的动机与情绪在人的认知活动中的作用机制进行了阐述。在这篇文章中，他提出了一个关于动机和情绪与信息加工行为相互关系的理论。西蒙认为，中枢神经系统是一种序列信息加工器，这种加工器所属的有机体有多重需要，而且这种有机体所生存的环境又常出现不可预测的威胁和各种机会。加工器满足各种需要，适应生存环境是通过两种机制实现的。第一个机制是目标终止机制。这种机制使加工器每次只为满足一种需要、实现一个目标（这个目标也可能是很复杂的）而工作，当达到满意的情境时就终止活动。加工器就是遵循这样的原则，逐步地有序列地实现每个子目标而达到总目标的。在这一过程中，没有哪个目标能垄断加工器而使序列加工活动停止。也就是说，加工器的活动总是为各种目标所定向的，总是为各种动机所驱动的。第二个机制是中断机制。一个序列加工器，在不要求任何特殊机制来再现情感或情绪体现的情况下，可以对各种需要和目标做出反应，也就是说，动机决定着注意的指向与分配。但在实际生活环境中，往往会出现一些环境变化或新异刺激，诸如自然的（如强光、大声），生理的（如身体疼痛），心理的（如由意外刺激经联想引起焦虑），这些新异刺激的出现所引起的问题，就成了加工器所要实现的新目标。这些目标与原加工目标相比可能更急迫。此时，加工器就需中断原来的序列加工，而将注意转向新的刺激，以便解决问题适应环境的变化。这一过程，主要是情绪活动改变了注意的指向与分配。因此，中断机制，也可以说，是情绪使加工器对实际环境中的急迫需要做出反应的。

认知心理学在 20 世纪 50 年代末、60 年代初诞生以后，经过 70 年代的发展，到 80 年代初，各认知活动领域的研究已积累了丰富的资料，非智力或非认知因素在认知活动中的作用也进一步明朗化。诺曼（D. A. Norman）提出的"关于认知科学的

---

① Simon，H. A.，"Motivational and Emotional Controls of Cognition." *Psychological Review*，1967(74).

12 个问题"①是有代表性的。

诺曼认为，尽管我们对认知进行了大量的研究，但在某种意义上讲，我们对认知的了解相当贫乏，这主要是因为我们忽视了有生命的认知系统的许多关键方面，诸如社会的因素、文化的因素、情绪的因素，以及区分有生命的认知系统与人工的认知系统的几种主要因素。有生命的认知系统之所以不同于人工的认知系统，主要是因为前者有许多需要，如生存的需要，调整自己的操作的需要，保护自己、维持生命的需要，适应并立足于某种环境的需要，将一个小的、不发展的、不成熟的系统转变为成人的、发展的和有知识系统的需要，等等。人类认知不同于人工认知，如果仅是因为它涉及生命、发展和生存等问题，诺曼推断必定有一个调节系统存在，这种调节系统因认识成分相互作用，进言之，调节系统同认知成分的关系是一种"主仆"关系，认知成分主要是因为调节系统的利益而进化产生的，它是通过情绪、情感来发挥功能的。接着，诺曼又强调了在认知研究中如下几个基本部分，它们主要包括文化的作用、社会交互的作用、情绪的作用和动机的作用，并详细论述了认知科学的 12 个问题。这 12 个问题为：信念系统（belief systems）、学习（learning）、意识（consciousness）、记忆（memory）、发展（development）、知觉（perception）、情绪（emotion）、操作（performance）、交互作用（interaction）、技能（skill）、语言（language）、思想（thought）。

(二)发展心理学的研究

在发展心理学领域内，关于非认知或非智力因素及其与智力的相互关系的研究也很多，但在理论上有代表性的是皮亚杰的理论。因此，我们这里着重介绍皮亚杰的观点。

我们知道，皮亚杰以研究儿童青少年认知发展而闻名于世，但很少知道他关于非认知或非智力因素及其与智力的关系的研究。其实，皮亚杰对儿童青少年的非智力因素，特别是情感性发展及其对智力发展的影响是很感兴趣的。他在 20 世纪 50

---

① Norman，D. A.，"Twelve Issues for Cognitive Science,"*Cognitive Scierce*，1980(4).

年代做过有关智力与情感性相互关系的系列讲座，后来用法语汇集成《智力与情感性——在儿童发展过程中它们的相互关系》一书。该书直到 1981 年才被译成英文。①

这本书共包括三大部分：引言、情感功能（机能）与认知功能（机能）和智力发展阶段与情感发展阶段。在前两部分中，皮亚杰阐述了他对智力与情感之间关系的基本看法。他认为，情感（affect）与智力的功能（机能）有关，它源于同化与顺应之间的不平衡，以提供能量力量而发挥作用；而认知为这种能量提供了一种结构。皮亚杰形象地将情感比喻为汽油，它可以发动汽车，而发动机为能量和汽车运动的方向提供了结构。情感犹如"功能"，它可以同认知结构图式相组合，而将个体的兴趣集中于某个特定的事件或观念上。因为情感影响到个体是否实施智慧的努力，因此，它具有调节的功能。又因为情感影响到目标的选择，因此它又表现出决定价值的功能。通过调节动作，决定价值，情感影响到我们是超于某种情景或是回避某种情景，因此，它影响到我们获得知识的速度。也就是说，在某些方面，它可以加速我们知识的获得，在另一些方面，它也可能减慢或妨碍我们对知识的获得。但这并不意味着情感能创造认知结构，因为它是以一定的认知结构为基础而发挥作用的。总之，皮亚杰认为，智力与情感的关系，不存在哪个是创造者，哪个是被创造者的问题，就像一枚硬币的两面，它们是同一事物的两个方面。在这本书的第三部分中，皮亚杰用了较长的篇幅来介绍智力与情感的平行发展，这种平行发展可概括为表7-1。

从表 7-1 中可以看出，智力在不同发展阶段上的特征同情感在不同发展阶段上的特征是平行的。例如，在感知运动阶段，婴儿对某个特定人的稳定的情感，直到婴儿形成了永久客体图式时才会开始出现。也就是说，皮亚杰认为，婴儿依恋的发展少不了认知的一面。在前运算阶段，符号表征和语言的发展，导致稳定概念的形成，这些概念的结构支柱，也使情感获得了稳定性。在具体运算阶段，儿童青少年的构造类别层次的能力的形成伴随着稳定的价值层次而出现。这种价值层次的出现，标志着皮亚杰所描述的情感守恒的出现，同时，我们也可观察到，儿童青少年的道德

---

① Piaget, J., T. A. Brown & C. E. Kaegi, *Intelligence and Affectivity: Their relationship during child development*, Palo Alto, Calif. Annual Reviews Inc. 1981.

表 7-1　智力和情感发展的阶段

A 感知运动智力	个体内感情
遗传组织：这些组织包括出生时就有的各种反射和本能。	遗传组织：这些组织包括本能性内驱力和所有其他先天的情感反应。
最初习得的图式：这些图式包括最初的一些习惯和分化知觉，它们在感知运动智力出现之前就出现了。	最初习得的情感：这些情感包括快乐、悲哀、愉快、不愉快，它们联结着知觉，同样分化了的满意与不满意情感联结着动作。
感情运动智力：这包括从 6 个月左右到第 2 年内语言的习得的一些结构。	在有意向的行动中起调节作用的情感，这些调节包括这样一些情感，这些情感联结着动作的激活与延迟，而运作的激活与延迟又伴随有各种终止反应，诸如成功或失败的情感。
B 言语智力	人际的感情
ZV 前运算表征：此时动作开始内化，尽管可以进行思维，但思维仍是不可逆的。	直觉性情感：这些情感包括最初级的人际的情感和早期的道德情感。
V 具体运算：这一阶段始于 7～8 岁，止于 10 岁或 11 岁，显著的特征是类别与关系的初级运算的获得，但形式运算是不可能的。	规范性情感：这个阶段的特征，是具有有意干预的自主的道德情感的出现，什么是公平的、什么是不公平的，不再依赖于对规则的服从。
VI 形式运算：这一阶段从 11 岁、12 岁到 14 或 15 岁，这一阶段的特征是思维使用命题逻辑，不再受具体内容的束缚。	理想主义的情感：在这一阶段，对其他人的情感被对集体的理想的情感所覆盖，同这一点平行的是人格的精心加工，即在社会生活中个体给自己赋予一定的角色和目标。

判断达到了新的水平。皮亚杰认为，道德判断在性质上是情感性的，它源于社会认知发展的一般过程，而不是像弗洛伊德所认为的它只源于俄狄浦斯冲突（恋母情结）。

　　在非智力因素概念研究的第二阶段内，在其他一些领域，诸如社会心理学、教育心理学，都有所研究，基本的主张都是强调了情绪、动机等因素在人类智慧行为中的重要作用。

三、非智力因素概念研究的发展趋势

智力与非智力、认知与非认知关系的研究，越来越受到人们的重视。20 世纪 90 年代初，我把这一领域研究发展的新趋势，归纳为三个特点：一是建构理论模型；二是各国普遍重视；三是密切联系实际。[①]

从相关文献看，也可归纳为如下三个方面。

(一)深入建构理论模型

在过去的几十年内，心理学家对非智力(非认知)因素与智力(或认知)活动的关系做了大量的研究，特别是 20 世纪 90 年代后的研究工作积累了丰富的资料，深入地建构各种各样的理论，20 世纪 90 年代我曾介绍过"记忆与情绪的联想网络理论"。现在，我再列举三个较有代表性的理论模型。

1. 知觉控制与儿童学校投入和成绩的过程模型

斯金纳[②]等人使用新的知觉控制的概念考查了描述这些知觉对小学生学业成绩影响的过程模型($N=220$)。作者区分了三类信念：ⓐ对个体是否能够影响学校里的成功和失败的期待(控制信念)；ⓑ对产生学业结果的有效策略的期待；ⓒ对自己执行这些策略的能力的期待。相关和路径分析的结果与过程模型一致，过程模型预测儿童知觉到的控制(自我报告)影响学业成绩(评定等级和成就测验分数)。教师对儿童知觉到的控制有正面影响，主要是通过提供偶然事件(contingency)和参与(in-volvement)产生影响。这些结果对知觉控制理论有重要意义，是教师提高学生动机的一种方法。

---

① 林崇德：《学习与发展——中小学生心理能力发展与培养》，北京，北京教育出版社，1992。

② Skinner，E. A.，Wellborn，J. G. & Connell，J. P.，"What it takes to do Well in school and whether I've got it：A process model of perceived control and children's engagement and achievement in school," *Journal of Educational Psychology*，1990，82(1)，22-32.

2. 学业情绪模型(控制一价值理论)

帕克让①整合了与成就相关的情绪的归因理论②和情绪研究的期待—价值方法③，提出了学业情绪模型，即控制—价值理论(见图 7-1)。

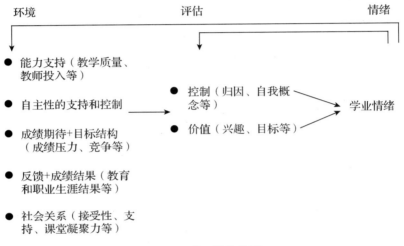

图 7-1　学业情绪模型

该理论提出有两类认知评估对学业情绪的发展很重要，即学业相关的行为、主题和结果的主观控制与主观价值。与控制相关的认知可能直接集中在因果关系方面（如行为—结果的预期），间接来讲，指个人特点和条件性结果之间的条件性关系。后者，即与控制相关的知觉的条件性关系中，重要的一种认知就是对自己能力的自我评估，也就是知觉到的能力（如能力的自我概念、自我效能）。关于主观价值的性质，可能是内在的也可能是外在的。主观控制和主观价值调节情绪体验与环境的关系，尤其是环境中以下方面：能力支持、自主性的支持和控制、成绩期待和目标结构，成绩结果和反馈，社会关系。

① Pekrun, R. A., "social cognitive, control—value theory of achievement emotions,"in Heckhausen, J., *Motivational Psychology of Human Development*, Oxford, England, Elsevier Science, 2000.

② Weiner, B., "An attributional theory of achievement motivation and emotion,"*Psychological Review*, 1985, 92(4), 548-573.

③ Pekrun, R., "The impact of emotions on learning and achievement: towards a theory of cognitive/motivational mediators,"*Applied Psychology: An International Review*, 1992, 41(4), 359-376.

3. 成就目标和不同的成就情绪：理论模型和预期的检验

帕克让[①]提出了联系成就目标和不同的成就情绪的理论模型。该模型探讨了三分法成就目标框架下的目标和 8 个较常体验的成就情绪的关系，其中目标分为活动关注和结果关注，情绪分为积极的和消极的。两个研究分别以德国和美国的大学课堂为背景对模型进行了检验。结果和预期假设基本一致。掌握（mastery）目标对学习享受、希望和自豪感有正向预测。成绩接近（performance-approach）目标对自豪感有正向预测，而成绩逃避（performance-avoidance）目标对焦虑、无助和羞耻有正向预测。控制了性别、中学成绩（CPA）、社会愿望、气质和能力期望这些变量后，结果仍是一致的。在讨论部分中，作者指出目前对成就情绪的研究文献不足，同时应更广泛地对动机和情绪进行研究。

（二）各国普遍重视

除美国外，前苏联对非智力因素问题也较为重视。在我国，最先使用"非认知因素"概念的是朱智贤、吴福元等，朱老于 1982 年在《外国心理学》的一篇文章中提出了这个概念。后来他在与我合著的《思维发展心理学》（1986）中，仍使用"非认知因素"这一概念，如第五章所述，并将它作为思维结构的一个成分。第一次使用"非智力因素"概念的是我国心理学家燕国材、王极盛等人，燕先生于 1983 年 2 月 11 日在《光明日报》发表了"应重视非智力因素的培养"一文，在我国心理学界和教育界产生很大的影响，受到理论工作者和实际工作者的高度重视。

接着中国心理学界在认真对非智力因素进行大量实证的基础上，对非智力因素包括成分提出不同的见解，且在 20 世纪末相当活跃。主要有：

（1）非智力因素即人格因素（赵中天，1983）；

（2）非智力因素有广义和狭义之分，广义的是指智力因素之外的一切心理因素，狭义的是指动机、兴趣、情感、意志和性格（燕国材，1984）；

---

① Pekrun, R., Elliot, A. J., Maier, M. A., "Achievement Goals and Discrete Achievement Emotions: Model and Prospective Test," *Journal of Educational Psychology*, 2006, 98(3), 583-597.

（3）非智力因素就是个性结构中，除智力因素以外的心理因素，主要包括兴趣、需要、动机、情感、意志、性格、气质、态度、理想、信念、价值观等（庞霭梅，1988）；

（4）非智力因素就是不直接参与但却制约整个智力或认知活动的心理因素（丛立新，1985；吴福元，1986；杨滨，1987）；

（5）非智力因素是指在智力活动中表现出来的、与决定智力活动效益的智力因素相互影响的心理因素构成的整体（申继亮，1990）。

（三）探索非智力因素的发展过程

每一种非智力（或非认知）因素，都有一个发展变化的过程。对各种非智力（或非认知）因素的发展变化研究，是 20 世纪 90 年代后较为活跃的领域。其中探索兴趣发展的四阶段模型是一个较重要的研究。

海蒂[1]等人提出了兴趣发展的四阶段模型，描述了学习者兴趣发展和深化的 4 个阶段：情境触发的兴趣（trigged situational）、情境保持的兴趣（maintained situational）、形成中的个体兴趣（emerging）和发展较好的个体兴趣（well-development）。兴趣对学习（如注意、目标和学习水平）有很大影响。特定阶段的长度和特点受个体经验、气质、遗传倾向的影响。这 4 个阶段是连续的、截然不同的，代表累积的、向前发展的一种形式。这里，兴趣或者通过其他的努力或者因为个体在任务中看到的挑战和机会得以支持与维持。然而，没有其他一些因素的支持，兴趣发展的任何阶段可能会停止，回到以前的阶段，或者一起消失。此模型①描述了兴趣是如何发展和深化的；②指出研究者需要识别他们正在探讨的兴趣的阶段，以及他们的研究方法对其解释和报告研究结果的方式的影响；③提出教育者支持学生发展特定内容兴趣的方法。

在非智力（或非认知）因素中，兴趣是一个动机变量，指投入的心理状态或者重新投入特定事物、事件或者思想的心理状态，这里特定事物、事件或者思想都称为

---

① Hidi, S., Rerminger, K. A., "The Four-Phase Model of Interest Development," *Educational Psychologist*, 2006, 41(2), 111-127.

内容。有三种方式可以将兴趣与其他动机变量区分开来。首先，兴趣包括情感和认知成分，它们是独立但存在相互作用的系统。其次，情绪的情感和认知成分都有生物根源。最后，兴趣是个体和特定内容交互作用的结果。两种类型的兴趣是目前教育研究的主要关注点：情境兴趣和个体兴趣。情境兴趣指集中的注意和情感反应由环境刺激触发，可能过后会持续一段时间，也可能不会持续。而个体兴趣指个体重新投入特定内容的相对持久的倾向，以及这种倾向激发后的心理状态。兴趣的发展变化分 4 个阶段。

阶段 1：情境触发的兴趣（trigged situational interest）。它是指来自情感和认知加工的短时间变化的兴趣的一种心理状态：①情境触发的兴趣可能被环境或者文本特点激发，如不适宜的、惊人的信息；特征关联或者个人相关性、强度；②情境触发的兴趣需要外在支持，但不全是外在支持；③群体工作、智力玩具、计算机等教育条件或学习环境能够触发情境兴趣；④情境触发的兴趣是兴趣发展的更高阶段，即重新投入特定内容倾向的先兆。

阶段 2：情境保持的兴趣（maintained situational interest）。情境保持的兴趣指触发状态后的一种心理状态，即更多情境下伴有集中的注意和坚持性，并且又一次发生和持续：①情境兴趣通过任务和/或者个体参与的意义性得以保持与持续；②情境保持兴趣需要外在支持，但不全是外在支持；③教育条件或者学习环境提供有意义的和个体参与的活动，如以项目为基础的学习、合作群体工作、一对一的指导等，这些能够促进情境兴趣的保持；④情境保持兴趣可能是，也可能不是兴趣发展的更高阶段，即重新投入特定内容倾向的先兆。

阶段 3：形成中的个体兴趣（emerging interest）。它是指相对持久的追求不断重新投入特定内容倾向的开始阶段，是兴趣的一种心理状态：①这种兴趣的特点是积极的感受，储存的知识和储存的价值，形成中的个体兴趣使得个体参与随后加工内容的步骤，并且个体会努力地去做，但他们并不感到费力；②形成中的个体兴趣主要是自我驱动的，也需要一些外在支持，如学习者需要来自其他人的鼓励，鼓励他们在面对困难时坚持下去；③教育条件或者学习环境使得形成中的个体兴趣的发展变为可能；④形成中的兴趣可能导致发展较好的个体兴趣，也可能无法导致发展较好的个体兴趣。

阶段 4：发展较好的个体兴趣（well-development interest）。它是指相对持久的追求不断重新投入特定内容倾向的一种心理状态：①有积极的感受，比其他活动包括形成中的个体兴趣有更多特定内容的储存知识和储存价值，它也能促进自我调节；②发展较好的个体兴趣主要是自我驱动的，但也要能够从外在支持中受益；③教育条件或者学习环境通过提供包含交互作用的机会和导致知识建构的挑战，能够促进发展较好的个体兴趣的发展和深化。

总之，兴趣发展的每个阶段都包含情感，每个阶段也包含一些形式的知识或者认知过程，尽管这些成分更多在兴趣的较晚阶段。一旦进入情境触发的兴趣阶段，兴趣就会持续或短或长的时间，并且成为个体开始形成和内容联系的基础。越到后期，越能看到主体的自我调节、处理挫折的能力和保持创造性的思维遍及其对兴趣内容的投入中。

(四)重视非智力(或非认知)因素的评估

非认知评估模型是建立在以下研究结果和实践基础上的。

(1)目前可提供的测量工具未能很好地服务于来自不同种族和文化群体的学生。比如，像学术能力评估测试(SAT)这样大的测验最初是针对白人中的男性的，因而不适合评估来自不同文化背景下的群体或者来自任何文化群体的女性。

(2)测验结果没有提供任何发展性的行为。

(3)没有适当的理论或全面的模型整合不同的评估。

(4)决策制定者经常不使用评估结果。

(5)很少或者几乎没有研究支持目前的很多测量方法。

(6)评估结果经常和学生的成绩，如评定分数并无相关。

塞特莱西克(Sedlacek)在其著作中[1]提出了一个有多种评估方法的模型，他认为这个模型适合所有学生。此评估模型基于对 8 个非认知变量的测量。这 8 个非认知

---

[1]　William，E. & Sedlacek.，*Beyond the Big Test：Noncognitive Assessrnent in Higher Education*. San Francisco，Jossey-Bass，2004.

变量和学生的调节水平、动机、知觉而不是传统的认知变量（如言语和数能力）有关。塞特莱西克认同加德纳多元智力的观点，也认同斯腾伯格的智力三元论，即智力包括成分智力、情境智力、经验智力三个方面。但是塞特莱西克认为传统的标准化测验只是测量了成分智力，而没有测量经验智力和情境智力。塞特莱西克提出的8个非认知变量主要测量的就是经验智力和情境智力，这8个变量分别为：

（1）积极的自我概念（positive self-concept）：指学生的信心、自我价值感、独立性、决心，以及对将来的成就和成功非常重要的成分。比如，学生是否对顺利毕业有信心，是否对自己做出了积极的评价，是否期望实现自己的目标并在学业或非学业方面有很好的表现，是否表明如何实现自己的目标，是否将自己的兴趣、经验和目标联系起来，以及是否认为自己可以处理新的情境或挑战等。

（2）现实的自我评估（realistic self-appraisal）：它是指学生认识到并接受自己的优缺点，尤其是学业方面的优缺点的能力和学生努力实现自我发展以扩大自己个性的能力。比如，学生是否意识到自己的优缺点，是否知道追求某一职业需要做的事情，是否意识到自己参加的课外活动或学校工作使他产生了变化，是否在结构性的或者非结构性的活动中学到了东西，是否坦然接受所有积极的和消极的反馈，是否曾克服了怒气、羞涩或者缺乏原则等。

（3）成功地处理系统（successfully handling the system）：指学生理解生活中系统重要性的能力，以及发展评估文化或者系统中种族要求的方法和做出明确反应的能力。比如，学生是否能够采用积极有效的方法克服他面临的来自种族主义的挑战或障碍，是否知道如何学会处理系统、关于种族方面的大小问题是否做出同样强度的反应等。

（4）追求长远目标（preference for long－range goals）：指学生的毅力、耐心、长远的计划，以及延迟满足、获得成功的愿望。比如，学生是否有设置学业和个人方面的长远目标的经验，是否有为将来做打算的迹象，是否确定了学习课程并预期他可能追求的事业，是否意识到获得目标必要的、现实的和直接的步骤，是否参与了和自己预期的事业目标有关的活动等。

（5）拥有能给予很大支持的人士（availability of strong support person）：指学生

具有强大的支持网络、帮助和鼓励，以及学生仅仅依靠自己的资源的程度。这里支持系统可以是个人方面的、职业方面的或者学术方面的，学生可以求助获得建议、意见、帮助、鼓励等。比如，学生是否愿意承认自己需要帮助，并能够利用其他资源而不是自己解决问题。

（6）领导经验(leadership experience)：指学生在自己正式的和非正式的领导角色中技能的发展或者施加的影响。比如，学生是否主动担任过领导角色，如建立俱乐部或者组织，是否描述了他作为领导者得以发展的技能，是否对他人有重要影响并且是一个好的榜样学习者，给他人提供建议或方向时是否感到舒服，是否致力于成为兄弟姐妹、同班同学等的榜样学习者，等等。

（7）融入社区(community involvement)：指学生对文化、地理或者种族群体的认同和对自己在社区中活动的认同。比如，学生是否展示了特定的或者长时期的对社区的投入或关系，是否完成了社区背景下的特定目标，学生的社区服务是否和事业或者个人目标有关。

（8）获得某个领域的知识(knowledge acquired in a field)：指学生通过学习获得某个领域的超越课堂的经验。对此变量的评估非常注重学生如何获得非传统的、可能基于文化或者种族的领域观。比如，学生是否使用自己的理解教给他人有关某个主题的知识，是否独立地在他的领域中工作诸如对学业领域和可以获得的经验的变化敏感。

塞特莱西克认为可以采取多种方法测量非认知变量。他和其同事在 20 世纪 80 年代发展了"非认知问卷"(the Noncognitive Questionnaire，NCQ)。此工具在过去的几十年里不断变化和发展。已有大量文献证明此问卷具有较高的信效度。其他的方法还有提供只需简短回答的问题(short-answer questions)、访谈、公文包(portfolios)、论文等。其中，只需简短回答的问题实质上是非认知问卷的简单版，所有问题都只需要简短的回答。目前，这些方法已被很多高校用于招收学生。

第二节

————

对非智力因素的理论认识

1993 年，为了对非智力因素的实质有科学的认识，《华东师范大学学报（教育版）》和《中小学管理》两份杂志对于非智力因素开展学术讨论，并都约我对一年的学术讨论做小结。我对非智力的理论认识，既来自科学的文献，又来自自己的教育实验的研究。

一、非智力因素的结构

我认为非智力（或非认知）因素，是指除了智力与能力之外的又同智力活动效益发生交互作用的一切心理因素。它的特点有：

（1）它是指在智力活动中表现出来的非智力因素，不包括诸如热情、大方、潇洒等与智力活动无关的心理因素；

（2）非智力因素是一个整体，具有一定的结构和功能；

（3）非智力因素与智力因素的影响是相互的，而不是单向的；

（4）非智力因素只有与智力因素一起才能发挥它在智力活动中的作用。

如何理解非智力或非认知因素的结构呢？

（一）与智力活动相关的情感因素

情感是人对客观现实的一种特殊的反映形式。它是人对待外界事物的态度，是人对客观现实是否符合自己的需要而产生的体验。在对非智力因素的研究中，心理学家一致认为，情感是一种对思维和智力活动有显著影响的非智力因素。所以，在增进思维和智力的同时，必须提高情感的稳定性，抑制冲动性，否则提高智力与能力是有困难的。与智力活动有关的情感因素包括以下几个方面。

1. 情感强度

情感强度对智力活动或思维和智力操作的影响是明显的。研究表明，情感强度差异同智力操作效果之间呈倒"U"字相关。也就是说，过低或过高的情感唤醒水平，都不能够导致较好操作效果的适中的情感唤醒水平。

适中的情感强度与智力活动关系的表现是多方面的，这里仅举三例加以说明。

(1)极强度的应激，往往使个体行为紊乱，像出现不必要的动作、语无伦次、思维混乱、记忆失误等；中等强度的应激，能更好地使人发挥积极性，增进人的反应能力，提高思维清晰度和判断的明确性。当然，人不能没有应激，长期没有应激状态，也不能使人获得锻炼。因为人总是会遇到出乎意料的紧迫情况的，这必然会引起急速而紧张的情感状态。

(2)焦虑过度往往会引起恐慌的反应，产生抑制作用，破坏短时记忆，不会随机应变，重新组织思维活动，从而妨碍学习；同样，学习不能没有焦虑，但应当把焦虑控制在中等的程度，才有利于大多数思维和智力一般的学生的学习。能够适应高焦虑的高度能力者毕竟是极少数的。

(3)在痛苦情感状态下，情感的强度差异同思维和智力的操作效果呈直线相关，即痛苦的强度越高，思维和智力的操作效果越差，思维和智力的操作效果随痛苦强度的增加而下降。

总之，适中的唤醒水平是一种适宜的刺激，它既可以诱发个体积极主动地同化客体，又保证了思维和智力活动的必要的活力与背景。因此，适中的情感强度可以导致良好的操作效果。

2. 情感性质

情感性质，与认知、智力的关系，表现在两个方面。

(1)肯定情感有利于认知、智力操作，否定情感不利于认知、智力操作。所以由于情感有其不同性质，会产生对认知、智力活动的增力与减力的效能。

(2)情感的性质对认知、智力操作效果的影响，与情感的性质同认知、智力操作加工材料的性质是否一致也有关系。例如，被试在愉快情况下，容易记住令人愉快的事情；在不愉快的情况下，容易记住不愉快的事情。

3. 理智感

理智感，是人在智力活动过程中产生的情感体验。人在智力活动中，对于新的还未认识的东西，表现出求知欲、好奇心，有新的发现，会产生喜悦的情感；遇到问题尚未解决时，会产生惊奇和疑虑的情感；在做出判断又觉得论据不足时，会感到不安；认识某一事理后，会感到欣然自得等，都是理智感的表现。

(二) 与智力活动相关的意志因素

意志，是人们自觉地克服困难去完成预定的目的任务的心理过程，是人的能动性的突出的表现形式。意志既可作为心理过程影响思维和智力活动，又可作为一种性格特征影响思维和智力。特别是与智力活动有关的意志因素，主要是意志品质的四个方面的表现。

1. 意志的自觉性

自觉性，是对自己行动目的的正确性和重要性，有明确而深刻的认识，从而自觉地行动，以达到既定的目的，这叫作行动的自觉性。人的自觉性是一种意志品质，它使人自觉、独立地调节自己的行为，使它服从于一定思维和智力的目的任务，而不是事事依靠外力的督促和管理。与自觉性相反的，是受暗示性和独断性。容易受别人的影响而改变既定目的，这叫作受暗示性；不接受别人的合理的建议，毫无理由地坚持自己的错误做法，这叫作独断性。这两者在表面上似乎截然不同，实际上都是意志薄弱的表现，都不利于思维和智力活动。

2. 意志的果断性

果断性，就是善于迅速地辨明是非，做出决定，执行决定。果断性的发展是与人的自觉性、与抽象思维和智力的发展相辅相成的。与果断性相反的是轻率和优柔寡断。轻率者指遇事不加考虑，草率地做出决定并采取行动；优柔寡断者指经常表现为三心二意、徘徊犹豫的心情。这两者都不是果断性的表现，都不利于思维和智力活动。

3. 意志的坚持性

坚持性又叫毅力，是人能克服外部或内部的困难、坚持完成任务的品质。"贵在坚持"，正说明意志行动的坚持性的可贵。思维和智力发展良好者，一般都与坚持刻苦学习呈显著正相关。与坚持性相反的，是意志薄弱。它表现为一遇到困难就垂头丧气，属于没有毅力；明知行不通，也要顽固地坚持，缺乏纠正的勇气，这也不能算是有毅力。两者都不利于思维和智力活动。

4. 意志的自制力

自制力，是人善于控制和支配自己行动的能力。有时表现在善于迫使自己去完成应当完成的任务，有时表现在善于抑制自己的行动。思维和智力活动的实现，正是受这种自制力所左右。与自制力相反的，是冲动，不善于控制自己，不能调节行动。当然，那些死气沉沉、呆板拘谨的品质，也不是自制力。这两者都不利于思维和智力活动。

(三)与智力活动相关的个性意识倾向性

个性意识倾向性，在一定意义上说，它是需要的表现形态，如兴趣、爱好、动机、目的、欲望、理想、信念、价值观等。对人的心理，特别是对思维和智力发展说来，个性意识倾向性是一种动力系统。与智力活动有关的个性意识倾向性因素，主要有三种：理想、动机和兴趣。

1. 理想

理想是一个人的奋斗目标。成就动机在一定意义上也是一种理想，它是追求能力和希望取得成功的一种需要，是以取得成就为目标的学习方面的内驱力。它以对未来成就和成功的坚定不移的追求为特点。

按照归因理论(attribution theory)分析，我在自己的研究中看到，在大多数情况下，成就动机层次高的被试，把学习上的失败(如考试成绩不佳)归因于努力程度不够；他们对往后的学习持乐观态度，并坚持不懈地追求，他们控制了自己的努力程度，取得了学习的主动权。相反，成就动机层次低的被试，往往把失败归咎于学习内容太难，或运气不好等客观因素。这些因素又是他们所无法控制的，所以他们常常不去掌握学习的主动权。从中可以看出，作为理想的一种表现形式，成就动机层次的高低，直接决定着人在学习中乃至智力活动中的主体性的发挥。

2. 动机

心理学家研究动机，有四个目的：一是为了指示行为上的差异；二是为了辨别责任归属；三是为了操纵动机，左右行为，以达到预期的目的；四是为了培养各种良好的动机，以便有相应的良好行为。这里的行为，包括思维和智力。

心理学研究动机，主要涉及五个问题：①动机的性质，即动机与需要的关系；②动机的种类，有的按照动机内容分类，有的按照前后条件关系分类，有的按照行为来源分类，有的按照动机与社会需要的联系来分类，有的按照动机价值分类；③动机的功能，即唤起、定向、选择、强化、调节这五种功能，在思维与智力活动中的表现是明显的；④动机的过程，如挫折过程、冲突过程；⑤不同个体在不同学习活动和智力活动的动机特点。

3. 兴趣

兴趣是一种带有情绪色彩的认识倾向，它以认识和探索某种事物的需要为基础，是推动人去认识事物、探求真理的一种重要动机，是思维和智力活动，以及学习中的最活跃的因素。有了学习兴趣，主体会在学习中产生很大的积极性，并产生某种肯定的、积极的情感体验。

心理学研究学生的学习兴趣，指出有四个方面的个性差异：兴趣的内容及其社会性；兴趣的起因及其间接性；兴趣的范围及其广泛性；兴趣的时间及其稳定性。当然，学习兴趣有一个发展过程，一般说来，兴趣发展的趋势是由对学习的直接兴趣引向间接兴趣，由笼统的兴趣走向兴趣的逐渐分化；由不稳定的兴趣趋向稳定的兴趣；兴趣的社会性和广泛性也在逐步发展。

(四)与智力活动相关的气质因素

气质是人的高级神经活动类型特点在行为方式上的表现，是个人心理活动动力特征的总和。与智力活动有关的气质因素，主要包括以下两方面。

1. 心理活动的速度和灵活性

不同气质类型的人，一般说来，其心理活动的速度和灵活性是不同的。有的气质类型的人，其心理活动的速度较快，而且灵活性也较高，如多血质和胆汁质的人；而有的气质类型的人，其心理活动的速度较慢，而且也不够灵活，如黏液质和抑郁质的人。心理活动速度的快慢和灵活性的高低，必然影响到人的智力活动的快慢和灵活性。这就是说，速度和灵活性这两种气质因素，影响到了智力活动的效率。

2. 心理活动的强度

气质对智力活动的影响，还表现在心理活动的强度上。所谓心理活动的强度，主要表现在情绪感受、表现强弱和意志努力程度。不同气质类型的个体，在这两方面有不同的表现。一般说来，多血质、胆汁质类型的人，情绪感受、表现较强烈，而他们的抑制力又差，使得他们智力活动的效率高，但又很难长时间地集中注意力于某种智力活动，较难从事需要细致和持久的智力活动；而黏液质、抑郁质的人，其情绪感受、表现较弱，但体验深刻，能经常分析自己，因此，他们尽管在智力活动效率上有欠缺之处，却适合于从事那些需要细致和持久的智力活动。

(五)与智力活动相关的性格因素

性格是一个人对待现实的稳固态度以及与之相适应的行为方式的独特结合。性格在人格或个性中起核心作用。与智力活动有关的因素主要有以下几种。

1. 性格的态度特征

在性格的态度特征中，个体对待学习的态度与智力活动有着密切的联系。个体对待学习是否用功、是否认真，对待作业是否细心，对待问题是否刻苦钻研等，一句话，个体是否勤奋，将直接影响到智力活动成果的好坏。在研究中，我们经常发现，一些智力水平相当的中学生，由于他们对待学习的态度不同，最后取得的成绩也有很大的差别。

2. 性格的意志特征

在前面，我们已专门论述过意志对智力活动的影响，讲到意志的四个品质(自觉性、果断性、自制力和坚持性)对智力活动的影响。中学生性格中的意志特征，主要表现在是否遵守纪律、有无自制力、有无坚持性和胆量大小四个方面。我们研究发现，这四个方面对智力活动有很大影响。

3. 性格的理智特征

性格的理智特征是个体的智力差异在性格上的表现。这主要体现在两个方面。一是思维和想象的类型不同。据此，可以将人分为三种：艺术型，其思维偏重形象思维；理论型，其思维偏重抽象思维；中间型，其思维处于形象思维和抽象思维的中间状态。思维类型不同，其智力活动的侧重点、方式及结果都会有所不同。这是不言而喻的。二是表现在智力品质的差异上，如思维的敏捷性、灵活性、深刻性、独创性和批判性等方面所表现的差异。这些差异也将直接影响到个体的思维活动。

二、"德行"是非智力因素的核心

德育为一切教育的根本，是教育内容的生命所在；德育工作是整个教育工作的基础。教育只有以德育为首，才能应运而生，才会有价值。谈到思维和智力活动时，往往与成才联系在一起，然而不管在哪方面成才，其前提是品行，是道德，是人格。一句话，是德行。德行，属于非智力因素，并且决定非智力因素的方向和生机，所以它是非智力因素的核心。

(一)对德行的理解

德行，即道德品质，简称品德。德行是一个人或个体的道德面貌，它是社会道德现象在个体身上的表现。当然，德行不是人格或个性心理结构中的一种简单成分(或因素)，而是人格或个性心理的一个特殊表现。它的发展，呈现出不同的层次、水平和等级。不同人的德行存在着很大的差异性或区别性。

用什么指标确定德行或品德的差异性？这在心理学、伦理学和教育学中都是一个薄弱的环节。从道德的本质及品德的心理成分出发，德行的差异性，主要表现在道德规范、道德范畴和心理结构上。

1. 道德规范

道德规范，主要是道德行为的准则或行为善恶的准则，它是对待某一社会关系的行为善恶标准。个体所涉及的社会关系，主要有三大类。一是个人和社会整体的关系，即所谓"群己关系"，它包括个人与国家、民族、阶级、政党、社团、集体等的关系；二是个人和他人的关系，又称"人己关系"，它包括友朋、敌我、同志、父母、长幼等之间的关系；三是个人对自己的关系，即自我道德修养的准则，如"信心""诚信""谨慎""勤奋""简朴"等。

人与人之间品德的差异，首先表现在对待这三类社会关系上。针对这三类关系，必然地会产生各种各样的品德标准，以此可衡量人与人之间品德的区别性。

以我国为例，就能举出不少的品德准则。从春秋战国的思想家，到近代的孙中山，都推崇"忠"（对国家、对君主），"孝"（对父母、对长者），"仁"（对人民），"义"（对朋友）的品德要求。1949 年，在《中国人民政治协商会议共同纲领》中，曾把我国的国民公德概括为"五爱"：爱祖国、爱人民、爱劳动、爱科学、爱护公共财物。几十年来，我国人民十分重视这"五爱"的德行标准。我国台湾教育家冯定亚女士创始"五心"同心会，提倡把忠心呈给国家，把孝心献给父母，把信心留给自己，把热心传给社会，把爱心送给大家。她将"五心"作为每个人德行的标准。2006 年 3 月 4 日，胡锦涛同志在全国政协民盟民进组上的重要讲话中提出"八荣八耻"，把热爱祖国、服务人民、崇尚科学、辛勤劳动、团结互助、诚实守信、遵纪守法、艰苦奋斗作为中国公民新时期或新世纪德行的标准。社会主义核心价值观中爱国、敬业、诚信、友善是公民个人层面的价值准则。

2. 道德范畴

道德范畴是反映个人对社会、对他人、对自己的本质的、典型的、一般的道德关系的基本概念。道德范畴受道德规范的制约，又是道德规范发挥作用的必要条件。道德范畴体现一定社会对其成员的道德要求，它们必须作为一种信念促使道德行为的主体自觉的行动。

从古至今，国内外的思想家比较一致承认的道德范畴有：善恶、义务、良心、荣誉、幸福、节操、正直等。人与人之间的品德差异，从内容上来说，主要表现在道德范畴上。由这些道德范畴就自然地会产生各种不同的德行或品德标准，它们可用来判别人与人之间德行水平的差异性。我们可以通过这些标准，通过考查一个人的道德范畴的表现，把握其德行状态。

3. 心理结构

德行或品德是一个统一的心理结构。它既包括道德动机或道德意识倾向性，又包括知、情、意、行的道德心理特征。人与人之间的品德差异，从德行或品德结构来说，分别表现在这些组成德行或品德结构的成分上。从这些结构成分上分析，它更多的属于非智力或非认知因素，属于突出德行为核心的非智力或非认知的因素。针对这些结构各成分的差异，也会产生多种形式的德行或品德标准。根据这些标准，我们可以去分析不同个体德行的区别。

上述表现德行状态差异性的道德规范、道德范畴和心理结构三个方面，它们不是平行的，而是交互作用的。道德规范制约着道德范畴，但只有属于主体的道德范畴，才能使道德规范发挥作用。不管是道德规范还是道德范畴，都是以某种道德心理成分表现出来的。以"正直"为例，它是一种道德范畴，它必须要以一定的社会道德要求为准则，必须以对社会（"忠诚""积极"）、对他人（"守信""礼貌"）、对自己（"节制""信心"）一系列道德规范做基础，又以各种心理成分表现出非智力因素的性格特征来：在认知上为"正直"，在情感上为"襟怀坦白"，在意志上为"持志"，在行为上为"廉洁"，构成"正直"的性格，等等。这里有德纲、有德目，体现出一个人德行层次的特点来。正是这些道德规范、道德范畴和道德心理结构的方方面面的特色，才产生人与人之间在"正直"这种德行方面的不同层次的区别性。

（二）非智力因素的培养是一条新的德育途径

在德育工作中，我们不是经常在提倡要培养学生健康的情操、顽强的意志、积极的兴趣、正确的动机、崇高的理想、坚韧的性格、良好的习惯吗？那么，培养学生的非智力或非认知因素，就不仅有利于其思维和智力的发展，而且也成为德育工作的一个环节，也就是说这些非智力因素已构成德育的不可忽视的成分。

与此同时，情感、意志、兴趣、动机、理想、性格和习惯等非智力或非认知因素属于人格因素或个性心理结构的成分，在其价值取向上，必然以个性心理的特殊表现——"德性"为主导，所以，非智力因素与德行因素相互交叉，非智力因素的培养则成为一条新的德育途径。

1. 要培养非智力因素，就要掌握非智力因素概念的性质

和"智力因素"一样，"非智力因素"也是一个中性的心理学概念。这类概念说明这种心理现象、人格特征和德行表现的，包含着水平、等级和品质的差异。所谓培养，无非是为发展变化奠定基础。目前教育界有人担心，非智力因素有好多因素，每一种因素有着不同的性质，有的还认为德行有"好坏"之分，提出"培养非智力因素"，且不是好坏不分了吗？其实，这种担心是没有必要的。平时我们常说"培养智力"和"培养能力"，其实，智力与能力也有高低之分、聪明笨拙之分和品质好坏之分等。例如，同样是灵活性，可能是"机灵"，也可能是"滑头"。但这丝毫并不意味着提"培养智力""培养能力"不应该。这里的培养，意味着提高、发展和矫正。同样地，几乎每一种非智力因素，都有一个水平、等级和品质问题，非智力因素的培养也意味着提高、发展和矫正，即发展其良好品质的成分，矫正其不良品质的因素。作为一个中性的心理学概念的非智力因素，它的培养就是强调一种德行、一种人格的"扬长避短"，以利于主体的学习活动乃至智力的发展。

2. 要培养非智力因素，应重视从整体性出发

从理论上来说，可以分析非智力因素具体成分的功能；从实际上来看，非智力因素是一个结构，非智力因素和智力又是一个结构，构成一个整体。在智力活动中，尽管也存在着某一种因素起的作用大一点，另一种因素起的作用小一点，但是，影响智力活动效益的是非智力因素的整体效应。因此，对非智力因素和智力因素在智力活动中的效益应该采用综合评价，即特定评价与客观评价相结合，总结性（效果）评价与过程评价相结合；专项评价与模糊评价相结合。例如，我们在研究学生的智力与非智力因素在学习中的作用时，在对实验结果进行处理前，首先对各项因素进行量比，求出其模糊值。量比是根据参与"评定（法）"的专家经验进行的。需要量比的方面有：一是智力因素与非智力因素在学习中的各自作用（权重）；二是确定各项智力因素在智力方面、各项非智力因素在非智力方面的各自权重。我们根据诸项因素综合起来的状况来培养非智力因素，以便学生德才兼备、健康发展。显然，培养非智力因素的实验基础是做多因素的分析。因为非智力因素是一个多因素的结构，有德行成分，有社会化的影响等复杂条件，所以在培养实验过程中存在着许多问题：变量的控制有时是不可能的；有时变量的控制是无意义的；从整体看，在智力活动中，影响智力效益可能是各种非智力因素的不同组合，也可能会因某一影响因素产生不同的作用。所以，我们对各种非智力因素都予以重视，且要从整体性出发加以培养。

3. 四条主要的措施

要培养非智力因素，尽量做到对具体的非智力因素做具体而谨慎的分析。在我们自己从事的教改实验中，主要抓住四个方面，即发展兴趣、顾及气质、锻炼性格、养成习惯，且把这四个方面融于日常的德育之中。第一，从非智力因素的正式提出起，心理学界历来重视发展学生的兴趣。任何有成就的人，他们都热衷于自己的事业或专业，甚至达到了入迷的程度。天才的秘密就在于强烈的兴趣和爱好。从而产生无限的热情，这是勤奋的重要动力。因此，应当把学生的兴趣作为正在形成某种智力与能力的契机来培养。要发展学生兴趣，应该处理好理想、动机、兴趣三者之间的关系；应该培养师生的感情；应该提高教学水平引发学生兴趣，如前所述，我们课题组曾在全国十个省市开展了一个较大范围的理想、动机与兴趣的调查，中学生把政治课作为自己最感兴趣学科的只占 1.67%，约 200 名被试，再深入调查他们为什么喜欢政治课时，他们的回答却是共同的："老师教得好！"可见提高教学水平的重要性。教师应该引导学生将广泛兴趣和中心兴趣相结合，只有这样，才能使学生产生良好的学习兴趣，且作为其智力活动的自觉动力和追求探索的倾向。第二，气质在智力活动中的作用并无水平高低之别，每种气质在智力活动中都能获得其应有的地位。例如，胆汁质的人性子急，在智力活动中可以表现为迅速、强度大，也可以表现为冒失、不正确、缺乏计划性；多血质的人灵活，在智力活动中可以表现为发散性强，善于求异，也可以表现为动摇、受暗示性突出；黏液质的人迟缓，在智力活动中可以表现为正确、有条理、镇定，也可以表现为呆板、缺乏灵活性；抑郁质的人多虑，在智力活动中可以表现为好思索、深钻研，具有深刻性，也可以表现为疑心重、拿不定主意、退缩性强。由此可见，同样的气质，可以成为积极的思维特征，也可以助长不利的智力与能力因素的形成。所以，在非智力因素的培养中，应该顾及学生的气质，并从德行要求上加以因材施教。第三，对智力与能力有明显作用的性格特征是勤奋。"天才等于勤奋"，这是十分有道理的一个"等式"。勤奋往往和踏实、自信、坚韧、刻苦等德行特征或"自我修养"联系在一起，构成主动学习、坚持学习、顽强学习的学习品质。勤能获取知识，发展智能；勤能补拙，克服思维和智力上的种种不足之处。我们在教改实验中相当重视勤奋，并要求实验班教师抓住勤奋学习的良好的性格特征，加以有目的的培养；通过大量的强化训练，使学生形成勤奋特征的习惯。第四，习惯不只表现在道德行为上，而且也表现在思维和智力中。从系统科学的观点来看，习惯是一种能动的自组织过程。一定的环境使个体的思维和智力达到一个临界状态，思维和智力的相变（质变）特点，习惯这种参序量是决定因素之一。所以，思维和智力培养的智育过程，离不开良好的学习习惯和智能，特别是技能习惯的形成。为此，我们要按照年龄特征制订学生学习习惯的要求；要训练必要的学习习惯；要严慈相济，引导学生有目的地进行良好学习行动以及心智与操作技能的训练；要使形成良好的学习习惯、掌握学习方法和培养思维品质有着一致性。

三、"精神力量"是非智力因素的机制

我很难忘记毛泽东同志的一句名言："人是要有一点精神的。"

我在拙著《教育与发展》中有一节叫"学校精神是学生德行发展的基础"，中央教科所原所长朱小曼教授在评论拙著时说："看来教科所也要有一种'教科所精神'。"由此可见，无论是个人还是集体，干成一件事情都需要有点精神。因为从生活境界来说，精神集中德行的精华，是最高的思想境界，体现出一个人和一个群体的道德观、价值观、幸福观、苦乐观、荣誉观、是非观，甚至生死观。这就可以回答为什么不同的人有不同待事态度、有不同处世方式、有不同活法、取得不同成败结局、获得不同社会评价。从心理学的角度上分析，精神（spirit）是一种心理现象，西方心

理学把它看作一个人成功的动力。我认为它更多属于非智力或非认知因素，是形成非智力因素的机制或关键。

（一）精神的心理学内涵

从心理学的视野出发，所谓精神，是指个体或群体在长期的实践中积淀起来的，并在心理和行为中体现出来的心理定势和心理特征，其核心内容和具体表现形式是个体或群体的内在风气、风尚或作风。良好的精神是一种潜在的心理力量，它作为某个个体或一个群体在社会上普遍得到认可、接受和推崇的风格、习惯、准则。一方面，精神体现社会规范形式；另一方面，它又以价值观念人格化形式，存在于某个个体身上，体现在一个群体的全体成员的个性心理特征上。个体或群体一旦形成一种精神，便可以振奋人的情绪，激励人的意志，调节人的心理，规范人的行为；使道德面貌、个性特征、社会化进程、非智力（非认知）因素等，都在思想上、态度上、风格上、行为作风上出现一个良性循环。由此可见精神力量的强大。

不论是个体还是群体，其良好的精神内容主要包括：爱国、爱民、爱家、爱群体的理想观；开拓、进取、创造、革新的能力观；勤奋、刻苦、严谨、求实的人格观；团结、合作、友爱、互助的人际观；遵纪、守法、文明待人的道德观；民主、意识、学术自由的思维观；等等。

总之，尽管不同国家不同历史时期不同文化背景的目标要求有所不同，但是作为一种精神心理素质的要求，精神的心理内涵大体是一致的，并表现在形形色色的行为中。

（二）精神的心理特点和功能

精神作为某个个体或群体精神心理生活的存在方式，作为意识对物质的能动作用，对社会道德的发展，对非智力因素的形成具有重要作用。

一般说来，精神或精神生活具有以下几个特点：一是同一性，它是指一个个体或群体对社会的认同与要求具有一致性；二是层次性，它是指在同一水平上的多种多样性；三是效应性，精神作为某个个体或群体全体成员的价值观和信念，并表现出认同、支持和约束力；四是个别性，不同个体或群体的精神存在着差异，这种差异不但表现在具体表述上，而且也表现在性质和发展方向上。这是个性心理特征的体现。

精神是一种力量，它具有驱力功能，精神可以振奋人的情绪，激励人的意志，成为个体或群体心理和行为的驱动力；具有凝聚功能，精神具有内聚力，使个体心向社会，使群体中的每个成员的力量都凝聚在一起，从而产生一种强大的"向心力"；具有熏陶功能，一个个体或群体，一旦形成了优良的精神，就会对生活和工作在其周边或其中的人群，产生潜移默化的影响；具有规范功能，对于个体来说，精神一旦树立，则是一种社会规范的典范，优良的群体精神一旦树立，就成为一股巨大的心理力量，当个体表现出符合群体规范、符合群体期待的行为时，群体就给予肯定和强化，以支持其行为，从而使其行为进一步"定型化"，积极地按照群体精神的要求去做，自觉地维护群体规范容貌。

(三)精神增进非智力因素的效能

尽管"精神"概念涉及思想、政治和道德的成分，但一定程度上，它是心理现象，有着一系列的心理特点；它属于非智力因素，又是一种特殊的非智力因素，其特殊性在于增进非智力因素的效能，即促进非智力因素在智力活动中（非认知因素在认知活动中）的各种各样的作用。我国历代学者，都提倡振奋人的精神的重要性，强调将志向的苦修、情操的陶冶、意志的锻炼等修炼，品行的砥砺精神力量作为取得成就的条件。孟子曰："天将降大任于是人也，必先苦其心志，劳其筋骨，饿其体肤，空乏其身，行拂乱其所为，所以动心忍性，曾益其所不能。"(《孟子·告子下》)可见个体或群体是否有成就，除去客观条件之外，主要决定于精神修炼。如果说，这种成就来自非智力对智力因素、非认知对认知因素的作用的话，那么，增进这种作用效能的正是精神的力量。因为唤起、调节和强化各种非智力或非认知因素作用的还有一种内在的力量，它起到定向、选择和驱力的功能，这个内在的力量就是个体或群体的精神力量。因此，我把精神力量视为比非智力或非认知因素更深层的因素和主观能动的因素。

个体与群体的精神力量都能增进非智力因素的效能，然而在其形成的心理机制上，却有个体和群体的区别。个体精神力量的心理机制不能排除客观条件的影响，但主要是通过自我修养以形成良好的风尚和习惯；而群体精神力量却通过感染、模仿、暗示、从众、认同等心理机制，使群体成员在不知不觉中接受影响，引起个人心理和行为的变化，以求与群体精神趋于一致，达到个人心理风格与群体心理定式的融合。

(四)深化非智力因素会显示精神面貌

精神力量增进非智力因素的效能，反过来，深化非智力因素，也会显示出某个个体或一个群体的精神面貌来。

我们在上文中不是谈到志向的苦修、情操的陶冶、意志的锻炼和品行的砥砺等操作吗？这既是非智力因素(或非认知因素)的深化，又是精神力量的修炼，目的是为了激活智力(或认知活动)，去获取成就。所以，我们不仅要培养非智力因素或非认知因素，而且要揭示非智力因素或非认知因素的更深层的精神因素。正因为如此，在培养与智力活动有关的情感时，我们要加强高尚情操的熏陶；在培养与智力活动有关的意志时，我们要加强坚强意志的激励；在培养与智力活动有关的个人意识倾向性或动机系统时，我们要加强远大志向的树立；在培养与智力活动有关的性格时，我们要加强艰苦奋斗的训导。

情操是以人的社会需要为中介、以某种思想和社会价值观念为中心的高级情感。心理学把它看作情绪、情感和思想观念等复杂心理成分的综合体。英国心理学家威廉·麦独孤(W. McDougall，1871—1938)认为情操(sentiment)是持久的心理成分，是几种情绪以某一事物为对象结合成的一个体系，是情绪最高、最集中的表现。冯特称其为高级感情。在现代心理学中，人们习惯地把高级感情或情感分为道德感、美感和理智感。在我国，有的心理学家曾把情操划分为宗教的、道德的、知识的、审美的。总之，情操中带有思想、观念和道德等含义；情操比一般情感有更高的稳定性、概括性、复杂性和倾向性；情操包含着操守，即坚定行为方式和品行的成分。深化非智力因素的情感，即加强高尚情操的熏陶，就成了人的精神生活的重要内容之一。它不仅更有力地促进人在学习活动乃至智力活动中认知真理、追求成就，而且对调节和指导人的整个行为与行动，使其在他所处的社会关系中，解决个人需要与社会需要的关系都有重要的意义。

意志最突出的特点有两个：一个是目的性，另一个是克服困难。人类的活动是有意识、有目的、有计划的。只有人类才能在自然界和社会中打上自己意志的烙印，能够自觉地确定目的、克服困难。意志过程包括两个阶段，每个阶段都要体现出主体努力程度的精神面貌。第一阶段是制订行为计划，这一阶段人的意志力坚强程度表现在动机的取舍、调整矛盾斗争上，表现在确定目标的双趋、双避和趋避三种形式的冲突中；第二阶段是执行决策计划，这一阶段人的意志力坚强程度表现在面对失败挫折的态度上，表现在克服内外困难、冲破各种阻力、执行决定的行动中。也就是说，人的目的是主观的、观念的东西，主观要见之于客观，客观要变成现实，必须做出意志努力，付诸行为。深化非智力因素的意志，即加强坚强意志的激励，就成了人的精神生活的重要内容之一。它不仅在智力活动中促进认知更加具有目的性和方向性，排除各种困难和干扰，指向预定的目的取得成功，而且对调节、支配人的整个行为和行动，使内部意识事实顺利地向外部动作和活动的转化都有重要的意义。

志向是关于未来要做什么样的人和要做什么事的意愿与抱负，它属于动机范畴，从心理学角度上说，它是需要的一种状态。我国古代思想家重视"立志"(《论语·为政》)，认为"在心为志"(《毛诗序》)。我国古代有一种"志功"观，探讨的是动机(志)与效果(功)的关系(墨子)，提出志与功结合，才能正确判断一个人的行为好坏；还有一种"志行"论，探讨动机意志(志)与行动行为(行)的关系，提出："志行修，临官治，上则能顺上，下则能保其职，是士大夫之所以取田邑也。"(《荀子·荣辱》)。"立志"，即树立远大志向的重要性在于"有志者事竟成也。"(《后汉书·耿弇列传》)古人重视"立志"，是因为"志者，人心之主"(王夫之)，"志者，心之所之。之犹向也，谓心之正面全向那里去。如志于道，是心全向于道；志于学，是心全向于学。"(陈淳)上述观点，都在强调树立远大志向或确立成就动机对培养非智力因素、对提升精神面貌的意义。深化非智力因素的动机，即加强远大志向的树立，就成为人的精神生活的重要内容之一。它不仅在智力活动中加大认知的内驱力("有志"），使人更有理想、动机和兴趣，不断去获取事业的成功（"竞成"），而且对"未有事而豫定""事所立而不易"（张子正），呈现人的精神力量的目的性和坚定性，为了远大志向而坚定不移、始终如一，呈现精神力量的能动调节功能。

艰苦奋斗是人的性格乃至人格的高尚而深刻的品质。如果说，性格中有意志特征，表现出四种意志品质，那么，艰苦奋斗比这四种品质更深刻。上述的孟子在《孟子·告子下》中的那段名言，导出了艰苦奋斗的心理学特征：一是具有良好的适应性，能适应处境艰危的环境，做到遇挫折不折、越挫越勇，积极地寻找挫折与机遇的平衡；二是具有能动性，能在艰难困苦的现实中预见未来，反映了这种品质的目的性、计划性和操作性，反映了主体的一种胆识和远见卓识，成为现实世界中的积极活动者；三是具有稳定性，能坚持"铁杵磨成细针"的操作方式，长期艰苦努力，不避艰险，艰苦奋斗不是一种短暂行为，而是一种稳定的品质；四是具有迁移性，能发挥内在的迁移作用，生活上的艰苦奋斗可以转化为学习和工作上的踏实勤奋，反之，在学习和工作上的艰苦奋斗也可以接受生活上的艰辛。深化非智力因素的性格，即加强艰苦奋斗的训导，就成为人的精神生活的重要内容之一。它不仅在智力活动中显现出百折不挠获取成就的力量，而且能够振奋人心、振兴民族，所以它成为中华民族的传统美德，是中华文化的精华。

第三节

对非智力因素的实证研究

如前所述，早在 1987 年，我们团队的申继亮开展了对智力与非智力关系的研究，获得如下结果数据，即六项智力因素在智力方面、四项非智力因素在非智力方面的各自的权重：智力方面（0.525）包括感知和理解力（0.1125）、记忆力（0.14）、语言表达能力（0.18）、思维能力（0.275）、评价能力（0.13）、应用操作能力（0.1625）；非智力方面（0.475）包括学习的目的性（0.2375）、学习的计划性

（0.225）、学习的意志力（0.2875）、学习的兴趣（0.25）。这是我和自己的弟子、课题组对非智力因素进行实证研究的开始，并且之后做了一系列的相关研究。

一、了解非智力因素对智力活动的作用是开展相关实证研究的前提

我们对非智力或非认知因素的实证研究，是在探讨非智力因素对智力活动的作用的基础上进行的。通过对教育实践的调查，我们获得非智力因素的作用和功能的示意图，如图 7-2 所示。

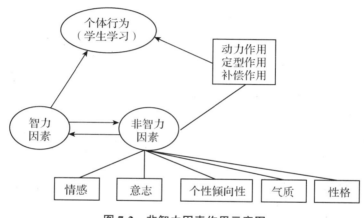

图 7-2　非智力因素作用示意图

学生的学习活动和智力活动是在智力与非智力因素的综合影响下进行的。学生的学习成绩不仅与其智力水平高低有关，而且与非智力因素的优劣有密切的关系，非智力因素在学习活动，乃至整个智力活动及其发展中有什么样的作用呢？我们认为主要表现在以下三个方面。

首先是动力作用，它是引起智力发展的内驱动力。具体地说，个性意识倾向性为学习活动提供动力，使学生能顺利地选择和确定任务；成就动机、自我提高的需要与学习任务完成存在着正相关，维持学生智力活动朝着目标持续不断地进行；动机过程影响智力的操作效果，促使学生发挥现有的知识技能，获得新的知识技能，并将知识技能迁移到新情境中去。情绪情感是通过内在的心理过程影响认知活动

的，对智力具有增力或减力的效能。我们于 20 世纪 90 年代初参加过一次家庭教育的优秀论文的评奖，其中有一篇是对中国科技大学少年班的调查。少年班的大学生并非个个都天资聪颖，他们的优秀成绩多数来自学习动机系统，包括强烈的求知欲、学习兴趣，这样会使他们产生强烈的学习主动性和积极性。因此，我们要重视学生兴趣的激发、学习动机的培养、积极情绪的调节等。

其次是定型作用，气质和认知方式是以一种习惯化的方式来影响智力与能力活动的表现形式的。所谓定型或习惯作用，即把某种认知或动作的组织情况固定化，因为智力活动是稳固的心理特点的综合，它们具有稳固性，在智力的发展中，良好的智力的固定化，往往取决于学生主体原有的意志、气质、认知方式等非智力因素，以及智力的各种技能的重复练习的程度。以气质为例，如前所述，它包括强度、速度和灵活性等因素，从而直接制约智力与能力的性质、效率和特征。我们多次阐述过气质没有好坏之分，关键在于后天形成什么样的智力类型和性格。人们喜欢把胆汁质的人称为"脾气坏"的人，其实他们的工作效率往往也最高，当然粗心大意也是他们所"定型"的智力活动的缺点。那些被人称为"好脾气"的黏液质者，尽管准确性较突出，然而做起事来，往往是慢吞吞的，不讲速度和效率。这也是这种"气质"定型的智力特点。对于定型作用来说，每一种气质既有长处，又有短处。这些良好或不良的智力往往都来自各种习惯。

最后是补偿作用。所谓补偿作用，就是非智力因素能够补偿智力活动的某方面的缺陷或不足。这种补偿作用从哪儿来？它来自非智力因素的定向（帮助人们确定活动的目标）、引导（帮助人们从动机走向目标）、维持（帮助人们克服困难）和调节（帮助人们支配和控制改变自己的生理能量与心理能量）等功能。非智力因素之一的性格在这方面的作用是比较突出的。比如，学生在学习过程中的责任感、坚持性、主动性、自信心和果断性等性格特征，勤奋、踏实的性格特征，都可以使学生确定学习目标，克服因知识基础较差而带来的智力或能力上的弱点，"勤能补拙"的事例在我们的教学中是屡见不鲜的。

这三种作用或功能是我们调查教育实践的结果，它们成了我们进行非智力因素实证研究的出发点。

二、对非智力因素的五项实证研究

我们针对非智力（非认知）因素及其在智力（认知）活动的作用与功能开展了一系列的实证研究，较有代表性的是下面五项研究。

（一）关于学习兴趣的研究

人的各种活动都是由一定的动机引起的，学生的学习也总是由一定的学习动机所支配的。学习动机是学生进行学习的内部推动力。[①]

1. 学习动力的表现形式

申继亮认为，学习动力的主要表现形式可以分为三个方面：意志特征，如对学习的努力程度；情绪特征，如学习的兴趣；认知特征，如对学习的态度。我们以104名小学四年级学生为被试，运用模糊统计方法对被试学习动力的各成分进行了评定，各成分与学习动力的相关，如表7-2所示。

表7-2　学习动力各成分与学习动力的相关

学习动力成分	意志成分	情绪成分	认知成分
相关系数	0.0011	0.7071[**]	0.6074[**]

[**] $p < 0.01$。

由上述结果我们可以得出结论，学习兴趣是学习动力中最现实、最活跃的成分。

2. 学科兴趣及其发展

学生对某学科的学习兴趣，常表现为喜欢或不喜欢该学科，所以，我们以学生对某学科的喜爱程度作为他们的兴趣水平的指标，考查了258名初中生对语文、数学、外语三科的兴趣水平，以及兴趣与三科成绩的相关。结果如下。

---

① 申继亮：《中学生学习兴趣的评估》，载《心理发展与教育》，1988(4)。

学习兴趣的年龄特征如下。

表 7-3　初中不同年级对语文的兴趣

	七年级	八年级	九年级
M	0.719	0.696	0.654
S	0.170	0.131	0.155
p	$p_{七八}>0.05$	$p_{八九}>0.05$	$p_{七九}<0.05$

从表 7-3 中可以看出：①随着年级升高，初中生对语文的兴趣水平下降，但七年级与八年级、八年级与九年级之间的差异不显著，七年级与九年级之间的兴趣水平差异达到显著水平；②七年级学生对语文的兴趣水平的个体差异较大，九年级学生对语文的兴趣水平的个体差异次之，八年级学生对语文的兴趣水平的个体差异最小。

表 7-4　初中不同年级对数学的兴趣

	七年级	八年级	九年级
M	0.778	0.671	0.689
S	0.141	0.178	0.153
p	$p_{七八}<0.01$	$p_{八九}>0.05$	$p_{七九}<0.01$

从表 7-4 中可以看出：①随着年级升高，初中生对数学的兴趣总趋势是下降的，但到九年级有所回升，七年级与八年级、七年级与九年级之间的差异都非常显著，但七年级和九年级之间的差异不显著；②七年级和九年级学生对数学的兴趣水平的个体差异小，说明兴趣水平分布集中，分化不明显，八年级学生对数学的兴趣分布离散性大，说明学习兴趣水平分化明显。

表 7-5　初中不同年级对外语的兴趣

	七年级	八年级	九年级
M	0.751	0.693	0.685
S	0.155	0.176	0.165
p	$p_{七八} < 0.01$	$p_{八九} > 0.05$	$p_{七九} < 0.05$

从表 7-5 中可以看出：①随着年级升高，外语学习兴趣水平下降，其中七年级与八年级、七年级与九年级之间的差异显著，八年级与九年级之间的差异不显著；②学生对外语的兴趣水平，八年级个体差异最大，九年级次之，七年级个体差异最小。

学科兴趣分化情况如下。

表 7-6　七年级学生对语文、数学、外语的兴趣

	语文	数学	外语
M	0.719	0.778	0.751
S	0.170	0.141	0.155
p	$p_{语数} < 0.01$	$p_{数外} > 0.05$	$p_{语外} > 0.05$

从表 7-6 中可以看出：七年级学生对语文、数学、外语的兴趣水平是不一样的，他们最喜欢数学，其次是外语，最后是语文，而且对语文、数学两科的兴趣水平差异显著，数学高于语文，外语与数学、语文两科相比，兴趣水平相当，无显著差异。

表 7-7　八年级学生对语文、数学、外语的兴趣

	语文	数学	外语
M	0.696	0.671	0.693
S	0.131	0.178	0.176
p	$p_{语数} > 0.05$	$p_{数外} > 0.05$	$p_{语外} > 0.05$

从表 7-7 中可以看出：八年级学生对语文、数学、外语的兴趣水平是有差异的，但三者之间的差异不显著。

表 7-8　九年级学生对语文、数学、外语的兴趣

	语文	数学	外语
M	0.654	0.689	0.685
S	0.155	0.135	0.165
p	$p_{语数} > 0.05$	$p_{数外} > 0.05$	$p_{语外} > 0.05$

从表 7-8 中可以看出：九年级学生对语文、数学、外语的兴趣水平是有差异的，但相互之间差异都不显著。

表 7-9　中学生对语文、数学、外语兴趣水平的差异

	语文	数学	外语
M	0.690	0.712	0.709
S	0.150	0.160	0.168
p	$p_{语数} > 0.05$	$p_{数外} > 0.05$	$p_{语外} > 0.05$

从表 7-9 中可以看出：中学生对语文、数学、外语的兴趣水平虽有差异的，但三者之间差异都不显著。

学习兴趣的性别差异如下。

表 7-10　男中学生对语文、数学、外语的兴趣

	语文	数学	外语
M	0.711	0.743	0.707
S	0.145	0.158	0.181
p	$p_{语数} > 0.05$	$p_{数外} > 0.05$	$p_{语外} > 0.05$

从表 7-10 中可以看出：男中学生最喜欢数学，其次是语文，最后是外语，但三个学科之间的差异都不显著。

表 7-11　女中学生对语文、数学、外语的兴趣

	语文	数学	外语
M	0.673	0.689	0.712
S	0.160	0.158	0.157
p	$p_{语数} > 0.05$	$p_{数外} > 0.05$	$p_{语外} < 0.05$

从表 7-11 中可以看出：女中学生最喜欢外语，其次是数学，最后是语文，语文与数学、数学与外语之间的兴趣水平差异都不显著，但语文与外语之间差异显著，且女中学生较喜欢外语。

表 7-12　男女中学生对语文、数学、外语的兴趣

	语文	数学	外语
男	0.711	0.743	0.707
女	0.673	0.689	0.712
p	$p < 0.05$	$p > 0.01$	$p > 0.05$

从表 7-12 中可以看出：男女生在语文、数学上的兴趣水平均有显著差异，而且男生高于女生，男女生对外语的兴趣水平也有差异，女生略高于男生，但差异不显著。

(4)学习兴趣与学习成绩的关系

表 7-13　学习兴趣与学习成绩间的关系

	语文	数学	外语
R	0.180	0.486	0.566
P	$p < 0.01$	$p < 0.01$	$p < 0.01$

由表 7-13 中可以看出：三科的学习成绩均与学习兴趣水平有显著相关。高水平的学习兴趣，能够使学生产生较大的学习动力，使学生积极朝向学习活动，为取得优异成绩创造条件。而优异的学习成绩又可提高学生的学习兴趣，在学习活动中产生积极愉快的情绪体验。学习兴趣与学习成绩是相互影响的。在教学过程中，教育者要注意培养学生的学习兴趣，使学习成绩与学习兴趣互为促进，达成良性循环。

(二)情绪智力与人格五因素关系的研究

关于智力与非智力因素或人格因素关系的研究，我的弟子邹泓做了大量深入的探索。她带领着其博士生，发表了一篇关于情绪智力与人格五因素关系研究的文章[①]，颇有新意和价值。

邹泓选取北京市两所普通中学，每所学校选取七年级、八年级、高一、高二 4 个年级，每个年级选两个班，总计 726 名被试。她采用自编的"中学生情绪智力问卷"，包含情绪感知、情绪运用、情绪理解和情绪管理 4 个维度，共 27 个项目。各维度内部一致性系数在 0.72～0.84；由她修订的"儿童人格五因素问卷"，包括外向性、宜人性、情绪性、谨慎性和开放性 5 个维度，共 50 个项目，各维度内部一致性系数在 0.83～0.88；由她修订的"友谊质量问卷"，包括信任与支持，陪伴与娱乐，肯定价值，亲密袒露与交流，冲突与背叛 5 个维度，共 38 个项目，各维度内部一致性系数在 0.73～0.88。上述问卷均采用五点计分，内部一致性系数均为本次测量的结果。通过研究，她获得如下三个有推广意义的结论。

1. 情绪智力与人格五因素的相关关系

通过对中学生的情绪智力与人格五因素进行相关分析，其结果如下。

表 7-14 情绪智力与人格五因素的相关

	外向性	宜人性	开放性	谨慎性	情绪性
情绪感知	0.31^{***}	0.44^{***}	0.45^{***}	0.44^{***}	-0.14^{***}
情绪运用	0.40^{***}	0.48^{***}	0.49^{***}	0.50^{***}	-0.20^{***}
情绪理解	0.44^{***}	0.52^{***}	0.45^{***}	0.46^{***}	-0.22^{***}
情绪管理	0.02	0.26^{***}	0.20^{***}	0.03^{***}	-0.53^{***}
情绪智力总分	0.40^{***}	0.59^{***}	0.55^{***}	0.49^{***}	-0.39^{***}

注：* 表示 $p < 0.05$，** 表示，$p < 0.01$，*** 表示 $p < 0.001$，下同。

从表 7-14 中我们可以看到，除情绪管理与外向性和谨慎性相关不显著外，其他

---

① 邹泓、刘艳、李小青等：《中学生情绪智力的结构及其与人格五因素、友谊质量的关系》，载《北京师范大学学报(社会科学版)》，2008(1)。

相关系数均达到显著水平，其中情绪理解与宜人性的相关系数最高。情绪智力总分与人格五因素的相关系数绝对值呈显著相关。

2. 人格五因素对情绪智力的预测作用

以人格五因素为自变量，情绪智力 4 个维度为因变量，控制性别和年级变量，建立 4 个回归方程。结果如表 7-15 所示，人格谨慎性、开放性、宜人性和情绪性可显著预测情绪感知、情绪运用、情绪理解，人格五因素都可以显著预测情绪管理（其中情绪性都为负向预测）。

表 7-15　人格五因素对情绪智力的逐步回归分析

	进入方程变量	R	$R2$	R^2adj	F	β	t
情绪感知	性别与年级变量	0.23	0.05	0.05	8.65***		
	谨慎性	0.47	0.22	0.21	34.89***	0.21	4.20***
	开放性	0.51	0.26	0.25	37.00***	0.22	4.59***
	宜人性	0.53	0.28	0.27	29.84***	0.14	2.29*
	情绪性	0.52	0.27	0.26	33.13***	−0.08	−2.49*
情绪运用	性别与年级变量	0.22	0.05	0.04	7.67***		
	谨慎性	0.55	0.30	0.29	45.06***	0.21	4.19***
	开放性	0.50	0.25	0.25	42.56***	0.28	5.69***
	宜人性	0.57	0.33	0.32	38.49***	0.17	2.73**
	情绪性	0.57	0.32	0.31	42.49***	−0.13	−4.07***
情绪理解	性别与年级变量	0.24	0.06	0.05	9.2***		
	谨慎性	0.58	0.34	0.33	39.83***	0.13	2.64**
	开放性	0.56	0.31	0.30	47.06***	0.21	4.53***
	宜人性	0.53	0.28	0.28	49.38***	0.29	5.05***
	情绪性	0.57	0.33	0.32	44.11***	−0.13	−4.26***
情绪管理	性别与年级变量	0.13	0.12	0.11	2.31*		
	谨慎性	0.54	0.29	0.29	59.09***	−0.51	−16.25***
	开放性	0.57	0.32	0.32	50.16***	0.17	3.26**
	外向性	0.59	0.35	0.34	48.54***	−0.33	−6.89***
	宜人性	0.63	0.39	0.39	50.82	0.49	7.14***
	情绪性	0.63	0.40	0.39	46.65	−0.15	−2.90**

由表 7-15 可见非智力因素的人格五因素对智力因素的情绪智力的作用，当然人格的不同维度对情绪智力的影响并不相同。

3. 情绪智力与人格对友谊质量的预测作用

智力与人格的交互作用能影响其他心理因素的变化与发展。由于大量研究证明人格五因素可显著预测个体的友谊质量，所以邹泓在控制人格五因素的情况下，考查情绪智力能够对友谊质量的预测作用。

以友谊质量为因变量，以年级（设为虚拟变量）、性别（设为虚拟变量）、人格 5 个维度和情绪智力 4 个维度为自变量建立方程，进行分层线性回归（见表 7-16）。

表 7-16　情绪智力和人格五因素对友谊质量的回归分析

	进入方程的变量	模型 1		模型 2		模型 3	
		$\beta 1$	$t1$	$\beta 2$	$t2$	$\beta 3$	$t3$
第一层	性别	-0.21	-5.29^{***}	-0.20	-6.25^{***}	-0.18	-5.48^{***}
	八年级	0.12	2.33^{*}	0.09	2.15^{*}	0.09	2.19^{*}
	高一	-0.03	-0.62	0.09	2.20^{*}	0.10	2.47^{*}
	高二	0.01	0.11	0.09	2.12^{*}	0.10	2.31^{*}
第二层	情绪性			0.05	1.14	0.05	1.06
	开放性			0.39	7.17^{***}	0.34	6.06^{***}
	谨慎性			-0.06	-1.37	-0.11	-2.26^{*}
	宜人性			0.23	5.03^{***}	0.18	3.84^{***}
	外向性			-0.09	-2.62^{**}	-0.06	-1.44
第三层	情绪感知					0.09	2.26^{*}
	情绪运用					0.03	0.68
	情绪理解					0.13	3.02^{**}
	情绪管理					0.00	0.08
	$R^2 adj(F)$	$0.06(10.89^{***})$		$0.38(43.86^{***})$		$0.40(33.97^{***})$	
	$\Delta R^2(\Delta F)$			$0.32(65.75^{***})$		$0.03(7.55^{***})$	

可见，人格五因素中开放性、宜人性和情绪性对友谊质量有显著的预测作用，加入情绪智力4个维度后，对友谊质量的预测作用更为明显。从中不仅说明情绪智力对友谊质量的独立作用达到了显著性水平，而且也说明了在类似友谊质量的心理现象的变化发展过程中，人格因素与智力因素的交互作用更为突出。

(三)气质与思维品质的相关研究

如前所述，气质是重要的个性心理特征之一，它是心理活动的强度、速度和灵活性方面的典型的、稳定的心理特征。气质作为一种非智力因素，与思维和智力发展，尤其是与思维品质的关系问题，成了我们课题组(特级教师梁捷等人)的研究课题。

1. 不同气质特点对智力作用是有差异的

在我们课题组梁捷等老师的实验中，研究者提出，在抓思维品质培养的同时，要顾及学生的气质类型。为了在理论上进一步探讨气质与能力的关系，我们课题组考查了气质与五种思维品质的相互关系。课题组从北京地区小学四年级、六年级、八年级、高一四个年级中选取被试382名，其中男生192名，女生190名。施测材料包括：

(1)思维品质问卷，包括五个分问卷。第一，深刻性问卷，测查思维的深刻性。它由一段短文组成，要求被试在阅读后概括中心思想并说明短文最后一段的深刻含义，满分为10分。第二，独创性问卷，测查思维的独创性。由两段短文组成，一段要求被试在阅读后尽可能多地给短文修改结尾，然后根据命题、结尾是否有新意计分，满分为20分。第三，灵活性问卷，测查思维的灵活性。由两段短文组成，根据回答问题的要求，一篇需要采用泛读的方法，另一篇需要采用精读的方法，记下阅读两篇文章的时间，用精读的时间减去泛读的时间(单位为秒)。第四，批判性问卷，测查思维的批判性。由一段短文组成，要求被试在阅读后评价文章的优缺点，满分为10分。第五，敏捷性问卷，测查思维的敏捷性。由五段短文组成，要求被试回答问题(问题是选择题的形式)，然后用得分除以时间(单位为分钟)。

(2)气质量表。内田-克列别林气质量表，按照常模，最后测得结果为：胆汁质

50名，多血质209名，黏液质64名，抑郁质59名。

各种气质类型的被试在各种思维品质上的差异，见表7-17至表7-21。

表 7-17　不同气质类型在思维深刻性上的差异比较

	M	S	F
胆汁质	4.05	2.46	
多血质	4.77	2.76	1.68
黏液质	4.38	2.49	$p>0.05$
抑郁质	3.94	2.41	

表 7-18　不同气质类型在思维独创性上的差异比较

	M	S	F
胆汁质	12.67	6.91	
多血质	16.16	7.01	3.05
黏液质	14.61	7.01	$p<0.05$
抑郁质	13.93	6.79	

表 7-19　不同气质类型在思维灵活性上的差异比较

	M	S	F
胆汁质	32.36	35.79	
多血质	35.62	55.22	3.83
黏液质	39.92	48.42	$p<0.05$
抑郁质	63.70	76.51	

表 7-20　不同气质类型在思维批判性上的差异比较

	M	S	F
胆汁质	3.18	2.00	
多血质	3.23	1.66	2.82
黏液质	3.30	1.70	$p<0.05$
抑郁质	2.54	1.47	

表 7-21　不同气质类型在思维敏捷性上的差异比较

	M	S	F
胆汁质	2.45	1.57	
多血质	2.45	1.13	15.86
黏液质	2.11	0.95	$p < 0.001$
抑郁质	1.37	0.60	

由表 7-17 至表 7-21 可见，不同气质类型在 5 种思维品质上是有差异的，其中在 4 种思维品质上的差异达到显著和极其显著的水平。这表明气质与思维品质二者有着密切的联系。

2. 气质影响智力活动的方式

气质是一个人高级神经活动的特点，它只影响到个体心理的方式，并不决定心理活动尤其是智力活动水平的高低。但是气质作为一种非智力因素，它能够直接或间接地影响到智力的形式与发展。一方面，人的智力活动的生理基础是大脑这个高级神经系统，高级神经系统活动的特点势必影响到智力活动的进行，某种高级神经活动的特点使某种活动易于进行，如多血质的人，高级神经活动过程平衡而灵活，这就为发展思维的灵活性提供了有利条件。另一方面，气质影响性格的形成，而性格特征又具有动力性，因此，通过这种间接的方式，气质也会影响到能力的发展。

（四）师生和谐关系与学生智力发展的研究

"通过改善师生关系，创设一个和谐的气氛，促进学生智力的发展和学习成绩的提高"这项研究，包含一种情绪情感的因素，即"亲其师"与"信其道"的关系，建立良好的师生关系，使师生亲情的情绪情感成为学生智力发展的动力。

王耘的博士论文《小学师生关系的特点及其与小学生心理发展的关系研究》研究了师生关系。师生关系是学校中教师与学生之间的基本关系，是师生之间以情感、认知和行为交往为主要表现形式的心理关系。20 世纪 90 年代以来对儿童青少年社会关系的研究发现，师生关系作为儿童青少年生活中的一种重要人际关系，直接影响学生的学习，乃至智力的发展。因此，通过改善师生关系来提高学业成绩和发展他们的智力，是培养学生智力的一条重要途径。

王耘对 498 名三至六年级学生与教师的关系及其对小学生心理发展的影响进行了研究，获得如下研究结果。

1. 小学师生关系的表现和学生的学业成绩的分类

小学阶段的师生关系有三种表现：一是冲突性关系，即师生有矛盾，无论是从情感上还是在行动上，都有一定冲突的表现；二是亲密性关系，即依恋情感，师生关系密切，学生心情愉快，且在情感和行动上都表现出来；三是反应性关系，即学生对教师的情感举动相当敏感，不管教师对自己还是对别人热情或冷漠，都十分在意。

小学生的学业成绩分优、良、中、差四等。我们认为学业成绩不能代表智力水平，但是可以作为智力的一种表现。

2. 师生关系不同维度方面与小学生的学业表现的关系

王耘曾在分析中发现小学生的师生关系存在着显著的性别差异，因此，她对学业成绩的性别分布进行了卡方检验，没有发现显著的性别差异（$\chi^2 = 3.972$，$df = 3$，$p > 0.05$）。于是她以师生关系的各个维度作为因变量、学业表现作为自变量采用多元方差分析（MANOVA）考查学业表现对小学生师生关系的主效应，获得如表 7-22 所示的结果。

表 7-22 三至六年级小学生师生关系的学业成绩方差检验

	冲突性 M(SD)	亲密性 M(SD)	反应性 M(SD)
优（N＝73）	1.42(0.40)[d***]	4.08(0.64)[b* c*** d***]	4.28(0.54)[b*** c*** d***]
良（N＝190）	1.53(0.55)[d***]	3.70(0.76)[a*]	3.84(0.66)[a***]
中（N＝176）	1.56(0.57)[d***]	3.55(0.93)[a***]	3.88(0.54)[a***]
差（N＝56）	1.93(0.75)[a*** b*** c***]	3.43(1.01)[a***]	3.66(0.54)[a***]
F 值	9.651***	8.729***	14.292***

a：与"优"的均数差异；b：与"良"的均数差异；c：与"中"的均数差异；d：与"差"的均数差异。

从表 7-22 中的结果可见，学业表现的主效应极其显著，$F(9，1473)=8.538$，$p<0.001$。事后均数多重组间比较表明，在师生关系的各维度上，学业表现不同的学生在亲密性和反应性上均存在显著差异。从中我们可以看出，师生关系是影响学生学业表现的重要因素。

3. 师生关系不同维度对学生的性别、年级及学业表现的回归分析

为了定量师生关系对年级、性别和学业成绩的影响，王耘分别以师生关系的冲突性、亲密性和反应性作为分析中的一种变量，以年级、性别和学业成绩作为另一种变量，进行了多重回归分析。

由于年级是顺序变量，性别是分类变量，都不能直接作为回归变量，因此王耘进行了虚拟变量的转换。对于年级变量，她以三年级为比较基准，建立了三个虚拟变量(用 GR4、GR5 和 GR6 表示)，如果被试在三年级，则三个虚拟变量均为 0；如果被试在四年级，则 GR4 规定为 1，GR5 和 GR6 规定为 0；依此类推。对于性别变量，则以男生为基准，将男生规定为 0，女生规定为 1。

表 7-23　师生关系对于年级、性别和学业成绩的回归作用

		进入步骤	Beta 值	T	R	R^2	ΔR^2	F
冲突性	年级	四年级	−0.249	−5.123***				
		五年级	0.153	3.147***	0.411	0.169	0.164	33.285***
		六年级	−0.260	−5.346***				
	性别		−0.057	−1.388	0.417	0.174	0.167	25.837***
	学业成绩		−0.161	−3.905***	0.446	0.199	0.191	24.320***
亲密性	年级	四年级	0.177	4.007***				
		五年级	0.167	3.792***	0.554	0.306	0.302	72.329***
		六年级	−0.402	−9.099***				
	性别		0.081	2.185*	0.562	0.316	0.310	56.533***
	学业成绩		0.164	4.370***	0.584	0.341	0.335	50.717***
反应性	年级	四年级	−0.016	−0.309				
		五年级	0.081	1.574	0.141	0.020	0.014	3.315*
		六年级	0.087	−1.680				
	性别		0.164	3.761***	0.231	0.053	0.046	6.900***
	学业成绩		0.213	4.858***	0.311	0.097	0.088	10.495***

由表 7-23 中的回归分析结果可以看出，学生的年级、性别和学业成绩对于师生

关系均有显著的预测作用。最能做深入分析的数据还是师生关系对学生学业成绩的影响。因为学业成绩在预测师生关系的三个维度上均有显著的解释力。从中我们可以对如下三点做深入探索。

(1)师生关系的冲突性与学生的学业成绩呈负相关，亲密性、反应性与学生的学业成绩呈正相关。这种趋势是十分显著的。

(2)师生关系的不同维度与学生学业成绩的关系是相互的。前者影响后者，后者也影响前者；前者可以被后者预测，前者同样也可以预测后者。这种关系可能有因果关系，但不能下因果关系的结论。

(3)师生关系的不同维度一定要影响学生的学业成绩，进而影响学生的智力发展。因此，改善师生关系，促使师生关系中多一些亲密性，少一点冲突性，形成一个和谐的师生关系氛围，肯定能提高学生的成绩，培养学生的智力。

(五)非智力训练与智力发展的研究

"通过有意识的非智力因素训练，提高其动力、定型和补偿三作用，促进学生智力的发展和学习成绩的提高"这项课题，从一个新视角对非智力因素进行了实证研究。

我们团队的王雄(江苏省扬州中学特级教师、教授)在历史教学中有意识地培养学生的非智力因素，涉及以下内容。

(1)成就动机的培养。强调历史学习的内在价值，引导学生主动参与学习活动；正确对待失败与挫折，培养毅力与成功感；鼓励学生间、师生间的相互探讨；及时反馈与适当反馈，提高学生的成功欲；等等。

(2)学习兴趣的培养。强调历史教师应具备探讨学科知识、自然与学生成长等知识的广泛兴趣，以培养学生的学习兴趣；创设问题教学情境，使学生对历史知识充满兴趣；鼓励学生克服困难、指引学习的路径、形成良好的学习习惯，能把学习兴趣持续下去；活跃课堂气氛，在讨论、辩论中，引导学生探求自己的观点，促进兴趣的迁移、泛化；等等。

(3)情感的培养。强调教师以身作则，体验自己的历史社会情感，来感染学生；

帮助学生形成正确的价值观，以产生正确的社会历史情感；丰富学生的课外活动，让学生感受自然美和社会美；重视及时消除学生的不良情绪对学生的影响；等等。

由于王雄在历史教学中有自觉提高学生非智力因素的措施，所以促进了学生学习质量的提高和智能的发展。

表 7-24　实验班与对照班的社会研究能力对比

班别	人数	均分	A	B	C	D	总计
	N	标准差	选题	方法	阐述	资料	
实验班 1	45	X	14.78	13.62	12.77	6.044	46.11
		SD	1.474	2.610	1.869	1.299	9.070
对照班 2	39	X	11.97	11.36	12.21	5.692	39.29
		SD	3.584	2.896	1.682	1.842	13.48
Z值差异显著性			4.572	3.734	1.445	1.251	2.654
			<0.001	<0.001	>0.05	>0.05	<0.01

从表 7-24 中我们可以发现：实验班的社会研究能力方面比对照班强，并有十分显著的差异（$p<0.01$）。从具体项目来看，与对照班相比，实验班在研究课题的选择、运用研究方法方面，有非常显著的差异（$p<0.01$）。这说明，在历史课堂教学中注重问题解决能力的培养，可以提高学生的问题解决能力，并可以实现正迁移，促进学生研究能力的发展。

在研究中又采用轮组法，即将对照班与实验班对调，实验班进行学科能力的培养，对照班依然采用传统的以讲授为主的教学方式。两个月后，进行学科能力测试，得到的数据如表 7-25 所示。

表 7-25　实验班与对照班的历史学科能力测试对比

班别	人数	均分	A1	A2	A3	B	AB
	N	标准差	概括	比较	阅读	评价	综合
实验班	40	X	11.78	4.150	16.24	4.650	20.62
		SD	1.917	1.333	2.998	1.754	3.505
对照班	40	X	10.40	3.350	13.75	4.050	18.05
		SD	1.463	1.174	2.086	1.071	2.774
Z值差异显著性			3.614	2.849	4.312	1.847	3.636
			<0.001	<0.01	<0.001	>0.05	<0.001

从表 7-25 中我们再次可以发现：从总的方面看，实验班在学科能力方面的水平超过了对照班，两班之间呈现极其显著的差异（$p < 0.001$）。这说明两个月的教学促进了实验班学生历史学科能力的发展。这一发展主要表现在阅读能力中的概括能力与比较能力方面，其中概括能力差异达到极其显著的水平（$p < 0.001$）。由此可以看到王雄从非智力因素入手培养学生智力的效果。

综上五项实证研究，我们看到：作为智力活动的非智力因素，认知活动的非认知因素，应该在智力活动或认知活动中培养非智力因素或非认知因素；从非智力或非认知因素入手来促进智力或认知的发展。

第八章
创造性的心理学研究

　　尽管国际上对创造性和智力关系问题的看法存在着很大的分歧，但是我不愿意介入对这个争议的讨论。我认为，创造性是人类思维的高级形态，是智力的高级表现。虽然我不否认所谓"白痴天才"的实例，更不否定非智力因素或人格因素的作用但我更强调创造性就是高智慧和高素质。

　　创造性（creativity，又称创造力）和创新（innovation）关系问题在我国学术界曾有过讨论，而我还按国际惯律，是把它们视为同义语。因为在智力心理学研究中更多的在研究创造性或创造力。而不论是创造性还是创新，都在强调一种精神，它是一个民族进步的灵魂，是一个国家兴旺发达的不竭动力。

　　2003 年，我主持了教育部哲学社会科学研究重大课题攻关项目"创造人才与教育创新"，对创造性人才展开了心理学研究。该课题主要由我们团队来承担：创新（创造性）拔尖人才效标群体的研究（金盛华等）；创造性脑机制的研究（林崇德等）；创造性量表的研制（沃建中等）；青少年创造性的跨文化研究（申继亮等）；创造性与教育创新的理论研究（邀请石中英等）；创造性学生培养的研究（陈英和等）；创造性与心理健康（俞国良等）；信息技术与创造性的培养（特邀何克抗教授等）。该课题于2007 年通过鉴定，以优等的评价结了题。在本书中，我将简要地介绍金盛华和申继亮二组的研究成果。我用自己主持的研究来阐明，要了解创造性的实质，必须从智力心理学研究入手。

第一节

————

对创造性心理学的几点思考

自 20 世纪 80 年代开始，我国心理学界积极地探索创造性问题。我们团队董奇是这个方面研究出色的代表，他不仅在 20 世纪 80 年代发表了一系列创造性的论文，应邀去各地讲学，而且于 1993 年出版了专著《儿童创造力发展心理》，此书被列为国家新闻出版署（现为国家新闻出版广电总局）"八五"规划重点图书。所有这一切不仅仅在我们这个研究群体中引起了共鸣，而且在社会上也产生了较大的影响。

在我国心理学界，尽管在 20 世纪 90 年代后也有一些创造性的行为实证的研究，也开始对创造性的某些特点，如顿悟（属灵感因素）的脑机制的探索，但主要还是偏重于理论研究。我和我国心理学界几乎是异曲同工，在我自己的专著中，如《思维发展心理学》《学习与发展》等都对创造性做了理论探索；我在研究思维品质的过程中，对思维的独特性或创造性都做了深入的行为科学的实证探讨，并在中小学开展对创造性的干预或培养的实验，最后出版了专著《创造性心理学》。

一、创造性的实质

什么是创造性？这是一个有争议的问题。如前所述，在国际心理学界的研究中，出现了三种倾向，一是认为创造性是一种或多种心理过程；二是认为创造性是一种产品；三是认为创造性是一种个性，不同人有不尽相同的创造性。[①] 经过理论研究和思考，我认为创造性既是一种心理过程，又是一种复杂而新颖的产品，还是一种个性的特征或品质。这样，我们才把创造性定义为：根据一定目的，运用一切

————

[①] 武欣、张厚粲：《创造力研究的新进展》，载《北京师范大学（社会科学版）》，1997(1)。

已知信息，产生出某种新颖、独特、有社会或个人价值的产品的智力品质。①②③ 这个定义目前已被国内心理学界普遍地使用。创造性哪里来，其心理机制是什么？我认为，它是主体知识经验或思维材料高度概括后集中而系统地迁移，进行新颖的组合分析，找出新异的层次和交接点。概括性越高，知识系统性越强，减缩性越大，迁移性越灵活，注意力越集中，创造性就越突出。这就是创造性的实质。

对于这个实质，我做如下解释：

首先，这里的产品是指以某种形式存在的思维成果，它既可以是一个新概念、新思想、新理论，也可以是一项新技术、新工艺、新作品。很显然，我们的定义在一定程度上是根据结果来判断创造性的，其判断标准有三，即产品是否新颖，是否独特，是否具有社会价值或个人价值。新颖主要指不墨守成规、敢于破旧立新、前所未有，这是相对历史而言的，为一种纵向比较；独特主要指不同凡俗、别出心裁，这是相对他人而言的，为一种横向比较；有社会价值是对人类、国家和社会的进步具有重要意义，如重大的发明、创造和革新；有个人价值则是指对某个个体的发展或成效有意义。可以说，人类的文明史实际上是一部灿烂的创造史。

其次，个体的创造性通常是通过创造活动，产生创造产品体现出来的，这种产品不管是一种艺术的、文学的或科学的形式，还是可以实施的技术、设计或方式方法，都会表现出智力与非智力两种因素，或思维与人格两种因素。所以根据产品来判断个体是否具有创造性是合理的。此外，产品看得见，摸得着，易于把握，而且目前人们对个体创造的心理、个性特征的本质和结构并不十分清楚。因此，以产品为标准比以心理过程或创造者的个性特征为指标，其可信度更高些，也符合心理学研究的可操作性原则。可以认为，在没有更好的办法之前，根据产品或结果来判断创造性是切实可行的方法和途径。然而，我们同时必须强调创造性是一种过程、一种智力品质。在我的定义中"根据一定目的，运用一切已知信息"产生出产品，强调

---

① 林崇德：《教育与儿童心理发展——小学生运算思维品质培养的实验总结》，载《北京师范大学学报（社会科学版）》，1984(1)。

② 朱智贤、林崇德：《思维发展心理学》，北京，北京师范大学出版社，1986。

③ 林崇德：《学习与发展——中小学生心理能力发展与培养》，北京，北京教育出版社，1992，北京，北京师范大学出版社，2011。

的就是过程。我的定义的种属关系落到"智力品质"上，强调的是个性差异或人格差异，主要是把创造性视为一种思维和智力品质，即重视创造性思维能力的个体差异的智力品质。[1][2][3] 所以说，创造性是根据一定目的产生出有社会（或个人）价值的具有新颖性成分的智力品质。它包括思维与人格因素两方面，也就是说，从其认知过程出发，它包括由已知信息建立起新的系统和组合的能力；还包括把已知的关系运用到新的情境中去和建立新的相互关系以获得新异层次与交接点的能力。与此同时，创造性活动必须根据一定目的或目标指向性，具有明确个性意识倾向性等人格因素。当然，产品不见得直接得到实际应用，也不见得尽善尽美，但产品必须为达到某种目的或是目标所追求的。

最后，虽然产品的新颖性、独特性和价值大小是判断一个人是否具有创造性或创造力的标准之一，但这并不意味着由此可以断定没有进行过创造活动，没有产生出创造产品的个体就一定不具有创造力。有无创造力和创造力是否体现出来并不是一回事，具有创造力并不一定能保证产生出创造产品。创造产品的产生除了具有一定创造性的智力品质外，还需要有将创造性观念转化为实际创造产品的相应知识、技能，以及保证创造性活动顺利进行的一般智力背景和个性品质，同时它还受到外部因素，如机遇、环境条件等的影响。由此可见，犹如智力有内隐和外显之分，创造性或创造力也有内隐和外显两种形态。内隐的创造力是指创造性以某种心理、行为能力的静态形式存在，它从主体角度提供并保证个体产生创造产品的可能性。但在没有产生创造产品之前，个体的这种创造力是不能被人们直接觉察到的。当个体产生出创造产品时，这种内隐的创造力就外化为物质形态，为人们所觉知，这时人们所觉知的创造力是主体外显的创造力。

二、创造性人才＝创造性思维＋创造性人格

外因是变化的条件，内因是变化的根据，外因通过内因起作用。创造性人才的

---

① 朱智贤、林崇德：《思维发展心理学》，北京，北京师范大学出版社，1986。
② 林崇德：《学习与发展——中小学生心理能力发展与培养》，北京，北京教育出版社，1992。
③ 林崇德：《教育的智慧：写给中小学教师》，北京，开明出版社，1999。

外因是环境，也就是创造性的环境，它包括文化环境、教育环境、社会环境、资源环境。① 如果从创造性的本质出发，我认为创造性人才既包含创造性思维，即智力因素，又包含创造性人格，即非智力因素。通过对创造性人才的理论思考和实际调查，我把其列为一个不成公式的公式：创造性人才＝创造性思维＋创造性人格。

当然，心理学对创造性人才的探讨，已有百余年的历史，直到现在，仍是国际学术界关注的问题。

(一)创造性研究简史

围绕创造性人才，对于创造性或创造力的研究，大体上经历了五个阶段。

第一阶段(约 1869—1907)：1869 年，英国心理学家高尔顿(F. Galton，1822—1911)出版了《遗传与天才》一书，公布了他所研究的 977 名天才人物的思维特征，这是国际上最早对创造性进行研究的系统资料，因此，后人称《遗传与天才》一书是研究创造性的第一部文献。高尔顿的书出版后，引起了心理学界的兴趣，此后，他陆续发表了不少理论的文章。在这一阶段出版和发表的文献，大都是从理论上进行探讨，并对创造性的"先天"与"后天"的关系问题展开了辩论，但这个阶段没有实验研究。

第二阶段(约 1908—1930)：心理学家把创造性心理学划入人格心理学中，对创造性进行个性心理的分析。1908 年，弗洛伊德(S. Freud，1356—1939)出版了《诗人与白日梦》一书，介绍了他及其助手对于富有创造力的诗人、作家、艺术家等的研究，把想象性作品比作白日梦。此外，许多心理学家也从事艺术创作心理的研究，如美国心理学家华莱士(J. Wallas)在 1926 年出版了《思维的艺术》，他在该书里提出了创造性思维的四个阶段：准备、酝酿、启发、检验的有名理论，至今仍为大家采用。这个阶段的主要特点是，采用传记、哲学思辨的方法研究文艺创作中的创造性，并将这种创造性作为人格或个性的表现。

第三阶段(约 1931—1950)：哲学家和心理学家开始研究创造性的认识结构与思维方法。这个阶段的代表著作有 1931 年美国心理学家克劳福德(R. P. Clauforde)出版的《创造

---

① 林崇德：《创造性心理学》，233～283 页，北京，北京师范大学出版社，2018。

性思维方法》和 1945 年德国格式塔学派心理学家韦特海默出版的《创造性思维》等，特别是韦特海默，他的著作来源于其社会调查和大量的实验研究。

第四阶段（约 1950—1970）：此阶段以吉尔福特（J. R. Guilford，1897—1987）于 1950 年在美国心理学年会中的一次讲演为起点。他讲演的题目是《创造性》，他指出了以前对创造性研究太少，号召必须加强对创造力的研究。这里的根本原因在于综合国力竞争，尤其是 1957 年苏联人造卫星上天，成为刺激美国加强创造性研究的一个动力。于此，美国人更意识到其科技和军事优势受到威胁，应急起直追，改变美国的科技状态。其途径就是大力开展对创造性问题的研究，培养创造性人才。从此，研究工作积极地开展，论文、专著也不断增加，吉尔福特等人还设计了一些创造性思维的量表，影响很大。

第五阶段（20 世纪 70 年代以后的三十余年）：20 世纪 70 年代后的三十余年来，创造性的研究越来越受到各国心理学界和教育界的重视，研究方法也越来越多，创造性人才的培养也提到各国的教育议程上来了。创造性教育（creative education）和创造性学习（creative learning）都是 20 世纪 70 年代后的产物，至 80 年代后完善的。代表性成果是美国于 1986 年成立的"全美科学教育理事会"，1989 年发表了题为《美国应有的科学素养》（中译本名为《普及科学——美国 2061 计划》）的报告，这个报告是为基础教育改革"2061 计划"或"2061 工程"服务的。该报告的主要内容包括：①科学技术是今后人类生活变化的中心；②着眼于国民素质，实行全面改革；③突出"技术教育"，其目的是为了提高国家的技术创新能力和竞争能力。"2061 计划"分三个阶段：设计教育改革总框架；提供可供改革的课程模式；在全美推广前两个阶段的研究成果。这是一份美国培养和造就高素质创造性人才的宣言，它对培养我国儿童青少年学生的创造性能力不无借鉴意义。

为什么发达国家都在研究创造性问题？我认为这是时代的要求。因为人类已经进入信息时代，世界科学技术的发展日新月异，知识经济已初见端倪。知识经济的基本特征，就是知识不断创新，高新技术迅速产业化。而要加快知识创新，加快高新技术产业化，关键在于人才，必须有一批又一批的优秀人才脱颖而出。这正是国际学术界和教育界关注创造性人才研究的缘由。创造性的智慧劳动，包括创造性的经营管理、以知识为基础的服务，乃至文化艺术创作等都将成为人类社会创造性劳动的主体，社会将全面知识化。与此同时，教育必须紧跟时代发展的需要，发达国家普遍开展的创造性教育，主要在创造型学校环境、教师和学生，创造性培养途径，创造素质和创造能力、创造方法等问题上下功夫。这诚如吉尔福特所言："没有哪一种现象或哪一门学科像创造问题那样，被如此长久地忽视，又如此突然地复苏。"①真可谓一语中的。

(二)创造性人才

我视创造性人才的心理为创造性思维加创造性人格的结晶。

1. 创造性思维或创造性智力因素

所谓创造性思维，即智力因素，如在第三章中的思维分类所述的，创造性思维有五个特点：一是新颖、独特且有意义的思维活动；二是在成分上为思维加想象；三是有"灵感"表现；四是分析思维和直觉思维的统一；五是辐合思维和发散思维的统一。这里就不再赘述。

2. 创造性人格或创造性非智力因素

创造性人才更需要创造性人格（或个性）。所谓创造性人格，即创造性的非智力因素。美国心理学家韦克斯勒（D. Wechsler，1950）曾收集了众多诺贝尔奖奖金获得者在青少年时代的智商资料，结果发现，这些诺贝尔奖奖金获得者中大多数不是高智商，而是中等或中上等智商，但他们的非智力因素与一般人有很大差异。

关于创造性人格的研究，在国际上较著名的有两位。吉尔福特于 1967 年提出 8条：①有高度的自觉性和独立性；②有旺盛的求知欲；③有强烈的好奇心，对事物运动有深究的动机；④知识面广，善于观察；⑤工作中讲求条理性、准确性、严格性；⑥有丰富的想象力，敏锐的直觉，喜好抽象思维，对智力活动与游戏有广泛的兴趣；⑦富有幽默感，表现出卓越的文艺天赋；⑧意志品质出众，能排除外界干扰，长时间地专注于某个感兴趣的问题中。

---

① ［美］J. P. 吉尔福特：《创造性才能》，施良方、沈剑平、唐晓杰译，北京，人民教育出版社，1991。

斯腾伯格于 1986 年提出创造力的三维模型理论，第三维是人格特质，由七个因素组成：①对含糊的容忍；②愿意克服障碍；③愿意让自己的观点不断发展；④活动受内在动机的驱动；⑤有适度的冒险精神；⑥期望被人认可；⑦愿意为争取再次被认可而努力。

经过二十余年的研究，我则将创造性人才的非智力因素或创造性人格概括为五个方面的特点及其表现[1][2][3]：①健康的情感，包括情感的程度、性质及其理智感，如热情、主动性强；②坚强的意志，即意志的目的性、坚持性（毅力）、果断性和自制力；③积极的个性意识倾向，特别是兴趣（含好奇心等）、动机和理想（含抱负和进取等）；④刚毅的性格，特别是性格的态度特征，如勤奋、合作、独立自主、自信以及动力特征；⑤良好的习惯。二十多年来，我用以上五个方面的特点来作为创造性人格特征研究指标，同时，也作为实验学校培养创造性人格的措施，并获得了一些不成熟的看法。

由此可见，培养和造就创造性人才，不仅要重视培养创造性思维，而且要特别关注创造性人格的训练；不能简单地将创造性视为天赋，而更重要的要看作后天培养的结果；不光靠集体训练更要因材施教突出个性；不要把创造性的教育仅限于智育，而是整个教育，即德、智、体、美、劳诸育的整体任务。

三、创造性的发展

我是研究发展心理学的，自然会思考并重视创造性发展的研究。创造性的发展受到先天条件和后天环境等各种因素的影响，在个体的不同年龄阶段表现出不同的特点和发展趋势，而对于不同的个体来说，创造性发展的个别差异也是十分明显的。因此，研究创造性的发展是培养和造就创造性人才的前提。

---

① 朱智贤、林崇德：《思维发展心理学》，北京，北京师范大学出版社，1986。
② 林崇德：《学习与发展——中小学生心理能力发展与培养》，1992，北京，北京教育出版社。
③ 林崇德：《教育的智慧：写给中小学教师》，北京，开明出版社，1999。

(一)幼儿就有创造性的萌芽

创造性的萌芽表现在幼儿的动作、言语、感知觉、想象、思维及个性特征等各方面的发展之中，尤其是幼儿的好奇心和创造性想象的发展是他们创造力形成与发展的两个最重要的表现。一般来说，幼儿通过各种活动表现他们的创造力，如绘画、音乐、舞蹈、制作和游戏等。其中游戏作为幼儿的主导活动，一方面满足了他们参加成人社会生活和实践活动的需要，另一方面又使幼儿以独特的方式把想象和现实生活结合起来，从而对他们的心理行为以及创造力发展都起到重要的作用。

(二)小学儿童有较明显的创造性表现

儿童入学后，其想象获得了进一步发展，有意想象逐步发展到占主要地位，想象的目的性、概括性、逻辑性都有了发展；想象的创造性也有了较大提高，不但再造想象更富有创造性成分，而且以独特性为特色的创造性想象也日益发展起来。

我对小学数学学习中培养和发展儿童创造力问题的研究发现[1][2]，数学概念学习中的变换叙述方式、多向比较、利用表象联想，计算学习中的一题多解、简化环节、简便计算、计算过程形象化、发展估算能力，初级几何学习中的全面感知和直觉思维、发现条件和找出关键、运用比较和克服定势、补充练习、拼拆练习、一题多变练习、自编应用题等，不仅对掌握数学知识、提高数学能力极为有利，而且也是小学生创造性的重要表现。

在研究中我发现，小学生在数学运算中的思维创造性主要表现在独立性、发散性和有价值的新颖性上。它的发展趋势，一是在内容上，从对具体形象材料的加工发展到对语词抽象材料的加工；二是从独立性上，先易后难，先模仿，经过半独立性的过渡，最后发展到创造性。

其他研究也表明，小学语文中的识字、看图说话、造句、阅读、作文等活动；小学自然中的类比、联想、观察、动手操作、制作、实验等活动，只要运用得当，都可以极大地促进小学儿童创造力的发展。

---

① 林崇德：《教育与儿童心理发展》，载《北京师范大学学报》，1984(1)。
② 参见朱智贤、林崇德：《思维发展心理学》，北京，北京师范大学出版社，1986。

(三)青少年在学习中不断发展着创造性

作为青少年的中学生，其身心发展的特点决定了他们的创造性既不同于幼儿和小学儿童，也不同于成人。我和课题组同事看到[1][2]，与学前、小学儿童的创造性相比，中学生的创造性有如下特点：①中学生的创造力不再带有虚幻的、超脱现实的色彩，而更多的带有现实性，更多的由现实中遇到的问题和困难情境激发；②中学生的创造力带有更大的主动性和有意性，能够运用自己的创造力去解决新的问题；③中学生的创造力逐步走向成熟。我和课题组同事在研究中看到：在语文学习中，中学生通过听、说、读、写等言语活动发展着思维的变通性和独创性。[3] 例如，听讲时提出不同的看法，讨论时说出新颖、独特的见解，阅读时对材料进行比较、联想、发散和鉴别，写作文时灵活运用各种方式表达自己的思想，等等。在数学学习过程中，中学生创造性既表现为思考数学问题时方法的灵活性和多样性，推理过程的可逆性，也表现为解决数学问题时善于提出问题、做出猜测和假设，并加以证明的能力。物理和化学的学习要求中学生动手做实验，对实验现象进行思考和探索，尝试去揭示和发现事物的内在规律，运用对比、归纳等方法加深对规律的理解，并运用这些规律来解释现象，解决问题。这些对于激发中学生去探索自然界的奥秘，提高实际动手操作能力，促进创造力发展都十分重要。

我们团队的胡卫平教授当年的博士论文研究更能说明问题，他的论文题目为《青少年科学创造力的发展研究》。胡卫平把科学创造力分成七种成分，研究结论为：青少年科学创造力及其各个成分的发展存在着显著的年龄差异，随着年龄的增大，科学创造力及其各成分呈持续发展趋势，但并非直线上升，而是波浪式的前进的。[4] 具体来讲：第一，12～17 岁，创造性的物体应用能力、创造性的问题提出能力、创造性的产品改进能力、创造性的实验设计能力持续上升，17 岁时基本定型；第二，12～17 岁，创造性的想象能力、创造性的问题解决能力及总的科学创造力呈

---

① 林崇德：《中学生心理学》，北京，北京出版社，1983。
② 朱智贤、林崇德：《思维发展心理学》，北京，北京师范大学出版社，1986。
③ 朱智贤、林崇德：《思维发展心理学》，北京，北京师范大学出版社，1986。
④ Lin C D, Hu W P, Adey P, Shen J L, "The influence of CASE on scientific creativity,"*Research in Science Education*，2003，33，143-162.

上升趋势，但在 14 岁时有所下降，17 岁时基本定型；第三，12～17 岁，青少年创造性的技术产品设计能力呈持续下降趋势，18 岁时有所回升。

(四)成人期的创造力

从 18 岁开始进入成人期，其中 18～35 岁为成人初期，又叫青年期；35～60 岁为成人中期，又叫中年期；60 岁以后为成人晚期，又叫老年期。当我们综合中外科技发展史时，会发觉大部分科学家最初的重要发明创造，都是产生于风华正茂的青年时期，中年时期的创造性则到达了收获的季节。这里不仅指一般的创造性，而且也包括成功地创造发明，当然成人期的创造领域和成功年龄存在着较大的差异。我相当欣赏莱曼的数据[1]，见表 8-1：

表 8-1　各类人才的最佳创造年龄

各类人才	最佳创造年龄（岁）
化学家	26～36
数学家	30～34
物理学家	30～34
哲学家	35～39
发明家	25～29
医学家	30～39
植物学家	30～34
心理学家	30～39
生理学家	35～39
作曲家	35～39
油画家	32～36
诗　人	25～29
军事家	50～70
运动健将	30～34

---

[1]　Lehman，H. C. *Age and Achievement*. Princeton，N J：Princeton University Press，1953.

为什么最佳的年龄会出现在 25～40 岁(个别除外)。我用当前国际上流体智力(fluid intelligence，与先天的生理系统相联系)和晶体智力(crystalized intelligence，更多依靠教育学习、知识经验)的理论加以解释。

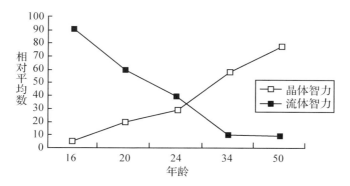

图 8-1　流体智力和晶体智力的发展

由图 8-1 可见，流体智力与晶体智力都能发挥作用的年龄主要在 20～50 岁，而 25～40 岁则是这中间最能使用这两种智力的典型性的年龄阶段。

四、创新教育的培养目标是"T"型人才

自 20 世纪 70 年代末开始，我一直在思考创造性教育的问题。

心理学越来越重视研究人力资源，即人的体力、智力、能力、知识、技能，以及积极性、主动性、创造性等问题，对人类的知识结构则强调广博与精深的区别。我国人才学研究者也重视按知识的结构来划分人才的类型，形象地用"—"表示知识的宽度，用"│"表示知识的深度，首先提出了"T"型人才的概念。他们指出一个优秀人才，是指知识面广，且有一门精深专业知识的"T"型人才。从 1985 年至 1995 年，中文专著、辞典、百科全书及论文等共有 352 种涉及这个问题。在国外类似的概念有"两科博士"(doctor with double majors)、"双料工程师"(engineer with double majors)或"双料人才"(double degrees talent)等，这种人才越来越受到社会的关注。1995 年在北京召开的"中国与亚太地区早期教育研讨会"和国际"苹果"计算机会议

上，东西方的与会者曾谈到各自的教育模式。我想赋予人才或人力资源以新意，即提出融东西方教育模式为一体而培养"T"型人才，并作为我国创新教育的目标。

在一定意义上说，东亚和东南亚诸国，是比较典型的东方区域，西方主要是指欧美国家。融东西方教育模式所培养的"T"型人才，这是世界公民最优秀的素质表现，也是面向 21 世纪我国创新教育的根本目标。如果真的要培养"T"型人才，开发了这种人力资源，则将意味着在全世界掀起一场教育的变革。它既包括改革以往的教育观念，也包括改革旧的教育内容，还包括改革旧的教育方法和手段。

(一)东西方教育模式及人才的特点

图 8-2 是经我修订的"T"型人才模式，我们认为这是较典型的教育模式。

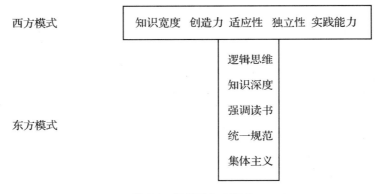

图 8-2　"T"型人才模式

图 8-2 中所谓"T"型人才，"横"代表西方的教育观念、教学方法、教学模式；"竖"代表东方的教育观念、教学方法、教学模式。

东西方教育模式及其所培养的人才各有什么特点呢？

1. 西方教育的模式

西方教育，重视培养学生广阔的知识面、创造力、适应性、独立性和实践能力。这种教育模式突出地表现在以培养学生适应性为基础，训练动手(实践)能力为手段，增长创造能力为根本，发展个性为目的。西方教育十分关注学生的适应性或社会适应能力。把适应能力既看作智力的实质，又视为心理健康的组成因素。西方

370

教育相当重视学生实践活动，从中小学到研究生阶段，都有动手的课程，教师反对"纸上谈兵"，带动学生实践，引导他们解决实际问题。西方的教育还贯穿着一条创造力培养的线索，因此倡导了"创造性教育"和"创造性学习"，使学生的创造性从根本上获得提高。西方教育的重要目标之一，是发展人的个性，也就是说，教育的目的就是充分运用宏观的社会关系，在群体中通过交往而形成微观的人际关系，促进受教育者的个性获得千姿百态的发展，成为一个个生动活泼的社会个体；调动个体积极性，即发挥每一个人的能动性为社会服务。

2. 东方教育的模式

东方教育的模式，则重视培养学生精深的知识、逻辑思维、理解能力、统一规范和集体主义精神。这种教育模式突出地表现在以理解知识为基础，崇尚读书（理论）为手段，发展逻辑思维为根本，追求统一规范为目的。东方教育十分关注学生的知识，而且强调知识的深度和理解水平，所谓"知其然，知其所以然"，就是这种模式的倡导。在东方，不管哪个国家，各科考试主要是考知识，自古以来，基本如此。东方教育特别强调学生读书，因为"书中自有黄金屋，书中自有颜如玉"，所以"万般皆下品，唯有读书高"。东方教育十分注重逻辑思维的培养。因为人类的思维就是逻辑思维，思维的逻辑性，指的是在思维过程中有一定形式、方式，是按一定规律进行的。东方教育重视受教育者知识和思维的深刻性，即强调理性知识，强调学生"透过现象看本质"。东方教育还强调集体协作精神，讲究准则和规范化，"没有规矩，不成方圆"，于是把追求统一规范作为教育的目标。

3. 变差异性为相融性

当然，我在阐述东西方教育模式的特点时，主要是强调差异性，或主要的特征。但事实上，东西方教育模式还有其一致性，也就是说，东西方教育模式是相通相融的，两者的互补性远大于冲突性。所以，我上述的西方教育模式特点在东方教育中也部分存在；而东方教育模式的特点，同样也能在西方教育中看到。总之，长期以来，东西方教育相互吸收取长补短，共同发展着，这一特点，正是我们提出融东西方教育模式，培养 T 型人才的基础。

(二)扬长避短、学贯中西

从整个大的地区分析,哪种教育模式好呢?我看各有千秋。

1. 学贯中西的必要性

由于东方人接受东方教育的模式,所以东方人的逻辑思维就比较强,追求的是知识的深度和难度,教育教学扎扎实实,一丝不苟,于是在每年国际中学生奥林匹克竞赛中,数、理、化和计算机的受奖数以及总分成绩,往往是中国第一;在出国留学生中,擅长于以逻辑思维为基础的计算机和数学的人也比较多。

然而,我们东方人的诺贝尔奖获得者,远远不如西方人,在一定意义上也可以说是具有创造性的人才不如西方。比起西方的教育模式,东方地区的人,中国地区的人,也要认识到我们的不足和弱点,主要表现在三个方面:一是在教育过程中过多地强调"听话"的理念,忽视了学生创造力的培养;二是在教学上过多地"满堂灌"的说教,忽视了学生主动适应的锻炼;三是在行为上过多地强调统一的规范,忽视了学生个体差异的存在。为此,我们要扬长避短,就必须融东西方教育模式为一体。

邓小平指出:"教育要面向现代化、面向世界、面向未来。"为了实现教育的"三个面向",中国的教育应持什么样的观念,培养什么样的人才,提倡什么样的模式?我的体会是融东西方教育模式,培养"T"型人才。这里,有现代化的理念,有世界的精华,有未来人才的要求。我们正在推行素质教育,有哪些内容呢?一是以德为本;二是面向全体;三是强调学生的创新精神和创造能力;四是注重实践能力的培养;五是为学生终身发展奠定基础。从中我们可以看出,我们国家所推行的素质教育内容,已经体现了东西方教育模式的融合,培养的是新型人才。

2. 学贯中西的可能性

融东西方教育模式,培养"T"型人才的主张,在我国是有基础的。一百多年前张之洞(1837—1909)的"中学为体,西学为用"应该算是上述主张的最早渊源。所谓"西学",是指17世纪后西方传入中国的文化。明朝天启三年(1623年)传教士艾儒略编写的欧西大学说授课程纲要名《西学凡》,最早使用"西学"一词。至近代,则是对西方国家的文化教育、科学技术知识的总称,包括西文、西政和西艺。西文指语言文字；西政包括学校、地理、度支、赋税、武备、律例、劝工、通商等制度；西艺则指算、绘、矿、医、声、光、化、电等科学知识。与"西学"相对，"中学"是中国传统学问的总称，主要内容是中国经史之学，也包括辞章、金石之学，核心是儒家伦理道德学说。"中学为体，西学为用"的实质是以中国的传统文化为基础，以西方的科学技术为手段，以巩固传统的政治文化地位为目的。这里，不仅要做到扬长避短，而且要求我国在创造性教育中培养"学贯中西"的人才。

我们姑且不去进行"体""用"之争，有一点应该是可以达成共识的：东西方文明既是相融相通的，又有其独特性与差异性。内在的贯通性，决定了不能"各执一端"，而必须学贯中西；差异性标明一种文明存在的价值，它要求我们既要努力传承、改造本民族的文明，又要尊重、学习其他文明，因此同样需要学贯中西。今天，倡导"学贯中西"还有更大的现实意义。随着世界经济的一体化和我们正在建设创新型的国家，我们不能忽视国外科学技术的进步，也不能无视他国文化的价值，这都需要勇敢地"拿来"，进而吸收、批判和自主创新。这既是对经济一体化进程的适应，也是提高自身竞争能力的重要方式。对于个人而言，学贯中西也是提高自身创造性素质的需要，是事业发展的基础。

(三)培养"T"型人才的关键在于教育改革

怎样做好东西方教育模式的融合，来培养"T"型人才呢？这里的关键在于教育改革，也就是说，以相通相融性为出发点，实施创造性教育。我的教育理念及其在实验基地教改实验中的做法包括以下三方面内容。

1. 树立正确的人才观念

要培养"T"型人才，关键在于改革旧有的教育思想。什么是人才？传统的教育观念往往把人才等同于天才和全才。融东西方教育模式的教育观念则强调人才的多样性、广泛性和层次性，认为凡是为社会做出贡献的人都应该算是人才，融东西方教育模式的理念还对学校如何培养未来人才的素质提出了新的要求，即要重视培养学生的现代意识，如珍惜时间，讲求效益，遵守信誉，善于合作，勇于竞争等；要重视培养学生的创新精神和创造才能，以及独立获取知识并运用知识解决实际问题的能力；要尊重学生的创造性人格，重视发展学生的个性特长。融东西方教育模式的人才观与我们实施的素质教育具有一致性，它要求我们的学校教育必须从以下两方面入手。一方面，教育要面向全体学生，从而提高适应于社会主义建设的各级各类人才的素质；另一方面，教育要使每个学生都在德、智、体等诸育得到全面发展。全面发展并不是平均发展，因此要发展个性，坚持因材施教。在人才发展中，如前面提到的我的课题组，既鼓励"冒尖"，又允许"落后"。我们的目的在于致力于探索面向21世纪的现代办学模式，勇于改革，奋力开拓，坚持实施以创新精神为核心的素质教育。

2. 改革教育内容

要培养"T"型人才，就得强调改革教育的内容，特别是课堂教学的内容，课堂教学是教学工作的主要形式。科学文化素质在学生的基本素质结构中居核心的地位，对他们的全面发展具有极其重要的作用，因此，改革教学内容，要转变单一的知识传授的做法，坚持在传授知识的同时发展学生的思维和智力，以突出"知识—智能—创造力"。与此同时，狠抓教材建设、课程设置、评估体系和考试改革，必然提高到教学改革的最显著的位置上来，以此来全面提高教育质量，全面提高学生的智力因素与非智力因素，也以此来检验是否有利于"T"型人才的培养。我们有的实验点，尤其是有些实验点的重点学校经过多年的艰苦探索，已初步形成了以必修课为主、选修课和活动课为辅的三种课程体系及其操作方法。目前我国新课改中，强调"研究性学习"（inquiry learning），实际上，我国古代《礼记·中庸》篇中所阐述的"博学之、审问之、慎思之、明辨之、笃行之"早已有这方面要求，故我们课题组中的吴昌顺校长多次倡导要认真操作。所有这一切，都是为了加强基础，提高质量，培养智能和创造力，全面提高学生素质。为了融合东西方教育模式培养"T"型人才，就要呼吁教学评估体系的改革，因为评估是一种指挥棒。在评估中，当然要把科学文化知识作为重要的内容，但是要充分重视包括创造性在内的全面素质和发展学生的个性特长。总之，离开了课堂教学（课程实施）和课程评价两个重点，就谈不上教育内容的改革。

3. 改革教育方法

要培养"T"型人才，必须强调改进教育方法。教育要面向未来，未来的社会需要大量具有丰富文化知识和学有特色的人才，这就要求我们的学校教育，既要为学生今后的发展打下坚实的知识基础，又要从小注意发现和培养学生的特殊才能与全面素质。传统的教育方法往往利用大量累赘的知识和"标准化"的练习迫使学生死记硬背，没有时间消化，没有时间思考，完全忽视了对学生的积极主动精神和创造精神的培养，忽视了对学生自学能力和特殊才能的培养。因此要改革教学方法。

五、培养未成年人的创造性

2006 年 1 月 9 日，国务院发布《国家中长期科学和技术发展规划纲要（2006—2020）》（下文简称《纲要》）。这一纲要立足国情、面向世界，以增强自主创新能力为主线，以建设创新型国家为奋斗目标，对我国未来 15 年科学和技术的发展做出了全面规划与部署。

2006 年 3 月 20 日，《人民日报》发表了国务院日前印发的《全民科学素质行动计划纲要（2006—2010—2020）》，指出以未成年人、农民、城镇劳动人口、领导干部四大重点人群的科学素质行动带动全民科学素质的整体提高，是突破建设创新型国家"瓶颈制约"的关键。

培养未成年人的创造性是发展心理学的一个课题，它涉及创造性教育。创新型人才的培养和造就，要靠创造教育。创造性的培养必须从小开始。创造性教育应贯穿在日常教育之中，它不是另起炉灶的一种新的教育体制，而是教育改革的一项内容。所谓创造性教育，意指在创造型的管理和学校环境中由创造型教师通过创造型教育方法培养出创造型学生的过程。[①]

在过去的心理学中，创造性的研究对象仅仅局限于少数杰出的发明家和艺术家。20 世纪 70 年代后，众多的研究者发现：创造性是一种连续的而不是全有全无

---

① 林崇德：《当代中国心理学家文库》（林崇德卷），263 页，北京，北京师范大学出版社，2006。

的品质，人人乃至每个儿童都有创造性思维或创造力。我通过研究曾多次强调，人人都有创造性，创造性教育要面向全体学生。如上所述，幼儿就有创造性的萌芽；小学生具有明显的创造性表现，尤其是以创造性为特色的创造性想象日益发展起来；中学生在学习中不断发展着创造力，其创造力不再带有虚幻的、超脱现实的色彩，而更多的带有现实性、主动性和有意性，能够运用自己的创造力去解决新的问题。特别要指出的是，中学生的创造性趋向成熟。前面提到的胡卫平的研究发现，17 岁青少年的科学创造能力趋于定型。① 通过上面的论述可以看出，创造性教育要大众化，尤其在中小学阶段，人人都可以通过创造性教育获得创造性的发展。

　　未成年人是中国未来的建设者，要把我国建设成为创新型国家，首先要把他们培养成为具有创新精神和创造性能力的各级各类的创造性人才。这就要求我们应当综合东西方教育的优点，尊重未成年人的个性，对他们实施创造性教育。如何实施创造性教育，培养未成年人的创造性呢？我在研究的基础上提出，培养未成年人的创造性，应该遵循四个指导思想。第一，创造力与智力、非智力因素都有一定关系，我们的研究表明，创造性与其他智力的思维品质的相关系数在 0.40 以上，这个相关系数不算太高，也不能算低。因此，我们重视学生的智力培养对创造性能力发展的作用，更注意学生的非智力因素，尤其是创造的成就动机对创造性能力发展的作用。第二，改革不利于学生发展的教育体系，改变课程和管理安排，把对学生创造性的培养融在各学科教学之中。第三，要重视创造力训练的特殊技巧，我们要关注对这些方法的采纳。第四，营造创造性发展的社会氛围，使课内与课外，校内与校外教育统一起来，是我们课题组的一贯主张，我们在研究中重视信息技术在创造性教育中的作用，重视课外或校外活动小组来培养学生的创造性。

　　创造性教育的内容十分丰富，培养未成年人创造性的形式也可以多种多样，胡卫平在研究中主要通过以下四种途径培养未成年人的创造力。第一种途径是把培养学生创造力渗透到各科教育中。他曾探讨了中小学各学科对学生创造力的要求，并结合具体学科的某种具体能力制订了一系列要求，通过达到这些教学要求，来培养

---

① 胡卫平：《青少年科学创造力的发展与培养》，北京，北京师范大学出版社，2003。

学生的创造力。第二种途径是在课堂教学中开发学生的创造力。通过激发学生创造的动机，教师的灵活性提问和布置作业，教师掌握和运用一些创造性教学方法（如发现教学法、问题教学法、讨论教学法、开放式教学法等），在课堂上创设创造性问题情境引导学生来解决等方式培养学生的创造力。第三种途径是教给学生创造力训练的特殊技巧。他曾向未成年人开设了创造性活动课程，并让他们掌握创造力训练的方法，他还教给他们如何有效地进行发散式提问。通过让学生掌握这些有效的创造力训练方法，让他们进行自我训练，从而达到创造力的提高。第四种途径是在科技活动中培养学生的科学创造力。不管在校内还是校外，科技活动是学生在课外活动中与创造力发展关系最为密切的一项活动。科技活动，可以开阔学生视野，激发其对新知识的探索欲望，增强学生的自学能力、研究能力、操作能力、组织能力与创造能力。胡卫平根据上述四种培养途径，先后组织了一百多所学校的十万余名学生参加了实验，并对 13 所学校的 2300 名学生进行了跟踪，结果发现：实验班学生的思维能力、学业成绩、学习动机、创造性思维能力、科学创造力、语文创造力、创造性问题提出能力等明显高于对照班。例如，他从 2002 年 9 月到 2005 年 7 月，对宁波市第四中学的三千多名学生通过课堂教学的方式来培养创造力，实验结果表明，通过一年的干预，该校学生在科学创造力七个项目及总得分上都有明显的提高。

第二节

创造性人才效标群体的研究

现有的有关创造性人才的研究，绝大多数都是用创造性测量得分的方式来界定和筛选高创造力人员。这种方式具有很大的冒险性，因为创造力测验中显示的高得分与实际的创造力之间，可能存在许多中间因素，二者可能有某种程度的一致性，也可能存在本质的区别。就目前创造力研究领域积累的资料而言，还极其缺乏证据来证明创造力测量上的高得分是未来实际创造才能的有效预测源。我的弟子金盛华领衔并启动了一个不同的研究路线，即选择已经被社会公认的创造性成就的人才或创新拔尖人才，回顾性地研究他们的思维、个性、代表性的实际创造成就及个人的成长经历，试图用行为实证研究揭示具有实际超越创造才能的人员诸方面的特点，同时揭示其实际创造才能的形成机制。

这项研究分为两个主要部分。一部分是科学创造者，主要是针对 34 位具有原创性高水平科研成就的院士科学家进行的研究，另一部分是针对 36 位具有突出创造性成就的社会、艺术领域的杰出人士的研究。两个部分的研究方法和技术基本一致。两项研究成果分别是我们团队金盛华的两位博士生的博士论文：《科学创造人才心理特征及影响因素的研究》（张景焕）和《人文社会科学和艺术创造者创造力特征及其发展机制研究》（王静）。

这两项研究采用深度访谈法作为资料收集、获取关于创造力及其形成和作用过程事实的主要手段。期间作为支持性研究计划，某些环节也使用了在访谈过程中完成问卷的方法。这种条件下的问卷，实际上是一个结构化访谈的过程。同样的，因为科学创造者与人文社会科学、艺术创造者本身具有不同的特点，访谈的过程虽然在整体结构上是一致的，但在具体安排上则又有所灵活运用。

一、创造者的心理特点及思维特征

揭示科学创造者的心理特征和人文社会科学与艺术创造者的思维特点，是创造者效标群体研究的核心目标之一。

（一）科学创造者心理特征的分析结果

关于科学创造者的心理特征的研究的资料，主要来自对 34 位院士科学家的访谈，然后对这些访谈资料进行详细编码及分析处理。由于两位评分者具有可接受的一致性，因而可以合成两人的评分，利用两人的评分的平均数进行统计分析。下面是对心理特征进行尝试性的探索性因素分析的结果。

对评分结果进行 KMO 和 Bartlett 球形检验，结果表明可以对数据进行探索性因素分析($x^2 = 495.626$，$df = 496$，$p < 0.0001$)。在比较了各种分析结果的基础上，张景焕选择主成分分析法，并进行方差最大旋转。载荷量的碎石图表明，可以抽取 5 个主成分。根据因素分析的载荷量大于 1、载荷量下降较陡、理论上的可解释性原则，她抽取了 5 个主成分：问题导向的知识架构、自主牵引性格、综合性动机、开放深刻的思维与研究风格、强基础智力。[①]

1. 综合性动机

在动机方面，研究发现，综合性动机包括三种成分，一是内在兴趣(内部动机)，二是价值内化程度较高的理想抱负，三是与内在兴趣密切联系的积极情绪体验。

张景焕研究的动机成分既包括内部动机成分也包括外部动机成分，这就印证了创造动机研究的新成果。她认为，内在动机是重要的，因为有 88.24％的科学创造者认为内在兴趣对他们的创造性工作非常重要。只不过，仅有内在动机对于长期的创造性工作是不充分的，还需要具有远景驱动效应的外部动机共同发挥作用。以明确的社会经济的形式奖赏、鼓励创造力能够强化创造动机，不能一概否认外部动机的作用。

情绪情感在创造过程中的作用在 20 世纪的创造力研究中是被忽视的，但是，后来，这种倾向得到纠正[②③]，研究者开始重视情绪体验在创造中的作用，张景焕在访谈中也发现积极情绪体验的作用。

张景焕的研究结果与斯腾伯格创造力投资理论不同的一个重要原因是，斯腾伯格等人所讲的动机是一个创造性观念的产生或完成一件创造性的工作中的动机，张景焕研究的创造动机则是指，一个人在长期甚至是一生的研究工作中产生创造成就过程中的动机。考虑问题的角度是毕生发展，对于这样用毕生精力从事的创造性工作，科学家考虑的是较长时间内创造性工作的动机，这时，具有牵引作用的、远景性的外部动机的作用就凸显出来。

2. 问题导向的知识构架

问题导向的知识构架不仅包括解决问题所需要的知识、技能与策略，更重要的

[①] 张景焕、金盛华：《具有创造成就的科学家关于创造的概念结构》，载《心理学报》，2007，39(1)。

[②] Dertouzos, M., "Four pillars of innovation," *Technology Review*, 1999, 102(6).

[③] Wang, C. L. & Ahmed, P. K., "Emotion: the missing part of system methodologies," *Emerald Kybernetes*. 2003, 32(9/10), 1283-1296.

是发现问题的能力。在科学研究中，没有任何一门科学能够研究全部客观实在，每一门科学都有自己的选择方式，都致力于找出那些值得，又能够说明的东西加以研究。都是从没有加工的材料出发，通过智力的作用，运用精确的研究手段和研究方法勾画出一个可理解的世界。例如，不是每个物理学家都要研究所有的物理规律，他选取什么样的自然现象去研究，与他自身的能力素质、熟练掌握的方法有密切联系。他自身的能力素质、技能策略与眼界决定了他能够提出一个什么样的问题，选择什么样的课题去研究。在我们的研究中，发现问题的能力是一个与专业素质技能密切联系的特征，体现的是一种专业素质与技能。

问题导向的知识构架还包括一种对待难题的态度：是消极等待问题明朗，还是积极探索可能的答案。科学创造者是愿意尝试的人，愿意尝试一切可能的解决办法。只有愿意尝试，才能获得更多的研究技能与策略，学习许多知识而不进入研究实践也许永远也不会使陈述性知识转化为程序性知识。只有愿意尝试，敢于承担由于尝试而带来的失败，才能使问题获得创造性的解决。因此，尽管愿意尝试常常作为一种个体性格特征，但在张景焕的研究中它属于问题导向的知识构架。

研究发现，取得高创造成就的研究者大多具有多学科背景，广博而又交叉的跨学科的知识组合以及多元化的教育背景使得科学家不断用新的方式去理解、体会正在研究的问题，产生新的思路与观点，有时则是其他学科方法的直接移植或借用取得了另辟蹊径、曲径通幽的意外收获。多学科的学术基础可以培养不同的思维模式，能够融不同思维模式于一体并互相启发，当面对具体课题时能够还问题以自然本质的真面目，综合运用多学科知识解决问题，进而实现创造。

3. 自主牵引性格

张景焕在研究中发现，就科学创造而言，自主牵引的性格特征包括勤奋努力、坚持有毅力、独立自主、冒险、自信，还包括乐于交流与合作。对性格特征的进一步分析发现，它们的共同特征是主动性。

这一特征与兰克(Rank)和弗雷斯(Frese)等人[1]提出的个体主动性的研究结论有

---

[1] Frese，M. &. Fay，D.，"Personal initiative：An active performance concept for work in the 21st century，"in B. M. Staw & R. M. Sutton，*Research in Organizational Behavior*，eds. 2001，23，133-187.

相似之处。他们的研究认为，个体主动性包括自我发动（self-starting）、积极行为（proactive）和坚持性行为（persistent behaviour）三部分。具体特征包括，对自己工作质量的要求超过工作的一般标准，在工作中花更多的精力，积极战胜困难和障碍等。有研究表明，积极行动的人格预示着未来的创造性行为。[①]

4. 开放深刻的思维与研究风格

在思维风格方面，本研究在分析资料中并没有发现斯腾伯格等人所提出的具体思维风格，但是体现风格特色的描述有四项，分别是开放性、思维独特新颖和灵活变通、系统的研究风格、富于洞察力。总结这些特点所遵循的基本原则是，科学研究过程是一个实际的研究过程，分析这一过程体现出的心理特点时，张景焕更看重实际发现的特征，即心理特征的提取是根据现象的描述。因此，她称科学家大多具有系统的研究风格，而没有说系统的思维风格，并将这个类别定义为开放深刻的思维与研究风格。

与斯腾伯格的观点不同，张景焕研究认为洞察力属于思维风格，斯腾伯格等人将洞察力视为智力特征的重要部分。斯腾伯格等人认为洞察力是选择性比较、选择性组合、选择性编码的能力。从这个定义可以看出，洞察力不是一般的心理历程，而是选择性的智力过程。既然是选择性的过程，个人特色及知识积累就会起到重要作用，就可以看作体现个人风格的心理过程，在这里被称为思维风格。

5. 强基础智力

张景焕研究认为，智力的作用体现在智力的某些具体组成部分对创造的作用上。这些部分首先表现为科学创造者都具有较高水平的一般智力：理解正确、思路清晰、学习新知识快。此外还表现为，他们都具有较强的分析与综合性思维能力和联想能力。分析与综合性思维能力是常用的描述智力过程的概念。这样的归类不是指理论上的关联，而是概括访谈资料的框架，这些名词与相应含义的活动在科学家创造活动中不断出现，说明它们对创造来说是重要的。

由以上分析可以看出，这项由金盛华指导、张景焕具体完成的研究结果与我过

---

① Seibert，S. E.，Kraimer，M. L. & Crant，J. M.，"What do proactive people do? A longitudinal model linking proactive personality and career success,"*Personnel Psychology*，2001，54(4)，845-874.

去的研究，既有相似之处，即对创造性的智力与非智力因素一起加以揭示，又有差异，这种差异不仅表现在具体的成分（因素）上，而且表现在方法上，我原先的研究对创造性思维与创造性人格分别加以探讨，而金盛华和张景焕的研究是对创造性思维与创造性人格一起探讨。与此同时，这项由金盛华领衔的研究，研究结构与斯腾伯格等人的理论既有相同之处，又存在差异。相同之处反映了从不同的研究角度都可以发现创造的基本特征，不同之处是由于斯腾伯格等人的理论是对包括文学艺术等在内的一般创造力的论述，而本研究结果则是针对科学创造力的。更重要的是，我们研究的结论是建立在对科学创造过程的具体描述基础之上的，是对科学研究过程的总结与提炼，是实证研究的结果。应该说，这一结果与研究者当初的理论设想也有很大不同，研究者需要做的是如实报告这种差异。

（二）人文社会科学与艺术创造者思维特征

这部分内容主要是在金盛华的指导下，王静依据深度访谈的文本资料，分析人文社会科学与艺术创造者在思维过程中表现出来的创造性思维特点及其结构，揭示这一群体思维的独特性。

1. 人文社会科学与艺术创造者创造性思维的特点分析

从研究结果中我们可以看到，人文社会科学与艺术创造者的创造性有鲜明的思维综合性、思维连续性、思维系统性、类比迁移能力、思维批判性、思维对比性特点，这些特征与"目标明确""求新求变""想象""被激发性""精确性""辩证思维""多向思考""敏锐"等特点相比，在强度上更为鲜明。

创造是一个漫长和艰苦的思维过程。在这个过程中，不同的思维特点发挥着不同的作用。思维综合性、思维连续性、思维系统性、思维的批判性、思维的对比性、类比迁移能力等被试尤其强调的特点，对于创造性成果的最终实现，都具有使得整体创作思维过程得以完成的重要作用。

思维综合性是所有思维特点中提及率最高的一个思维特点，28 名参加这部分研究的创造者中，高达 24 位被试（约为 86％）提及思维综合性这个思维特征。王静研究发现，思维综合性是人文社会科学和艺术创造的重要条件。被试们强调，"理科思维""多学科角度看问题"是能够很好帮助自己思考的方法。在这里，思维综合性除了指学科间的综合以外，还包含其他多重综合形式，包括与前人研究的综合、个人积累等几个方面。正如被试所强调的，"学术积累延伸""继承基础上的推进""看读中的发现""你越做你越有经验，这也是你的积累"。

超过82%的创造者被试（23人）提及在创造过程中思维连续性也是创造过程中的一个非常重要的思维特点。在这里，思维连续性强调的是创造思维是一个不停息的思考状态。并且，创造性思考不仅是一个不间断的过程，同时还是发散思维与聚合思维协同活动的过程，发散思考发现与目标切合时，就定格展开聚合性思考。在一个问题没有达到一种心理预期之前，思维总是处于激活或者待激活的状态，随时可能被激发，"始终在想，当然吃饭的时候会中断，但是心里头老有事情，惦记着这事，那些东西像放电影一样。"思维连续性还表现在创造的连续性上。创造者认为，没有绝对创造性的作品，任何一个作品都是前面的延续，后面的作品又是这个作品的延续。

思维系统性是指思维过程不仅仅限于创造目标和内容本身，而且还会扩大到整个生活为背景的系统思考中去。在这个思维特点上，有19名被试（约为69%）提及。有创造者强调，"另外一个条件是你必须要关注真实生活中的问题，我觉得这也是一个必要条件。""当代人写当代的诗，一定要处理身边的事物，处理日常的经验，处理自己对生活的基本感受。"思维系统性从另一个侧面提醒，创造成就是一个对生活有体会、有认识的个体才可能取得的。创造本身就是取自生活，又还原于生活的过程。

除了上面讨论的思维的综合性、连续性和系统性等侧重于宏观过程的特征外，创造性思维相对微观的思维特征有类比迁移、对比性及批判性等侧面。

思维的类比迁移是指一种把旧的知识带入新的情境中，以一定的选择方式将其和新的事物重新组合起来，产生新的信息、新奇方法或有新创意的类推过程。在王静的研究中，有12位被试（约43%）提及了类比迁移的思维特点。在中国效标群体样本中充分证明了类推能力与创造力的密切关系。

此外，对比性、批判性、目的指向性、敏锐性及求新求变等特性，也是创造者较多关注的思维特点，显示这些特征与人文社会科学与艺术创造思维和创造成就的实现存在着紧密联系。

2. 人文社会科学与艺术创造者思维过程中思维特征的比较

分领域对 38 名人文社会科学与艺术创造者的思维特点进行比较分析发现，人文社会领域的创造者更强调思维的综合性、批判性、对比性、目标性、求新求变、激发性、精确性、多向思维、敏锐性、聚合思维等特点。人文社会科学创造工作需要的系统思维特性决定了这一点，而艺术领域的创造者更强调思维的系统性、类比迁移、连续性、想象、辩证思维、发散思维、抽象逻辑思维、形象具体思维等特性，艺术创造需要的思维特点，使得有关的思维过程需要有与人文社会科学的系统创造过程不同的特点。

统计分析的结果显示，在被试样本量相对较小的情况下，人文社会科学创造者仍然显示出显著的思维批判性优势，而艺术创造者则显示出了思维类比迁移能力的显著优势。这说明人文社会领域创造性成就的取得更加需要思维中的批判性品质，而艺术创造则更需要有优势的思维类比迁移能力。艺术创造大多要来自生活，又要高于生活，这种过程要求有着很高的迁移和转换能力，因此类比思维能力对于艺术创造者更为重要。

二、创造者关于创造心理特征的反身认知

创造者与普通人群的心理特征究竟有怎样的差别，是所有创造力研究者必定感兴趣的问题。对于这一问题的揭示，除客观研究两种群体的差异外，还有一个研究途径，即研究高创造力群体本身对自身群体的反身认知。

(一)科学创造者关于创造心理特征的反身认知

利用在有关创造性人格多途径研究的基础上整合形成的"创造性的人才形容词表"对科学工作者(考虑学科与年龄，256 人)进行问卷调查；编制"科学创造者重要心理特征调查表"，将从创造性人格的形容词研究与访谈中得到的形容词描述对应起来，以对访谈结果的处理为主，补充意义重大但被访科学家没有提到或提得不明

确的词。这样组成由 30 个词构成的"科学创造者重要心理特征调查表";经过对物理、化学、数学、生命、地学五个学科的博士研究生填答预试和调整,在访谈后对科学创造者进行正式施测。30 位接受访谈的被试填答了这份问卷。

用 SPSS 10.0 进行数据管理;用 Q—sort 软件计算"创造性成就"与"一般成就"的相关;用 SPSS 10.0 软件对取得"创造性成就"与"一般成就"心理构成成分进行多维尺度分析,从而发现科学创造者关于创造的概念结构。

1. 科学创造者关于创造成就的概念结构

用多维尺度法分析科学创造者关于创造者特征的 Q 分类结果后,发现科学家在评价各个心理特征在科学创造中的重要意义时使用的概念可划分成两个维度(维度 1 为"成就取向/内心体验取向",维度 2 为"主动进取/踏实肯干"),两个维度可以解释 81.5% 的数据变异,如图 8-3 所示。[①]

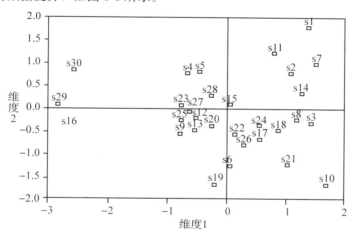

图 8-3 科学创造者关于创造性成就的概念结构图

s1:有理想有抱负;**s2**:积极进取;**s3**:开放性;**s4**:愿意尝试;**s5**:敢于冒险;**s6**:善于驾驭已有知识;**s7**:内在兴趣;**s8**:注意吸收新信息;**s9**:精力充沛;**s10**:勤奋努力;**s11**:思维综合能力强;**s12**:知识广博;**s13**:善于观察;**s14**:自信;**s15**:独立自主;**s16**:爱好艺术;**s17**:善于发现问题;**s18**:坚持有毅力;**s19**:寻求规律的倾向;**s20**:责任心强;**s21**:专业素

① 林崇德等:《创新人才与教育创新的研究》,北京,经济科学出版社,2009。

质与技能；**s22**：乐于合作；**s23**：思维灵活变通；**s24**：思维独特新颖；**s25**：联想力强；**s26**：洞察力；**s27**：分析能力强；**s28**：系统的思维风格；**s29**：工作中感到愉快；**s30**：内向性。

　　由于是运用主轴法进行的数据分析，因此每一维度都用正负两个方向加以说明，每一维度及其正负向的命名，都是金盛华、张景焕根据这个维度所包含的几个极端心理特征的内涵命名的，用这个维度可以将处于两个极端的心理特征分开。维度1为"成就取向/内心体验取向"，其正向是积极追求成就的心理特征，它包括工作勤奋努力、对工作有内在兴趣、开放性、自信、注意吸收新信息、良好的素质与技能、坚持有毅力和善于发现问题；其负向为注重内心感受的心理特征，包括分析自己思想与情感的内向性，注重内心体验的爱好艺术和工作中体验到的愉快感，命名为"内心体验取向"，这些特点也是被科学家评价为相对不重要的心理特征。维度2为"主动进取/踏实肯干"，其正向为"主动进取"，包括有理想有抱负、思维综合能力强、内在兴趣、敢于冒险、愿意尝试和积极进取；其负向为"踏实肯干"，包括工作勤奋努力和寻求规律并遵循规律，按规律办事。说明科学创造者在评价各个心理特征对于取得创造成就的重要性时，采用的尺度主要有两个："成就取向/内心体验取向"与"主动进取/踏实肯干"。

　　分析组成这两个维度各成分心理特征以及各个特征在创造性成就中的重要程度，我们看到，科学创造者的概念结构中，对做出创造性成就具有重要意义的概括性的特征是"成就取向"与"主动进取"。

2. 科学创造者关于"一般成就"的概念结构

　　科学创造者同时对取得"一般成就"的心理特征也按重要程度进行了分类，对这一结果进行多尺度分析，得到科学创造者关于"一般成就"的概念结构。经分析得到两个维度（维度1为"成就取向/内心体验取向"，维度2为"知识/动机"），压力系数为0.177，RSQ值为0.843。

　　分析科学创造者关于"一般成就"概念结构，发现它也是由两个维度构成的，这两个维度为："成就取向/内心体验取向"和"知识/动机"取向。结合科学创造者对构成这两个维度的各个特征在创造性成就中的重要程度的评价可以看出，在科学创造者的概念结构中，对做出"一般成就"具有重要意义的概括性的心理特征是"成就取向"与"知识"。

将科学创造者关于"创造成就"的概念结构与关于"一般成就"的概念结构相比较，可以看出，二者既有相同之处，又存在明显差异。相同之处体现为，二者的维度1基本相同，都是"成就取向/内心体验取向"。但是在"成就取向"的构成上既有共同成分，也有不同成分。相同的成分是，勤奋努力、积极进取、良好的专业素质与技能；不同的成分是，"成就取向"在"创造成就"中更具有内在兴趣、开放、自信及吸收新信息的特点，而在"一般成就"中则更具有坚持有毅力和责任心强的特点。最大的不同体现在它们的维度2上：关于创造成就概念结构的维度2是"主动进取/踏实肯干"，而关于一般成就的概念结构却是"知识/动机"，在维度2上，它们没有任何共同成分。

（二）人文社会科学与艺术人才关于创造者心理特征的反身认知

针对人文社会科学与艺术人才群体，在科学创造性人才人格特征形容词表中的151个形容词的基础上，增加了根据以往同类研究中总结的和人格特征有关的形容词和特征描述语句，并将特征描述语句转换为意义相同或相近的形容词，最终形成一个由192个描述人格特征的词组成的形容词表，由此形成创造性人格特征词库。然后邀请社会学和艺术学科领域的研究生各3人进行预测，删除被试反应词义模糊的、社会赞许性高的词汇，最终形成的工具是由111个词汇组成的词表问卷，其中108个词汇为测量词汇。

词表问卷的施测安排在金盛华、王静对被试的访谈之后。她们在和被试的访谈过程中通过特定主题的访谈，已经引发被试对自己的创作过程、成长过程进行了比较系统的回忆，整个过程都包含有被试对自己人格特征的反思。这种激发有助于之后被试更为准确和客观地作答自评人格特征问卷。对于收集到的数据，经过测谎词检查，看被访者在三对测谎词上的作答是否相互矛盾。结果表明，所有参加词表问卷作答的被试数据都是有效的。最后用 Excel 记录数据，然后进入 SPSS 软件进行统计分析。

1. 人文社会科学与艺术人才的人格特征的自评结果分类

人文社会科学与艺术人才的人格特征的自评结果如表8-2所示。

2. 人文社会科学与艺术人士的自评的核心人格特征

统计所有被试对于108个人格特征词在5种不同程度上的选择频次。将非常符合频次，同时在非常不符合选项上选择频次为0的特征词，标定为人文社会科学与艺术创造者的核心人格特征，得到45个核心人格特征词。这些词的频次为"独立"最高，"心满意足"最低，具体分布如下：独立、积极、爱好艺术、自信、有尊严、坦率、诚实、有责任感、聚精会神、有爱心、宽容、心理健康、爱思考、好学、有决心、开放、有洞察力、精力充沛、坚持、亲切、朴素、感情丰富、可靠、敏感、乐于合作、感激、有礼貌、要求严格、友好、果断、有说服力、慷慨、心肠软、无私、庄重、一丝不苟、理性、适应性强、沉着、镇定、成熟、有计划、勇敢、有吸引力和心满意足。

表8-2 人格特征自评结果

纯正向特征词	独立　自信　诚实　爱思考　有爱心　坦率　开放		
偏正向特征词	有责任感　慷慨　心理健康　有理想　有尊严　有事业心　公正　有洞察力 好学　有决心　勤奋　坚持　积极　好反思　宽容　有礼貌　亲切　聚精会神 爱好艺术　有说服力　有远见　理性　感情丰富　有抱负　感激　一丝不苟 积极进取　精力充沛　努力　可靠　敏感　忠诚　成熟　主动　心肠软　沉着 要求严格　热情　友好　镇定　幽默　情绪稳定　无私　耐挫折　兴趣广泛 果断　朴素　健谈　随和　乐于合作　较真　易动感情　庄重　理想主义 勇敢　适应力强　谦逊　爱幻想　体贴　高效率　有计划　有吸引力　文雅 耐心　易兴奋　有条理　严肃　秩序性　怀疑　易激动　节俭　爱冒险 引人瞩目　好交际　喜挑战　心满意足　好争辩		
偏负向特征词	平凡　自我中心　多才多艺　复杂　离群　喜孤独　逆反　精明　易怒 小心谨慎　性感　缄默　异性气质　焦虑　防御　易受打扰　健忘　易受影响 紧张　枯燥　恭顺　保守　圆滑　好惩罚		
纯负向特征词	无		

3. 人文社会科学与艺术创造者的核心人格特征

从聚类结果中我们可以看到，核心人格特征从个体和外界的环境关系角度被分为了四类。其中第一类核心人格特征只有一个特征词，即"独立"。也就是说独立性对于科学创造成就的取得十分重要，这种独立性蕴含着独创的意义。第二类核心人格特征是自我积极有效。构成这一类 20 个特征，主要在两个紧密关联的上位特征上汇聚：一是属于心态积极进取、自我状态健康向上的特征有"积极、爱好艺术、自信、有尊严、坦率、诚实、有责任感、有爱心、宽容、心理健康、爱思考、好学、开放、亲切"；二是属于"心理功能发挥有效"的自我功能发挥充分的特征有"有决心、聚精会神、有洞察力、精力充沛、坚持、感情丰富"六个特征。第三类核心人格特征的最佳概括是"可靠外界结合与成熟自我把握"，共包含了 22 个特征，包括"可靠、敏感、乐于合作、感激、有礼貌、要求严格、友好、果断、有说服力、慷慨、心肠软、无私、庄重、一丝不苟、理性、适应力强、沉着、镇定、成熟、有计划、勇敢、有吸引力"。第四类核心人格特征又是由一个单一特征单独成类的，这个特征为"心满意足"，被命名为"满足"。不过，这个词汇的核心特征较为不重要的特征词。

三、创造者的成长过程及其影响因素

金盛华、张景焕、王静在研究中，探索了自然科学和社会科学两类创造者的成长过程，并分析其影响因素。

(一)科学创造者成长

成功培养有创造性的科学工作者，一直是国家战略目标层次上的重大问题。在 34 名创造型院士科学家的访谈研究资料中，研究者试图揭示创造型科学家的成长过程。

1. 科学创造者成长的影响因素编码和评分

按照揭示科学家成长过程的目标，张景焕采用多编码者同时编码的方法，分析了来自 34 位科学家的访谈资料，编码信度平均为 0.840，说明编码手册具有一定的稳定性，利用这一工具可以比较有效地辨别出科学创造者的主要影响因素。

通过系统编码过程获得的影响科学创造者成长的 10 种主要因素，其被"提及"的频次由高到低为交流与合作的氛围、多样化的经历、导师或研究指导者、中小学教师的作用、父母的作用、青少年时期爱好广泛、大学教师的作用、挑战性经历、科研环境氛围和成长环境氛围。

2. 科学创造者成长影响因素的分类

由于两位评分者有可信的一致性，因而可以合成两人的评分，利用合成的分数进行相关统计，对心理特征进行探索性因素分析。对评分结果进行 KMO 和 Bartlett 球形检验，结果表明可以对数据进行探索性因素分析（$x^2 = 161.108$，$df = 45$，$p < 0.0001$）。这些影响因素可以抽取出三个主成分，这三个主成分可以解释总体变异的 60.561%。根据每个主成分所包含的心理特征，这三个主成分可以命名为早期促进经验、研究指引和支持、关键发展阶段指引。其中早期促进经验包括父母的作用、成长环境氛围、青少年时期爱好广泛、挑战性经历与多样化的经历；研究指引和支持包括导师或研究指导者、科研环境氛围、交流与合作的氛围；关键发展阶段指引包括中小学教师的作用和大学教师的作用。

3. 科学创造者成长的影响因素分析

如上所述，早期促进经验提示早期经验的重要性，研究的指引和支持提示了进入有关创造领域的核心影响要素，而关键发展阶段的指引则与核心创作成就的取得存在着密切关联。这三个影响因素都很重要。

在早期成长和兴趣发展阶段，对科学创造者成长起作用的人主要是父母与小学教师，起作用的方式是创造宽松的探索环境，创造条件让他们接受好的教育，使得当事人能够从事自己喜欢的活动，在从事活动的过程中得到乐趣，发现自己可以在哪里获得成功的乐趣。同时也包括帮助他们养成良好的学习习惯，引导或鼓励探索，激发好奇心，特别是以极其简单、朴素的语言奠定人生价值观的基础，那就是"做一个有用的人"。这一时期的自我探索是以游戏的形式出现的，学习也是游戏。表面上是探索外部世界，其实是一个探索自己的内心世界、自我发现的历程。这一阶段的探索不一定与日后从事学术创造性工作有直接关系，但为后来的创造提供重要的心理准备，是个体主动性形成的重要阶段。

在进入特定专业领域的阶段，大学本科阶段的教师和硕士、博士研究生阶段的指导教师对于创造者的发展起着至关重要的作用。本科阶段教师的作用在于通过教学使学生了解到这个学科的意义与研究前景，大学教师的榜样使他们看到从事这方面研究的乐趣，使他们认识到这个学科是生动有趣的。大学期间教师的作用是用自己对学科的敏感影响学生，同时为学生打下坚实的专业基础。硕士或博士期间的导师的作用是，锤炼学生的研究技能，使学生通过实际的研究学习掌握研究技能，了解与形成一定的研究策略。导师们往往用自己对学科的热爱塑造学生对学科的热爱，学生的科研态度也是通过与导师一起做研究培养起来的。导师的研究思路、研究方法对学生有巨大影响。

在创造性成就中，确立正确的研究方向很重要，有些研究者虽然具体的研究课题、研究思路都是由自己在研究过程中根据学科发展和自己的特长确定的，但研究方向与导师的指引仍然有直接关联。创造都是在具体环境下、具体学科领域里实现的。对于创造者来说身心处于创造的环境中是很重要的。这种环境主要表现为交流与合作的环境氛围。在具体的创造阶段，首先研究者本人扎实细致的研究工作很重要，像收集资料、运用逻辑手段进行分析、一步一步推进研究工作，直至最后得到结论；其次就是要想顺利推进研究工作，激发研究者产生创造性的观点，讨论时的研究气氛很重要，甚至良性竞争也能促进创造。

(二)人文社会科学与艺术创造者成长要素

在人文社会科学与艺术创造者的成长过程中，同样存在着许多影响他们整体发展和创造性成就取得的重要人物。对于全部 36 名人文社会科学与艺术创造者，我们同样对有关的深度访谈材料进行了纵深分析。

1. 影响人文社会科学与艺术创造者发展的影响源

王静采用开放编码和主轴编码同时进行的方式，对访谈文本进行了细致分析。被试在访谈过程中提到对自己有重要影响的具体对象和类别对象共有 20 种，分别为：三位政治人物；思想引领者；虚体人物(大科学家、书)；老师(名师、中小学老师，领域内老师）；家庭成员（父母、兄弟姐妹、女儿、爱人、爷爷等）；密切交往对象（邻居、同行、合作者、同学）。而影响源被提及的频次分布特征，可从下边的雷达图中（见图 8-4）看到正规教育的重要性。

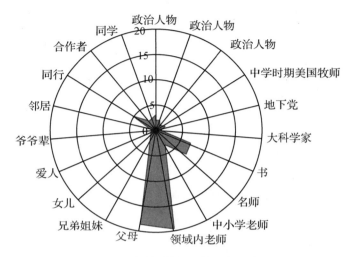

图 8-4　影响源被提及的频次分布图

2. 教师的独特作用

研究表明导师在大学或研究生阶段是人们后来取得重要创作成就的领路人。与其他影响源作用不同的是，教师的影响常常是系统的和长期的。一个人的成长要经历不同的阶段，但是任何人都必须在特定的时期接受学校教师的系统培养，这一点对于人文社会科学与艺术创造者也不例外。我们的研究发现，教师对于人文社会科学与艺术创造者的影响作用居于第一位，并且是高度综合性的。他们的作用可以广泛渗透到激发、启蒙、引领、规范、赞赏、参照等多个方面。

父母对孩子早期生活的影响，直接影响着孩子未来的成就，这已经被很多研究证实。但我们在研究中更看到教师的作用。启蒙教育的作用一般产生在中小学教师的身上，往往由于他们身上的特殊气质，使得人文社会科学与艺术创造者在思想上产生了向往，树立了一定的决心。引导进入领域的老师通常在大学阶段，这个阶段能够对人文社会科学与艺术创造者产生影响的往往是专业领域的老师，尤其是大师级的老师，他们在讲课或是讲座时，帮助被试产生了通向领域之门的感觉，使得他们选择了日后所从事领域的心向，并开始了规范训练。

仔细分析访谈文本的资料表明，教师的影响作用不是通过直接推动发生的，而是通过学习者本人在思想上的共鸣、自我体悟来体现的。教师给予大多数被试的不仅仅是知识本身，还有方法上的熏陶、研讨的氛围和睿智的指引。从具体的影响机制分析，首先，优秀的教师可以提供一个良好的专业资源，为学生专业的积累奠定一个良好的基础。这些老师在研究方法上往往胜人一筹，学生可以跟着得到最为直接的训练。其次，优秀的教师提供的指导使被试直接站到领域前沿，更容易帮助学生把握研究的方向，找准突破点。优秀的教师带来的良好环境和氛围，推动着学生全方位的发展。

最后有一点不能忽视，那就是优秀教师，特别是名家大师的人格魅力更容易激发学生、带动学生。当然，教师的作用也体现在教师对于学生的赞赏、激励和鼓舞作用上。教师的作用还在于引发学生思考，使学生行为以师为镜等方面。

3. "守门人"与镜映现象验证

国外心理学还提出了另外一个重要影响源——业内人士，或者叫作学门（field）、守门人（gatekeeper），他们是各个领域的评判者，只有有幸接触到这些业内人士，被这些学门赏识，成就才有可能在这个领域被认可，从而更好地激发创造性成就的取得。

王静的研究结果发现，实际上守门人并不限于各个领域的专业评判者，很多其他人事实上也充当着这种角色，专业领域的老师，基金会的资金提供者，甚至同学同行，都有可能提供机会，实际上发挥学门的作用。他们通过自己的影响力，可以在不同程度上帮助被试在领域内寻找到机会，获得成长过程中的关键支持。

研究中还发现，人文社会科学与艺术创造者身边还有一类特殊的人物，他们能够给他们提出真诚而尖锐的批评，提出诚恳而富有建设性的建议，这些意见常常被创造者虚心接受，并在相互探讨中获得实质进步。这种批评者不是合作者，甚至不是人文社会科学与艺术创造者本研究领域内的人士，但是他们往往能够给予人文社会科学与艺术创造者最大的启发。

第三节

———

创造性跨文化的比较研究

随着研究的深入，人们发现许多有关创造性的问题和现象是认知过程与人格特征所无法解释的。于是研究者开始留意环境因素对创造性的影响，开始将个体和环境两方面结合起来探讨创造性。[①] 人们已经逐渐认识到：如果要回答是什么使得某些人比另外一些人更富有创意；在影响创造性的因素当中，到底是个体因素起作用，还是环境因素起作用，或者二者共同起作用等这些问题，就必须全面考虑外部因素和内部因素对个人的影响。因此产生了创造性环境观，它更加关注的是，什么样的环境有利于创造性人才的成长与创造潜力的发挥。

在此背景下，申继亮领衔跨文化比较课题组对中、美、英、德、日、新（加坡）六国青少年开展了一系列的创造性跨文化研究，主要涉及创造性思维、创造性人格、影响创造性的个体因素、环境因素、教师内隐观等，试图从环境观的角度通过创造性及相关因素的跨文化比较来探讨创造性的机制。为了保证测验问卷的可靠性不被语言差异造成误差，课题组先将试题编成中文，由中文译为英文，再由英文译成德文、日文，又把英、德、日三种文本回译为中文，鉴定各种文本的一致性。由于收到美国和新加坡的研究资料已超过我们上机统计的日期，故本书收集的是四国青少年创造性跨文化的比较研究。

一、创造性思维的比较研究

这里的创造性思维采用我在本书中界定的创造性思维的内涵。据此编制了"青

[①] Weihua，Niu. & Sternberg，R.，"Societal and school influences on student creativity：the case of China，"*Psychology in Schools*，2003，40(1)，103-114.

少年科学创造性测验"。考虑到胡卫平等人在研究中的施测工具未考虑图形与文字题型，以及施测题量较大，在实际研究中不易操作等问题，申继亮等国内外专家在其基础上编制了"青少年科学创造力测试"来测量儿童的创造性水平。他们在设计创造性测验时，采用了胡卫平等人有关科学创造性维度的论述，一共采取了问题提出、产品设计、问题解决、产品改进和科学想象五个维度，其中，第一、第二、第三题直接来自"青少年科学创造力测验"[①]，第四题和第五题则是源自"托兰斯创造性测验"[②]。需要说明的是，他们之所以从前人所编制的两个测验中通过预试选出五道题目来，是基于以下考虑：第一，考虑到创造性领域，把创造性的测查限制在科学领域内；第二，考虑到测验材料，选取了言语和图形两类测验。依照呈现方式和回答方式，第一、第四题可以看作言语测验；第二、第三题和第五题可以看作图形测验。不过第五题的标题命名也涉及言语回答；第三，原有测验存在题量大、施测时间长的问题。因此，在保证基本维度稳定的前提下，编制本测验的目的在于压缩题量，同时考虑比较不同测验材料的效果。

最后编制的测验一共包括五道题目，每个题目后面给出一个答题示范，以帮助学生理解答题要求。第一题是问题提出，以测量青少年对科学问题的敏感性；第二题是产品设计，以测量青少年创造性的产品设计能力；第三题是产品改进，目的是考查青少年对技术产品创造性的改进能力；第四题是问题解决，旨在测量青少年创造性的问题解决能力，同时，该题还能反映青少年的空间想象能力，这种能力在科学创造中也是必不可少的；第五题是科学想象，以测量青少年创造性的科学想象能力，这是科学创造力的核心成分之一。

申继亮等人将最初编制的问卷对 127 名 12～16 岁的初中学生进行了预试。其中男生 86 名，女生 41 名，平均年龄 13.5 岁，问卷内部一致性系数为 0.7006，表明其具有较高的内部一致性。随后，在河北省选取了三所普通中学的八年级和高二两个年级的中学生共 415 名进行较大范围的施测。学生年龄为 12.6～20 岁，平均年龄为 16.1 岁。经过项目分析，进一步验证了该问卷的信度和效度，同时也验证了

---

① 申继亮、胡卫平、林崇德：《青少年科学创造力测验的编制》，载《心理发展与教育》，2002(4)。

② Torrance, E. P., *Test of Creative Thinking*, Lexington, MA: Personnel Press, 1996.

本问卷同时考虑言语和图形题目的有效性。

(一)取样情况

本研究采用自编的"青少年科学创造性测验"，选取了东西方三个国家的 840 名学生进行创造性思维的比较。其中中国学生 308 名，英国学生 232 名，日本学生 300 名。将各个国家的数据合并整理后，把原始分转化为标准分数进行分析(以下分析数据均为标准分数)。

(二)三个国家青少年创造性思维的比较

首先，申继亮等人分析了三个国家青少年的创造性思维总分，如表 8-3 所示。

表 8-3　中、英、日三国青少年创造性思维总分($M \pm SD$)

	中国	英国	日本
创造性思维总分	1.18 ± 7.12	0.37 ± 7.40	-0.63 ± 7.76

以创造性思维总分为因变量，国家为自变量进行方差分析，国家主效应显著($F = 3.66$，$p < 0.05$)，随后进行了两两比较发现，中国学生和英国学生的创造性思维没有显著差异，而中国学生的创造性思维显著高于日本学生。

接下来，申继亮等人比较了三个国家的学生在科学创造性测验各项目上的差异，如表 8-4 所示。

表 8-4　创造性五个维度上的比较

	中国	英国	日本
问题提出	1.03 ± 3.03	0.13 ± 2.47	-1.25 ± 1.87
产品设计	-0.87 ± 1.65	0.21 ± 1.46	0.75 ± 1.75
产品改进	-0.37 ± 2.75	0.68 ± 2.96	-0.17 ± 2.65
问题解决	0.63 ± 2.50	-0.93 ± 1.86	0.01 ± 3.38
科学想象	0.75 ± 2.98	-0.09 ± 2.56	-0.72 ± 2.50

F 检验结果发现，在问题提出和科学想象两个项目上，中国学生得分显著高于英国学生得分，而后者又显著高于日本学生得分。在问题解决上，中国学生得分显著高于日本学生得分，而后者又显著高于英国学生得分。

在产品设计上，中国学生得分显著低于英国学生得分，后者又显著低于日本学生得分；在产品改进上，英国学生得分显著高于中国学生和日本学生得分，后两者无显著差异。

图 8-5 更为直接地反映了上述结果，可以看出中国学生在产品设计和产品改造两项上的创造力相对较弱，而这两项分别是日本学生和英国学生的强项。

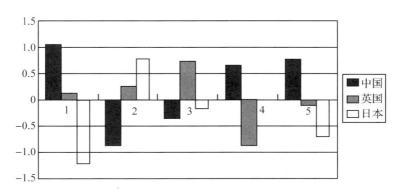

图 8-5 中、英、日三国学生创造性五个项目上标准分数的比较

最后，申继亮等人比较了三个国家青少年在创造性的流畅性、独特性和灵活性上的差别。考虑到项目 2 的记分方式与其他四个有所不同，他们将其余四个项目流畅性、灵活性、独特性上的得分分别累计得到总的流畅性、灵活性、独特性分数。

表 8-5 创造性的流畅性、灵活性、独特性的比较

	中国	英国	日本
流畅性	1.08 ± 2.57	-0.32 ± 2.36	-0.74 ± 2.42
灵活性	1.23 ± 2.32	-0.94 ± 1.81	-0.42 ± 2.64
独特性	-0.36 ± 2.06	1.34 ± 3.02	-0.45 ± 2.27

分别以上述三项指标为因变量，国家为自变量进行方差分析，结果发现三个项目上国家的主效应均在 0.001 水平显著，F 值分别为 37.23，56.17 和 35.30。进一步两两检验结果发现，在流畅性维度上，中国学生得分显著高于日本学生和英国学生得分，后两者之间无显著差异。在灵活性维度上同样中国学生得分最高，显著高于日本学生，而日本学生得分又显著高于英国学生。在独特性维度上，英国学生得分最高，显著高于中国学生和日本学生，后两者无显著差异。

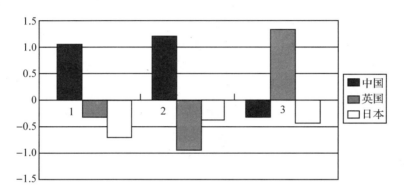

图 8-6　流畅性、灵活性、独特性标准分数的比较

从总分上来看，中国学生在创造性思维测验上的表现好于日本学生和英国学生，但在某些项目(如产品设计、产品改造)和个别维度(如独特性)上，仍有不足，值得研究者和教育者关注。

二、创造性人格的比较

申继亮等国内外专家的研究在创造性人格方面突出三个方面特点。①创造性人格不等于影响创造性的人格特征。创造性人格属于创造性的成分和表现，是能突出创造能力的心理倾向，与非智力因素更为接近。②创造性人格具有结构性，它包含一系列不同的核心特质，而各个核心特质之间并不是独立的，而是相互作用共同构成创造性人格。③创造性人格并非创造性个体所独有的，在普通个体身上同样存在。也就是说创造性个体与普通个体的创造性人格并不存在质（结构）的差别，而只是量（程度）的不同。

申继亮等人在前人研究的基础上，结合对专家的实际访谈，编制了"青少年创造性人格问卷"。主要包括九个方面，分别为自信心、内部动机、坚持性、怀疑性、好奇心、开放性、独立性、冒险性和自我接纳。他们把初步编制的130道题目混杂在一起，随机排列，然后请13位与本研究无直接关系的教育心理学硕士，把这130道题目根据自己的理解和判断重新归为9个亚维度。结果发现，有少数题目的归类与之前的设计不同，或者有些题目的表述容易引起混淆等。因此，他们又对题目进行了再分析和修改，把全部的题目随机排列，选取了1520名青少年对问卷进行预测、修改并且最终确定问卷的维度和项目。整个问卷内部一致性系数为0.8524，9个子维度的一致性系数介于0.60~0.78。该问卷最后由9个维度构成，共72道题目组成，全部采用利克特5点评定量表，从1（完全不符合）到5（完全符合），分别表示题目陈述与学生真实状况的符合程度。

（一）取样情况

本研究采用"青少年创造性人格问卷"，选取了东西方四个国家的学生进行创造性人格的比较。其中中国学生732名，日本学生293名，英国学生268名，德国学生379名。

另外需要注意的是，英国中学生采用的是简缩版本，问卷的维度不变，各维度下题目有所缩减，总共43道，计分方式不变。

（二）四个国家青少年创造性人格的比较

对四个国家青少年创造性人格9个子维度进行描述性统计分析，其结果见表8-6和图8-7。

表 8-6　东西方青少年创造性人格的描述统计

	中国	日本	英国	德国
自信心	3.11±0.75	2.76±0.74	2.95±0.64	2.70±0.61
好奇心	3.74±0.57	3.45±0.62	3.66±0.55	3.23±0.51
内部动机	3.32±0.58	3.02±0.51	3.17±0.64	2.95±0.55
怀疑性	3.00±0.65	3.18±0.50	3.09±0.58	2.97±0.57
开放性	3.46±0.44	3.09±0.39	3.38±0.65	3.11±0.50
自我接纳	2.95±0.40	2.82±0.37	3.40±0.90	3.05±0.36
独立性	3.29±0.58	3.06±0.59	2.99±0.59	3.16±0.53
冒险性	3.68±0.55	3.34±0.47	3.72±0.52	3.34±0.52
坚持性	2.78±0.74	2.59±0.67	2.87±0.59	3.18±0.56

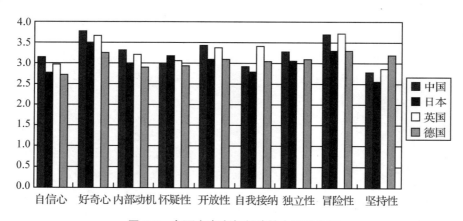

图 8-7　东西方青少年创造性人格的比较

　　从表 8-6 和图 8-7 中可以看到，中、英、日、德四国青少年在创造性人格方面既存在共同性，也存在差异性。

　　首先，好奇心和冒险性是四国青少年创造性人格中较为突出的方面；其次，坚持性是中、英、日三国青少年相对较弱的方面，三个国家的青少年在该维度上的得分均相对较低；再次，除了好奇心和冒险性，开放性是中国青少年创造性人格中的突出特点，自我接纳是英国青少年较为突出的特点，怀疑性是日本青少年的突出特点，而德国青少年较为突出的特点是坚持性和独立性。最后，通过标准差的比较发现，中国和日本青少年在自信心方面存在较大的个体差异，英国青少年在自我接纳方面存在较大的个体差异，德国青少年则主要在怀疑性和自信心方面存在较大的个体差异。

通过对中、日、德三国青少年创造性人格各维度进行比较发现，首先，中国青少年在自信心、好奇心、内部动机、开放性、自我接纳、独立性、冒险性和坚持性方面的得分均高于日本青少年，日本青少年在怀疑性维度上的得分高于中国青少年；其次，除了自我接纳以外，中国青少年和德国青少年在其他 8 个维度上均存在显著性差异，具体表现为，中国青少年在自信心、好奇心、内部动机、怀疑性、开放性、独立性和冒险性方面的得分均显著高于德国青少年，德国青少年在坚持性方面的得分则显著高于中国青少年；最后，日本和德国青少年在好奇心、怀疑性、自我接纳、独立性和坚持性 5 个维度存在显著性差异，日本青少年具有更多的好奇心和怀疑性，德国青少年则表现出更强的自我接纳性、独立性和坚持性。

三、影响创造性的个体因素比较研究

在国内外心理学界，思维风格和动机是被公认的对创造性有着重要影响的两种个体因素。

思维风格（thinking style），作为特定的一种认知风格，是指人们所偏好的进行思考的方式。思维风格不是一种能力，而是一种偏好的表达和使用能力的方式。具有相同能力的个体可能会具有完全不同的思维风格。同时，思维风格也与静态的、单一的人格特质不同，它是与如何运用智能有关的禀赋联系在一起的。因此，思维风格不属于能力范畴，也不属于人格的范畴，而是介于它们之间的一个连接界面（interface）。斯腾伯格在其创造力投资理论中强调了思维风格作为一个重要的变量，影响到创造力的产生。之后完善其思维风格理论提出心理自我管理理论时，反复提到了思维风格在个人成就和创造性产生中有重要作用，立法型、内倾型、全局型与创造性有密切关系，而保守型、局部型、执行型可能阻碍创造出成果。

郑磊磊、刘爱伦探讨了大学生思维风格与创造性倾向的关系，结论与斯腾伯格的基本一致，同时也发现了专制型与高创造性倾向存在相关，并且提出了高创造性者具备的一些思维风格特点。[①]

对创造性人群的一个基本观点是他们的工作强度近乎疯狂，经常放弃睡眠、不吃东西等，很多创造力研究的理论家都在探究"是什么驱动着创造力"这一问题。一些早期的理论家认为，创造性的一个关键部分是对所从事任务的深深的喜爱和欣赏。进入20世纪90年代后，对创造性的内部动机和外部动机的研究引起了心理学界的关注。阿马拜尔（Amabile）提出，个体的工作动机决定着一个人对待特定工作的态度，包括诸如个体的工作态度、对工作的理解等因素，它受到个体工作动机的初始水平、社会环境中的外部压力和个体在认知上如何应对压力等方面的影响。内部推动状态有助于创造性，而外部推动状态有害于创造性。奇克森特米哈伊（Csikszentmihalyi）指出，内部动机是有利于创造性的个体特征之一。[②] 他同时认为伴随着低水平外部动机的高水平内部动机可能更有助于创造个体在他们的领域中保持独立性，因为他较少受到顺从的影响。斯腾伯格和鲁伯特扩展了阿马拜尔的创造性模型，提出了创造性的投资理论，认为动机是创造性产生的六个所需资源之一。[③] 他们认为任务集中动机对于创造性非常重要，并认为这种经常发生在受内部动机驱动的人身上的动机定向也可以发生在受外部动机驱动的人身上。

（一）思维风格的比较

采用斯腾伯格等研究者编制的"思维风格问卷"，申继亮等人测查了374名中国学生和326名德国学生，对其思维风格特点进行了比较分析，具体见表8-7和图8-8。

---

① 郑磊磊、刘爱伦：《思维风格与创造性倾向关系的研究》，载《应用心理学》，2000(2)。
② Csikszentmihalyi, M., *Flow: the psychology of optimal experience*, New York, Harper and Row, 1990.
③ Sternberg, J. S. & Lubart, T. I., "An investment theory of creativity and its development," *Human development*, 1991, 34, 1-31.

表 8-7 中、德学生思维风格的比较

划分方式	思维风格类型	中国	德国	Sig.
功能	立法型（legislative）	26.00±4.44	26.26±5.00	0.466
	执法型（executive）	24.18±4.35	21.86±4.52	0.000
	审判型（judicial）	23.45±4.31	23.09±4.55	0.291
水平	全局型（global）	21.12±4.08	21.32±4.09	0.515
	局部型（local）	22.98±4.02	21.14±3.88	0.000
倾向	自由型（liberal）	24.71±5.23	22.76±5.45	0.000
	保守型（conventional）	21.49±4.91	20.50±5.64	0.014
形式	等级型（hierarchic）	24.47±5.12	24.42±4.71	0.887
	专制型（monarchic）	22.03±4.45	22.53±4.78	0.151
	平等竞争型（oligarchic）	24.15±4.44	21.90±4.80	0.000
	无政府主义型（anarchic）	23.74±4.21	23.11±4.33	0.053
范围	内倾型（internal）	23.23±4.74	22.48±5.09	0.044
	外倾型（external）	24.47±4.58	24.52±5.20	0.903

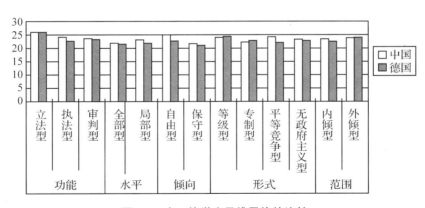

图 8-8 中、德学生思维风格的比较

从表 8-7 和图 8-8 中可以看到，在执法型、局部型、自由型、保守型、平等竞争型、内倾型上，中国学生要显著高于德国学生；其他各个类型上两个国家学生的差异不显著。结合前面的理论分析发现，局部型、保守型、执法型这些特点都可能阻碍创造性成果的产出。因此可以看到，中国学生表现出了一些不利于创造性成果产生的思维风格，可能会影响到他们的创造性活动。

(二)动机的比较

采用"成就目标问卷"申继亮等人对 704 名中国学生、267 名英国学生、379 名德国学生进行施测，比较他们成就动机的差异，结果见表 8-8 和图 8-9。

表 8-8　中、英、德三国学生成就动机的比较

	中国	英国	德国
成绩动机	26.12±7.57	20.32±4.74	22.77±6.41
掌握动机	35.44±7.91	22.84±3.75	31.91±5.38
避免失败动机	24.30±6.88	21.08±4.73	25.69±6.60

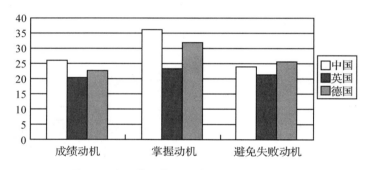

图 8-9　中、英、德三国学生成就动机的比较

采用 T 检验结果发现，在成就动机的三个子维度上，三个国家两两之间均差异显著。在成绩动机和掌握动机上，中国学生最高，其次是德国，最后是英国。在避免失败动机上，德国学生最高，中国其次，英国排在最后。

四、影响创造性的环境因素比较

正如创造性拔尖人才的效标群体所指出的，影响创造性发展的环境因素中，家庭与学校是首要的环境因素，所以，我们也非常重视这两个因素的跨文化研究。

（一）家庭与学校环境因素的比较

对四个国家学生进行了"环境问卷"调查，分别考查了父母和学校老师对学生创造性的培养情况，具体见表8-9。

表8-9 四个国家家庭与学校创造性培养情况的比较

父母问卷	中国	日本	英国	德国
1. 当我和别的同学一起学习或者参加活动时，父母经常会看到我的优点并赞扬我。	3.11	3.50	2.12	3.79
2. 父母支持我尝试新事物，即使这种行为会带来损失。	3.30	3.48	2.28	3.51
3. 生活中，如果我非常不同意父母的一些传统观念和看法，父母是能够接受的。	3.29	2.91	3.37	3.54
4. 父母能够经常和我交流对各种事情的看法。	3.57	3.43	2.76	3.61
5. 父母总是喜欢挑出我身上的缺点和不足。	3.56	3.23	3.29	3.22
6. 在遇到问题时，父母总是直接给我帮助而不是让我独立解决。	2.78	2.54	2.41	3.70
7. 父母不鼓励我参加有挑战性的冒险活动。	2.71	2.92	2.20	2.81
8. 如果完成一件事情非常辛苦，父母会告诉我量力而行，不要那么执着。	3.25	3.23	2.07	3.74
9. 面临一些比较困难、需要动脑筋的问题时，父母更看重的是我是否进行了深入细致的思考而不是是否解题成功。	3.62	2.98	2.71	3.19
教师问卷	中国	日本	英国	德国
1. 从小到大在学校，我每天都能得到老师的赞美和表扬。	2.94	2.94	3.96	3.43
2. 即使我提出一连串与学习内容关系不大的问题，老师也会认真地回答我。	3.67	3.03	2.81	3.16
3. 上课时如果我当面质疑老师，此时老师会认为我在添乱并批评我。	2.96	2.11	3.16	2.75
4. 在学校，老师会和我们谈除了学习之外的很多话题。	3.89	2.98	2.49	3.31
5. 老师总是喜欢挑我身上的缺点和不足。	3.35	2.58	2.84	3.06
6. 对于班规的制定、课外活动的开展和班级事务的处理，老师经常放手交给学生自己去做。	4.19	3.26	2.76	2.84
7. 老师鼓励我尝试一些新的事物，即使存在一定风险。	3.81	2.93	3.03	3.15
8. 当我给自己订下的计划不能如期完成时，老师并不会在意，认为中途停下很正常。	3.08	3.18	2.92	3.26
9. 我对自己感兴趣的问题深入思考却因此而耽误学习时，老师会鼓励我的思考。	3.54	2.74	2.92	3.14

从表 8-8 中可以看到,中国和德国的父母、老师在学生创造性培养方面要优于日本和英国。他们比较注重培养学生的自信心、冒险性、好奇心等创造性所需要具备的一些特质。

(二)教师关于创造性学生特征的内隐观的分析

在研究中,申继亮等人比较了中、日、德三国教师关于创造性学生特征的内隐观。

1. 中、日、德三国教师关于创造性学生特征内隐观的现状

将教师对创造性学生特征的评分进行统计分析,按平均分排前 10 位的词汇和后 10 位的词汇进行分析比较。

中国教师认为创造性学生特征中排位最靠前的 10 个词汇全部属于学生独创性特征:想象力丰富、爱思考、愿做尝试、洞察力强、灵活、实践能力强、独创的、思维发散、喜欢接受挑战、好奇心强;排在后 10 位的词汇为:自律、激进、不守规则、随和、过于自信、易冲动、攻击性强、情绪化、文静和个人主义,其中有 7 个属于非常规特征,少数宜人性特征(自律、随和、文静)也被教师评价为高创造性学生的非典型特征。可见,中国教师关于学生创造性特征的观念具有较高的一致性,非常重视创造型学生的思维特征,而创造型学生的非常规特征(如不守规则、情绪化)则受到了某种程度的忽视。

日本教师认为创造性学生特征中排位最靠前的 10 个词汇为:想象力丰富、喜欢接受挑战、兴趣广泛、洞察力强、好奇心强、独创的、有主见、灵活、主动性强、热情,其中有 8 个属于学生独创性特征,宜人性特征中的热情和才情特征中的兴趣广泛被教师评价为创造型学生的典型特征。排在后 10 位的词汇为:挑战权威、个人主义、认真、执着、文静、易冲动、过于自信、情绪化、随和和集体主义,其中有 4 个属于学生非常规特征,有 4 个属于学生宜人性特征,独创性特征中的挑战权威和执着也被排在后 10 位。日本教师关于学生创造性特征的观念相对分散。

德国教师的选择同日本教师有较大相似性,排在前 10 位的词汇为:愿意尝试、想象力丰富、独创的、热情、主动性强、好奇心强、喜欢接受挑战、思维发散、兴趣广泛、艺术性倾向;排在后 10 位的词汇为:执着、挑战权威、自律、爱幻想、认真、适应性强、随和、文静、过于自信和攻击性强。

2. 中、日、德三国教师关于创造性学生特征内隐观的比较

表 8-10 中、日、德三国教师关于创造性学生特征的内隐观的比较

	三国共有	中国特有	日本特有	德国特有
前 10 位	想象力丰富、独创的、喜欢接受挑战、好奇心强	爱思考、实践能力强	有主见	艺术性倾向
后 10 位	随和、过于自信、文静	激进、不守规则、情绪化	集体主义	爱幻想、适应性强

结合三个国家各自的现状分析和表 8-10 列出的词汇情况，可以很直观地看出中国教师更强调学生的独创性特征，更不强调非常规特征。对三个国家教师关于学生创造性特征的观念的四个维度进行描述统计，见表 8-11。中国教师在学生宜人性特征和独创性特征上的评价高于日本和德国教师，在非常规特征和才情特征上的评价低于日本和德国教师。

表 8-11 三国教师在创造性学生特征四个维度上的评价情况比较（$M \pm SD$）

	宜人性特征	独创性特征	非常规特征	才情特征
中国	45.88 ± 8.72	112.87 ± 13.75	23.74 ± 7.27	19.48 ± 4.08
日本	44.08 ± 16.84	104.22 ± 32.28	29.14 ± 11.76	20.52 ± 6.78
德国	41.94 ± 5.48	101.14 ± 9.23	26.02 ± 4.30	20.28 ± 2.71

单因素方差分析结果表明，三个国家教师在关于创造性学生特征观念的宜人性特征、独创性特征和非常规特征三个维度上存在显著差异，在才情特征维度上不存在国家间的差异。

以教师对学生宜人性特征评分为因变量，以国家为自变量进行方差分析，国家主效应显著[$F(2, 512) = 9.21$, $p < 0.001$]，随后进行的两两比较发现，德国教师的评分低于中国教师和日本教师，后两者之间差异不显著。

以教师对学生独创性特征评分为因变量，以国家为自变量进行方差分析，国家主效应显著[$f(2, 512) = 30.09$, $p < 0.001$]，两两比较发现，中国教师的评分显著

高于日本教师和德国教师，后两者之间差异不显著。

以教师对学生非常规特征的评分作为因变量，以国家为自变量进行方差分析，国家主效应显著$[f(2, 512)=14.59, p<0.001]$，两两比较发现，三个国家之间两两差异均显著，差异方向参见表 8-10。

(三)中、日、德三国教师对创造性培养影响因素的观念分析

不同国家的教师对创造性培养影响因素的看法有着异同点，我们在研究中分析了中、日、德三国教师被试的观念特点。

1. 中、日、德三国教师创造性培养影响因素的特点

在了解中、日、德三国教师在创造性思维、创造性人格和创造性总体培养观念上的特点及差异后，我们进一步探讨三国教师对创造性培养的影响因素所持的观念。研究列出了教师具有的 11 种观念，从最重要到最不重要分别为 1～5 级评分。在研究中，我们发现中、日、德三国教师对于影响创造性培养的因素的重要性既具有一致性也具有差异性。综合三国教师的结果，教师对于影响创造性培养的因素的重要程度从高到低的排序依次为：强调发现学习、给予学生置疑理论假设的机会、强调自主和独立、强调内部动机、给予学生纠正错误的机会、给予学生详细的反馈、强调竞争、给予学生频繁的反馈、接受学习成败、频繁的表扬和使用外部物质奖赏。

2. 中、日、德三国教师关于创造性培养影响因素的差异检验

在了解了中、日、德三国教师对于影响创造性培养的因素的重要性的认识后，进一步对三个国家的教师对该影响因素的重要性程度进行差异检验，以发现其在该观念上的差异性。对中国、日本和德国教师的创造性培养影响因素的观念进行单因素方差分析，在 11 项影响因素上，三个国家的教师均存在显著的差异。具体表现在三个方面。

(1)对于影响因素"给予学生纠正错误的机会、强调内部动机、使用外部物质奖赏、强调自主和独立、强调竞争、接受学习的成败和给予学生质疑理论假设的机会"，中国教师比德国教师认为其对学生创造性的培养更重要，对于"频繁的表扬"

和"给予学生频繁的反馈"两方面，德国教师比中国教师认为其对学生创造性的培养更重要。

（2）对于影响因素"给予学生纠正错误的机会、使用外部物质奖赏、强调自主和独立、强调竞争、给予学生质疑理论假设的机会、强调发现学习和给予学生详细的反馈"，中国教师比日本教师认为其对学生创造性的培养更重要，对于"频繁的表扬"，日本教师比中国教师认为其对学生创造性的培养更重要。

（3）对于影响因素"给予学生纠正错误的机会、强调竞争、给予学生质疑理论假设的机会、给予学生频繁的反馈、强调发现学习、给予学生详细的反馈"，德国教师比日本教师认为其对学生创造性的培养更重要，对于"接受学习的成败"，日本教师比德国教师认为其对学生创造性的培养更重要。

五、研究对教育的启示

上述关于创造性的系列跨文化研究提示我们：当前中国教育改革面临的最大的挑战就是如何培养出创造性的人才。研究结果比较的是在不同文化背景下学生的创造性类型差异，而不是水平高低；人人都具有创造的潜力，关键在于如何培养和挖掘他们的创造潜力。根据我国青少年的创造力发展现状，审视和探讨中国教育体系中存在的阻碍和扼制创造性人才产生的消极因素，进行有针对性和富有成效的教育改革，是提高儿童青少年的创造潜力、培养创造性人才的关键。

（一）调整中国教育现行的考试评价制度，提高学生的创造性

当前，我国的考试评价主要是对学生进行筛查和选拔，未能体现诊断、教学指导和质量监控等重要功能；在考试内容上的人为性和主观性明显，主要测试学生所掌握的知识，基本上没有反映出考生的学业能力和创造力。为了更好地保障学生创造力的发展和创造性人才的出现，需要对现有的考试评价制度进行调整。这种调整要遵循三个原则。第一，建立科学的考试评价体系，在考试内容上凸显学生的创造力。第二，倡导"学生中心"的教学。在教育教学中，教师不仅要把学生作为认知

体，更重要、更本质的是把学生作为生命体。因为人的创造性发展最好的动力是个人发自内心的兴趣和主动的求知欲。第三，通过对教师的"多元化"评价，引领教师在教育教学中实施"灵活多元"的教育教学评价，在教学中发挥教师的创造性，最大限度地挖掘和培养学生的创造性。

(二)转变中国教师的教育观念，激发学生的创造性

教师是教育教学工作的执行者，教师的教育观念会渗透于其教育教学方法和行为中，直接影响他们对学生创造性的培养。我们的研究发现，与德国教师相比，中国教师对于创造性学生特征和喜欢学生特征认识上的不一致，在某种程度上能够解释中国学生创造性的缺失现象。教师对于创造性学生某些特征的喜欢度的降低，必然会削弱他们对学生创造性的期望，从而在一定程度上限制学生创造性的发挥。因此，当前的教育改革需要引导教师转变对于学生创造性的观念，以激发学生的创造力。这种引导可以遵循以下三种路线：第一，倡导学校开展行动研究，引导教师关注并反思自己的教育观念对于学生创造性的影响；第二，引导教师接纳创造性学生表现出的一些不合常规性特征，保护学生创造性的尽情发挥；第三，引导教师关注并激励创造性学生表现出的良性特征，通过教师期望的作用在学生群体中形成创造性的氛围。

(三)改革中国教育现行的管理体制，促进学生的创造性

创新的大敌就是极端地被控制。只有当教师拥有充分的教学自主时，才可能表现出教学创新。学校管理者对教师的极端控制会压抑教师的创新能力，教师对学生的极端控制则会抹杀学生的创造性。当前中国教育现行的管理体制对于学校自主性和教师自主性的限制，已经在一定程度上禁锢了创造性人才的培养。国内学者郑增仪和李继星对法国、德国和意大利三国的基础教育管理体制进行调研后认为，法国、德国、意大利三国在基础教育管理体制上给予校长和教师充分的教育自主权，

对于创造力培养的高度重视，都是在中国教育管理体制中值得借鉴的。[①] 因此，当前对中国教育现行的管理体制的改革需要着眼于以下两个方面：①解决教育督导与学校自主权之间的矛盾，建立"以学校发展为本"的教育行政管理模式；②在学校管理中使用"人性化管理"，赋予教师充分的自主权，形成教师自主创新的氛围。

---

① 郑增仪、李继星：《法、德、意三国基础教育管理体制调研报告》，载《教育发展研究》，2005(4)。

第九章
智力开发的研究

　　围绕着我对思维和智力开发与培养所撰写的《学习与发展——中小学生心理能力发展与培养》一书，被评为教育部首届哲学社会科学优秀成果一等奖之后，我在思考：我之所以要研究思维和智力的开发或培养，来自我对心理学基础研究与应用研究关系的认识。

　　基础研究也好，应用研究也好，对于心理学来说都是必要的。二者有着各自独特的目标：基础研究回答的是心理现象的基本规律，即"是什么"的问题，寻求的是心理学所需的描述、预见、干预，特别是解释性的知识；应用研究则侧重于回答现实社会生活中心理发展变化的"应该"问题，旨在从心理学角度提供解决实际问题的行动建议或指导。二者也有着不同的价值：基础研究奠定心理学的理论基础，彰显的是学科的学术价值；应用研究则维系着学科与社会现实的联系，凸显着学科在实际中的存在价值或生命力。同时，基础研究与应用研究不能相互取代。基础研究所提供的描述、预见、干预、解释性的知识固然是实际问题解决的理论基础，但当运用于实际问题时，必然遭遇从"一般"到"个别"或从"抽象"到"具体"间的差异问题。由此可见，应用研究不可能是基础研究在实践中的简单延伸。这就决定了我在从事心理学基础研究的同时重视应用研究，于是坚持理论联系实际，率先在全国大面积开展中小学智力开发或培养的研究。

　　国际上也有许多智力开发的研究，探索了智力开发的训练模式，探讨了智力开发的教学模式，并涌现了一批有影响的心理学大师，如杜威（J. Dewey），布鲁纳（J. S. Bruner）、奥苏伯尔（D. Ausubel）、萨奇曼（J. R. Suchman）、赞科夫（Л. В. Занков）、艾里康宁（Д. Б. Эльконин）和达维多夫（В. В. Давидоъ）等。开发智力是我国从古到今从未间断的课题，"六艺"教育、春秋战国时期诸子百家的私学、南北朝《颜氏家训》对早期智力的开发，东汉《论衡》的锻炼、教导和"识渐"观等，无不闪烁着智力开发的思想。

我从自己对基础研究与应用研究的关系出发，自 1978 年开始一直重视思维和智力开发的研究。

第一节

———

智力开发的突破口：个体思维品质的培养

我曾多次强调，思维品质体现了每个个体思维的水平和智力的差异。事实上，我们的教育、教学，目的是提高每个个体的学习质量，因此，在智力的培养上，抓住学生的思维品质这个突破口，才能做到因材施教。

一、思维品质的提出及论述

思维品质的揭示，是研究思维心理学的重要组成部分，国内外心理学家对此做了不少探索。

早在 20 世纪 50 年代，在苏联心理学家的著作中已对思维品质做出理论的阐述。在斯米尔诺夫（А. А. Смирнов）主编的《心理学》"思维"一章里，对于思维品质设立专节进行阐述。作者认为，思维服从于一般的规律，同时，不同人的思维特点又各不相同。因此就必须把思维的个别品质区分出来。这些品质有：广度和深度，独立性和灵活性，顺序性和敏捷性等。苏联出版的普通心理学论著对思维品质问题一直给予了充分的重视。例如，20 世纪 70 年代出版的波果斯洛夫斯基（В. В. Богословский）等人主编的《普通心理学》一书，20 世纪 70 年代后期出版的彼得罗夫斯基（А. В. Петровский）主编的《普通心理学》都有论述。但未见过具体研究的资料。

在西方心理学界，首先提出类似思维品质的思维或智力特征的是美国心理学家吉尔福特。吉尔福特在早期研究中，曾把思维的创造性品质分析为：对问题的敏感性（sensitivity to problem），流畅性（fluency，包括联想流畅性因子、观念流畅性因子、表达流畅性因子、语言流畅性因子等），灵活性（flexibility），独创性（originality），细致性（elaboration）和再定义能力（redefinition）。在吉尔福特思想的基础上，近几十年来，欧美心理学家对儿童青少年开展了思维的速度、难度或深度、周密度三个方面的理论研究，但具体到不称思维品质或思维特征，并没有干预研究。

在我国的一些心理学著作中，有的不提思维品质，如曹日昌主编的《普通心理学》，其"思维"一章未涉及思维品质；有的则提思维品质，如北京师范大学等四院校合编的《普通心理学》和杨清的《心理学概论》都提及了具体的思维品质。

由此可见，思维品质原是基础心理学关于思维特点中可论述可不论述的问题，但我却把其看得很重，并对其做了三十多年深入的探讨。我把思维品质上升到智力的特质来认识，将其视为发展智力的突破口，并对每种思维品质的含义与结构做了揭示。根据这种含义，列入学科能力的成分，成为教改实验课题组的教改措施。

二、思维品质的一般特性

不同的心理学著作，对思维品质的论述不尽相同，我比较重视思维品质的深刻性、灵活性、独创性、批判性和敏捷性五个方面。因为我认为这五个方面反映了人与人之间思维的个体差异，是判断智力层次，即确定一个人智力是正常、超常或低常的主要指标。

思维品质的深刻性、灵活性、独创性、批判性和敏捷性，是完整的思维品质的组成因素，它们之间是相互联系、密不可分的。思维的深刻性是一切思维品质的基础。思维的灵活性和独创性是在深刻性基础上引申出来的两个品质；灵活性和独创性是交叉的关系，两者互为条件，不过前者更具有广度和富有顺应性，后者则较具有深度和新颖的产生性，从而获得创造力；前者是后者的基础，后者是前者的发展。思维的批判性是在深刻性基础上发展起来的品质，只有深刻的认识、周密的思考，才能全面而准确地做出判断；同时，只有不断自我评判、调节思维过程，才能使主体更深刻地揭示事物的本质和规律。思维的敏捷性是以思维的四个其他智力品质为必要前提的，同时它又是其他四个品质的具体表现。

(一)关于思维的深刻性

思维的深刻性，又叫作抽象逻辑性。

人类的思维是语言思维，是抽象理性的认识。在感性材料的基础上，经过思维过程，去粗取精，去伪存真，由此及彼，由表及里，于是在大脑里生成了一个认识过程的突变，产生了概括。由于概括，人们抓住了事物的本质、事物的全体、事物的内在联系，又运用思维形式，认识了事物的规律性。个体在这个过程中，表现出深刻性的差异，思维的深刻性集中地表现在善于深入地思考问题，抓住事物的规律和本质，预见事物的发展进程。

我在自己教学实验中看到学生思维的深刻性的表现。

(1)思维形式的个性差异，即在形成概念、构成判断、进行推理和论证上的深度是有差异的。

(2)思维方法的个性差异，即在如何具体地、全面地、深入地认识事物的本质和内在规律性关系的方法方面，诸如归纳和演绎推理如何统一，特殊和一般如何统一，具体和抽象如何统一等方面都是有差异的。

(3)思维规律的个性差异，即在普通思维的规律上、在辩证思维的规律上，以及在思考不同学科知识时运用的具体法则上，其深刻性是有差异的。只有自觉地遵循思维的规律来进行思维，才能使概念明确、判断恰当，推理合理、论证得法，具有抽象逻辑性，即深刻性。

(4)思维的广度和难度的个性差异，即在周密的、精细的程度上是有差异的。一个具有广度和难度思维的人，能全面地、细致地考虑问题，照顾到和问题有关的所有条件，系统而深刻地揭示事物的本质和内在的规律性关系。

(二)关于思维的灵活性

思维的灵活性是指思维活动的智力灵活程度。它的特点包括：一是思维起点灵活，即从不同角度、方向、方面，能用多种方法来解决问题；二是思维过程灵活，从分析到综合，从综合到分析，全面而灵活地做"综合地分析"；三是概括迁移能力强，运用规律的自觉性高；四是善于组合分析，伸缩性大；五是思维的结果往往是多种合理而灵活的结论，这种结果不仅仅有量的区别，而且有质的区别。

我所提出的思维灵活性，与美国心理学家吉尔福特所提出的发散思维(divergent thinking)的含义有一致的地方。我在上文已阐述了对发散思维与辐合思维关系的看法。对于发散思维的实质，吉尔福特认为是从给定的信息中产生信息，其着重点是从同一的来源中产生各种各样的为数众多的输出，很可能会发生转换作用。它的特点，一是"多端"，对一个问题，可以多开端，产生许多联想，获得各种各样的结论。二是"灵活"，对一个问题能根据客观情况的变化而变化。也就是说，能根据所发现的新事实，及时修改原来的想法。三是"精细"，要全面细致地考虑问题。不仅考虑问题的全体，而且要考虑问题的细节；不仅考虑问题的本身，而且考虑与问题有关的其他条件。四是"新颖"，答案可以有个体差异，各不相同，新颖不俗，无怪乎吉尔福特把发散思维看作创造性思维的基础。按照吉尔福特的见解，发散思维应看作一种推测、发散、想象和创造的思维过程，这来自这样一种假设：处理一个问题有好几种正确的方法。也就是说，发散思维是从同一问题中产生各种各样的为数众多的答案，在处理问题中寻找多种多样的正确途径。由此可见，吉尔福特的发散思维的含义就是求异，就是求得多解。

我所说的思维灵活性，也强调多解和求异。从这个意义上说，我所说的思维的灵活性品质在某种意上，也可以叫作发散思维，这与吉尔福特的发散思维的含义基本上是一致的。但我认为讨论这个含义还未涉及灵活性或发散思维的实质。思维的灵活性或发散思维的实质是什么？我从自己的研究出发，认为其实质是"迁移"。灵活性越大，发散思维越发达，越能多解，多解的类型(质)越完整，组合分析的交接点越多，说明这种迁移过程越显著。中华传统文化教育强调的"举一反三"是高水平的"发散"，正是来自思维材料和知识的迁移。迁移的本质又是什么？它是怎样产生的？从思维心理学角度来说，"迁移就是概括"。"触类旁通"，不就是说明灵活迁移——旁通，来自概括的结果——触类吗？

（三）关于思维的独创性（或创造性）

我认为思维活动的独创性、创新、创造性、创造性思维或创造力可以看成是同义语，只不过从不同角度分析罢了。我们如果分析创造性思维（或创造思维），所强调的是思维过程；而这里谈的独创性或创造性，则是强调思维个体差异的智力品质。也就是说，独创性是指独立思考创造出有社会（或个人）价值的具有新颖性成分的智力品质。不管是强调思维过程，还是强调思维品质，共同的一点是突出"创造"或"创新"的特征。这种特征是如何发生的呢？如前所述，其原因在于主体对知识经验或思维材料高度概括后集中而系统的迁移，进行新颖的组合分析，找出新异的层次和交接点。概括性越高，知识系统性越强，减缩性越大，迁移性越灵活，注意力越集中，则独创性就越突出。

通过我自己的研究，对思维活动独创性的特点可以做如下说明。

首先，思维的独创性是智力的高级表现。思维的独创性，是人类思维的高级形态，是智力的高级表现，它是在新异情况或困难面前采取对策，独特地和新颖地解决问题的过程中表现出来的智力品质。任何创造、发明、革新、发现等实践活动，都是与思维的独创性联系在一起的。思维的独创性在人类社会生活的一切领域和活动中，都发挥着或者都可能发挥着重要的作用。

其次，思维的独创性，突出地表现为如绪论所述的五个特点：①创造活动是提供新的，第一次创造的具有社会意义的产物的活动；②思维独创性或创造性思维的过程，要在现成资料的基础上进行想象，加以构思，才能解决别人所未解决的问题；③在思维独创性或创造性思维的过程中，新形象和新假设的产生带有突然性，常被称为"灵感"；④思维独创性或创造性思维，在一定意义上说，是分析思维和直觉思维的统一；⑤思维独创性或创造性思维是发散思维与辐合思维的统一。

最后，要善于从小培养思维独创性。在以往的心理学研究中，创造性思维的研究对象仅仅局限于少数杰出的发明家和艺术家身上。但是，20世纪70年代后，研究者们认为：创造性思维是一种连续的而不是全有或全无的品质，每个人(包括青少年学生)都有创造性思维或独创性。我认为，思维的独创性或创造性思维，应看作学习的必不可少的心理因素或条件。从创造性的程度来说，学习可能是重复性的或创造性的。重复性的学习，就是死守书本，不知变化，人云亦云；创造性的学习就是不拘泥，不守旧，打破框框，敢于创新。学生在学校里固然是以再现性思维为主要方式，但发展他们的创造性思维，也是教育和教学中必不可缺的重要一环。

(四)关于思维的批判性

思维的批判性，就是指在思维活动中善于严格地估计思维材料和精细地检查思维过程的智力品质。在国外心理学界，有一种前面已提到的，并与思维批判性品质相应的概念，叫作批判性思维。所谓批判性思维，意指严密的、全面的、有自我反省的思维。有了这种思维，在解决问题中，就能考虑到一切可以利用的条件，就能不断验证所拟定的假设，就能获得独特的问题解决的答案。因此，批判性思维应作为问题解决和创造性思维的一个组成部分。

我还是从思维的个性差异来阐述批判性思维，称它为思维的批判性品质。它的特点有五个：①分析性。在思维过程中不断地分析解决问题所依据的条件和反复验证业已拟定的假设、计划和方案。②策略性。在思维课题面前，根据自己原有的思维水平和知识经验在头脑中构成相应的策略或解决课题的手段，然后使这些策略在解决思维任务中生效。③全面性。在思维活动中善于客观地考虑正反两方面的论据，认真地把握课题的进展情况，随时坚持正确计划，修改错误方案。④独立性。即不为情境性的暗示所左右，不人云亦云，不盲从附和。⑤正确性。思维过程严密，组织得有条理；思维结果正确，结论实事求是。思维批判性品质是思维过程中自我意识作用的结果。自我意识是人的意识的最高形式，自我意识的成熟是人的意识的本质特征。自我意识以主体自身为意识的对象，是思维结构的监控系统。通过自我意识系统的监控，可以实现大脑对信息的输入、加工、储存、输出的自动控制系统的控制。这样，人就能通过控制自己的意识而相应地调节自己的思维和行为。所谓思维活动的自我调节，就是表现在主体根据活动的要求，及时地调节思维过程，修改思维的课题和解决课题的手段。这里，实际上存在着一个主体主动地进行自我反馈的过程，因而，思维活动的效率就得到提高，思维活动的分析性就得到发展，思维过程更带有主动性，减少那些盲目性和触发性，思维结果也具有正确性，减少那些狭隘性和不准确性。

(五)关于思维的敏捷性

思维的敏捷性，是指思维过程的速度或迅速程度。有了思维敏捷性，在处理问题和解决问题的过程中，能够适应迫切的情况，积极地思维，周密地考虑，正确地判断和迅速地做出结论。有人说，思维的速度不包括正确的程度。但我们认为，思维的轻率性绝不是思维的敏捷性品质。我们在培养儿童青少年思维的敏捷性时，必须克服他们思维的轻率性。

敏捷性这种思维品质，与上面的四种思维品质不同，它本身不像上述品质那样有一个思维过程。这是思维的敏捷性与上述思维品质的区别。然而，敏捷性与上述思维品质又有联系，它是以上述思维品质为必要的前提，又是这些思维品质的集中表现。没有思维高度发达的深刻性、灵活性、独创性和批判性，就不可能在处理问题和解决问题的过程中有适应迫切情况的积极思维，并正确而迅速地做出结论。特别是思维活动的概括，没有概括，就不会有"缩减"形式，更谈不上什么速度了。同时，高度发展的思维的深刻性、灵活性、独创性和批判性必须要以速度为指标，正确而迅速地表现出来。

三、个体思维品质培养方法举例

从 1978 年开始，我一直在从事中小学生思维品质培养的实验。我们有许多数据[①]，这里只能举最简单的例子来说明。

---

① 参见林崇德：《学习与发展——中小学生心理能力发展与培养》修订版，北京，北京师范大学出版社，2003。

（一）两个实验数据的列举

在整个教学实验过程中，我结合中小学各学科的特点，制订出一整套培养思维品质的具体措施。由于我和我的课题组在教学实验中抓住了思维品质的培养，所以，大部分实验班学生的智力、能力和创造精神获得迅速的发展，各项测定指标大大地超过平行的控制班，而且，实验时间越长，这种差异越明显。1990 年暑假，我们随机取样对 50 个小学实验班（每个年级 10 个班）和相应 50 个对照班的数学综合能力和语文综合能力加以测定，试加统计，可以表明这种趋势（如表 9-1、表 9-2 所示）。

表 9-1 不同年级被试数学综合能力考试成绩对照

年级	不同被试	平均成绩 X	标准差 S	人数 N	差异显著性检验
一年级	实验班	89.4	8.8	300	$p < 0.05$
	对照班	85.7	10.2	300	
二年级	实验班	81.6	6.7	300	$p < 0.05$
	对照班	77.2	10.6	300	
三年级	实验班	81.1	10.0	300	$p < 0.01$
	对照班	74.0	15.6	325	
四年级	实验班	87.1	8.6	345	$p < 0.01$
	对照班	74.1	21.0	310	
五年级	实验班	84.1	9.1	320	$p < 0.05$
	对照班	67.3	24.5	310	

表 9-2 不同年级被试语文综合能力考试成绩对照

年级	不同被试	平均成绩 X	标准差 S	人数 N	差异显著性检验
一年级	实验班	91.3	9.1	300	$p < 0.05$
	对照班	86.7	10.7	300	
二年级	实验班	87.4	8.4	300	$p < 0.05$
	对照班	81.2	11.2	300	
三年级	实验班	88.8	9.3	325	$p < 0.5$
	对照班	82.4	14.2	300	

续表

年级	不同被试	平均成绩 X	标准差 S	人数 N	差异显著性检验
四年级	实验班	90.1	8.9	345	$p < 0.01$
	对照班	82.1	15.8	310	
五年级	实验班	94.6	10.4	320	$p < 0.005$
	对照班	83.5	19.7	310	

由表 9-1、表 9-2 可见，第一，实验班学生在数学与语文综合能力测定中，成绩普遍地高于对照班学生的成绩；实验班学生成绩的标准差，普遍低于对照班学生成绩的标准差。第二，实验班和对照班学生的成绩差异的显著性，随年级升高、实验年头的增加而递增；离差性的对比也随之逐年增加。也就是说，对照班的两极分化在逐年明显化，而实验班却在五年中大致相同，两极分化现象变化不大。

从中我们可以得出结论：培养思维品质是发展智力与能力，乃至各科教学改革的一条可信又可行的途径。

(二)个体思维品质培养的一般原理

在国际心理学界，尽管有不少类似"学思维"的训练，即通过训练提高被试思维活动的质量，但绝大多数的智力或思维能力的培养都是通过教学，特别是与学科教学相联系进行的。个体思维品质的培养，要通过具体学科教学和生存技能训练进行，这是个体思维品质培养的一般原理。

因此，我将在第三节中讨论不同学科能力时，除了重视各学科能力的特点之外，还特别重视思维品质问题。例如，我已在绪论中提到，将中小学生的教学能力结构看成是以概括为基础的三种能力(运算能力、空间想象能力和逻辑思维能力)与五种思维品质(深刻性、灵活性、独创性、批判性和敏捷性)相交叉的统一整体；将中小学语文能力结构看成是以概括为基础的四种能力(听、说、读、写)与五种思维品质相交叉的统一整体。

在这里，我把思维品质的培养，紧紧地结合学科教学来进行。

我对思维品质培养的第一批研究以 20 个实验班(一至五年级各四个班)和相应

的控制班为被试。按照随机取样原则，每班人数规定为 35 人，共 1400 名被试。实验班的教师通过思维发展心理学的系统学习，定期集体备课，统一实验的指导思想与具体措施，开教学观摩课，不断改进培养计划，突出教学方法的改革。被培养的思维品质有四种（小学阶段我们不强调批判性，中学阶段特别强调这种思维品质）。它们各自的指标分别为：思维灵活性以一题多种解数、一题多变化数为指标；思维深刻性以完成下列五个方面逻辑抽象试题的成绩为指标：数学概括能力、空间想象能力、数学命题能力、推理能力和运用法则能力；思维独创性以自编应用题的数量为指标。

从实验的结果看来，运算中的四种思维品质在实验组和控制组之间存在着显著的差异，说明运算思维活动的敏捷性、灵活性、深刻性和独创性是可以通过培养而得到提高的。在适当的时候，有的思维品质可以提高一个年级的水平。不仅如此，两组不同被试数学考试成绩的对比清楚地告诉我们，良好而合理的教育措施，在培养小学生的运算过程思维品质的同时，也促进了他们的数学学习成绩的提高，使他们学得快、学得灵活、学得好，换句话说，就是促进小学数学教学质量的提高。这里要申明的是：我们的实验组 20 个教学班的教师将"提高教学质量，减轻学生负担"作为一个出发点，他们不仅不搞加班加点，不给学生加额外作业，而且除了个别成绩较差的学生外，数学作业基本上可以在学校完成。

（三）研究思维品质的重要性

我在研究中体会到，思维品质发展与培养的研究，是思维发展心理学与教育研究中不可忽视的一个重要环节。

首先，目前中小学生思维乃至智力发展的研究涉及面很广，要突出研究其思维能力的发展。思维品质是思维能力的表现形式，不同的思维品质必定表现出不同的思维能力。因为在智力的差异中，思维品质的差异是最主要的差异，一切智力、思维的发展研究，都是从个体入手的，都是研究个体思维能力的提高和差异的变化。不论是研究中小学生的概念、推理、问题解决和理解等方面的发展，还是确定或区别中小学生思维能力，智力的层次，都离不开思维的深度、广度、速度、灵活程度、抽象程度、批判程度和创造程度的表现，也就是离不开思维品质，尤其集中地表现在敏捷性、灵活性、深刻性、独创性和批判性方面。因此，思维品质表现了思维能力，研究中小学生思维品质揭示的是中小学生思维能力的发展。

其次，在思维或者思维发展的研究中，制订和寻找客观指标是当前思维研究中的一个难题。皮亚杰的思维及思维发展的实验研究方法是重大的突破。这是值得我们学习的。同时，我在自己的研究中看到，在教学场或日常生活中，中小学生思维品质的客观指标是容易确定的，敏捷性、灵活性、深刻性、独创性和批判性的差异的表现是可以用客观的方法加以记录的，因此能够作为思维品质的指标。也就是说，从思维品质发展与培养的研究入手，是能够探索出中小学生思维发展的一些侧面的。

再次，在中小学生思维发展的研究中，离不开对"教育与发展"问题的探讨。传统教学有不少弊病，如"齐步走""一刀切"，看不到中小学生思维、智力的差异，使他们在教学中往往处于被动的状态。目前国际上有不少心理学家，诸如赞科夫、布鲁纳等在研究思维、智力发展的同时，也致力于对传统教学进行改革。我在自己的研究中看到，研究思维品质的发展与培养，有利于进一步挖掘中小学生思维、智力的潜力。

最后，思维品质发展的水平，是区分中小学生的智力正常、超常或低常的标志。我们的研究表明，超常中小学生在思考时反应敏捷，思路灵活，认识深刻，善于抓住事物的实质，解决问题富于创造性。低常中小学生的思维迟钝，思路呆板，只能认识事物的表面现象，没有丝毫富有社会意义的独创性和新颖性。例如，我统计了5～18岁的超常学生的运算时间，他们的速算一般是正常学生运算时间的1/3～1/2。而我追踪的15名低常学生，他们上中学后，一般演算速度过慢，他们在完成力所能及的演算习题时，其演算时间往往是正常学生的3倍以上。又如，智力超常的中小学生，在数学学习中往往善于钻难题，解答抽象习题，热衷于逻辑推理，思维品质的深刻性是十分明显的。智力低常的中小学生，在运算中离不开直观或形象，上述的15名低常学生，他们是依靠掰手指头来运算的，离开了手指头，运算也就终止，智力品质的深刻性极差。因此，研究思维的品质，对于发现超常、低常中小学生，开展对他们的思维、智力的研究，有的放矢地加以培养具有重大的意义。

第二节

———

智力开发的中心环节：个体的元认知训练

我在绪论的思维结构中提到了自我监控，在第三章里思维的分类中提到了反思性思维，这些都是我在20世纪70年代提出的，但由于"文化大革命"而停止心理学的科学研究，也无法发表学术观点。而与此同时，美国心理学家弗拉维尔于1976年正式提出了与我的"监控""反思性思维"本质相同的元认知（metacognition），并在智力开发中很有影响。因此，在这一章中，我想还用国际通用的弗拉维尔的元认知概念。

在我国，对元认知介绍最早且积极投入研究的学者是董奇。[①] 他的博士论文《中小学生阅读能力与元认知的发展与培养》，展示了其在这个领域的学术造诣。我们团队及课题组对这方面的研究也十分重视。

一、元认知的概念与结构

（一）元认知概念与结构

弗拉维尔在《认知发展》[②]一书中提出，元认知就是对认知自身进行反思的一个知识系统，即对认知的认知。

根据弗拉维尔的观点，元认知结构包括三个方面：元认知知识、元认知体验和元认知监控。

---

① 董奇：《论元认知》，载《北京师范大学学报（社会科学版）》，1989（1）。
② Flavell, J. H., *Cognitive Development*, NJ, Englewood cliffs, N. J., Prentice—Hall, 1977.

1. 元认知知识

元认知知识是个体关于自己或他人的认识活动、过程、结果，以及与之有关的知识。弗拉维尔认为，元认知知识一般包括如下四个方面：

（1）任务——有关认知材料、认知任务方面的知识。在认知材料方面，主体是否认识和掌握材料的性质、长度、熟悉性、结构特点、呈现方式、逻辑性等因素；在认知目标、任务方面，主体是否知道不同认知活动的目的和任务可能不同，任务的性质又是如何影响认知成绩的，如在记忆方面，懂得再认易于回忆。

（2）自我——关于主体自身在认知方面的技巧、能力和特点等方面的知识。例如，在识记材料方面，知道自己记词比记数可能要容易些；还要明白，不同年龄的人及同年龄的人在记忆能力方面是有差异的；等等。

（3）策略——关于各种不同策略对于提高认知成绩作用的知识。比如，进行认知活动有哪些策略、各种认知策略的优点和不足是什么，以及应用的条件和情境如何等，如在识记毫不相干的词对时，知道采用形成视觉表象记忆法比反复默念法更有效。

（4）交互作用——有关上述两种或三种知识交互作用是如何影响认知成绩的知识。比如，关于任务和策略这两类知识的交互作用，虽然被试明白采用重复法有助于记忆，但是如果主试在第一遍叙述任务时，对方没有听懂，即使同样重复若干遍，也很难使对方理解。足见交互作用对认知成绩的影响。

2. 元认知体验

元认知体验是认知主体随着认知活动的展开而产生的认知体验或情感体验。它是在认知活动进行过程中，对于自己已有的元认知知识的某种意识或半意识状态。元认知体验通常与一个人在认知活动中所处的位置有关，与一个正在取得或可能取得什么样的进展有关。譬如，当我们阅读时，一旦遇到自己熟悉的内容，可能就会在心里对自己说："哦，这个我知道。"或者，在出现一个生词时，就会说："这个词我不大清楚，作者在这儿是什么意思呢？"诸如此类的反应便是元认知体验的表现，它是在认知活动进行的同时产生的即刻反应。与之相比，元认知知识则是储存在大脑中并可从记忆中提取来指导认知活动的概念和知识系统。二者之间密切相关，只有具备了一定的元认知知识，才有可能产生有关自身、任务、目的等的元认知体验。

3. 元认知监控

元认知监控是主体在进行认知活动的全过程中，将自己正在进行的认知活动作为意识对象，不断地对其进行积极、自觉的监控和调节。它主要包括：

（1）制订计划，即在一项认知活动之前，依认知活动的特定目标，计划各种活动，预计结果，选择策略，构想出各种解决问题的可能方法，并预估其有效性。

（2）实际控制，即在认知活动进行的实际过程中，及时评价、反馈认知活动进行的各种情况，发现不足，并及时修正、调整认知策略。

（3）检查结果，即根据有效性标准评价各种认知行动、策略的效果，根据认知目标评价认知活动的结果，正确估计自己达到认知目标的程度、水平。

（4）采取补救措施，即根据对认知活动结果的检查，对发现的问题采取相应的补救措施。

综上可知，元认知过程实际上就是指导、调节认知过程，选择有效认知策略的控制执行过程，其实质是人对认知活动的自我意识和自我控制。

（二）元认知是哗众取宠的创新吗？

看了上面的论述后，有人可能会问：既然元认知思想古已有之，那么我们今天何苦要老调重弹？有必要创立这个新词吗？是否有哗众取宠之嫌？

我们认为，产生上述想法是很自然的。诚然，20 世纪 70 年代弗拉维尔首次明确提出这一概念后，一直到今天，大家发现，几乎所有的认知领域的名称前都可冠以"元"（meta-）字。比如，元学习、元记忆、元注意、元理解、元言语等。当然，似乎难免鱼龙混杂，但不可否认的是，一个科学概念的诞生，不仅是思想渊源和时代背景交融、凝聚的产物，具有不可阻遏之势；而且还是某学科价值嬗变和历代学者智慧演进的结晶，具有不可剥离的历史印痕。更有意义的是，一个科学概念的创立，往往意味着人的思维结果的质变和方法论的革新，科学随着方法论上所获得的成就而不断地跃进着。方法论每前进一步，我们便仿佛上升了一级阶梯。于是，我们就展开更广阔的眼界，看见从未见过的事物。毋庸置疑，元认知便是这样一个科学概念。根据目前的研究状况，我们认为，提出元认知概念的意义有如下几个方面。

（1）元认知具有其自身独立而特殊的内涵。它是一种特殊的深层认知活动，是对主体自我认知的认知，而不是认知活动本身，迥异于我们以往研究的认知活动。譬如以学习活动为例，长期以来，学者们从认知角度出发，将学习视为一个由感知、注意、记忆、理解等构成的认知过程，相应地，在分析学习能力时，也多侧重从感知力、记忆力、理解力、概括力及想象力等几方面入手。对学习能力的研究和测查也大多根据结果进行判断，显然这一认识和做法是不全面、不科学的，这也是导致我国在长期教学实践中犹疑不前的一个重要原因。从元认知角度来透视，学习过程并非简单地对所学材料的识别、加工和理解的认知过程，而且同时也是一个对该过程进行积极的监控、调节的元认知过程（策略选择、对活动过程进行监控、评价策略执行的效果、及时反馈并修改该过程的进度、方向和所采用的策略等）。认知过程的有效性如何，在很大程度上取决于元认知过程的运转水平和效益。显然这一观点触及了学习活动的深层本质。我们不妨打个比方，我们都知道，"发烧"只是第二症状，是某种内在病源的表面反应；同理，人们对智力活动结果的评估、对自我认知过程的控制，也是一种第二症状，其深层原因在于元认知活动。由此可见，这一概念的提出有助于我们对深层认知活动的研究。

（2）元认知的研究具有丰富的教育实践意义。当前，"教会学生如何学习""如何改善学生思维能力"已成为整个社会迫切关注的教育热点，"为迁移而教""为迁移而学"日渐成为人们经过艰苦探索和反思后所达成的对教学的共识，而元认知的培养训练则已成为解决上述难题的有效杠杆。董奇所进行的大量的元认知培养也进一步揭示出：元认知对人们的智力、思维活动起着监控、调节的功能，它的发展水平直接制约着智力、思维的发展水平。[1][2] 已有的研究足以证明，元认知训练是改善人的认知能力结构的关键。正如传统的区分"学什么"与"怎样学"曾带来了教育实践中

---

[1] 董奇：《论元认知》，载《北京师范大学学报（社会科学版）》，1989(1)。
[2] 董奇：《儿童创造力发展心理》，杭州，浙江教育出版社，1993。

的一场革命，而区分"认知"与"元认知"也将预示着教育心理领域内的变革。

（3）元认知研究具有较高的生态效度。国外大量研究证明，元认知培养研究既具有较高的内部效度，又有较高的外部效度。在某一领域内提出的一些元认知训练内容仍适用于其他领域。例如，训练学生解决问题中的"自我发问"能力的方法同样适用于实验室、学校及日常生活中的各种情境。

（4）元认知概念的提出有助于从整体上对心理现象进行研究。元认知概念促使我们更多地关注各传统认知领域的共同点。[①] 此外，因为元认知要求人们反思自己的认知结果，并将自己的观点与他人的加以比照，这就在一些相关领域，如在社会认知、角色采择和沟通等领域之间建立了直接的联系；而且，元认知的研究弱化了传统划分认知领域的界限。我们认为这是大有裨益的。

二、元认知与思维品质关系性质的相关研究和实验研究

董奇对元认知与思维品质的实质展开了相关和实验的研究。

（一）相关研究

通过分析被试在元认知方面和思维品质方面的发展水平的相关情况，探讨元认知与思维品质是否有联系？这种联系的性质和程度如何？

董奇对元认知与思维品质关系的探讨是结合中小学的语文阅读进行的。考虑到考查元认知与思维品质的关系需要被试在两方面都达到一定的发展水平并具有一定的稳定性，因此，本研究从小学四年级开始选取被试。研究的被试取自北京市四所中小学，分为小学四年级、六年级、八年级、高中一年级四个年龄组，每组 100人，男女各半，共 400 人，被试的年龄为 10～17 岁。为了科学地研究元认知与思维品质的关系，董奇首先编制了元认知和思维品质方面的测查资料。测查材料的内容有以下七项：①思维敏捷性测查材料，主要以在正确理解的基础上速度的快慢为指

---

① Flavell，J. H.，"Metacognitive aspects of problem solving，"In L. B. Resnick，*The nature of intelli-gence*，Hillsdale，NJ：Lawrence Erlbaum，1976，231-235.

标；②思维灵活性测查材料，主要以阅读时能否根据不同的阅读任务和材料的内容而主动、灵活、有效地采用相应阅读策略为指标；③思维深刻性测查材料，主要以全面、准确理解所读内容的要点，把握作者的意图，深入思考所读内容，从中发现有规律和本质的东西为指标；④思维批判性测查材料，主要以是否善于对阅读内容进行辩证分析，善于汲取精华，去除糟粕，从正反两方面对文章做出合理的评价为指标；⑤思维独创性测查材料，主要以善于对所读内容提出合理的独到见解，做出创造性的评价和修改建议为指标；⑥元认知知识测查材料，主要包括评价、计划性和监控调节三方面的元认知知识；⑦元认知监控测查材料，主要以在阅读过程中错误觉察，阅读理解的信度为指标。

编制上述各项测查材料时，严格遵循了下列原则：①各项测查材料内容的确定，应与学生语文阅读领域的现实活动相联系，充分反映该领域的主要思维活动特点和所需的策略；②为了使所编测查材料更好地反映出学生的思维品质与元认知因素，选编材料时应注意如何在保证学生对题目所涉及的阅读内容有大致相同的学习机会的前提下考查他们的思维品质，元认知的发展水平；③为了保证所测结果的科学性，测查材料必须有一定的信度。在本研究中，我们以相距时间较短的重测相关系数作为信度指标。

上述七项测查材料的编制过程主要分为下述四个阶段：①提出基本构想，即通过理论分析和实际调查研究，确定测查材料的基本形式、范围和内容；②具体编制各测查材料，即组织专家、优秀语文教师按照第一阶段的基本构想具体编制各项测查材料，并对其进行反复的讨论、修改，最后组成试用测查材料；③预测，即用试用测查材料对部分不参加该研究的中小学生进行测试，并根据结果对各测查材料中的内容进行筛选、修改，最后形成正式测查材料；④获取信度资料，即用正式测查材料对 100 名不参加正式研究的八年级学生在较短的时间内进行两次测查，以取得正式测查材料的信度指标。结果表明，各测查材料都具有较高的信度，均达到了可接受水平。

结果显示，根据各年龄组学生的成绩，研究者分别计算出他们思维品质发展水平及其与元认知知识、元认知监控能力发展水平的相关系数。可以看出，①中学生思维的敏捷性、灵活性、深刻性、批判性和独创性五个思维品质的发展都与其阅读元认知知识、元认知监控能力的发展水平有密切的联系，各思维品质与元认知知识，元认知监控能力的相关系数的显著性分别都达到了 0.01 或 0.05 的水平。这意味着，一般而言，阅读元认知发展水平高的学生（有关阅读及其策略方面的知识比较丰富，在实际阅读过程中善于对自己的阅读过程进行有效监控与调节），其阅读中思维的敏捷性、灵活性、深刻性、批判性和独创性的发展水平也比较高。反之亦然。这一结果证明：阅读元认知与思维品质之间存在非常密切的联系。②各思维品质与元认知知识、元认知监控能力的相关尽管都达到了显著性水平，但在程度上存在着差异，而且差异的范围还是比较大的（从最低的 0.220 到最高的 0.626）。这表明，元认知知识和元认知监控能力同各思维品质相联系的密切性程度还是有差异的，有的联系更紧密些，有的联系则紧密性低些。③同一思维品质同元认知知识或元认知监控能力的相关程度还是年龄（年级）的函数，即随被试年龄的变化而发生一定的变化。这说明，各思维品质虽然在总体上同元认知知识、元认知监控能力有着高相关，但如具体考查其内部的微观结构，却是十分复杂的。

总之，董奇的研究证明了元认知与思维品质之间存在着正的联系，而且这种联系的程度还是十分密切的。但是，对于这种联系的性质（是相关关系还是因果关系）是什么，却不清楚，相关研究也无法做出回答。这就是在随后研究中所要探讨的问题。

(二)实验研究

前面提到，在相关研究中董奇发现，阅读元认知知识、元认知监控能力与思维各品质之间存在着非常密切的联系。但是，对于这种联系的性质是什么，是相关关系还是因果关系则尚不清楚。为了更进一步清楚地阐明元认知与思维品质相互联系的性质这一重要理论问题，为发展学生的思维提供重要心理学依据，很有必要对这个问题进行更深入的研究，彻底弄清二者之间是否存在因果联系。因此，董奇的实验研究的主要目的为：通过实验手段操作元认知变量，来进一步考查元认知与思维品质是否有因果关系。

根据研究的目的，董奇在北京市选取了环境条件、教学条件、学生来源和家长职业等情况基本相同的四所中小学的 400 名学生为被试。分为小学四年级、八年级两个年龄组，每个年龄组 200 人。其中实验组 100 人，控制组 100 人，男女各半。初测和大量调查、评价结果表明，实验组与控制组学生起始水平基本相同，在学习成绩、阅读水平、一般能力水平等方面均无明显差异。另外，对实验组与控制组学生的教学都采用相同的教材、进度，甚至由同一教师担任。

测查材料，研究采用与前面相关研究相同的测查材料。元认知训练材料加强了对元认知的培养，董奇的培养措施主要涉及两个方面：一是阅读教学中有目的、有计划地丰富学生的各种阅读元认知知识；二是在学生实际阅读的过程中，注意培养他们的元认知监控能力。

结合阅读教学，培养学生元认知的主要内容包括如下几个方面：①让学生充分认识阅读活动的特点与实质（包括阅读活动有哪些心理活动参加，其特点是什么，阅读过程包括几个阶段，每阶段的特点如何，阅读的功能有哪些，等等）；②让学生充分了解影响其阅读活动与效果的三个主要因素，即个人因素（包括兴趣、爱好、目的、已有知识经验水平、现有阅读水平、努力的作用等），课题因素（包括所阅读材料的性质、特点、难易及阅读任务等），策略因素（包括有哪些阅读策略，各策略的有效性如何，使用的条件，等等）；③在阅读前如何做计划（包括怎样根据不同的阅读目的采用不同的阅读策略，根据所阅读材料的特点采用不同的学习方式，如何选用最适宜的方法解决某一特定的问题，如何分配阅读时间，等等）；④阅读过程中如何进行有效的监控和调节（包括阅读过程中如何进行推理、提出假设、检验假设、自我提问、自我测试、发现自己理解的难点和未理解之处、自动校正错误等）；⑤阅读后如何检查结果，获取反馈信息，采取相应行动（包括如何检查自己的掌握程度、正确地评价自己的理解水平、发现问题、及时纠正、采取适当的补救措施等）。

在研究中，董奇选择等组被试，贯彻实验措施；后测，经过一学期的实验干预之后，他对实验组与控制组的被试的思维品质、元认知方面的发展情况进行了后测。

董奇对取得的大量数据进行了统计分析，结果使我们对元认知与思维品质联系的性质有了明确的认识。统计分析结果表明：①控制组被试在思维品质测查课题上的前测分数与后测分数不存在显著差异；②实验组被试在思维品质测查课题上的前测分数与后测分数存在显著差异；③实验组被试与控制组被试的后测分数存在显著差异。董奇的研究结果清楚地表明，元认知与思维品质存在因果关系。那么，我们对这种必然的联系又如何做出合理的说明呢？元认知与思维品质实质上是同一事物的两个方面，它们都是完整思维结构的重要组成部分。思维品质是思维整体结构的功能的外在表现形式，而元认知则是思维整体结构的功能的内在组织形式。也就是说思维品质代表的是表层结构，元认知代表的是深层结构。我们知道，思维品质是衡量智力、思维能力高低的重要指标。在现实生活中，人们加工信息的速度有快慢之分，解决问题的方法有灵活与呆板之分，认识问题有深刻与肤浅之分，等等，这些都是人们智力、思维能力差异的表现形式，但是它们自身并不是差异的原因。差异的原因应从思维的深层结构去分析，也就是说，表现于外的思维品质的差异的根源在于思维整体结构的内在运行机制的差异，特别是元认知对整个思维结构中各系统相互作用直接进行控制、调节水平的差异。显然，前者是后者的必然结果与反映。由此可见，人们在认识活动中，是否善于根据活动的目的、要求而自觉地采取相应策略，去有效地解决特定问题，并根据活动反馈信息，及时地调整策略，导致问题最快地得到最佳解决，最后将突出地从其思维活动的敏捷性、灵活性、深刻性、批判性和独创性五方面表现出来。由此，我们清楚地看到了元认知与思维品质存在因果关系的原因所在。

三、元认知培养的研究

元认知培养实验更为深层的现实意义是，元认知培养能有效地改善学生思维和智力水平。我的弟子在充分借鉴和吸取国外元认知培养实验的有益经验的基础上，进行了长期艰苦、扎实的研究，取得了令人振奋的成绩。在此，我拟重点介绍两个具有代表性的培养研究。

(一)董奇的有关学生阅读中元认知的培养实验

该实验以八年级学生为研究对象。选取被试 200 名，其中实验组 100 人，控制组 100 人，男女各半。初测和大量调查、评价结果表明，实验组与控制组学生的起始水平基本相同，在学习成绩、阅读水平、一般能力水平等方面均无明显差异，培养实验与学校的日常教学相结合，这样实验组与控制组使用相同的教材，采用相同的进度，实验组与控制组的不同之处在于：对实验组学生的日常阅读教学加强了元认知培养。培养措施主要涉及两方面：一是在阅读教学中注意丰富学生的各种阅读元认知知识；二是在学生实际阅读过程中，注意培养他们的元认知监控能力。如前文所述，该实验采取的培养措施有：①让学生充分认识阅读活动的特点与实质；②让学生充分了解影响其阅读活动与效果的主要因素；③在阅读前如何做计划；④阅读过程中如何进行有效监控、调节；⑤阅读后如何检查结果。董奇经过对被试进行一年左右的实验干预，结果显示，不但实验组的元认知知识和元认知监控能力显著地高于控制组，而且实验组的思维品质发展水平也显著地高于控制组。

因篇幅所限，下面只列举出八年级实验组被试与控制组被试在后测分数上的差异。

表 9-3 实验组与控制组学生后测时思维品质发展水平差异及检验

		平均数	标准差	t 值	显著性
敏捷性	实验组	193.66	48.33	2.44	$p < 0.05$
	控制组	215.12	39.12		
灵活性	实验组	26.44	17.77	2.78	$p < 0.01$
	控制组	18.00	12.12		
深刻性	实验组	2.78	0.71	3.82	$p < 0.001$
	控制组	2.12	1.00		
批判性	实验组	2.68	0.78	5.24	$p < 0.001$
	控制组	1.80	0.81		
独创性	实验组	13.96	4.36	2.00	$p < 0.05$
	控制组	12.38	3.50		

由表 9-3 可以看出，在思维品质的五项指标上，实验组被试的发展水平均远远高于控制组。原因不难发现：实验组学生在专门培养训练计划的影响下，随着其阅读元认知知识的丰富和阅读元认知监控能力的提高，他们在阅读中思维活动的敏捷性、灵活性、深刻性、批判性和独创性品质得到了很大的改善。可见，元认知与思维品质之间存在着因果关系，即元认知的改变必然引起思维品质的改变。

这项研究在目前的教改实验及中小学生能力发展与培养中具有重要的实践价值，而且揭示了一些重大的理论问题，这反映了中国学者在元认知培养研究中辛勤探索、整合思考的结果，即探索或揭示了元认知的实质及思维活动的结构；元认知与思维品质关系的实质。

(二)陈英和等人的小学生形成合取概念的元认知培养及其迁移效果的研究[①]

从以上谈及的国内外培养研究中，大家可能会提出这样的问题，认知策略与元认知究竟是一种什么关系？为什么培养元认知、开发智力离不开对认知策略的培养？

关于这些问题，美国心理学家弗拉维尔曾认为，认知策略的主要功能是，在个体从事认知活动时，帮助他达到认知目标；而元认知的主要功能是向个体提供有关认知活动的进展信息。使用认知策略是为了取得进步，使用元认知是为了监控这种进步。

为了科学地回答上述问题，揭示其关系实质，陈英和、刘玉新于 1996 年展开了小学生形成合取概念的元认知培养的研究。依研究目的，所选被试须是尚不具备形成合取概念能力的学生。他们先在小学三、四年级中进行测试，确定四年级学生为选择被试的目标人群。然后在四年级的六个班中随机选择两个班，再随机确定其中之一为实验班，另一个为控制班(经前测，其中 75% 以上的人不能形成合取概念，并且两个班的学业成绩、团体智力测试成绩均无显著差异)。训练面向实验班全体学生，训练结束后从实验班和控制班中各抽取 24 名被试。对实验班学生的训练历

---

① 陈英和、刘玉新：《小学生形成合取概念的策略训练及其迁移效果》，载《心理学报》，1996，28(4)。

时半年，每周一课时。训练内容主要是合取概念形成的四种策略，即同时性扫描、继时性扫描、保守性聚焦和冒险性聚焦。

陈英和等人在综合吸取"感觉—自控"法和"多重成分模式"等国外比较成功的培养方案的优点的基础上，结合形成合取概念的具体特点，提出了别具特色的训练方案。学生每人一套简化了的人工概念卡片。训练的四个阶段和要点为以下四方面：①明确要求。熟悉和认识卡片以及明确形成合取概念的任务要求，并让学生自己操作来解决卡片中的问题。②策略讲授。老师逐一讲授四种策略，学生边听边练。练习的形式有两种，全班集体练习与两人一组的练习相结合。③讨论比较。在第二阶段逐一掌握四种策略的基础上，老师组织学生讨论并总结，比较四种策略的优劣，适用情况，等等。④练习巩固。学生做练习，反复体会四种策略的适用情况。

陈英和等人从学生形成布鲁纳合取概念的能力、迁移能力和元认知能力三个方面考查了训练的效果。限于篇幅，我仅对后两者做一介绍。

首先，该研究通过解决"字词卡片问题"和"数字问题"，考查了形成合取概念的策略训练的迁移效果。这两类问题解决活动均建立在学生分类能力的基础上，但又远远超出了分类任务的要求，它们包括了分析、综合、提出假设、验证假设等一系列思维活动（见表9-4）。

从以上结果可以看出，无论是解决"字词卡片问题"，还是解决"数字问题"，实验班与控制班的差异均非常显著，说明训练的效果是显著的。研究者认为：训练的显著效果，不是一种练习效应，而是思维能力迁移作用的表现。从表面上看，形成合取概念与解决"字词卡片"和"数字问题"似有某种共同之处，都是主试心里想某个东西，需要被试通过发问来猜测，但它们在实质上是不同的，即其思维活动的对象和内容各不相同。①实验材料不同，分别是图形、字词和数字，前两者以卡片的形式呈现，后者仅为口头叙述。②抽象程度不同，离实际生活的距离不同，学生对它们的熟悉程度也不尽相同。③解决问题的策略、途径不同。迁移的主要原因在于，认知策略的训练促进了元认知能力的发展，以此为中介，学生的思维水平得到了提高，从而在问题解决能力上表现出了迁移。

表9-4　实验班与控制班解决"字词卡片问题"与"数字问题"水平的人次分布及得分比较

	字词卡片问题		数字问题	
	实验班	控制班	实验班	控制班
一	1	8	0	5
二	0	7	0	9
三	17	6	8	6
四	6	3	16	4
M	3.167	2.167	3.667	2.375
SD	0.750	0.911	0.479	0.885
t 值	3.390		23.080	
显著性	0.002		0.000	

其次，研究者又从元认知知识和元认知监控这两个方面考查了训练对学生元认知发展的影响。

表9-5　实验班与控制班元认知知识与元认知监控能力得分比较

	元认知知识		元认知监控	
	实验班	控制班	实验班	控制班
M	27.8125	22.4375	2.4375	1.75
SD	4.608	5.989	0.814	0.683
t 值	2.85		2.59	
显著性	0.008		0.015	

由表9-5显示，形成合取概念的策略训练对学生形成合取概念的元认知知识的水平具有非常显著的促进作用，实验班与控制班得分的差异非常显著。同时，实验班与控制班的元认知监控能力也存在显著的差异，说明与控制班相比，实验班学生在形成概念过程中能够更清醒地意识到自己的行为，目的更明确，计划性更强，反应更积极有效，表现出了较高的监控能力。

由此可见，小学生有关合取概念的策略训练，对其元认知发展水平具有鲜明的促进作用；内部监控的自觉性更强，目的更明确；外部反应更积极、更有效。而且，策略训练和元认知的训练是完全可以统一起来的，二者互为表里，相得益彰。

陈英和等人采用自己颇具特色的"四阶段"培养方案，历经半年之久，对小学生形成合取概念的策略进行训练并取得了明显的效果。训练不仅能够促进学生形成合取概念的能力发展，而且提高了他们的元认知水平，并在问题解决中表现出能力的迁移。

在此值得一提的是，陈英和等人通过自己的培养研究，初步揭示了认知策略和元认知之间的关系。在学生认知策略的发展中，元认知系统居于最主要、最核心的决定性地位。它对学生认知策略起着定向、调控和整合等重要作用；反过来说，学生运用认知策略的自觉性、积极性和有效性程度展示着其深层的元认知水平的高低。可见，认知策略是元认知水平最直接的客观表征。正因为认知策略和元认知的这种特殊的密切关系，采用适当的方法训练学生的认知策略，就可以提高其元认知水平；认知策略的训练要达到迁移的目的，也必须通过元认知水平的提高。同时研究者又进一步指出，并非所有的元认知训练都能取得同样的效果。

以上我较为具体地介绍了我自己的弟子们在元认知培养领域的研究成果，有助于大家对这方面的了解。毋庸讳言，元认知培养研究，标志着人对自身主观心理世界探索的深化，是一条研究"自我意识"方面的具有开创性和变革性的发展思路，表现出了心理学研究者极大的智慧和勇气。在该领域研究方面，我们既不能照搬挪用，也不可言其"莫须有"而百般贬抑；既不能急于求成，也不能驻足不前；而应采取唯物、辩证、笃实、前瞻的科学态度，沿着"实践—认识—再实践—再认识"的主航道，去探索元认知理论研究和具体培养方面的新路子，一步一步地去叩开"改善认知能力、开发思维智力"这扇大门。

第三节

────

智力开发的关键：个体学科能力的提高

如绪论所述，学科能力是学科教育与学生智能发展的结晶。学科能力是怎样构成的？绪论中曾提到学生的语文能力与数学能力的构成，体现了：①某学科的特殊能力是这种学科能力的最直接体现。例如，与语言有关的语文、外语两种学科能力，听、说、读、写四种能力是其特殊能力的表现；运算的能力、空间想象能力、数学的逻辑思维能力是学生数学能力的特殊能力；科学学科（物理、化学、生物等）要涉及各种实验的特殊能力；思想政治课须有明辨是非、抉择观点的特殊能力，等等。②一切学科能力都要以概括能力为基础，因为学习和运用知识的过程就是概括的过程。③某学科能力的结构，应有思维品质参与。任何一种学科的能力，都要在学生的思维活动中获得发展，离开思维活动，也就无学科能力可言。④学生的学科能力要体现其自身的特点，即具体指每个学生身上所体现的学科的特殊能力、智能成分和思维品质。正因为有这种学科能力建构的思想，才使我主持的中学生心理能力的实验坚持 25 年(1978—2003)之久，且让一万多位教师和三十多万学生受益。[①]

对学科能力及其培养的研究，我不仅探索了其结构，还探索了下面三个问题，并在培养学生思维和智力的课题组中实施。

一、学科能力的特点

学科能力，既作为人类智力与能力的一种表现形式，又具备学科教学的必要条件，所以它是学科教学与人类智能的合金，并表现在学生身上。从这一点出发，我

────

① 林崇德：《学习与发展——中小学生心理能力发展与培养》（第 3 版），北京，北京师范大学出版社，2011。

们可以获得学科能力的如下四个特点。

(一)学科能力以学科知识为中介

一个人的智能与其知识是相辅相成密不可分的。所以,学生的学科能力必须以学科知识经验为中介而实现。因为学生对每一门学科的学习,都是一种思维活动,最终形成的学科能力,是学生在学科的学习活动中,在感性认识,特别是表象的基础上,借助于词、语言等工具,以学科知识经验为中介而完成的。这里的中介功能,是指学生从掌握学科知识经验,过渡到学科能力的桥梁作用。以学科知识为中介,也反映了学科能力与记忆的相互关系,有了记忆,人才能累积知识、丰富经验,记忆是学生对学科知识经验的储备;它是运用学科知识经验进行思维、认识学科问题、解决学科问题的前提。没有记忆,学科能力失去材料,就没有知识经验这个中介了。

作为学科能力材料的知识经验,如第八章所述,在内容上主要是语言、数和形;在形式上大致可分为两类:一类是感性的材料,另一类是理性的材料。这是不同性质的材料。感性材料,包括感觉、知觉、表象等,学生的学科活动是凭借这些感性材料,特别是表象来进行的。例如,小学中低年级学生掌握了数学符号性表象,但在运算中也要以感性材料为支柱,需要运用直观教具激发他们的具体经验。理性材料,主要指各学科的基本概念。概念是思维的细胞。概念的形成和发展,与判断和推理是不可分的。例如,中学生在数学学习中,依靠数字、字母、字词逐步掌握各种数的概念、定义、公式、法则,学会判断,利用推理来加以运算,依靠这些理性材料来提高数学学科的能力。有时可以将感性材料和理性材料结合起来培养学生的学科能力。例如,我们强调中小学生写作能力的培养要抓好两个过渡,一是从"说"到"写",主要抓"看图说话—看图写话—忆'图'(景)写话";二是从"读"到"写",主要抓"仿写"。这两个过渡要运用上述的两种材料,并贯穿中小学写作的全过程。看图写话,应从小学一年级入学第二个月开始,高中三年级仍要坚持"看图写话",只不过"图"的抽象性是不同的。因此高考作文题多次出现"看图写话"。"仿写",应从小学二年级下学期开始,一直可延续到高中,这是提高学生写作能力的一项重要措施。"仿写"的关键有两个：一个是选好范文，另一个是引导学生练习。从小学生"照猫画虎"开始，到中学阶段，学什么体裁就写什么作文，散文、议论文、诗歌、小说、剧本等都可通过"仿写"而提高写作能力，"仿写"绝不是原先材料的重复，更不是"抄袭"，"仿写"中有创新，是仿照某一范文格式对写作的感性材料与理性材料的再创造。由此可见，学生学科能力的发展之所以表现出多样性，原因之一是在作为材料的学科适应经验上，不仅有数量的增减，而且有质的变化。学科能力发展过程中质的变化的重要途径，是通过作为材料的学科能力之中介——"新质要素"的逐渐积累和"旧质要素"的逐渐衰亡与改造而实现的。

(二)学科能力是一种结构

从上述学科能力的构成中可以看出，学科能力具有系统性，它是一种结构，并且是静态结构与动态结构的统一。

如果单纯分析学科能力构成的具体成分，可以将学科能力的结构看成是静态的；但从学科能力构成的内在关系和联系上来说，从其发展来说，这个结构是动态的。学科能力的系统性正是这种静态结构和动态结构的统一，而且，动态性是学科能力结构的精髓。首先，动态性表现出学科能力的结构是主客观的统一，是主客观交互作用的结果。也就是说，学生逐步地主动积极处理其学科教学环境，并从解决各种问题的过程中完善他们学科能力的结构。其次，动态性表现在学科能力结构的发展上。学科能力结构不仅指的是内在结构、成分及关系，而更重要的是有发生与发展的特征，这是一个本质的问题。最后，动态性表现在学科教学活动是学科能力结构的起点与动力。在教学活动中，当学生掌握某种操作程序且获得不断发展的时候，当感知、表象、语言、思维相互结合的时候，他们的学科能力结构也就逐步完善和发展起来，并出现了各种学科能力的模式。

(三)学科能力具有可操作性

学生的学科能力要在各个学科的教学实践中获得具体化，并表现出较强的操作技能和善于运用知识的特点。换句话说，在各科教学实践中，已经形成的学科能力有助于学生主体对各学科的学习，并为顺利地进行学科学习提供符合知识运用和操作技能要求的程序、步骤、环节、策略和方法等。

学科能力的可操作性，可以用具体的学科语言来表示。例如，我们用数学语言规定数学能力的操作要求，用语文语言规定语文能力的操作要求。探索和选择适合一定学科的语言来界定学科能力及其操作要求，使各科教学中培养有关学科能力有据可循，并发挥学科能力的更大的操作性，这是当前学科能力研究中的一个重要课题。

(四)学科能力是稳定的

如果说，智力与能力是成功地解决某种问题(或完成任务)所表现的良好适应性的个性心理特征，那么，学科能力则是成功地完成学科课题的个性心理特征。当然，智力与能力有一定的区别。如上所述，智力是偏于认识，能力是偏于活动的稳固的心理特征。而学科能力，则既要解决认识，即知与不知的问题，又要面对活动，即会与不会的问题，教学的实质就在于认识和活动的统一，所以，学科能力是学生在学科教学中所表现出的智力与能力的统一，是一种稳固的心理特征的综合体现。

学科能力的稳定性，主要是指个体的稳固特征。这并不排斥个体学科能力的发展变化，因为每个人的各种学科能力都处于发展变化之中，但又显示出各自较稳固的个体差异来。例如，学生到了高中二年级前后(15～17岁)逻辑思维趋于成熟的时候，个体的学科能力差异水平，也趋于"初步的定型"，这样，使学科能力的个体心理特征更加明显。个体逻辑抽象思维成熟前学科能力发展变化的可塑性大，成熟后的学科能力，尤其是理科能力发展变化的可塑性小，尽管某些文科学科能力还有"大器晚成"的表现，但对于绝大多数个体所拥有的多数学科能力来说，与其成年期的水平基本上保持一致，尽管也表现出一些进步。因此，培养学生学科能力的重心，应放在基础教育阶段。

二、不同能力的不同智能成分

不同学科能力的建构，存在着明显的思维或认知的特殊性。按大学科分类，学科可分为理科与文科，这相应地与抽象逻辑思维和形象逻辑思维、认知和社会认知紧密地联系着。一般说来，理科的学科能力，更多地与抽象逻辑思维，与认知相联系；文科的学科能力，更多地与形象逻辑思维，与社会认知相联系。至于大学科下属的具体学科，当然大致地要和大学科的思维或认知成分相对应，但具体学科可以做具体分析，包括交叉学科，更有其特殊性。不过抽象逻辑思维与形象逻辑思维，认知与社会认知却体现着建构不同学科能力中思维或认知成分的特色。

(一)抽象逻辑思维与形象逻辑思维

在实践活动和感性经验的基础上，以抽象概念为形式的思维就是抽象逻辑思维。这是一切正常人的思维，是人类思维的核心形态。抽象逻辑思维尽管也依靠实际动作和表象，但它主要是以概念、判断和推理的材料表现出来，是一种通过假设的、形式的、反省的思维。换句话说，抽象逻辑思维是撇开具体事物运用概念进行的思维；是通过假设进行的思维，使思维者按照提出问题、明确问题、提出假设、检验假设的途径，经过一系列的抽象概括过程，以实现课题的目的。抽象逻辑思维，就其形式来说，是形式逻辑思维和辩证逻辑思维。前者是初等逻辑，后者是高等逻辑。两者既有区别，又有联系，它们是相辅相成的。

理科能力，特别是数学能力，主要与抽象逻辑思维相联系。例如，对数概念的扩充及定义的展开，从"自然数"到"正整数""有理数""实数""复数"，一直到"数"，这就体现着一个概念逻辑的抽象概括过程，反映了各年龄阶段的学生思维能力，乃至整个智能发展的水平。

形象逻辑思维，如前所述，它是以形象或表象作为思维的重要材料，借助于鲜明、生动的语言做物质外壳，在认知中带有强烈的情绪色彩的一种特殊的思维活动。一方面是鲜明的形象；另一方面又有着高度的概括性，能够使人通过个别认识一般，通过事物外在特征的生动具体、富有感性的表现认识事物的内在本质和规律。形象思维具备思维的各种特点，如第八章所述，除了语言之外，它的主要心理成分有联想、表象、想象和情感。特别是想象的过程，在一定程度上就是形象思维的过程。想象的发展，当然是形象思维发展的过程；想象的结果，往往也就是形象思维的结果。想象和形象思维很难从本质上去分清界限。形象逻辑思维的活动，有着抽象思维参与。这样，使形象逻辑思维能作为一种具有必然性和普遍性的完全独立的思维活动。

文科能力，特别是文学、艺术等学科的学科能力，主要与形象逻辑思维联系着。因为文学、艺术形象的创造，主要是自觉表象运动的直接结果，文学、艺术学科能力的发展，更多地体现出想象力的发展。

我强调某些理科能力和文科能力，分别更多地与抽象逻辑思维和形象逻辑思维相联系，这"更多"，仅仅指为主，体现某些学科能力的特殊需求，但绝不能将这些能力分别与抽象逻辑思维或形象逻辑思维等同起来，因为每一种学科能力，除了更多地与某种思维相联系之外，还要包含另一种思维的成分。例如，数学能力是典型的理科能力，可是它却包含空间想象能力；语文能力是一种典型的文科能力，但是它既离不开形象逻辑思维，也离不开抽象逻辑思维。

(二)认知与社会认知

认知是人类个体对客观世界的认识过程。认知心理学对认知的看法尽管不能统一，但突出一点：认知是为了一定的目的，在一定心理结构中进行的信息加工的过程。信息加工的对象是客观世界，客观世界包括无生物界、生物界和人类社会三大部分。前两者被统称为自然界，国际心理学界通称其为物理世界，而把后者称为社会世界。因此，认知既包括对物理世界的认知，也包括对社会世界的认知，两者共同构成认知的全部内容。从这个意义上说，认知和对社会世界的认知并不是同一层次上的并列关系。对社会世界的认知，即社会认知是认知的一个属概念，它所对应的是非社会认知(nonsocial cognition)或对物理世界的认知，即物理认知。但我们平常所讲的"认知"，在一定程度上可以说是"非社会认知"或"物理认知"。由于传统认知理论主要建立在个体对物理世界的认知研究的基础上，这些理论已相对成熟并自成一体，国外心理学著作大多在认知之外另设社会认知（social cognition），以示其为一个独立领域。所以，我们在这里也沿用这个理解，把认知分为广义的认知和狭义的认知，广义的认知包括对物理世界的认知和对社会世界的认知两个方面，而狭义的认知则专指非社会认知或物理认知。这里有必要重复一下社会认知的特点：其一，社会认知的对象具有特殊性，一个人社会认知的对象正是他生活于其中的社会世界或社会环境；其二，一个人的社会认知发展不是其一般认知的一种简单重复或反映，社会认知的发展与非智力因素的发展有着密切的关系；其三，人们的社会互动（人与人之间的交换、接受、沟通和加工信息）经验和社会生活环境，包括社会文化特点，对其社会认知的内容、结构、发展速度以及发展水平起着重要的作用；其四，情感在一个人的社会认知中起着重要作用。

无疑地，理科能力总是更多的与狭义认知或物理认知联系在一起；文科能力则更多的与社会认知联系在一起，并呈现出明显的层次性来。例如，从社会认知的特点出发，我们可以把学生的思想政治课学科能力分成三个层次：第一层次，学生的思想政治课学科的特殊能力，它包括分辨是非能力、参加社会实践的能力和观点采择（或分析各种观点与问题）的能力三个部分。第二层次，学生的思想政治课学科的能力结构。学生思想政治课的学科能力，尽管不如理科能力那样，与智力存在高度的一致性，但它与智力活动的水平还是有一定联系的，特别是与思维活动更有密切的关系。所以，我们将思想政治课学科能力结构理解为：以对思想政治课知识的概括为基础，把分辨是非能力、参加社会实践能力、观点采择能力与五种思维品质（思维的深刻性、灵活性、独创性、批判性、敏捷性）组成 15 个交接点的开放性的动态系统。第三层次，学生的思想政治课学科能力的深层结构。社会认知的特点强调情感，强调非智力因素。我们从中受到启发，思想政治课的学科能力，有一个深层的结构成分，这就是有信念的因素。所谓信念，是一个人对某一理论准则、思想见解坚信不疑的看法。信念不仅要以主体向往和追求完善的标准作为认识的前提，而且伴有较强烈的情感体验，它是认识和情感的"合金"。

三、语文能力与数学能力的培养

我们课题组在 26 个省市设实验点，主要是研究培养学生的语文能力与数学能力。在研究中，我忘不了谭瑞、吴昌顺、张瑞玲、孙敦甲、梁捷、耿盛义和樊大荣等人无私的支持和合作。

(一)语文能力的培养

语文能力是可以培养的，只要措施得当，中小学生的语文能力可以很快地提高。

在我们教改实验课题组中，用三年时间完成小学语文的教学任务，分别用两年时间完成初中或高中的语文教学任务，是大有人在的。能否用实验方法提高实验班学生的语文能力和语文学习成绩，这正是我们课题组的工作。

通过实验，中小学各实验点学生的语文能力与成绩提高较显著，其原因可以归纳为如下两个方面。

1. 严格按照中小学生语文能力结构框架开展实验研究

我们在中小学语文教学中，不仅提倡培养听、说、读、写的能力，而且也严格按照前面所提出的语文能力结构，来培养学生与语文有关的思维品质。

(1)对听、说、读、写能力的理解

吴昌顺、张瑞玲、梁捷等人归纳了听说读写的含义：听的能力，包括语音分辨力，语义的理解力，逻辑的判断力，联想与想象力，内容的概括力，分析与判断力，乃至情感的感受力，迅速做出反应的响应力，等等。而这一切又常常反映在听写能力、听记能力、听辨能力、听析能力、听赏能力、听评能力当中；说的能力，包括准确地运用语音、词汇、语法的能力，生动、准确的表达力，迅速、灵活的应变力，联想、发现的创造力，等等。而这一切又常常反映在朗读能力、背诵能力、演讲能力、论辩能力当中；读的能力，包括准确理解能力、分析与综合能力、评价与鉴赏能力、发现与创造能力，乃至选择书籍、选择读书方法的能力，使用工具书的能力，等等。而这一切又反映在认读能力、默读能力、速读能力、跳读能力当中；写的能力，包括观察能力，准确地运用字、词、句、篇等基础知识的能力，掌握多种文体特点的能力，乃至迅速写出观点鲜明、选材恰当的文章的能力。而这一切又反映在审题能力、立意能力、选材能力、组织能力、语言润色能力、加工修改能力当中。

（2）对语文学习中思维品质的理解

个体语文思维的水平的差异，表现在思维品质上主要外化为深刻性、灵活性、独创性、批判性和敏捷性。语文思维的深刻性，是指学生在语文思维活动中，善于对材料进行概括，深入地思考问题，抓住事物的本质和内在规律性，是其语文思维过程中思维的广度和难度的集中反映。例如，听出说话人的目的和言外之意；说话能抓住要点，有逻辑性；能准确理解所读内容的要点，在了解"是什么"和"怎么样"的基础上能弄清"为什么"；在作文中叙述事物或论说问题周密、精确，能抓住本质的东西；等等。语文思维的灵活性，是指学生在语文思维活动中的思维的起点灵活，能从不同角度、不同方向，能用多种方法解决问题；思维的过程灵活，能够从分析到综合，从综合到分析，全面而灵活地做"综合的分析"；概括—迁移的能力强，运用规律的自觉性高，善于组合；思维的结果往往是多种合理而灵活的结论。例如，在听话时能及时分析和判断；善于从不同角度思考所读的内容；写作文时能灵活运用表达方式和修辞方法；等等。语文思维的独创性，是指学生在语文思维活动中，能够运用一切已知信息，创造出某种新颖、独特、有社会或个人价值的产品。"新颖"是指不墨守成规，破旧立新，前所未有；"独特"是指不同凡响，别出心裁。例如，在听话时能提出不同的想法；在讨论中能说出新颖、独特的见解；在阅读中善于比较、联想、发散和鉴别；在作文中立意新颖，构思和表达不落俗套；等等。语文思维的批判性，是指学生在语文思维活动中，能够严格地估计思维材料，精细检查思维过程，自我控制和调节思维的方向和过程，对学习活动能够评价、调整和矫正。例如，能迅速鉴别所听内容的优劣；能发现自己说话或回答问题时的缺欠，并能及时调整；在阅读文章时能评价和鉴别；有对自己的作文进行评价和修改的能力；等等。语文思维的敏捷性，是指学生在语文思维活动中，能够适应迫切的情况，积极思维，正确地判断和迅速地得出结论。思维的敏捷性不等于思维的轻率性，它强调迅速而正确，是指思维过程的速度或迅速程度。例如，迅速接受语音符号，并做出判断；能把自己想说的很快地说出来；阅读有一定的速度，并迅速抓住材料的要点；能根据要求迅速构思，写出作文；等等。

2. 提倡语文教学中的多因素的结合

语文教学的任务，应显示出它是一种综合性的教育，为了使这种教育功能得到发挥，我们提倡六结合。

（1）文与道的结合。语文教育有较强的思想性，不仅讲"文"，而且要重"道"。所以教师应根据既定的内容通过语文教学各环节，力图使学生在掌握"文"——知识的同时，得到思想的启迪或形成一定的品德——"道"。

（2）语与文的结合。传统语文教学中存在着重"文"轻"语"的倾向。我们不同意语言与文学分开，既反对单讲语言又反对出现相反倾向，即重"语"轻"文"。语言既是文学的基础，又是文学的成分，二者相辅相成，在语文教学中两者脱节或重一轻一，势必顾此失彼，不能真正学好语文。

（3）听说读写的结合。听、说、读、写是四种最基本的语文能力，四者缺一不可。这四者结合组成的是语文能力的整体，是提高语文能力的前提。

（4）智育与美育的结合。理解和欣赏美，特别是艺术作品中的美，这既是美育的基本途径之一，又是语文教学的重要内容。因此，我们把重视语文教学的美育问题，作为语文教改的一个组成部分。具体措施有：在语文教学中揭示美的规律；组织好学生的文学、戏剧、影视等艺术活动，以提高他们的文学艺术修养与审美能力；在语文听说教学中，师生共同制作配乐朗诵录音，不仅提高学生语文学习的兴趣，而且引导学生发现和创造社会美；组织语文课外和校外活动，引导学生认识和欣赏自然美。

（5）抽象逻辑思维与形象逻辑思维的结合。语文教学本身体现抽象和形象两种逻辑思维的统一。如果忽视一个方面，必然不利于中小学生语文学习中的智力发展，这个问题在这里不再赘言。

（6）知识能力与实践应用结合。我在论著中多次提到，教学的主要目的，是要在传授知识的同时，培养和发展学生的智力与能力。在语文教学中重视实践应用，既能进一步理解和巩固知识，又能更好地培养和发展学生的语文能力。我们的教育，不能从小培养"书呆子"。"语文三怕""作文已死"，无不道出今天语文教学脱离实践应用的后果和写作课程所遇到的不幸。语文课与其他课程相结合，利用课内外、校内外的多种"课堂"形式，如访问、参观、远足和课外阅读等，都是语文教学中引导学生实践应用的有效途径。

(二)数学能力的培养

数学是人类思维的体操，我们提倡中小学应以数学概括为基础培养学生的运算思维品质。

1. 加强数学概括能力的培养

数学的概括，是从具体向抽象发展，从低级向高级发展。例如，数的概念从"自然数"到"整数""有理数""实数""复数"，一直到"数"。这就体现着一个概括的过程，反映了从儿童到青年的思维、智力和能力的发展水平。从这个意义上说，数学能力就是以数学概括为基础的能力。

学生数学概括能力水平，可按六项指标来确定：一是对直观的依赖程度；二是对数的实际意义的认识；三是对各类数的顺序和大小的理解；四是数的分解组合的能力和归类能力；五是对数学概念定义的展开，能用自己的语言下定义，且不断揭示概念的实质；六是数扩充程度。以上六项是学生对数概念的掌握及其概括能力大小的具体体现。但是，目前中小学数学教学常常只满足于学生会做题，而不注意引导学生去发展概括能力，这是对基本概念的重要性认识不够，对发展概括能力未加以重视的表现。其结果，学生往往只会"依样画葫芦"，老师怎样说，就怎样做，公式怎么定，就怎么套，到最后，不仅数学能力无法提高，而且数学成绩也不一定理想。因此，我们主张，不论是小学还是中学，数学老师必须十分重视学生基本概念的掌握，重视数学概括能力的培养。

培养学生数学概括能力的几条措施。第一，明确概括的主导思路，引导学生从猜想中发现，在发现中猜想。所谓猜想，实质上是学生原有认知结构作用于知识的尝试掌握。强化发现猜想，首先，要分析教材结构和学生的认知结构，明确概括过程的主导思路。其次，围绕这条思路，确定引导学生不断深入地猜想发现的方案。第二，在把概括的东西具体化的过程中强化发现猜想。在这个过程中，学生的认知结构与概括问题之间适应与不适应的矛盾最易暴露，也最容易对学生形成适应的刺激。第三，通过变式、反思、系统化，积极推动同化、顺应的深入进行。第四，大力培养形式抽象，根据假定进行概括的能力。

2. 重点放在培养学生的数学思维品质上

在小学数学教学中，主要是培养敏捷性、灵活性、深刻性和独创性四个品质；在中学数学教学中，应加一个批判性，即数学思维的全部五个品质。

(1)培养学生数学学习中的思维敏捷性。

研究发现，数学尖子生的普遍特点，就是在运算时思维过程敏捷、反应快、演算速度快。相反地，智力水平较低的学生运算的时间往往是一般学生的两三倍。常见的培养学生正确迅速的运算能力的办法有两个：一是在数学教学中要有速度的要求；二是要使学生掌握提高速度的办法。

(2)培养学生数学学习中的思维灵活性。

适宜数学教学实际的主要方法，主要是培养和提高一题多解、一题多变、同解变形和恒等变形的能力。其中要注意：在基础知识教学中要从不同层次、形态和不同交接点揭示知识与知识间的联系，从多方位把知识系统化；在解题教学中，要从不同的认识层次、观察角度、知识背景和问题特点进行一题多解、一题多变。此外，还要多方面地分析特点，抓住问题的特殊性，探求一题多解、一题多变。

(3)培养学生数学学习中的思维深刻性。

数学教学，要求学生的智力深刻性，即要求以逻辑性为基础。数学能力的个体差异，实际上就是数学学习中思维的智力品质深刻性的个体差异。培养学生在数学学习中思维的深刻性，除了培养学生的数学概括能力之外，还应该在空间想象能力、数学推理能力上下功夫。

(4)培养学生数学学习中的思维独创性。

数学作业的独立完成，是培养学生思维创造性的最基本的要求。学生在解题中独立起步，比解题本身显得更重要，平时解题有困难的学生往往不知如何独立地思考解题的第一个步骤。在独立思考的基础上，可以引导学生进行新颖而独特的解题和编题。编题，即在学习中，学生根据自己对所学概念、定理、公式、法则、方法的理解，自己编制各种类型的练习题，自己进行解、证，自己概括、总结、评价，以促进思维结构对所学知识的同化和顺应。

(5)培养学生数学学习中的思维批判性。

数学学习中的批判性，是学生在学习数学知识的过程中对发现、探索、变式的反省，这种自我监控的品质，是中学生在数学学习中必不可少的环节。批判性往往是在对所学知识的系统化中表现出来的，但它的重点在于学习过程中对思维活动的检查和调节。

第四节

学校是培养学生智力的重要阵地

作为一名长期在师范院校工作的心理学家，我出自职业的信念和习惯，把学校教育在智力发展与智力开发中的地位看得十分神圣。我也相信社会上的人们也惯于认为学校教育对智力发展至关重要。然而实际上，这还有待于我们进一步的证明。虽然学校教育与智商明显相关，但我们也会惊异地发现，许多日常生活中需要的智力与学校教育是无关的。所以我有必要就学校教育如何适应智力开发的需要问题展开讨论，阐明自己对此的观点。

一、学校教学是一个智育的过程

教学的主要目的，在于传授知识的同时，灵活地发展学生的智力，培养他们的能力。这犹如吕洞宾给人金块，可是受金者不要金子，却要吕仙人点石成金的手指头。培养中小学生智能，授予他们以"点金术"，这正是我们课题组在教学实验中的宗旨。这里，我要强调，教学是一个智育的过程而不是"知育"的过程。

首先，教学是实施教育的一种途径或方式。乍看起来，教学的根本职能在于传递知识和社会经验，好像是以"知育"形式出现的。其实不然。教学通常采取特定的组织形式，有计划有目的地进行知识和社会经验的传递；在教学系统中，师生教与学的活动，都是按预定的统一目标及程序进行的。这里的目的和目标，是为了让学生获得知识经验，形成技能技巧，提高实践能力，发展思维和智力，提升思想品德水平。所以，我们这里既要重知又要重智，并坚持教学过程中应具有的教育性。

其次，在教学过程中，学生的认识或认知活动要越过直接经验的阶段。这就是说，学生所接受的教学内容，往往不受时间空间的限制，越过直接经验这一阶段，较迅速而直接地把从人类极为丰富的知识宝藏中提炼出来的最基本的东西学到手。这就是教学过程区别于人类一般认识活动或认识过程的特殊本质。在人类的一般认识活动中，就知识总体的历史认识过程而言，一切真知都是从直接经验中发源的，没有直接经验，人类就不可能进而认识客观事物的本质。教学中的学生却不同了，他们并不是简单地重复人类认识活动的全部过程，而是直接接受人类在实践中积累的基本经验。也就是说，在教学中学生所学的主要是间接经验的东西。事实上，当学生把前人的认识成果作为自己的间接经验来接受的时候，就是要越过直接经验这一阶段。这是因为：其一，学校教育就其本质来说，所实现的就是一种知识形态的再生产，在教师的指导下，把人类在漫长历史过程中所积累的知识，加以有目的的选择和提炼，系统而概括地传授给学生，所以学校教育能以科学的方法来提高和发展学生的智力与能力，从而使教学具有较高的效率；其二，对学生来说，在教学过程中认识世界，这是掌握知识经验的一条最便捷的途径。也只有这样，才能极大地缩短认识或认知过程，保证学生在短时间内接受前人的认识成果，避免重复历史认识过程的漫长道路和曲折。当然，由于教学过程本身也是人类认识过程的一个重要环节和阶段，所以它是必须遵循人类认识活动的总规律的。这就是教学论中"直观性"原则与"重复性"原则相统一的缘由，也是我们在自己教学实验中强调学生的年龄特征，强调发展的不平衡原则，强调培养学生概括能力的原因。

最后，教学是一种在教师指导下的学生认识或认知活动。教与学是一种双边活动。教是为了学，学则需要教，教与学互为条件，互相依存，失去了任何一方，教学活动都失去了存在的意义。学生的学习是离不开教师的，教师在传授知识的过程中，把人类社会长期积累起来的知识，根据社会的需要传授给学生。学生的学习需要老师的指导，这是教学过程与人类一般认识过程的一个显著的区别。在人类认识活动中，虽然通常有学校教育的因素，但人类认识客观世界的过程并不能归结为教学过程。不能因为教师教授活动包括在人类认识活动中，便认为人类认识活动必须依赖于学校教育；教师的作用主要表现在教学这种特殊的认识或认知活动中。这种特殊认识或认知活动的一个重要表现是，在教学过程中，学生的认识或认知活动并不是简单地重复人类认识客观世界的活动，而是受着教师活动的制约。因为教师在启迪学生学习知识的同时，也在对学生进行着严格的智能训练，帮助他们形成智力与创造力。只有形成了这样的智能，学生的认识活动才可以不必重复人类的认识活动的长久过程。而能否实现形成思维和智力的目标，正是区分教师水平高低的标志。我十分推崇德国教育家第斯多惠（F. A. W. Diesterweg）的名言："一个坏的教师奉送真理，一个好的教师则教人发现真理。""一个真正的教师指点给他的学生的，不是已投入了千百年劳动的现成的大厦，而是促使他去做砌砖的工作，同他一起来建造大厦，教他建筑。"①

当然，教师在教学中对学生来说只是一个外因，外因必须通过内因起作用。为此，我们必须重视学生的学习动机和学习策略的问题。尽管如此，教育或教师的外因，毕竟是学生学习的重要条件。如第四章所示，由动机这样的需要形态，引起学生学习知识，不断内化发展为智力与能力。所以我在自己的教学实验中，十分重视对实验班教师的培训工作，我企图通过教师的作用，来调动学生学习的积极性和能动性，即发挥其主体作用，进而完成"领会知识→发展智能"的教学过程。

---

① 第斯多惠：《德国教师培养指南》，见张焕庭：《西方资产阶级教育论著选》，357 页，北京，人民教育出版社，1964。

二、学校教育与个体的信息加工

如果说，一个掌握了更多的基本的信息加工成分的人有可能提高智力或在智商测验中取得更好的成绩，那么，学校教育对个人的认知加工能力的发展能起什么作用呢？我们的实验学校又是怎样操作的呢？

(一)学校教育与感知能力

就我所知，至今尚未见到关于获得学校教育与个体感知技能之间关系的实验研究。当然，这方面的准实验研究和相关性的跨文化研究已经有很多了。这类研究几乎无一例外地表明学校教育对感知技能的获得和运用起着积极的作用。可以认为，学校教育有助于许多成功完成智商测验的感知能力的获得。例如，我们已介绍过信息运用能力，包括在平面图形中运用深度知觉线索区分边线的能力（镶嵌图形测验）、感知抽象的空间组合能力（瑞文推理测验）等，这些能力在学校教学中都得以提高。[①]

感知技能的"高层次"就是观察。观察是一种有意识、有计划、持久的知觉活动，是知觉的高级形式。我承认我们课题组所抓的实验点，尤其是小学实验学校学生的观察力发展得比较好，其原因是我们提出的教学要求成为实验学校教育的措施。我们对实验学校学生观察能力培养的要求有四条：第一，发展学生观察力的首要条件是向学生明确地提出观察的目的、任务和具体方法，并要有计划的培养学生观察的主动性，即培养学生主动给自己提出观察的目的、任务的能力，而不是处处依赖教师的提示；第二，在教学过程中，学生尽可能有多种感觉器官参加活动是保证学生提高观察力的条件之一，引导学生在学习某一教材时，尽量地既听讲，又观察，又动手，这样可以更好地提高学习效果；第三，观察时要尽可能有语言活动参加，通过词，可以把感知的事物纳入已有的知识系统，这样能提高感知和观察的质

---

① 林崇德、辛涛：《智力的培养》，316 页，杭州，浙江人民出版社，1996。

量；第四，在教学中充分利用教材的直观性原则，可以保证学生对所学习的内容有完整的、鲜明的、精确的表象，使学生所学的知识建立在感性的基础上，学得深刻，记得牢固，避免混淆。

(二)学校教育与记忆

自从1905年比内创立智力测验以来，每一个主要智商测验都包含某些对记忆能力的测评。之所以如此，是因为自由回忆与年龄之间存在线性相关，在青年初期，每一年龄组的个体都普遍比前一组回忆出的内容多，直到达到某一渐近线。由此可见，学习教育以及由此所获得的知识不仅有益于个体所回忆信息的数量，而且有益于支持记忆的潜在加工。

除了知识面加宽加深之外，我十分重视学校教育传授给学生记忆的策略，这样，就有助于他们提高记忆的效果。我们曾系统地向实验学校的实验教学布置了"记忆术"，希望实验学校把其作为学生的"学法"来执行。①"注意是记忆的门窗。"提高学生的注意力，是增强记忆力的前提。②"兴趣是记忆的契机。"培养记忆力应该从培养兴趣，尤其是学习兴趣入手。③记忆要有目的。尽管学校教学要重视内隐(无意)记忆，但绝不放弃外显(有意)记忆，所以要经常启发学生明确了解自己活动的目的任务，要让他们自觉提出较长时间的记忆任务，要培养他们学会独立地、自觉地检查自己记忆的效果，这样才能提高记忆力。④要理解记忆的内容。提倡理解记忆，改进机械记忆。⑤善于比较记忆内容。通过比较和分析事物的异同，可以认知事物的本质特点和内在联系，有助于记忆力的提高。⑥掌握阅读方法。学会对记忆材料的分类和分段、拟定小标题或提纲等方法。⑦要及时复习。及时复习的目的是依据"遗忘曲线"的规律，与遗忘做斗争；⑧"试图回忆。"及早地试背(回忆)，检查被遗忘的地方，再重点复习，这样记忆效果较好。⑨间隔记忆。对篇幅长、内容复杂的材料，可采用"化整为零""各个击破"的办法，对不同学科的复习应交叉进行。⑩运用多种感觉器官参加学习和复习活动。

(三)学校教育与概念形成

在我的聚焦思维结构的智力理论中，概括被确认为思维的第一特性。概括之所以重要，其中意义之一是其作为形成概念的基础，而概念是思维的细胞。每个概念都涉及内涵(实质)和外延(范围)两个方面；由于概念是用词来表达、巩固和记载的，词或语言的概括和指示的作用，使概念有着系统化和称谓化的功能；概念既是思维形式的起点又是归宿。学校教育要重视学生获得基本概念和基本知识，这就有必要抓好对学生个体信息加工的重要内容——概念形成的促进工作。大量研究表明，学校教育对不同的概念技能和采用不同的任务(如规则学习、自由联想、多种分类)具有积极作用。[①]

我重视学校教育中学生概念形成的问题，并为此做了三个方面的研究。首先，我先后研究儿童青少年的社会概念、数学概念、字词概念、自然概念和辩证概念等特点，揭示了概念形成的条件，特别是被试怎样发现事物的本质属性、提出假设和采用策略的三个相关因素。其次，关注儿童青少年各类概念的研究方法，我曾采用了选择法或选择定义、确定属与种概念的关系、给概念下定义、掌握人工概念的研究、形象材料分类、字词概念分类等方法[②]，从中我也看到方法与概念形成条件间的关系。最后，我研究了概念形成能力的培养课题，并对我们的实验点学校提出了下列学生形成概念的培养要求：①为学生提供充足的相关的感性材料；②帮助学生比较所认知事物的本质与非本质属性；③让学生积极对形象的和字词的材料分类；④引导学生主动地对材料提出各种假设，并验证假设；⑤引导学生借助词对感性材料逐步进行加工，对抽象的概念做语言的描述；⑥促进学生用简明确切的语言给概念下定义；⑦按属与种的关系，引导学生掌握概念之间的区别与联系，逐步让其形成概念系统；⑧启发学生用选择法、分类法、举例法、造句法等运用概念，在实践活动中进一步形成概念。

(四)学校教育与其他认知技能

关于学校教育对其他认知技能的影响，已有的研究可以分为三类：第一类是学校教育对某些认知技能没有影响，如上学与不上学的被试在学习连接与非连接规则

---

① 林崇德：《学习与发展——中小学生心理能力发展与培养》，北京，北京教育出版社，1992。
② 朱智贤、林崇德：《思维发展心理学》，北京，北京师范大学出版社，1986。

上不存在差异；第二类是研究结论不一致，如在采用皮亚杰的研究方法而得到的结论中，有近一半的研究认为学校教育对某些认知技能不起作用，还有一半研究的结论不清楚，如有人研究过编码速度或恢复效率与学校教育有关，有的研究指出学校教育对学生运用三段论推理有影响，但也有人曾从跨文化的角度研究了"特征—定义转换"与"同一性保持转换"问题，发现学校教育没有什么影响；第三类是学校教育培养学生对大量事件和观念进行信息加工，对于这些事件和观念，学生在校外并不一定能获得。我基本倾向于第三种观点，甚至于认为学校教育在一定意义上决定着学生这些认知或智力的信息加工。

针对上述争议，我认为有必要分析一下当今我们学校的任务与工作。学校教育与学生个体智力关系问题对于大多数人来说似乎已经不称其为问题了，很明显，学校教育是提高人类智力水平和认知能力的重要手段，然而这一论断本身并不表明当今我们的学校在提高学生的智力，特别是创造力方面是成功的。令人担忧的弊端是那种一切为了追求升学率而"重知识、轻能力"的教育模式。这种模式下学生只重考分，而忽视了信息加工或认知能力的提高；教师更多地要求学生死记硬背那些考试点，而忽视了对学生思维和智力的培养。但要从这个角度来评估学校教育本身，则是不公平的。学校教育的模式是社会因素的反映，即使是片面追求升学率，也自有其深刻的文化背景、生存背景和社会风尚背景。有这些因素存在，这种"人人过独木桥"的体制就不可能从根本上消除。作为一个心理学家，我只能在现有社会背景下，在夹缝里对这种传统教育做点适当的改革，这就是我领衔的从"六五"至"十五"规划的全国教育科学（哲学社会科学）规划重点课题研究的"（学校）教育与（智力）发展"的内容。

三、适应智力开发需求的教学机制

作为以培养人才为目的的一种永恒的社会实践活动，教育在个体发展的过程中起着巨大的作用，这当然包括它对智力发展的作用。本书中多次涉及学校教育与智力发展的关系，但令人惊异地发现，现存的学校教育对个体智力发展的影响似乎并不像人们想象得那么大。这一事实昭示我们，传统的教育体制亟待改革。正因为如此，在长期的教改研究中，我们努力探索适应智力开发需求的教学机制的内涵，以期对我国未来教育的发展提供一些有益的尝试。

(一)智力开发所要求的教学机制与传统教学机制的区别

智力开发与常规教学相结合，这既是智力开发的需要，也是常规教育改革发展的需要。从智力开发的角度说，传统上那种孤立地训练智力的做法从其本质上说，有"形式训练"的倾向，它只注重智力活动的方式，而忽视了认知活动的材料和内容，即已有知识的作用。正因如此，越来越多的研究者开始强调在课堂教学中进行智力训练。从学校教育的角度说，随着社会的发展和科技的进步，传统的教育机制已经暴露出许多弊端，把智力开发与学校教育相结合，正是对这种问题的一种反对与纠正。那么，智力开发所需求的教学机制与传统的教学机制有什么区别呢？我们认为，主要表现在以下几个方面。

第一，传统教育以传授知识为主，智力开发所需求的教育以开发智力、发展能力为主。

第二，传统教育是以"教"为主，而新的教育思路则强调教师与学生的"双主体"作用。智力开发所要求的教学过程强调教师和学生的"双主体"作用，认为学生身上蕴含着巨大的学习潜力，教师的教就在于充分发挥学生的学习潜力，只要教师引导得法，学生是可以通过自己的主动探索去独立地获取知识、开发智力的。"双主体"作用是指从教学角度来说，教师是教的活动的主体，在教学活动中起主导作用；从学的角度说，学生是学的活动的主体，在学习过程中表现出其能动性。综合起来看，教学活动是教师教的活动和学生学的活动的结合，二者是统一整合的。在我们的教改实验中，我们坚持认为，在教和学的活动中，主体的角色是相对的，是可以相互转化的。要处理好教与学的关系，关键就是要调动两个积极性，即教师教的积极性和学生学的积极性，这也可以说是实现智力开发式的教育的一个前提条件。

第三，传统教育重视学生学习的结果，而新的教育思路则重视学生的学习过程与学习方法。从智力开发的角度说，新的教学机制必须更加重视对学生的学习过程的分析和研究，要重在对学生学习方式、思维方法的指导和学习能力的培养，应把学习结果看成是学习过程的产物，它并不是衡量学生发展的根本指标，因为学习能力和智力的发展是比考分更重要、更实际的东西。

(二)适应智力开发要求的教学原则

所谓智力开发所需求的教学原则是指适宜智力开发要求的教学所必须遵循的基本要求。根据长期的实验研究，我和弟子辛涛认为，这些教学原则包括如下内容。

1. 心理依据原则

心理依据原则是指在教学过程中，教师要遵循学生的心理发展规律，把教学内容的安排与学生已有的心理发展水平及其可能的发展区结合起来，从而真正实现教学对个体发展的促进作用。

2. 智力发展原则

所谓智力发展原则，是指在这种新的教学过程中，教师要认真考虑教学内容的智力培养价值，遵循学生的智力发展规律，精心设计教学方案，改革教学方法，以促进学生的智力、能力发展为目标来传授基本知识和基本技能。

3. 优化性原则

教学的过程是以教育资源投入为物质基础的认知或认识过程，其产出应为学生的全面发展。这里有一个"投入产出比"的问题，如何能以尽可能少的投入换取尽可能大的产出，这就是我们所提倡的优化性原则。

我们的优化性原则和苏联巴班斯基（Ю. К. Бабанский）的"教学过程最优化"思想有相似之处，但也有区别。我们提出这条原则的目的，是为了减少各种教育资源的投入，减轻师生的过重负担，并不因为我们要特别强调培养学生的智力和能力，就延长学生的学习时间，增加他们的学习任务，而是要把智力开发与日常的教学工作紧密地结合起来，在学习时间不变，甚至学习时间缩短的条件下，发展学生的智力与能力。这不仅从理论上，而且从实践上说都是可行的。

4. 不平衡性原则

学生由于种种原因，彼此之间存在着各式各样的差异。在中小学生的智力与能力的发展中，也表现出差异性来。这就是说，中小学生智力和能力的发展存在着不平衡性，主要表现在：一是在不同问题上表现出不同的智力与能力；二是在不同的活动中表现出不同的智力与能力的最佳水平。这种智力与能力发展的不平衡性产生的原因有：一是来自问题的情境；二是来自学习活动的差异；三是来自学生主体，基础的差异、个体特点的差异、心理状态的差异，都会使问题情境及其解决问题的水平带有不平衡性，因此，因材施教成为重要的原则。

于是，我们在实验中注意以下几个方面的问题：①承认中小学生在智力与能力方面的个性差异是客观存在的，因此在学生的学习中，既鼓励冒尖，又允许落后；②针对个体在不同问题上表现差异，在评估的测查中，所测查的内容、材料、活动必须力争全面，并且对训练结果做出客观的分析；③针对在不同活动上表现出不同的最佳智力水平的事实，我们在制订培养智力和能力的方案上做到有的放矢。

（三）适应智力开发要求的教学过程的阶段

根据多年的教改实验的经验，1992 年我在出版《学习与发展——中小学生心理能力发展与培养》一书时，按我们教学研究课题组的讨论结果，对教与学的过程提出了两个进展图，以期待课题组的广大实验学校能适应智力开发要求进行教学。

图 9-1 展示的是教学过程具有系统的结构，一是表示教师的教应包括明确目标、分析教材、了解学生、设计课程、进行教学和评估反馈等步骤；二是表示教学过程为师生双方的活动，学生由不知到知、少知到多知，由知识、技能到智能和品德的转化，教师居主导地位，教师是教学过程的操作者和设计者；三是表示教师的作用，强调良好而合理的教育是适合学生内因变化的条件，是使教学过程顺利进行的基础，是提高教学质量和促进学生智能发展的前提。我们课题组按此对实验学校提出实施要求，以提高教师良好而合理的教学质量。

图 9-2 展示的是学习过程具有系统的结构。一是表示学生的学应包括明确目标、激发动机、感知材料、理解知识、记忆保持、迁移运用、获得经验、评估反馈等环节；二是表示学生学习的过程是学生经验的积累过程，它涉及经验的获得、保持及改变等方面，它的重点在于学生有一个内在因素的激发过程，从而使主体能在原有

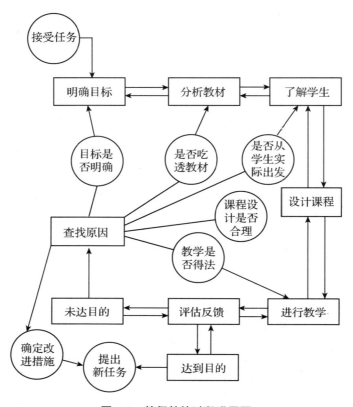

图 9-1　教师教的过程进展图

结构上接受新经验，改变各种行为，进而丰富原有的结构，产生一种新的知识结构和智力结构；三是表示学习过程有一种学生主观见之于客观的东西，即自觉能动性，学生学习水平取决于学生对学习目标的理解的明确程度、动机强度及动力水平、认知方式、是否找出学习困难的原因等因素，即外因通过内因起作用；四是表示学生能动性的各种表现状态，制约于其非智力因素，非智力因素在学生学习中起动力作用、定型作用和补偿作用。我们课题组按此对实验学校提出实施要求，让学生当好学习的主人。

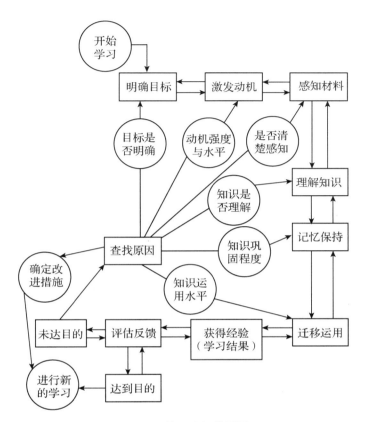

图 9-2　学习过程进展图

参考文献^① | REFERENCE

[1]李红.中国儿童推理能力发展的初步研究[J].心理与行为研究，2015，13(5)：637-647.

[2]雷怡，王金霞，陈庆飞等.分类和概念对恐惧泛化的影响机制[J].心理科学，2017，40(5)：1266-1273.

[3]燕国材.中国心理学史[M].杭州：浙江教育出版社，1998.

[4]张婷，吴睿明，李红等.不同维度的执行功能与早期心理理论的关系[J].心理学报，2006，38(1)：56-62.

[5]DUNSMOOR J E & MURPHY G L. Categories, concepts, and conditioning：how humans generalize fear[J]. Trends in cognitive sciences，2015，19(2)：73-77.

[6]DUNSMOOR J E，MURTY V P，DAVACHI L & PHELPS E A. Emotional learning selectively and retroactively strengthens memories for related events[J]. Nature，2015，520(7547)：345.

[7]DANIEL R. TheOxford handbook of cognitive psychology[M]. Oxford University press，2014.

[8]DYMOND S，DUNSMOOR J E，VERVLIET B，ROCHE B & HERMANS D. Fear generalization in humans：systematic review and implications for anxiety disorder research[J]. Behavior therapy，2015，46(5)：561-582.

①　本书大多数参考文献见各章页下注。

［9］GELMAN S A. Learning from others: Children's construction of concepts［J］. Annual review of psychology，2009，60：115-140.

［10］GOLDMAN A I. Philosophical applications of cognitive science［M］，Routledge，2018.

［11］MICHAEL R B，GARRY M & KIRSCH I. Suggestion，cognition，and behavior ［J］. Current Directions in Psychological Science，2012，21：151-156.

［12］MOHRI M，ROSTAMIZADEH A & TALWALKAR A. Foundations of machine learning［M］，MIT press，2018.

［13］REISBERG D. The Oxford handbook of cognitive psychology［M］，Oxford University Press，2013.

［14］XUE G，DONG Q，CHEN C，LU Z，MUMFORD J A & POLDRACK R A. Greater neural pattern similarity across repetitions is associated with better memory［J］. Science，2010，330(6000)：97-101.

［15］XUE G. The neural representations underlying human episodic memory［J］. Trends in cognitive sciences，2018，22(6)：544-561.

［16］ZELAZO P D，BLAIR C B & WILLOUGHBY M T. Executive Function: Implications for Education. NCER 2017—2000 ［R］. National Center for Education Research，2016.